Mora Legislativa em Matéria Trabalhista
O caso paradigmático do aviso-prévio proporcional

Paulo Roberto Lemgruber Ebert

Advogado. Professor universitário. Doutorando em direito do trabalho e da seguridade social na Faculdade de Direito da Universidade de São Paulo-USP. Especialista em Direito Constitucional pela Universidade de Brasília – UnB. Especialista em Direito e Processo do Trabalho pelo Centro Universitário de Brasília – UniCEUB.

Mora Legislativa em Matéria Trabalhista
O caso paradigmático do aviso-prévio proporcional

EDITORA LTDA.
© Todos os direitos reservados

Rua Jaguaribe, 571
CEP 01224-001
São Paulo, SP – Brasil
Fone (11) 2167-1101
www.ltr.com.br

Produção Gráfica e Editoração Eletrônica: LINOTEC
Projeto de Capa: FABIO GIGLIO
Impressão: GRAPHIUM

LTr 5076.2
Outubro, 2014

Dados Internacionais de Catalogação na Publicação (CIP)
(Câmara Brasileira do Livro, SP, Brasil)

Ebert, Paulo Roberto Lemgruber

    Mora legislativa em matéria trabalhista : o caso paradigmático do aviso-prévio proporcional / Paulo Roberto Lemgruber Ebert. - São Paulo : LTr, 2014.

    Bibliografia.
    ISBN 978-85-361-3110-8

    1. Direito do trabalho 2. Direito do trabalho - Brasil I. Título.

14-09116
CDU-34:331

Índice para catálogo sistemático:
1. Mora legislativa em matéria trabalhista :
Direito do trabalho 34:331

Dedico não apenas esta obra, mas também tudo aquilo que faço na vida, à Marcela, que com seu amor, companheirismo, cumplicidade e dedicação me faz o ser humano mais feliz e mais completo do mundo. Uma dedicatória é pouco para expressar minha gratidão e meu amor.

Agradecimentos

Agradeço, em primeiro lugar, à Marcela, por todo amor, companheirismo, dedicação, compreensão e carinho.

Agradeço, igualmente, aos meus pais – Lucia Magalhães Lemgruber e Pedro Luiz Leão Velloso Ebert – os riquíssimos exemplos de trajetória pessoal e profissional que vou levar comigo por toda a vida, bem como o apoio e a confiança em mim depositados.

Agradeço, como não poderia deixar de ser, aos parceiros do escritório Alino & Roberto e Advogados, meus companheiros do dia a dia na nobre batalha da advocacia obreira em São Paulo, Brasília e Salvador, especialmente aos colegas Roberto de Figueiredo Caldas, Luisa Anabuki, Gustavo Teixeira Ramos e Claudio Santos, que tiveram participação ativa e decisiva nas discussões e nos trabalhos que serviram de base para este estudo.

Agradeço, de maneira particular, ao colega Mauro de Azevedo Menezes a paciência em revisar minuciosamente este estudo, bem como as valiosas e pertinentes críticas e sugestões formuladas ao longo de sua preparação.

Agradeço ao Prof. Guilherme Guimarães Feliciano não apenas a disponibilidade em prefaciar esta obra, mas também o valoroso convívio acadêmico e os instigantes ensinamentos ministrados durante suas aulas.

Agradeço, por fim, a todos aqueles que, de uma forma ou de outra, colaboraram para a elaboração deste livro.

Sumário

PREFÁCIO 13

1 - INTRODUÇÃO 15
    1.1. Apresentação do tema. A mora legislativa em matéria trabalhista na Constituição Federal de 1988 15
    1.2. A problemática do aviso-prévio proporcional propriamente dita.......... 23
    1.3. Plano de Trabalho 27

2 - O PRINCÍPIO PROTETIVO E A TUTELA DO CONTRATO DE TRABALHO...... 29
    2.1. Antecedentes históricos do princípio protetivo e do Direito do Trabalho 29
    2.2. A ruptura da igualdade formal e o surgimento do princípio protetivo. A Revolução Industrial e o advento do Direito do Trabalho 38
    2.3. A função social da empresa 47
    2.4. A função social da empresa e a proteção contra o desemprego 57
    2.5. Concretizações do princípio protetivo e da busca do pleno emprego no tocante à proteção contra o desemprego 62
        2.5.1. As medidas de vedação à despedida imotivada e de restrição à rescisão unilateral do vínculo empregatício por parte dos empregadores 62
        2.5.2. Indenização proporcional ao tempo de serviço em caso de despedida imotivada 68
        2.5.3. Fundo de Garantia do Tempo de Serviço – FGTS e outros mecanismos de poupança forçada 75
        2.5.4. Aviso-prévio 79

3 - O AVISO-PRÉVIO NOS DIPLOMAS DE DIREITO INTERNACIONAL.......... 83
    3.1. A Convenção n. 158 da Organização Internacional do Trabalho – OIT .. 83

3.2.	A Recomendação n. 119 da Organização Internacional do Trabalho – OIT	86
3.3.	Os artigos 6º e 7º do Protocolo de San Salvador da Organização dos Estados Americanos – OEA	86

4 - DETALHAMENTO DA DISCIPLINA DO AVISO-PRÉVIO NO DIREITO ESTRANGEIRO ... 89

4.1.	França	89
4.2.	Suíça	92
4.3.	Luxemburgo	96
4.4.	Alemanha	99
4.5.	Argentina	103
4.6.	República Dominicana	106

5 - EVOLUÇÃO HISTÓRICA DO AVISO-PRÉVIO NO DIREITO BRASILEIRO .. 109

5.1.	Período anterior à Reforma Constitucional de 1926. As Ordenações Filipinas e a Locação de Serviços regida pelas leis civis e comerciais ...	109
5.1.1.	Os Títulos de XXIX a XXXV do Livro 4º das Ordenações Filipinas	110
5.1.2.	A Lei de 13 de setembro de 1830, o Código Comercial de 1850 e o Decreto n. 2.827 de 1879	111
5.1.3.	O art. 1.221 do Código Civil de 1916	113
5.2.	Período posterior à Reforma Constitucional de 1926. A legislação trabalhista	114
5.2.1.	O art. 121, § 1º, "g", da Constituição Federal de 1934 e a Lei n. 62 de 5 de junho de 1935	116
5.2.2.	A Consolidação das Leis do Trabalho de 1943 e a redação originária do art. 487	118
5.2.3.	A Lei n. 1.530, de 26 de dezembro de 1951	118
5.2.4.	O art. 90 da Lei n. 4.214 de 2 de março de 1963 e o art. 15 da Lei n. 5.889 de 8 de junho de 1973. Aviso-prévio dos rurícolas	119
5.2.5.	As Leis n. 7.108 e n. 7.193 de 1983 e a Lei n. 10.218 de 2001 ..	121

6 - O AVISO-PRÉVIO PROPORCIONAL E A CONSTITUIÇÃO FEDERAL DE 1988 ... 123

6.1.	Debates na Assembleia Nacional Constituinte	124
6.2.	O art. 7º, XXI, da Constituição Federal: conteúdo institucional e força normativa	132
6.3.	Os projetos de lei a versarem sobre o aviso-prévio proporcional e a mora legislativa	141
6.4.	A Lei n. 12.506, de 11 de outubro de 2011	145
6.4.1.	As omissões parciais subjacentes à Lei n. 12.506/2011	146

6.4.2. A Nota Técnica n. 184/2012/CGRT/SRT/MTE 153
6.4.3. A Súmula n. 441 do Tribunal Superior do Trabalho 156
6.4.4. A decisão proferida pelo Supremo Tribunal Federal em fevereiro de 2013 no julgamento dos Mandados de Injunção n. 943/DF, n. 1.010/DF, n. 1.074/DF e n. 1.090/DF 161
6.4.5. A subsistência da mora legislativa no período compreendido entre a promulgação da Constituição Federal de 1988 e a aprovação da Lei n. 12.506/2011. Inaplicabilidade dos conceitos de *direito adquirido* e ato *jurídico perfeito*" 166
6.4.6. A inexistência de coisa julgada a obstar a utilização da Lei n. 12.506/2011 como parâmetro para a colmatação da mora legislativa subjacente ao art. 7º, XXI, da Constituição Federal 177
6.4.7. A decisão do STF nos Mandados de Injunção n. 943/DF, n. 1.010/DF, n. 1.074/DF e n. 1.090/DF e o princípio da isonomia 194
6.5. O papel do Poder Judiciário na concretização do art. 7º, XXI, da Constituição Federal. Proposta de critérios para a colmatação das omissões subjacentes à Lei n. 12.506/2011 e para a supressão da mora legislativa a abranger o período compreendido entre 1988 e 2011 199
6.6. A concordância prática entre a regulamentação plena do art. 7º, XXI, da Constituição Federal e o princípio da segurança jurídica (art. 5º, *caput*, da Carta Magna) 220

7 - A CONTAGEM DO AVISO-PRÉVIO PROPORCIONAL APÓS A DECISÃO DO STF DE 6.2.2013: ENTRE SEGURANÇA JURÍDICA, COERÊNCIA E INTEGRIDADE 229

8 - CONCLUSÕES 243

9 - REFERÊNCIAS BIBLIOGRÁFICAS 249
9.1. Livros e Artigos 249
9.2. Acórdãos e orientações administrativas 253

Prefácio

Muito se diz, nas esguelhas forenses e até mesmo em escritos acadêmicos (que se submetem ao crivo da universidade e são, em tese, cientificamente mais sérios), daquele suposto "paternalismo histórico" do legislador brasileiro, no que diz respeito à regulação das relações entre capital e trabalho. Dever-se-ia a essa legislação supostamente antiquada a infelicidade econômica do patronato brasileiro que, às voltas com os altos custos dos direitos trabalhistas e da tributação nacional para o sistema de seguridade – aos quais se aliaria a imprevisibilidade das decisões da Justiça do Trabalho –, perderia competitividade nos mercados internacionais.

Curiosamente, uma análise perfunctória do texto constitucional em vigor revela quadro bem diferente. Entre os dispositivos constitucionais que ainda carecem de regulamentação, encontram-se, p.ex., o do art. 7º, I, que cuida da garantia social contra a despedida arbitrária ou sem justa causa; o do art. 7º, X, *in fine*, do qual dimana um mandado constitucional de tipificação para o crime de retenção dolosa de salários; o do art. 7º, I, relativo à cogestão de empresa; o do art. 7º, XX, que dispõe sobre incentivos legais específicos para a proteção do mercado de trabalho da mulher; o do art. 7º, XXIII, quanto ao adicional de remuneração para atividades penosas; o do art. 7º, XXVII, sobre a proteção do emprego em face da automação; e o do art. 37, VI, relativo ao direito de greve para servidores públicos, entre outros.

Noutras palavras, se houvéssemos de identificar setorialmente um nicho constitucional em que a inércia legislativa é recorrente, identificá-lo-íamos primeira e precisamente no campo dos direitos sociais *stricto sensu,* ao lado de alguns direitos previdenciários (e.g., o do art. 40, §4º). Aliás, desafio o leitor a encontrar algum outro campo temático da Constituição de 1988 em que se veja igual número de explícitas omissões legislativas. E não estamos falando de normas-princípios, abertas e vagas por natureza; boa parte desses dispositivos indiscutivelmente veiculam normas-regras (v., e.g., o voto do Min. Gilmar Mendes no MI n. 943/DF).

Se é assim, três perguntas são imperiosas.

A primeira, no campo da retórica: terá mesmo perfil "paternalista", em sede laboral, o Poder Legislativo brasileiro? A segunda, no campo conceitual: à luz da Ciência do Direito, como compreender e categorizar essas omissões? É dizer que o não agir legislativo se insere na discricionariedade política do legislador histórico ou configura, em algum nível, a chamada proteção insuficiente, por desatender ao princípio da máxima concretização da norma (*"Gebot optimaler Verwirklichung der Norm"*)? E a terceira questão, no campo da pragmática: o que fazer?

A resposta à primeira pergunta, a meu sentir, já está dada. Basta constatar. Mas, é claro, há referenciais e perspectivas para todos os gostos.

Para responder às outras duas questões, o mundo jurídico recebe agora esta instigante obra, da lavra do advogado Paulo Lemgruber, já conhecido do mercado editorial brasileiro por suas bem-sucedidas incursões no arenoso terreno da liberdade sindical. *Mora legislativa em matéria trabalhista: o caso paradigmático do aviso-prévio proporcional* é o seu novo estudo, que mais uma vez não decepciona, seja pela sua profundidade teórica, seja ainda pela qualidade de sua reflexão crítica.

Privilegiando, como de praxe, a abordagem constitucional do tema, Lemgruber encaminha soluções a partir de um *case*. Após contextualizar minudentemente o instituto do aviso-prévio (nas perspectivas internacional, comparada e histórica), examina o que se deu, no Brasil, com a figura do aviso-prévio proporcional (art. 7º, XXI, CF), que dormitou em berço de papel durante mais de vinte anos, até que, na iminência da sua concretização judicial pelo julgamento da ADI n. 943/DF (e outras) – e após sucessivas afirmações anteriores da mora legislativa do Congresso Nacional (MI n. 369/DF, MI n. 95/RR, MI n. 124/SP, MI n. 278/MG, MI n. 695/MA) –, o Parlamento editou a sofrível Lei n. 12.506, de 11.10.2011.

Arrancando deste ensejo, o autor desenvolve vigorosa argumentação jurídica para, ao final, reconhecer, entre outras tantas conclusões, que a malsinada Lei n. 12.506/2011 não concretizou com plenitude o direito social imanente ao art. 7º, XXI, o que autoriza o Poder Judiciário, no exercício de suas legítimas funções constitucionais, a mais uma vez secundar o Poder Legislativo e avançar até onde o legislador não logrou suplantar razoavelmente a insuficiência; e, mais, que uma ponderação adequada dos interesses em tese conflitantes revela ser inservível, para o rechaço de suas arrojadas respostas, esgrimir valores e princípios – como, respectivamente, a segurança jurídica e a boa-fé objetiva – que o dado histórico-fenomênico não pode encorajar.

Eis aí um aperitivo, caro leitor; e com ele me basto. Porque não seria logo eu, o prefaciador, quem lhe usurparia o extremo prazer da descoberta intelectual. Mas, em se tratando de Paulo Lemgruber, prepare-se para mergulhar. Porque, se bem conheço este meu doutorando, vão se frustrar os que daqui esperarem águas mais rasas.

GUILHERME GUIMARÃES FELICIANO
Professor Associado II do Departamento de Direito do Trabalho e da Seguridade Social da Faculdade de Direito da Universidade de São Paulo. Diretor de Prerrogativas e Assuntos Jurídicos da Associação Nacional dos Magistrados da Justiça do Trabalho – Anamatra (gestão 2013-2015). Juiz Titular da 1ª Vara do Trabalho de Taubaté/SP (15ª Região).

1

Introdução

1.1. APRESENTAÇÃO DO TEMA. A MORA LEGISLATIVA EM MATÉRIA TRABALHISTA NA CONSTITUIÇÃO FEDERAL DE 1988

Sob a égide do paradigma liberal, quando foram editadas as primeiras constituições modernas, o conceito de *"Estado de Direito"*, mais do que apontar para aquele ente público formado pela "vontade soberana do povo" e por ela legitimado, impunha o respeito do Estado àquela esfera de garantias personalíssimas titularizadas pelos "cidadãos livres e iguais", a compreenderem os direitos à propriedade, à autonomia privada, à liberdade de crença e de pensamento, entre outras.

Nesse contexto, o conceito de "bem-estar social" admitido e praticado por esse Estado de Direito Liberal não ia além do exercício do poder de polícia com vistas a impedir que a livre-iniciativa dos indivíduos fosse exercida de modo a invadir a esfera de garantia dos demais cidadãos. O pano de fundo ideológico e mesmo o estágio de complexidade social vigentes no século XVIII e no início do século XIX não permitiam avançar para a concepção de um papel prestacional a ser exercido pelo Poder Público, o que, àquela quadra histórica, era repudiado à luz da noção clássica e formal de igualdade.[1]

---

(1) Nas palavras de Ernst Wolfgang Böckenförde:

"O Estado de Direito é o estado do direito racional, isto é, o Estado que realiza os princípios da razão na vida e para a vida em comum dos homens, tal como estavam formulados na tradição da teoria do direito racional.

Esta definição básica do termo "Estado de Direito" inclui nos seguintes aspectos:

A renúncia a toda ideia de ou objetivos transpessoais do Estado

(...)

A limitação dos objetivos e das tarefas do Estado e da segurança da pessoa e da propriedade, isto é, a assegurar a liberdade individual e a garantir a possibilidade de um desenvolvimento individual de si mesmo. Não obstante, isto significa necessariamente uma limitação dos objetivos do Estado à função

Tal concepção só veio a ser assumida pelo Estado moderno à medida que este se deu conta da inaptidão dos conceitos liberais clássicos para lidar com a nova complexidade social surgida após a Revolução Industrial, quando o sistema de produção em massa e o mecanismo da oferta e da procura de mão de obra ocasionaram níveis insustentáveis de desigualdade e quando as revoltas fomentadas pelo ideário socialista passaram a compor uma real ameaça ao poder constituído.

A mudança de paradigma ora comentada teve em sua origem o Direito do Trabalho, cujo surgimento em meados do século XIX decorreu, justamente, do acatamento, por parte do Estado, daquelas reivindicações obreiras em torno da melhoria das condições laborais nas fábricas e nas minas diante do colapso social na iminência de ocorrer após décadas de ação irrefreada da "mão invisível do mercado".

A partir daí, o Estado deixou de ser apenas o "guardião" das liberdades individuais em face dos possíveis abusos cometidos pelos demais cidadãos para assumir um papel proativo na reparação das desigualdades sociais, seja por intermédio da criação de sistemas públicos de proteção (v.g.: assistência social, previdência e rede oficial de saúde), seja por meio da regulamentação direta de certos aspectos das relações entre os particulares, tal como ocorreu, por exemplo, com o advento das normas a formarem o Direito do Trabalho e a exigirem, nesse sentido, a limitação da jornada de trabalho, a restrição ao labor das mulheres e das crianças, o pagamento de um salário mínimo, a proteção em face de acidentes do trabalho, dentre outras, na concepção originalmente definida pelo estudioso alemão Hugo Sinzheimer.[2]

---

de proteção jurídica. (...) Dentre os objetivos do Estado que se legitima como Estado de Direito estão também incluídas as tarefas policiais no sentido de uma 'exclusão de comportamentos externos', isto é, como defesa frente a perigos e a uma exigência de bem-estar subsidiária.

No original: "El Estado de Derecho es el Estado del derecho racional, esto es, el Estado que realiza los principios de la razón en y para la vida en común de los hombres, tal como estaban formulados em la tradición de la teoría del derecho racional.

Esta definición básica del término del Estado de Derecho incluye los seguientes aspectos:

La renúncia a toda idea u objetivo transpersonal del Estado.

(...)

La limitación de los objetivos y las tareas del Estado a la libertad y la seguridad de la persona y de la propiedad, esto es, a asegurar la libertad individual y a garantizar la posibilidad de un desarrollo individual desde si mismo. No obstante, esto no significa necesariamente una limitación de los objetivos del Estado a la función de protección jurídica. (...) En los objetivos del Estado que se legitima como Estado de Derecho están también incluídas las tareas policiales en el sentido de una <<exclusión de impedimentos externos>>, esto es, como defensa frente a peligros, y a una exigencia de bienestar subsidiaria." BÖCKENFÖRDE, Ernst Wolfgang. Trad.: SERRANO, Rafael de Agapito. *Estudios sobre el Estado de Derecho y la Democracia*. Madrid: Trotta, 2000. p. 19-20.

(2) Sobre a origem científica do Direito do Trabalho e sobre a importância de Hugo Sinzheimer nesse desiderato, o professor britânico Bob Hepple assinala que:

"A origem das concepções modernas de direito do trabalho foi uma resposta àquilo que os estudiosos alemães chamaram, ao fim do Século XIX, de 'questão social' - um conjunto de problemas decorrentes

A modificação do papel assumido pelo Estado, a partir do advento do Direito do Trabalho, fez que a teoria constitucional e a própria noção de *"direitos fundamentais"* mudassem radicalmente de figura. Nesse novo cenário, esses últimos compreenderiam, para além das liberdades clássicas a exigirem a contenção do Poder Público, as garantias cuja concretização dependeriam de prestações estatais (ou, na concepção de Bodo Pieroth e Bernhard Schlink, direitos fundamentais de *status positivus*), ao passo que as constituições não mais se limitariam a enunciar

---

da industrialização, incluindo a degradação de mulheres e crianças, pobreza, desemprego, greves, bem como o tratamento jurídico dos sindicatos e dos contratos coletivos. Alguns grupos de estudiosos na Alemanha eram liberais e outros, conservadores. Todos eles tinham vínculos com a burocracia e partilhavam a ideologia a preconizar que tais problemas dependiam da ação do Estado. Eles tendiam a pensar que a repressão policial pura e simples era contraprodutiva e procuravam promover, ao revés, o desenvolvimento de uma 'constituição do trabalho', e de nela acomodar os sindicatos e os acordos coletivos. O reconhecimento jurídico do direito social e do direito do trabalho na Constituição de Weimar (1919) deve sua inspiração ao político social-democrata e advogado Hugo Sinzheimer. (...) Em um artigo de 1910, Sinzheimer justificou o direito do trabalho como sendo uma disciplina separada em vários níveis, inclusive no tocante à importância do tema, à natureza específica da matéria, a incluir elementos de direito público e privado, o tratamento especial requerido pelo direito laboral, não limitado a declarações dogmáticas, mas preocupado com políticas legislativas, a necessidade de uma aproximação interdisciplinar com a sociologia, a política social e a organização empresarial e à unidade de seu objetivo – 'de guardião dos seres humanos em uma era de materialismo quase descontrolado'. Os conteúdos específicos da concepção de direito do trabalho eram os seguintes: (1) o direito do trabalho não é criado apenas pelo Estado, mas também pelas coletividades autônomas, em particular pelos sindicatos e pelos empregadores; (2) o contrato de trabalho não se confunde com os contratos regidos pelo direito comum; e (3) os contratos individuais de trabalho são marcados pela subordinação ou dependência do trabalhador individualmente considerado em relação à empresa."
No original:
"The origin of modern conceptions of labor law was a response to what German scholars at the end of the 19th century characterized as the 'social question' – a set of problems resulting from industrialization, including the degradation of women and children, povetry, unemployment, and strikes as well as the legal treatment of trade unions and collective agreements. Some groups of scholars in Germany were liberal, others conservative. All had connections with the bureaucracy and shared the ideology that these problems required state action. They tended to the view that pure police measures were counter-productive, and they wanted to promote the development of a 'works constitution' and to accomodate trade unions and collectives agreements. The legal recognition of social and labour rights in the Weimar constitution (1919) owed its inspiration to the social-democratic politician and lawyer Hugo Sinzheimer. (...) In an article in 1910 Sinzheimer justified labor law as separate discipline on several grounds including the importance of the subject matter, the special nature of the subject containing elements of both public and private law, the special treatment which labour law needs, not limited to dogmatic statements but concerned with legal policy, the need for a interdisciplinary approach including sociology, social policy and business organization, and the unity of the goal – 'the guardian of human beings in an age of almost unrestrained materialism'. The specific features of the conception of labour law were that: (1) labour law is created not only by the state but also by autonomous groups, in particular trade unions and employers; (2) the contract of employment is 'emancipated' from the nexus of property law; and (3) the autonomous contracts rest upon the subordination or dependence of the individual worker to the enterprise." HEPPLE, Bob. Factors influencing the making and transformation of Labour Law in Europe. In: DAVIDOV, Guy; LANGILLE, Brian. *The idea of labour law*. Oxford: Oxford University Press, 2013. p. 31-32.

aqueles direitos fundamentais de *status negativus* e a organizar a estrutura do Estado, passando, agora, a estabelecer verdadeiras planificações destinadas à promoção do bem-estar social.[3]

A expansão de tal tendência no século XX fez surgir – principalmente nas décadas de 1940 e 1950, logo após a Segunda Guerra Mundial – as chamadas "constituições dirigentes", ou seja, aquelas que estabelecem metas destinadas, principalmente, à redução da desigualdade social, à extensão dos serviços de assistência sanitária, de previdência e de educação a toda a população, à proteção de determinados grupos vulneráveis e, como não poderia deixar de ser, à imposição de garantias trabalhistas mínimas a serem observadas pelos empregadores.

Como a execução do plano traçado nas constituições dirigentes depende da atuação do legislador ordinário e como, na grande maioria das vezes, tal iniciativa depende da disponibilidade orçamentária e da discussão em torno de gastos públicos, para além de envolver o interesse de grupos sociais, os mais distintos, a edição das normas concretizadoras por parte do Poder Legislativo muitas vezes leva anos, e até mesmo décadas para ocorrer, havendo situações em que certos direitos passam a ter existência meramente simbólica.[4]

Nesse contexto em que a execução de certos programas constitucionais ficou a cargo do legislador ordinário, surgiram as figuras da *mora legislativa* e da *omissão inconstitucional*, caracterizadas, justamente, pelo descumprimento contínuo de um mandamento de normatização exigido pela Lei Maior, cujo advento é imprescindível para a concretização daquelas garantias de cunho social.[5]

Na senda das constituições europeias surgidas após a Segunda Guerra Mundial, a Carta brasileira de 1988 – alcunhada de "constituição cidadã" – bebeu assumida e diretamente da fonte do constitucionalismo dirigente para a moldagem do Estado e da sociedade que se pretendiam após a redemocratização do País. Da leitura de seu artigo 3º, percebe-se de forma nítida a preocupação com a elaboração de um programa voltado para a superação das mazelas sociais e econômicas historicamente relacionadas ao cotidiano pátrio, sendo justamente esse o motivo

---

(3) Segundo Pieroth e Schlink, o *status positivus* é aquele em que "*o particular não pode ter a sua liberdade sem o Estado, mas em que depende de medidas do Estado para a criação e conservação da sua livre existência*". PIEROTH, Bodo; SCHLINK, Bernhard. Trad.: SOUSA, António Francisco de; FRANCO, António. Direitos Fundamentais. São Paulo: Saraiva, 2012. p. 62-65.

(4) Sobre a temática do constitucionalismo simbólico, *vide*: NEVES, Marcelo. *A constitucionalização simbólica*. 3. ed. São Paulo: Martins Fontes, 2011.

(5) De acordo com a definição de Canotilho:

"No Estado Constitucional Democrático o legislador está obrigado, normativo-constitucionalmente, à emanação das leis necessárias à concretização das imposições constitucionais. [Assim], omissão legislativa, jurídico-constitucionalmente relevante, existe quando o legislador não cumpre ou cumpre incompletamente o dever constitucional de emanar normas, destinadas a actuar as imposições constitucionais permanentes e concretas." CANOTILHO, José Joaquim Gomes. *Constituição Dirigente e Vinculação do Legislador*. 2. ed. Coimbra: Coimbra Editora, 2001. p. 338.

para inserir-se a construção de "*uma sociedade livre, justa e solidária*", a erradicação "*da pobreza e a marginalização*", a redução "*das desigualdades sociais e regionais*", bem como a promoção "*do bem de todos*" no rol dos objetivos fundamentais da República Federativa do Brasil.

Como elemento imprescindível para os progressos cultural e material dos indivíduos, o trabalho humano – e, naturalmente, o emprego – foi objeto central de preocupação do legislador constituinte. Nesse sentido, a Carta de 1988 referendou uma série de garantias laborais já previstas em constituições anteriores (por exemplo, a jornada diária de oito horas, o repouso semanal remunerado e o adicional noturno), além de trazer novos direitos destinados, justamente, a reforçar a proteção social dos trabalhadores almejada no *caput* de seu art. 7º, dentre os quais se destacam a garantia contra a dispensa imotivada, a participação dos empregados na gestão da empresa e, é claro, o aviso-prévio proporcional.[6]

No entanto, como a aplicação prática de tais garantias é incumbida aos particulares (ou, dito de forma mais direta, aos empregadores), e como a composição plena dos interesses desses últimos e dos trabalhadores não ocorreria no contexto de uma Assembleia Nacional Constituinte, optou-se pela positivação daquelas garantias sob a forma de "normas de eficácia limitada", na acepção de José Afonso da Silva, cuja concretização dependeria da atuação suplementar do legislador ordinário, o que, efetivamente, significaria a postergação dos embates políticos entre as representações parlamentares patronais e obreiras para um momento futuro e incerto.[7]

---

(6) Sobre o princípio protetivo e seu corolário inerente à continuidade do vínculo empregatício, consagrados na Constituição Federal de 1988, Guilherme Guimarães Feliciano assinala que:

"O 'amparo preferencial' [do trabalhador] deve-se a um imperativo de *igualdade material* que desembocou na cultura dos povos somente após a primeira revolução industrial, com a 'segunda geração' de direitos humanos, já sob o pálio da *solidariedade social*, contrapondo a igualdade (meramente) liberal-formal para que o lucro capitalista fosse mais bem repartido entre os produtores das riquezas. O princípio da proteção atende, portanto, a uma função geral de cariz constitucional (derivada, no Brasil, do art. 7º, da CRFB), que é a de reequilibrar materialmente as posições jurídicas das partes geralmente antagônicas nos conflitos laborais (empregado e empregador). Pelo especial amparo jurídico, minimiza-se a vulnerabilidade dos trabalhadores, decorrente da chamada 'hipossuficiência econômica', que no continente jurídico manifesta-se como subordinação.

(...)

A conservação da fonte de trabalho, porto seguro em contextos sociais de desemprego estrutural e de concorrência anônimo-multitudinária (os 'exércitos de reserva'), passou a ser vista como um benefício não apenas para o trabalhador (por lhe transmitir tranquilidade), mas 'benefício da própria empresa e, através dela, da sociedade, na medida em que contribui para aumentar o lucro e melhorar o clima social das relações entre as partes' (...). Demonizou-se, pois, a situação inversa: a instabilidade no emprego, sinônimo de insegurança econômica e jurídica". FELICIANO, Guilherme Guimarães. *Curso crítico de direito do trabalho. Teoria geral do direito do trabalho*. São Paulo: Saraiva, 2013. p. 244-268.

(7) Segundo a definição clássica de José Afonso da Silva, as normas constitucionais programáticas seriam:

"Esquemas genéricos, simples programas a serem desenvolvidos ulteriormente pela atividade dos legisladores ordinários (...) 'através das quais o constituinte, em vez de regular direta e imediatamente

Por essa razão, garantias como a proteção dos obreiros em face das dispensas arbitrárias (inciso I), a participação nos lucros, nos resultados e na gestão da empresa (inciso XI), o aviso-prévio proporcional (inciso XXI), o adicional de penosidade (inciso XXIII) e a proteção contra a automação (art. XXVII) permanecem latentes até os presentes dias, à espera de regulamentação infraconstitucional.

No entanto, é importante frisar, desde já, que tal opção, no contexto de uma constituição de caráter dirigente, não significa, para o legislador ordinário, a concessão de uma total discricionariedade no tocante à escolha da forma e, principalmente, do momento de concretizar as garantias latentes no texto constitucional. Essas últimas, pelo contrário, representam um verdadeiro *mandado de concretização* destinado ao Poder Legislativo, compreendendo a obrigação de regulamentar aqueles direitos da forma a promover a melhor e mais plena observância ao texto constitucional, especialmente no que concerne à "proteção social" exigida pelo art. 7º, *caput,* da Carta Magna em relação aos trabalhadores.

Não obstante, a discussão daqueles direitos sociais no âmbito do Congresso Nacional foi obstada, quando não completamente travada, por grupos de interesse – especialmente patronais – ao longo dos vinte e cinco anos de vigência da Constituição Federal de 1988. Como resultado desse processo, diversos projetos de lei destinados à regulamentação do aviso-prévio proporcional, da vedação às dispensas arbitrárias e discriminatórias, do adicional de penosidade, entre outros, foram relegados ao ostracismo no decurso de sua tramitação.

Por essa razão, a mora legislativa daí surgida passou a ser levada ao conhecimento do Poder Judiciário – especialmente do Supremo Tribunal Federal – em sucessivas ocasiões. Merece destaque, nesse sentido, a renhida discussão travada no âmbito do Pretório Excelso na década de 1990, envolvendo a ratificação da Convenção n. 158 da OIT por parte do Brasil nos termos do Decreto n. 1.855/1996 e seu questionamento ulterior pelas entidades patronais de cúpula no bojo da Ação Direta de Inconstitucionalidade n. 1.458/DF.

Na demanda em referência, os grupos de interesse patronal, reunidos em torno da Confederação Nacional da Indústria e da Confederação Nacional do Comércio, principalmente, questionavam, de modo oficial, a possibilidade de suplantação da mora legislativa subjacente ao art. 7º, I, da Constituição Federal por tratado internacional quando, na verdade, o pleito envolvia a subsistência da omissão legislativa que impedia a concretização do direito à proteção contra as dispensas injustificadas por parte dos trabalhadores.

Dito em outros termos, tratou-se de um curioso embate judicial cujo pleito não foi a superação da omissão legislativa a impedir a concretização do art. 7º, I,

---

determinados interesses, limitou-se a traçar-lhes os princípios para serem cumpridos pelos seus órgãos (legislativos, executivos, jurisdicionais e administrativos), como programas das respectivas atividades, visando à realização dos fins sociais'". SILVA, José Afonso da. *Aplicabilidade das Normas Constitucionais.* 7. ed. 2. tir. São Paulo: Malheiros Editores, 2008. p. 137-138.

da Constituição Federal, mas sim sua subsistência, a despeito da integração da Convenção n. 158 da OIT no ordenamento jurídico pátrio, a qual, pouco tempo depois, acabou sendo denunciada pelo Brasil![8]

---

(8) O acórdão proferido pelo Supremo Tribunal Federal quando do julgamento da Medida Cautelar da ADI n. 1.480/DF foi assim lavrado:
"AÇÃO DIRETA DE INCONSTITUCIONALIDADE – CONVENÇÃO N. 158/OIT – PROTEÇÃO DO TRABALHADOR CONTRA A DESPEDIDA ARBITRÁRIA OU SEM JUSTA CAUSA – ARGUIÇÃO DE ILEGITIMIDADE CONSTITUCIONAL DOS ATOS QUE INCORPORARAM ESSA CONVENÇÃO INTERNACIONAL AO DIREITO POSITIVO INTERNO DO BRASIL (DECRETO LEGISLATIVO N. 68/92 E DECRETO N. 1.855/96) – POSSIBILIDADE DE CONTROLE ABSTRATO DE CONSTITUCIONALIDADE DE TRATADOS OU CONVENÇÕES INTERNACIONAIS EM FACE DA CONSTITUIÇÃO DA REPÚBLICA – ALEGADA TRANSGRESSÃO AO ART. 7º, I, DA CONSTITUIÇÃO DA REPÚBLICA E AO ART. 10, I, DO ADCT/88 – REGULAMENTAÇÃO NORMATIVA DA PROTEÇÃO CONTRA A DESPEDIDA ARBITRÁRIA OU SEM JUSTA CAUSA, POSTA SOB RESERVA CONSTITUCIONAL DE LEI COMPLEMENTAR – CONSEQUENTE IMPOSSIBILIDADE JURÍDICA DE TRATADO OU CONVENÇÃO INTERNACIONAL ATUAR COMO SUCEDÂNEO DA LEI COMPLEMENTAR EXIGIDA PELA CONSTITUIÇÃO (CF, ART. 7º, I) – CONSAGRAÇÃO CONSTITUCIONAL DA GARANTIA DE INDENIZAÇÃO COMPENSATÓRIA COMO EXPRESSÃO DA REAÇÃO ESTATAL À DEMISSÃO ARBITRÁRIA DO TRABALHADOR (CF, ART. 7º, I, C/C O ART. 10, I, DO ADCT/88) – CONTEÚDO PROGRAMÁTICO DA CONVENÇÃO N. 158/OIT, CUJA APLICABILIDADE DEPENDE DA AÇÃO NORMATIVA DO LEGISLADOR INTERNO DE CADA PAÍS – POSSIBILIDADE DE ADEQUAÇÃO DAS DIRETRIZES CONSTANTES DA CONVENÇÃO N. 158/OIT ÀS EXIGÊNCIAS FORMAIS E MATERIAIS DO ESTATUTO CONSTITUCIONAL BRASILEIRO – PEDIDO DE MEDIDA CAUTELAR DEFERIDO, EM PARTE, MEDIANTE INTERPRETAÇÃO CONFORME À CONSTITUIÇÃO.
(...)
TRATADO INTERNACIONAL E RESERVA CONSTITUCIONAL DE LEI COMPLEMENTAR. – O primado da Constituição, no sistema jurídico brasileiro, é oponível ao princípio *pacta sunt servanda*, inexistindo, por isso mesmo, no direito positivo nacional, o problema da concorrência entre tratados internacionais e a Lei Fundamental da República, cuja suprema autoridade normativa deverá sempre prevalecer sobre os atos de direito internacional público. Os tratados internacionais celebrados pelo Brasil – ou aos quais o Brasil venha a aderir – não podem, em consequência, versar matéria posta sob reserva constitucional de lei complementar. É que, em tal situação, a própria Carta Política subordina o tratamento legislativo de determinado tema ao exclusivo domínio normativo da lei complementar, que não pode ser substituída por qualquer outra espécie normativa infraconstitucional, inclusive pelos atos internacionais já incorporados ao direito positivo interno. LEGITIMIDADE CONSTITUCIONAL DA CONVENÇÃO N. 158/OIT, DESDE QUE OBSERVADA A INTERPRETAÇÃO CONFORME FIXADA PELO SUPREMO TRIBUNAL FEDERAL. – A Convenção n. 158/OIT, além de depender de necessária e ulterior intermediação legislativa para efeito de sua integral aplicabilidade no plano doméstico, configurando, sob tal aspecto, mera proposta de legislação dirigida ao legislador interno, não consagrou, como única consequência derivada da ruptura abusiva ou arbitrária do contrato de trabalho, o dever de os Estados-Partes, como o Brasil, instituírem, em sua legislação nacional, apenas a garantia da reintegração no emprego. Pelo contrário, a Convenção n. 158/OIT expressamente permite a cada Estado-Parte (Artigo 10) que, em função de seu próprio ordenamento positivo interno, opte pela solução normativa que se revelar mais consentânea e compatível com a legislação e a prática nacionais, adotando, em consequência, sempre com estrita observância do estatuto fundamental de cada País (a Constituição brasileira, no caso), a fórmula da reintegração no emprego e/ou da indenização compensatória. Análise de cada um dos Artigos impugnados da Convenção n. 158/OIT (Artigos 4º a 10)." BRASIL: SUPREMO TRIBUNAL FEDERAL. MEDIDA CAUTELAR NA AÇÃO DIRETA DE INCONSTITUCIONALIDADE N. 1.480/DF. RELATOR: Min. Celso de Mello. Plenário. DJ: 18.5.2001.

Já nas questões típicas que envolvem, aí sim, a suplantação da mora legislativa por intermédio da atuação em concreto do Poder Judiciário, a jurisprudência do Supremo Tribunal Federal, em um primeiro momento, foi tímida no tocante a tal possibilidade, limitando-se a proceder à notificação do Congresso Nacional. Nos últimos anos, contudo, após a apreciação das questões acerca do exercício do direito de greve por parte dos servidores públicos e da contagem especial do tempo de serviço desses últimos, a posição do Pretório Excelso avançou consideravelmente para admitir-se a aplicação, em concreto, de um marco regulamentar análogo às situações afetadas pelo descumprimento daqueles mandamentos constitucionais.[9]

Já sob a égide do novo posicionamento assumido pelo Supremo Tribunal Federal a respeito do tema, não tardou para que a concretização de alguns daqueles direitos elencados no art. 7º da Constituição Federal viesse a ser discutida pelo Pretório Excelso. Tal vicissitude ocorreu quando do julgamento dos Mandados de Injunção n. 943/DF, n. 1.010/DF, n. 1.074/DF e n. 1.090/DF, a terem por objeto a suplantação da mora do Congresso Nacional no que concerne à concretização do direito ao aviso-prévio proporcional, previsto no art. 7º, XXI, da Constituição Federal.

A análise dos eventos que se iniciaram na seção de 11.6.2011 – na qual o Supremo Tribunal Federal iniciou a apreciação dos sobreditos mandados de injunção – e tiveram seu desfecho quando da seção plenária de 6.2.2013, a culminar com a conclusão daquele julgamento por parte do Pretório Excelso, não é importante apenas para a temática do aviso-prévio proporcional e sua regulamentação tardia. Para muito além disso, o estudo das questões levantadas no referido lapso temporal e dos eventos ali ocorridos é fundamental para a compreensão da problemática a envolver a mora legislativa em matéria trabalhista, da eficácia dos mecanismos voltados para a sua suplantação e da gestão das relações jurídicas estabelecidas ao longo do período de subsistência da omissão inconstitucional.

Mais especificamente, o estudo das vicissitudes ocorridas entre junho de 2011 e fevereiro de 2013 auxilia sobremaneira no enfrentamento de questões espinhosas subjacentes à mora legislativa em matéria trabalhista, tais como (i) o estabelecimento dos parâmetros normativos a serem utilizados pelo Poder Judiciário na suplantação de tais lacunas, (ii) a adequação da solução judicial adotada ao postulado da isonomia, (iii) a relação de tal decisão supletiva com os princípios constitucionais do direito adquirido, do ato jurídico perfeito e da coisa julgada e (iv) o grau de relevância jurídica das expectativas legítimas titularizadas pelos empregadores ao longo do tempo, resguardadas, em abstrato, pelos postulados da segurança jurídica, da boa-fé objetiva e da proteção à confiança.

---

(9) *Vide*, nesse sentido: BRASIL: SUPREMO TRIBUNAL FEDERAL. MANDADO DE INJUNÇÃO N. 670/ES. RELATOR: Min. Maurício Corrêa. Plenário. DJ: 31.10.2008.
BRASIL: SUPREMO TRIBUNAL FEDERAL. MANDADO DE INJUNÇÃO N. 712/PA. RELATOR: Min. Eros Roberto Grau. Plenário. DJ: 31.10.2008.
BRASIL: SUPREMO TRIBUNAL FEDERAL. MANDADO DE INJUNÇÃO N. 758/DF. RELATOR: Min. Marco Aurélio. Plenário. DJ: 26.9.2008.

Todas essas questões permearam o debate travado no Supremo Tribunal Federal em torno da concretização da mora legislativa a envolver o direito ao aviso-prévio proporcional, e sua análise detida tem o condão de influir, inevitavelmente, na discussão em torno da suplantação das omissões inconstitucionais que ainda subjazem ao art. 7º da Constituição Federal.

Para que tal discussão seja mais profunda e proveitosa, acreditamos que tanto o aviso-prévio proporcional, quanto os demais institutos jurídicos que pautaram e que são passíveis de pautar a discussão em torno da concretização tardia do art. 7º, XXI, da Constituição Federal (especialmente a proteção do trabalhador, o direito adquirido, o ato jurídico perfeito, a isonomia, a coisa julgada, a segurança jurídica, a proteção à confiança) devem ser vistos não apenas como "direitos fundamentais", mas também como "princípios", aqui compreendidos em sua acepção neoconstitucionalista, ou seja, como normas dotadas de conteúdos deontológicos por si só vinculantes, e não como elementos de aplicação subsidiária a serem invocados na ausência de regras específicas ou como diretrizes programáticas a serem conceituadas e concretizadas exclusivamente pela ação discricionária dos legisladores ordinários.

Trata-se, portanto, de conceber tais princípios como instituições jurídicas que, muito embora sejam definidas em abstrato no texto da Constituição Federal de 1988, são dotadas de conteúdos históricos peculiares que indicarão uma direção a ser seguida pelos aplicadores do direito segundo as nuanças apresentadas pelos casos concretos postos à sua apreciação.

Especificamente em relação à concretização tardia do direito ao aviso-prévio proporcional, tais conteúdos histórico-institucionais deverão ser compreendidos à luz da situação de mora legislativa que impediu, por vinte e três anos, a fruição da referida garantia. Trata-se, mais precisamente, de verificar se e em que medida os preceitos constitucionais da proteção dos trabalhadores, da isonomia, do direito adquirido, do ato jurídico perfeito, da coisa julgada, da segurança jurídica e da proteção à confiança condicionam a utilização dos parâmetros estabelecidos na Lei n. 12.506/2011 para as situações pretéritas nas quais os trabalhadores deixaram de exercer o direito insculpido no art. 7º, XXI, da Carta Magna em função da inação do Congresso Nacional por mais de duas décadas.

São estas, portanto, as premissas que orientarão o desenvolvimento deste trabalho e que esperamos, sinceramente, que contribuam para a suplantação, no futuro, da mora legislativa a impedir, ainda hoje, a fruição de uma série de garantias asseguradas aos trabalhadores pelo art. 7º da Constituição Federal.

1.2. A PROBLEMÁTICA DO AVISO-PRÉVIO PROPORCIONAL PROPRIAMENTE DITA

Após intensos debates travados na Assembleia Nacional Constituinte de 1987/88, a Carta Magna promulgada em 5 de outubro de 1988 consagrou dentre os direitos dos trabalhadores urbanos e rurais o cálculo do aviso-prévio em razão do tempo de serviço desempenhado no mesmo emprego, observando-se o patamar mínimo de 30 (trinta) dias. Ainda segundo o texto do dispositivo em referência, os critérios para a fruição da garantia ali consagrada dependeriam da edição de lei ordinária por parte do Congresso Nacional, nos seguintes termos:

> Art. 7º. São direitos dos trabalhadores urbanos e rurais, além de outros que visem à melhoria de sua condição social:
>
> (...)
>
> XXI – aviso prévio proporcional ao tempo de serviço, sendo no mínimo de trinta dias, nos termos da lei.

Após a promulgação da Constituição Federal de 1988, mais precisamente em 24.4.1989, foi apresentado no âmbito do Senado Federal o Projeto de Lei n. 3.941/1989, de autoria do Senador Carlos Chiarelli que pretendia regulamentar o art. 7º, XXI, da Constituição Federal por intermédio da concessão de 30 (trinta) dias de aviso-prévio com o acréscimo de 3 (três) dias por ano trabalhado, até o limite de 90 (noventa) dias.

Nos anos que se seguiram à apresentação do PLS n. 3.941/89, entre 1990 e 2009, outros 30 (trinta) projetos de lei voltados para a regulamentação do art. 7º, XXI, da Constituição Federal com conteúdos extremamente variados entre si foram apresentados ao Congresso Nacional. Nesse interregno, os parlamentares ligados ao setor empresarial formularam proposições de cariz conservador, fixando tetos para a concessão do aviso-prévio proporcional, ao passo que os deputados e senadores mais afetos às questões trabalhistas pautaram seus projetos ora pela ausência de limites temporais, ora pela fixação de lapsos mais elásticos.

Não obstante a quantidade de projetos de lei voltados para a definição dos critérios de cálculo do aviso-prévio proporcional apresentados entre 1989 e 2009, o Congresso Nacional jamais aprovou qualquer proposição referente ao tema, de modo que o art. 7º, XXI, da Constituição Federal permaneceu carente de regulamentação por 23 (vinte e três) anos.

Diante de tal situação, a denotar inequívoca mora legislativa, 4 (quatro) trabalhadores da Companhia Vale do Rio Doce S.A que foram demitidos sem justa causa pela referida empresa após longos anos dedicados a ela impetraram, respectivamente, em 12.1.2009, 12.3.2009 e 5.5.2009 os Mandados de Injunção n. 943/DF, n. 1.010/DF, n. 1.074/DF e n. 1.090/DF, requerendo ao Supremo Tribunal Federal, com arrimo no art. 5º, LXXI, da Constituição Federal, a regulamentação em concreto do direito ao aviso-prévio proporcional a eles assegurado pelo art. 7º, XXI, da Carta Magna.

Ao iniciar o julgamento dos sobreditos Mandados de Injunção em 22.6.2011, o Plenário do Supremo Tribunal Federal, capitaneado pelo voto do Relator (Ministro Gilmar Mendes), manifestou-se no sentido de reconhecer a existência da mora legislativa por parte do Congresso Nacional, a desaguar em omissão inconstitucional, e de dar provimento ao *writ*, de modo a definirem-se, para o caso concreto, os parâmetros de cálculo para o aviso-prévio proporcional a que fariam jus os impetrantes.

Em que pese o consenso do Pretório Excelso nesse tocante, o Plenário não definiu qual seria o sobredito critério, formulando-se, nesse particular, uma série de sugestões, as mais variadas. À ocasião, o Ministro Marco Aurélio chegou a propor a concessão de 10 (dez) dias de aviso-prévio por ano trabalhado, observando-se o mínimo de 30 (trinta) dias e tendo em vista, outrossim, que o art. 7º, XXI, da Constituição Federal contém em seu bojo a exigência de que haja uma proporcionalidade aritmética entre os tempos de serviço desempenhados no âmbito de uma mesma empresa e os diferentes lapsos a serem concedidos aos trabalhadores anteriormente à rescisão contratual.

O Ministro Cézar Peluso, por sua vez, sugeriu a fixação de 1 (um) salário mínimo para cada 5 (cinco) anos de serviços prestados à mesma empresa. De seu turno, o Ministro Luiz Fux sugeriu que a fixação do aviso-prévio no caso concreto poderia levar em conta o estatuído no art. 8º da Consolidação das Leis do Trabalho, a admitir o apelo ao direito estrangeiro como forma de heterointegração do ordenamento jurídico pátrio. Desse modo, ainda segundo o referido magistrado, seria possível valer-se dos dispositivos vigentes na França, na Suíça, em Luxemburgo, na Argentina, dentre outros, para o cálculo da proporcionalidade exigida pelo art. 7º, XXI, da Constituição Federal, até a edição de lei específica pelo Congresso Nacional.[10]

Diante da multiplicidade de alternativas apresentadas na sessão plenária de 22.6.2011, os ministros entenderam por bem suspender o julgamento dos Mandados de Injunção em apreço, optando por retomá-lo no futuro para a explicitação do critério a ser implementado no caso concreto e que serviria, irrefragavelmente, como parâmetro para o cálculo do aviso-prévio proporcional em casos semelhantes.

Tão logo manifestada a posição do Supremo Tribunal Federal quando do julgamento dos Mandados de Injunção n. 943/DF, n. 1.010/DF, n. 1.074/DF e n. 1.090/DF, diversas entidades representativas do empresariado pátrio manifestaram nos meios de comunicação sua contrariedade à proposta de regulamentação do aviso-prévio proporcional em sede de Mandado de Injunção, asseverando, nesse sentido, que a medida judiciária em vias de ser implementada malferiria os princípios constitucionais da separação dos poderes e da segurança jurídica.

Paralelamente a isso, a Câmara dos Deputados, premida pela iminente fixação dos critérios para a concretização do art. 7º, XXI, da Constituição Federal por parte do Supremo Tribunal Federal nos autos dos Mandados de Injunção n. 943/DF, n. 1.010/DF, n. 1.074/DF e n. 1.090/DF, procedeu, em 21 de setembro de 2011,

---

(10) "Art. 8º. As autoridades administrativas e a Justiça do Trabalho, na falta de disposições legais ou contratuais, decidirão, conforme o caso, pela jurisprudência, por analogia, por equidade e outros princípios e normas gerais de direito, principalmente do direito do trabalho, e, ainda, de acordo com os usos e costumes, o direito comparado, mas sempre que nenhum interesse de classe ou particular prevaleça sobre o interesse público."

à aprovação sumária do Projeto de Lei do Senado (PLS) n. 3.941/89, de autoria originária do Senador Carlos Chiarelli, com as emendas sofridas no decorrer de sua longa tramitação.

Ato contínuo, o projeto em apreço foi sancionado pelo Poder Executivo e, em 11 de outubro de 2011, transformou-se, efetivamente, na Lei n. 12.506/2011, cujo art. 1º conferiu aos trabalhadores 3 (três) dias de aviso-prévio para cada ano trabalhado no âmbito de um mesmo empregador, até o limite de 90 (noventa) dias, nos seguintes termos:

> Art. 1º O aviso prévio, de que trata o Capítulo VI, do Título IV da Consolidação das Leis do Trabalho – CLT, aprovada pelo Decreto-Lei n. 5.452, de 1º de Maio de 1943, será concedido na proporção de 30 (trinta) dias aos empregados que contem até 1 (um) ano de serviço na mesma empresa.
>
> Parágrafo único. Ao aviso prévio previsto neste artigo serão acrescidos 3 (três) dias por ano de serviço prestado na mesma empresa, até o máximo de 60 (sessenta) dias, perfazendo um total de até 90 (noventa) dias.

Em que pesem, todavia, as inovações trazidas pela Lei n. 12.506/2011, o diploma em apreço limitou a contagem dos prazos de aviso-prévio ao máximo de 90 (noventa) dias, não contemplando com a proporcionalidade imposta pelo art. 7º, XXI, da Constituição Federal os trabalhadores que contarem com mais de 21 (vinte e um) anos dedicados a uma mesma empresa.

Para além disso, a Lei n. 12.506/2011 não fez qualquer menção ao cômputo dos lapsos temporais inferiores ao ano – quais sejam, os meses e os dias – para a fruição do direito ao aviso-prévio proporcional, permanecendo, outrossim, omissa quanto à aplicação de tais critérios para os empregados demitidos nos 23 (vinte e três) anos anteriores à sua entrada em vigor.

E malgrado as omissões a constarem da Lei n. 12.506/2011, o Supremo Tribunal Federal, em fevereiro de 2013, concluiu o julgamento dos sobreditos mandados de injunção, asseverando, nessa oportunidade, que a aplicação dos critérios a constarem daquele novel diploma legal se limitaria ao caso concreto dos quatro processos sob julgamento e aos demais mandados de injunção em tramitação no Pretório Excelso a versarem matéria idêntica, sem resolver, com isso, a questão em torno da lacuna normativa a intermediar o período compreendido entre 1988 e 2011.

Nesse particular, o Supremo Tribunal Federal, capitaneado pelo voto do Ministro Gilmar Mendes, assentou, em breves linhas, que o postulado da segurança jurídica impediria a utilização dos critérios trazidos na Lei n. 12.506/2011 como parâmetro para a colmatação da mora legislativa na generalidade das situações concretizadas nos vinte e três anos que antecederam a edição daquele diploma legal e que não foram objeto de mandado de injunção.

Em sentido análogo, salientou-se que o postulado da coisa julgada também incidiria na situação *sub judice*, de modo a impor a irreversibilidade daquelas decisões judiciais proferidas entre a promulgação da Constituição Federal de 1988 e a edição da Lei n. 12.506/2011 cujos dispositivos negaram o direito ao cômputo do aviso-prévio proporcional justamente por inexistir, à ocasião, a norma regulamentadora exigida pelo art. 7º, XXI, da Carta Magna.

Haja vista a subsistência de lacunas normativas a despeito do advento da Lei n. 12.506/2011 e da conclusão do julgamento dos Mandados de Injunção n. 943/DF n. 1.010/DF, n. 1.074/DF e n. 1.090/DF, indaga-se: quais seriam os critérios de suplantação da referida mora legislativa que melhor se adequariam às diretrizes emanadas da Constituição Federal de 1988? Seriam os princípios da segurança jurídica, da proteção à confiança, do direito adquirido, do ato jurídico perfeito e da coisa julgada obstáculos à implementação de tais critérios? E, finalmente, a solução formulada pelo Supremo Tribunal Federal quando do julgamento dos processos em apreço afiguram-se válidas em face do postulado isonômico?

Diante dessas questões ainda pendentes de solução, faz-se necessário um estudo que, embora não pretenda esgotar todo o assunto, auxilie não apenas na compreensão dos mais diversos aspectos envolvidos na fixação da proporcionalidade do aviso-prévio à luz da Constituição de 1988, mas também na tarefa de colmatar as lacunas que ainda subjazem à Lei n. 12.506/2011, tendo por norte o conteúdo histórico-institucional dos princípios constitucionais suscitados na questão em análise e sua aplicabilidade ao caso concreto subjacente aos Mandados de Injunção n. 943/DF, n. 1.010/DF, n. 1.074/DF e n. 1.090/DF.

1.3. PLANO DE TRABALHO

Pretende-se averiguar se a Lei n. 12.506, de 11 de outubro de 2011, promoveu satisfatoriamente a concretização do mandamento insculpido no art. 7º, XXI, da Constituição Federal, cujo teor estabelece como direito dos trabalhadores urbanos e rurais o aviso-prévio proporcional ao tempo de serviço e impõe ao legislador ordinário a fixação dos critérios necessários para a fruição de tal garantia.

Paralelamente a isso, objetiva-se investigar se o sobredito diploma legal logrou colmatar de modo efetivo a mora legislativa que impediu, por vinte e três anos, a fruição daquele direito assegurado no art. 7º, XXI, da Constituição Federal por parte dos trabalhadores e se os novos critérios fixados para a contagem do aviso-prévio proporcional ao tempo de serviço podem ser aplicados aos empregados demitidos sem justa causa anteriormente à entrada em vigor da Lei n. 12.506/2011.

Verificar-se-á, primordialmente, em que medida o Direito do Trabalho – informado substancialmente pelo princípio protetivo e por seus corolários a apregoarem a continuidade das relações empregatícias e o desincentivo às dispensas arbitrárias e desmotivadas – confere respaldo à instituição do aviso-prévio e à sua fixação proporcional à duração do contrato de trabalho, nos termos preconizados pelo art. 7º, XXI, da Constituição Federal.

Uma vez constatado o substrato axiológico do aviso-prévio e de sua mensuração em razão do período de vigência do vínculo empregatício, partir-se-á para a análise do tratamento recebido pelo instituto em referência nas convenções e recomendações da Organização Internacional do Trabalho, bem assim nas legislações estrangeiras. Procurar-se-á definir, nessa etapa digressiva, em que medida os critérios definidos naqueles ordenamentos podem vir a orientar o intérprete na tarefa de definir o sentido e o alcance da Lei n. 12.506/2011 à luz da proporcionalidade exigida pelo art. 7º, XXI, da Carta Magna.

Em seguida, será analisada a evolução do tratamento dispensado pelo ordenamento jurídico brasileiro às relações de trabalho e, em especial, à temática do aviso-prévio, destacando-se, nesse ínterim, não só as vicissitudes políticas e econômicas que a pautaram, como também as influências ideológicas que, em momentos diversos, serviram como paradigma para a regulamentação da matéria.

Feito isso, passar-se-á à análise do tratamento do tema na Constituição Federal de 1988, de modo a resgatar, em um primeiro momento, os debates travados na Assembleia Nacional Constituinte de 1987/88 e a desvelar, posteriormente, o conteúdo histórico-institucional que subjaz aos dispositivos da Carta Magna concernentes aos fundamentos e objetivos da República Federativa do Brasil, aos direitos sociais dos trabalhadores e à ordem econômica que pautam a compreensão em torno do art. 7º, XXI, da Carta Magna, definindo-lhe, então, o sentido e o alcance.

Na sequência, serão analisadas as omissões que subjazem à Lei n. 12.506/2011 no tocante à concretização escorreita do mandamento estabelecido no art. 7º, XXI, da Constituição Federal, cuja subsistência ainda impede a efetiva fruição do direito ao aviso-prévio proporcional por parte dos trabalhadores, nos moldes ali assegurados, bem assim as possibilidades de colmatação dos referidos lapsos por parte do Poder Judiciário, seja por intermédio de novos Mandados de Injunção a serem propostos no âmbito do Supremo Tribunal Federal, ou em outras demandas a serem ajuizadas nas demais instâncias.

Em complemento a tal abordagem, serão investigadas as possibilidades de aplicação, por parte do Poder Judiciário, dos critérios de proporcionalidade subjacentes à Lei n. 12.506/2011 e ao art. 7º, XXI, da Constituição Federal, às situações pretéritas concretas em que os trabalhadores se viram privados do direito à fixação de prazos de aviso-prévio proporcionais aos seus respectivos tempos de serviço em razão da mora que perdurou por vinte e três anos. Demonstrar-se-á, nesse diapasão, que a solução a ser apresentada não configura suposto de retroatividade legislativa vedada pelo art. 5º, XXXVI, da Constituição Federal e nem tampouco de afronta à coisa julgada, vindo, pelo contrário, a configurar hipótese diversa que encontra pleno respaldo no sistema de princípios e regras consagrado no texto da Carta Magna.

Ao cabo de tal abordagem, procurar-se-á demonstrar que tal sistemática, a ser implementada pelo Poder Judiciário, não malfere o postulado da segurança jurídica, vindo, ao revés, a concretizá-lo e a garantir sua concordância prática com os demais dispositivos constitucionais a incidirem nas controvérsias subjacentes aos Mandados de Injunção n. 943/DF, n. 1.010/DF, n. 1.074/DF e n. 1.090/DF e às eventuais ações a partilharem com esses últimos o mesmo objeto.

2

O Princípio Protetivo e a Tutela do Contrato de Trabalho

2.1. ANTECEDENTES HISTÓRICOS DO PRINCÍPIO PROTETIVO E DO DIREITO DO TRABALHO

O contexto histórico que antecedeu o surgimento do Direito do Trabalho tem sua origem mais remota no período iniciado com a passagem da idade moderna para a contemporânea (século XVIII), marcado pelo triunfo da filosofia iluminista, pelas revoluções que destituíram as monarquias absolutistas, pela ascensão da burguesia como classe politicamente dominante e, principalmente, pela sobreposição do liberalismo como teoria preponderante no plano das relações econômicas.

A conceituação em torno dos direitos do homem partilhada pela filosofia iluminista e pela burguesia, aliada às concepções políticas que motivaram as grandes revoluções do período e as posições defendidas pelo liberalismo econômico viriam a formar, mais adiante, o pano de fundo para o surgimento dos movimentos que lograriam extrair do Estado o reconhecimento dos direitos sociais e, nesse diapasão, da própria proteção dos trabalhadores. Para a exata compreensão de tal relação entre causa e efeito, faz-se necessário formular uma breve síntese acerca do ideário subjacente àqueles três fatores.

Como contraposição ao ideário absolutista, caracterizado pelo caráter hereditário, divino e ilimitado do poder, os movimentos liberais inspirados na filosofia iluminista que eclodiram no final do século XVIII, com destaque para a Revolução Francesa, empunharam dentre suas principais bandeiras a ruptura dos laços que uniam o comando do Estado ao estamento social nobiliárquico, a desvinculação entre a legislação e a vontade pessoal do soberano e a abertura do processo político aos cidadãos tidos por "livres e iguais".[1]

---

(1) A propósito, Maurizio Fioravanti assinala que:

"Na lógica individualista, a antiga ordem natural das coisas, que confere a cada um seus próprios direitos e deveres, não pode ser reformada ou desenvolvida gradualmente como sugere o exemplo histórico

Em tal momento histórico, fortemente marcado pela ascensão da burguesia como classe dominante do ponto de vista econômico e social, bem como pela valorização da cidadania em contraposição à pertinência estamental, operou-se a desconcentração do poder outrora desempenhado em absoluto pela autoridade monárquica, originando-se, com isso, a ideia de "separação dos poderes", na concepção engendrada por Montesquieu, a compreender a função legislativa, a executiva e a judiciária.

Nessa nova redefinição dos papéis estatais, a função mais significativa correspondia, naturalmente, à dicção das leis que seriam executadas e aplicadas pelos outros dois poderes (executivo e judiciário) e vinculariam aos seus comandos a generalidade dos cidadãos. Justamente por sua importância central em tal contexto, o Poder Legislativo foi confiado, na concepção liberal-iluminista, aos próprios indivíduos "livres e iguais" que, por intermédio de seus representantes eleitos, elaborariam as normas necessárias à manutenção da coesão social.[2]

No entanto, em que pese a preponderância do Poder Legislativo no ideário político liberal, seus integrantes não partilhavam do mesmo protagonismo ilimitado

---

inglês: deve ser derrubada para poder ser reconstruída novamente, para poder edificar uma nova ordem política que se fundamente sobre a vontade dos indivíduos, sobre o consenso dos cidadãos. A liberação do indivíduo da sujeição aos poderes feudais e senhoriais compreende também sua libertação de uma ordem política global, que antes transcendia sua vontade, que agora não está obrigado a sofrer e que pode e deve ser reinventada a partir da vontade individual com o instrumento do *contrato social*".

No original: "En la lógica individualista, el antiguo orden natural de las cosas, que asigna a cada uno sus proprios derechos y deberes, no puede ser reformado o desarollado gradualmente como sugiere el ejemplo histórico inglés: debe ser abatido para poder construir *ex novo*, para poder edificar un nuevo orden político que se funde sobre la voluntad de los indivíduos, sobre el consenso de los ciudadanos. La liberación del individuo de la sujeción a los poderes feudales y señorales comprende también su liberación de un orden político global, que antes transcendia su voluntad, que ahora no está obligado a sufrir, y que puede y debe ser reinventado a partir de la voluntad individual con el instrumento del *contrato social*." FIORAVANTI, Maurizio. Trad.: NEIRA, Manuel Martínez. *Los Derechos Fundamentales. Apuntes de Historia de las Constituciones*. 4ª Edición. Madrid: Trotta, 2003. p. 38.

(2) A supremacia da lei na concepção iluminista é justificada por Luís Soares Cabral de Moncada da seguinte forma:

"Substituída a soberania do monarca pela dos cidadãos corporizada pela vontade geral e ficando claro que esta não é sequer alienável a favor de um representante, estava dado o passo mais decisivo para que o seu testemunho, ou seja, a lei passasse a ocupar o lugar central nas fontes do Direito em detrimento do costume e da jurisprudência. A lei não revela a ordem racional divina; é ela a própria já razão e como tal toda a vida colectiva deve ser reconstruída através dela. É que a lei é a expressão autorizada daquele corpo moral que é constituído pela junção de todos os cidadãos num novo sujeito político dotado de todos os atributos da pessoa moral individual, desde logo da racionalidade. Da lei passa-se para uma teoria reconstrutiva da legislação, apostada na conformação integral da vida social de acordo com as <<luzes>> da razão.

Mas é claro que o lugar cimeiro da lei requer um novo arranjo dos órgãos e dos poderes estaduais. Estes deixam de estar no mesmo plano para se disporem numa hierarquia, ocupando a lei e através dela o órgão que a gera o primeiro lugar". MONCADA, Luís Soares Cabral de. *Ensaio sobre a Lei*. Coimbra: Coimbra Editora, 2002. p. 52-53.

outrora exercido pelos monarcas absolutistas quando do desempenho das funções normativas. Ao revés, a atuação de seus integrantes encontrava-se pautada pela observância de certos condicionantes objetivos fixados no intuito de assegurar a regularidade dos órgãos estatais e, principalmente, a integralidade dos direitos titularizados pelos cidadãos.

Tais limites se faziam presentes nas chamadas "constituições escritas", concebidas nesse período histórico, segundo Maurice Hauriou, como fórmulas textuais elaboradas no âmbito de cada Estado com vistas a subtrair das discussões políticas ordinárias os princípios que serviam de fundamento axiológico às respectivas estruturas institucionais, resguardando-os das paixões temporárias e dos ímpetos revisionistas dos governos de diferentes orientações que se sucediam.[3]

No intuito de promover a tutela daqueles princípios basilares da organização estatal concebidos pelas revoluções liberais do século XVIII, bem como de assegurar o regular cumprimento das funções legislativa, executiva e judiciária, as constituições escritas do período em referência tinham como conteúdo material exclusivo as normas pertinentes à repartição dos poderes e das competências e, principalmente, os elencos formais dos direitos e garantias fundamentais, conforme destaca Dieter Grimm:

> A constituição formal se impôs porque, de acordo com as convicções dos apoios sociais da revolução, o bem-estar social e a justiça dependiam de uma limitação do Estado em defesa da liberdade individual. Desse modo, conservou-se o poder estatal concentrado e provisionado do monopólio da violência que, durante a modernidade, se havia difundido no bojo de uma repartição policêntrica (...) característica da distribuição medieval de poder, tornando possível, pela primeira vez, a intervenção regulamentadora de uma constituição. Disso se tratava precisamente: de reorganizar ditos poderes de tal maneira que cumprissem com eficácia sua função de garantia, mas sem que pudessem lançar mão de alguma ambição própria de governo. Facilitava-se, assim, a tarefa de que dita função encontrasse precisamente no direito sua solução adequada: os direitos fundamentais limitavam o poder do Estado à proteção e ao equilíbrio da liberdade individual e a divisão dos poderes prevenia o perigo de abusos.[4]

---

(3) HAURIOU, Maurice. Trad.: CASTILLO, Carlos Ruiz del. *Principios de Derecho Público y Constitucional*. Granada: Editorial Comares, 2003. p. 49-51.

(4) No original:

"La constitución formal se impuso porque, de acuerdo con las convicciones de los apoyos sociales de la revolución, el bienestar social y la justicia dependían de una limitación del Estado en defensa de la libertad individual. De este modo, se conservó el poder estatal concentrado y provisto del monopolio de la violencia que, durante la modernidad, había desplazado al reparto policéntrico (material y funcionalmente dividido entre los diferentes titulares locales autónomos) característico de la distribución medieval del poder, haciendo posible por primera vez la intervención reguladora de una constitución.

A inserção desses direitos fundamentais nas constituições pós-revolucionárias teve como base axiológica a visão jusnaturalista partilhada pela burguesia, a conceber-lhes como fins em si mesmos e como liberdades inatas aos seres humanos que não poderiam ser alterados pela ação estatal. Sua alocação em um documento escrito teve por intuito conferir segurança, precisão e operacionalidade prática a pautas racionais já tidas como existentes no plano da moral, atendendo, com isso, aos anseios revolucionários daquela classe social.

Nesse diapasão, se a liberdade configurava o "estado primordial do homem" – ou seja, a condição que lhe foi dada pela própria natureza e que, portanto, não poderia cingir-se a limitações artificiais, segundo a concepção jusnaturalista apropriada pela burguesia –, somente seriam considerados "naturais" aqueles direitos voltados para a tutela das faculdades inatas dos indivíduos e para o livre exercício dessas últimas.

Daí por que as garantias fundamentais constantes de documentos paradigmáticos do período em referência, como a "Declaração dos Direitos do Homem e do Cidadão", e positivadas nas primeiras constituições escritas correspondiam, exclusivamente, a posições titularizadas pelos indivíduos, as quais se encontravam resguardadas do protagonismo do Poder Público, cujos expoentes clássicos se faziam representados pelo conjunto das liberdades (pensamento, iniciativa, indústria, comércio, locomoção, crença, dentre outras) e pelos direitos à propriedade, à igualdade formal, à integridade física e à segurança jurídica.[5]

De eso se trataba precisamente: de reorganizar dichos poderes de tal manera que cumplieran con eficacia su función de garantía, pero sin que pudieran desplegar ninguna ambición própria de gobierno. Se facilitaba así la tarea de que dicha función encontrase precisamente en el derecho su solución adecuada: los derechos fundamentales limitaban el poder del Estado a la protección y el equilíbrio de la libertad individual y la división de poderes prevenía el peligro de abusos." GRIMM, Dieter. Trad.: BURGOS, Raúl Sanz; SIMÓN, José Luis Muñoz de Baena. *Constitucionalismo y Derechos Fundamentales*. Madrid: Trotta, 2006. p. 29.

(5) A relação entre o jusnaturalismo e os direitos fundamentais concebidos como tal pelo ideário liberal-burguês é bem explicada por Carl Schmitt, nos seguintes termos:

"No estado burguês de direito são direitos fundamentais somente aqueles que possam valer como *anteriores* e *superiores* ao Estado, aqueles que o Estado, não é que outorgue com supedâneo em suas leis, senão que os reconheça como dados anteriores a ele próprio, e em que só cabe penetrar em uma proporção mensurável em princípio, e apenas dentro de um procedimento regulamentado. Estes direitos fundamentais não são, portanto, segundo sua substância, bens jurídicos, senão esferas de *liberdade*, de que resultam direitos, e precisamente direitos de defesa. Isto se vê com toda clareza nos direitos de liberdade, que historicamente significam o começo dos direitos fundamentais: a liberdade de religião, a liberdade pessoal, de propriedade e o direito à livre manifestação de opiniões existem, segundo esta concepção, *anteriormente* ao Estado".

No original: "En el Estado burgués de derecho son derechos fundamentales solo aquellos que pueden valer como *anteriores* y *superiores* al Estado, aquellos que el Estado, no es que otorgue con arreglo a sus leyes, sino que reconoce y protege como dados antes que él, y en los que sólo cabe penetrar en una cuantía mensurable en princípio, y solo dentro de un procedimiento regulado. Estos derechos fundamentales no son, pues, según su sustancia, bienes jurídicos, sino esferas de la *Libertad*, de las que

Nesse arcabouço ideológico partilhado pela burguesia, as decisões pessoais concernentes à atividade social e econômica dos indivíduos, bem como as resoluções destinadas à utilização e ao emprego de seus bens, integravam a esfera de autonomia privada dos cidadãos e cabiam exclusivamente a estes, sendo, pois, desvinculadas de qualquer finalidade imposta pelo Estado ou por qualquer outra esfera intermediária de poder, conforme ressaltado por José Carlos Vieira de Andrade:

> Os direitos fundamentais triunfaram politicamente nos fins do século XVIII com as revoluções liberais. Aparecem, por isso, fundamentalmente, como liberdades, esferas de autonomia dos indivíduos em face do poder do Estado, a quem se exige que se abstenha, quanto possível, de se intrometer na vida econômica e social, como na vida pessoal. São liberdades sem mais, puras autonomias sem condicionamentos de fim ou de função, responsabilidades privadas num espaço autodeterminado.
>
> (...)
>
> O liberalismo pressupõe o indivíduo como ponto de partida [e] por isso, explica contratualmente a sociedade e o Estado. Por isso, estabelece o processo e as condições de formação das leis no pressuposto antropológico da opinião própria.
>
> (...)
>
> Exige-se, em primeiro lugar, o atomismo e a mobilidade dos intervenientes, não se admitindo solidariedades particulares ou arranjos moleculares de interesses parciais que prejudiquem a independência dos agentes e a sua exclusiva vinculação às exigências da Razão e do interesse geral, isto é, que ponham obstáculos à providência da <<mão invisível>>. Daí que fossem proibidos os grupos e todas as associações parciais, consideradas como formas de sedição, pois promoviam interesses egoísticos e mesquinhos, opressores da verdadeira liberdade. [6]

Ao Poder Público, portanto, subsistiria o dever de zelar pela livre fruição das liberdades individuais, coibindo os excessos dos próprios cidadãos no exercício de seus direitos, sendo-lhe vedada, por conseguinte, a interferência na dinâmica autônoma das relações pessoais e econômicas estabelecidas entre os indivíduos.

---

resultan derechos, y precisamente derechos de defensa. Esto se ve con toda claridad en los derechos de libertad, que históricamente significan el comienzo de los derechos fundamentales: la libertad de religión, la libertad personal, propriedad, derecho a la libre manifestación de opiniones, existen, según esta concepción, *antes* que El Estado". SCHMITT, Carl. Trad.: AYALA, Francisco. *Teoría de la Constitución*. Cuarta Reimpresión. Madrid: Alianza Editorial, 2003. p. 169.

(6) ANDRADE, José Carlos Vieira de. *Os Direitos Fundamentais na Constituição Portuguesa de 1976*. 3. ed. Coimbra: Almedina, 2004. p. 51-52.

Em tal contexto, fortemente marcado pela cisão entre sociedade e Poder Público, formulou-se um conceito meramente formal de "igualdade", a propalar que os indivíduos, por mais diferentes que fossem, seriam tratados pelo Estado de igual maneira, pois este desconhecia privilégios de qualquer espécie, e seriam titulares dos mesmos direitos e deveres, assegurando-lhes, outrossim, as mesmas chances de prosperarem por seus próprios meios sob a égide da "mão invisível do mercado". A "fraternidade" a integrar o lema da Revolução Francesa de 1789 ficou, então, relegada a um segundo plano na ordem de prioridades dos governos burgueses. A definição formulada por João Barbalho Uchôa Cavalcante em seus comentários à Constituição Federal brasileira de 1891 é bem ilustrativa dessa concepção liberal em torno da isonomia:

> Todos são eguaes perante a lei, isto é, os direitos que a Constituição assegura são os mesmos para todos os indivíduos; os meios e os recursos estabelecidos para garanti-los competem egualmente a todos. Não ha, perante a lei republicana, grandes nem pequenos, senhores nem vassallos, patricios nem plebeos, ricos nem pobres, fortes nem fracos, porque a todos irmana e nivela o direito.
>
> Não existem privilegios de raça, casta ou classe, nem distinções quanto às vantagens e onus instituídos pelo regimen constitucional. E a desegualdade proveniente de condições de fortuna e de posição social não têm que influir nas relações entre o indivíduo e a autoridade publica em qualquer de seos ramos. A lei, a administração, a justiça serão eguaes para todos.
>
> E a desegualdade, além de injusta e injurídica, é impolitica. Em que fundamento se faria repousar uma organisação politica, dando mais direitos, mais garantias, mais vantagens, a uns do que a outros membros da mesma communhão? Não seria n'um principio de direito.[7]

A estrutura dos direitos positivados nas primeiras constituições escritas, com destaque para os conceitos liberais de "liberdade" e "igualdade", demonstra que todo o arcabouço jurídico de então era voltado para a tutela de um indivíduo considerado em abstrato como um ser dotado das mesmas faculdades naturais e das mesmas oportunidades de progresso pessoal que seus concidadãos e que, portanto, deveria receber o mesmo tratamento conferido pelo Estado à generalidade dos membros da sociedade, independentemente de serem "grandes ou pequenos, ricos ou pobres, fortes ou fracos".

Esses cidadãos "livres e iguais" eram considerados em si mesmos pelo Estado como centros exclusivos de direitos e, nesse sentido, titularizavam uma esfera de ação pessoal imune à interferência do Poder Público, que abrangia, na dicção de

---

(7) CAVALCANTE, João Barbalho Uchôa. *Constituição Federal Brasileira (1891)*. Edição Fac-Similar. Brasília: Senado Federal, 2002. p. 303-304.

John Stuart Mill, *"todos os aspectos da vida e da conduta de um indivíduo que só o afectam a ele, ou, se também afectam outros, o fazem com autorização e participação livres e voluntárias dos mesmos."* Nisso, exatamente, consistia a noção liberal de "autonomia privada".[8]

Nesse contexto ideológico, os aspectos da vida privada dos indivíduos que envolvia, de algum modo, a concorrência da autonomia dos demais eram por eles convencionados por meio de instrumentos particulares de direitos e deveres, elaborados de forma livre por cidadãos mental e fisicamente aptos à franca disposição de seus interesses pessoais. Tal elocubração sintetizava, justamente, a concepção liberal-burguesa em torno do "contrato".

Em contratos firmados por cidadãos livres e dotados das mesmas faculdades mentais, não cabia ao Estado intervir no franco exercício da autonomia das partes para impor aos seus instrumentos particulares certos conteúdos finalísticos ou restrições para além daquelas estabelecidas pelos direitos individuais de terceiros. Se os pactuantes encontravam-se em pleno gozo de suas faculdades mentais e se lícito fosse o objeto do instrumento privado, não haveria espaço para a intromissão do Poder Público em suas avenças, conforme bem assinala Enzo Roppo ao dissertar sobre a ideologia liberal em torno do "contrato":

> Os princípios ideológicos a que nos referimos podem ser reconduzidos a uma única ideia: a ideia da *liberdade de contratar*. Com base nesta, afirmava-se que a conclusão dos contratos, de qualquer contrato, devia ser uma operação absolutamente livre para os contraentes interessados: deviam ser estes, na sua soberania individual de juízo e de escolha, a decidir se estipular ou não estipular um certo contrato, a estabelecer se concluí-lo com esta ou com aquela contraparte, a determinar com plena autonomia o seu conteúdo, inserindo-lhe estas ou aquelas cláusulas, convencionando este ou aquele preço. Os limites a uma tal liberdade eram concebidos como exclusivamente negativos, como puras e simples proibições; estas deviam apenas assinalar, por assim dizer, do exterior, as fronteiras, dentro das quais a liberdade contratual dos indivíduos podia expandir-se sem estorvos e sem controlos: *não* concluir um certo contrato, *não* inserir nele uma certa cláusula. Inversamente, não se admitia, por princípio, que a liberdade contratual fosse submetida a vínculos positivos, a prescrições tais que impusessem aos sujeitos, contra a sua vontade, a estipulação de um certo contrato, ou a estipulação com um sujeito determinado, ou por um certo preço ou em certas condições: os poderes públicos – legislador e tribunais – deveriam abster-se de interferir, a que título fosse, na livre escolha dos contraentes privados.
>
> (...)
>
> Neste sistema, fundado na mais ampla liberdade de contratar, não havia lugar para a questão da intrínseca igualdade da justiça substancial das opera-

---

(8) MILL, John Stuart. Trad.: MADEIRA, Pedro. *Sobre a Liberdade*. Lisboa: Edições 70, 1982. p. 61.

ções económicas. (...) Considerava-se e afirmava-se, de facto, que a justiça da relação era automaticamente assegurada pelo facto de o conteúdo deste corresponder à vontade livre dos contraentes, que espontânea e conscientemente, o determinavam em conformidade com os seus interesses, e sobretudo, o determinavam num plano de recíproca *igualdade jurídica*. (...) Justamente nesta igualdade de posições jurídico-formais entre os contraentes consistia a garantia de que as trocas, não viciadas na origem pela presença de disparidades nos poderes, nas prerrogativas, nas capacidades legais atribuídas a cada um deles, respeitavam plenamente os cânones da justiça comutativa. Liberdade de contratar e igualdade formal das partes eram portanto os pilares – que se completavam reciprocamente – sobre os quais se formava a asserção peremptória segundo a qual dizer <<contratual>> equivale a dizer <<justo>> (<<*qui dit contratuel dit juste*>>).[9]

Nesse contexto de celebração estupefaciente da autonomia da vontade e da liberdade contratual sem peias, não era de se estranhar que as relações dos indivíduos entre si fossem concebidas como uma realidade apartada das pautas voltadas para a regência dos assuntos incumbidos ao Poder Público. Desse modo, sociedade e Estado eram fenômenos regulamentados pelo direito de forma diversa. Não se confundiam e não se intervinham mutuamente. O único imbricamento existente entre ambos consistia, justamente, nas barreiras impostas ao Estado em resguardo aos direitos individuais.

Desse apartamento entre sociedade e Estado na concepção liberal nasceu a dicotomia entre direito público (Constituição) e direito privado (Código Civil). Na linha de tal ruptura jurídica, as normas gerais e abstratas destinadas à regulação das relações individuais, nos moldes do jusnaturalismo racionalista, tinham como *locus* natural o Código Civil, concebido por Daniel Sarmento como "*a constituição da sociedade civil*", enquanto à constituição propriamente dita cabiam as restritas funções de organização dos poderes, divisão de competências estatais e, finalmente, limitação "*dos governantes em prol da liberdade dos governados*" por intermédio da fixação do rol dos "direitos individuais".[10]

E como não poderia deixar de ser, a regulação das relações sociais estabelecida no bojo dos códigos civis partilhava daquela mesma concepção restritiva a caracterizar os direitos individuais positivados nas primeiras constituições escritas, a

---

(9) ROPPO, Enzo. Trad.: COIMBRA, Ana; GOMES, Januário. *O Contrato*. Coimbra: Almedina, 2009. p. 32-35.

(10) Nas palavras do autor:

"No âmbito do Direito Público, vigoravam os direitos fundamentais, erigindo rígidos limites à atuação estatal, com o fito de proteção do indivíduo, enquanto no plano do Direito Privado, que disciplinava relações entre sujeitos formalmente iguais, o princípio fundamental era o da autonomia da vontade". SARMENTO, Daniel. *Direitos Fundamentais e Relações Privadas*. Rio de Janeiro: Lumen Juris, 2004. p. 27-29.

equalizar os indivíduos em garantias e obrigações, fazendo abstração das condições sociais e econômicas que lhes diferenciavam na prática.

No bojo dos códigos civis do início do século XIX, as relações interpessoais, tendo por objeto o desempenho de trabalho humano e o pagamento de uma contraprestação, não possuíam um tratamento diferenciado em relação ao regime geral das obrigações. Ora, se na concepção liberal caracterizada pelo dogma da "autonomia da vontade", empregadores e trabalhadores eram seres abstratos dotados das mesmas faculdades intelectuais conferidas pela natureza e do mesmo grau de liberdade individual reconhecido pelo Estado, não havia razão para submeter o contrato laboral a uma regulamentação diferenciada em relação às demais avenças a versarem sobre a locação de serviços, sob pena de subversão do equilíbrio social resguardado pelo ideal de isonomia.

No entanto, as próprias vicissitudes sociais ocorridas no decorrer do século XIX tratariam de demonstrar a falácia de tal elucubração ideológica concebida pelo liberalismo no que concerne à regulação das condições de trabalho com base no regime geral das obrigações e contratos. Nesse sentido, Mario de La Cueva assevera, de modo irônico, que a complexa e rebuscada obra jurídica consolidada nos códigos civis mostrou-se falha por apenas um detalhe: o de voltar-se para um homem abstrato, de existência meramente ideal, olvidando-se do homem real, que se consumia nas fábricas, morria em decorrência da ação das máquinas nos locais de trabalho e vivia em condições miseráveis.[11]

Tal abstração em torno do "homem real" e de suas penosas condições laborais, aliada à crença em torno da intangibilidade dos códigos civis diante das alterações econômicas e culturais experimentadas pela sociedade, viria a ser, justamente, a causa dos movimentos que culminariam, mais adiante, com o esvaziamento dos

---

(11) A referida passagem da obra do autor mexicano está relacionada à dicotomia entre o direito público (constituição) e o direito privado (código civil), a qual, por sua clareza, merece ser integralmente transcrita:

"Nas normas estruturais do Estado e nas que autorizavam e delimitavam sua ação como guardião da coexistência das liberdades se esgotava o direito público. As relações entre os homens eram regidas pelo Direito Civil, um ordenamento que partia de uma igualdade e liberdade teóricas, uma regulamentação formal da coexistência das liberdades, impessoal e abstrata, calcada em uma história jurídica de dois milênios de existência, a que faltava unicamente um elemento: o homem real, aquele que se consumia nas fábricas, aquele que morria em decorrência da ação das máquina e a quem a miséria de seu lar o envolvia nas sombras da tristeza e do desespero".

No original: "En las normas estructurales del estado y en las que autorizaban y delimitaban su acción como guardián de la coexistencia de las libertades, se agotaba el derecho público. Las relaciones entre los hombres se regirían por el derecho civil, un ordenamiento que partia de una igualdad y libertad teóricas, una reglamentación formal de la coexistencia de las libertades, impersonal y abstracta, apoyada en una historia jurídica dos veces milenaria, a la que faltaba únicamente un elemento: El hombre real, el que se consumia en las fábricas, el que moría por la acción de las máquinas, y a quien la miséria de su hogar le envolvia en las sombras de la tristeza y la desesperanza." DE LA CUEVA, Mario. *El Nuevo Derecho Mexicano Del Trabajo*. Tomo I. 21ª Edición. México: Porrúa, 2007. p. 9.

dogmas liberais em torno do tímido papel do Estado nas relações de proteção das condições de vida e de labor dos trabalhadores interpessoais e com a criação de um arcabouço legal voltado exclusivamente para estes.

2.2. A RUPTURA DA IGUALDADE FORMAL E O SURGIMENTO DO PRINCÍPIO PROTETIVO. A REVOLUÇÃO INDUSTRIAL E O ADVENTO DO DIREITO DO TRABALHO

A aplicação prática do ideário difundido pela doutrina liberal-burguesa viria a ocasionar consideráveis impactos na produção de bens e serviços, a caracterizar o que se convencionou chamar de Revolução Industrial. Tal processo de mudança tecnológica deixou à mostra, com o passar do tempo, a inaptidão do arcabouço jurídico novecentista para lidar com as novas relações sociais surgidas com o paulatino aperfeiçoamento do novo modelo produtivo.

Dito de forma mais precisa, as radicais alterações verificadas nos métodos de produção no final do século XVIII e no início do século XIX, caracterizados eminentemente pelo advento da indústria, demandaram o emprego de um enorme contingente humano para servir de mão de obra nas fábricas. A aplicação pura e simples do arcabouço jurídico liberal-burguês às relações contratuais firmadas entre os empregadores e os operários fabris teve como consequência a exploração desenfreada desses últimos por aqueles primeiros, gerando, com isso, tensões sociais que viriam a culminar, mais tarde, com o reconhecimento dos "trabalhadores" como classe vulnerável e com o advento de uma legislação que lhes conferia direitos mínimos de proteção de suas condições físicas e mentais.

A Primeira Revolução Industrial tem início com o surgimento das máquinas, cujos impactos no custo e nos métodos de transformação das matérias-primas em bens foram, desde cedo, percebidos pela burguesia, que veio a empregá-las em seus estabelecimentos fabris. Naquele momento, ainda marcado pela incipiência dos novos métodos produtivos, o maquinário das fábricas burguesas foi empregado na substituição das tradicionais ferramentas utilizadas no processo artesanal, ocasionando, com isso, um aumento considerável da escala de produção daqueles mesmos bens outrora produzidos nas oficinas dos artífices.

Essa nova dinâmica experimentada pelo capitalismo praticamente extinguiu as manufaturas e teve considerável impacto nas atividades econômicas desempenhadas no meio rural, gerando, com isso, uma maior concentração dos fatores produtivos nas cidades e, naturalmente, um enorme êxodo de mão de obra em direção a estas. Com o advento da máquina, portanto, a burguesia adquiriu exclusivamente para si os meios de produção, tornando-se a protagonista do processo industrial e reduzindo significativamente o valor agregado do conhecimento em torno dos métodos artesanais de elaboração dos bens.

O emprego indiscriminado das máquinas na produção daqueles bens outrora elaborados de modo artesanal retirou do artífice o papel de transformador da matéria-prima bruta em produto final, cuja realização dependia eminentemente de seus conhecimentos adquiridos. Com a Primeira Revolução Industrial, o obreiro passara a ser um mero operador do maquinário – ou, como diria o próprio Marx, um "apêndice da máquina" –, podendo ser substituído por outro operário no desempenho de seus misteres sem maiores dificuldades. A partir de então, o trabalhador viu-se alienado não só de sua força laboral, mas também de sua principal moeda de troca nas relações com os detentores dos meios de produção: o conhecimento.[12]

A situação dos trabalhadores afigurava-se ainda mais dramática na medida em que a gradual substituição do trabalho artesanal pelas máquinas, aliado às massivas migrações do campo em direção aos núcleos urbanos industriais, gerou um verdadeiro "exército de reserva", cuja subsistência era decisiva para a manutenção de um *status quo* extremamente favorável à burguesia, marcado, por um lado, pela excessiva demanda por trabalho e tendo, como contrapartida, uma restrita oferta.

A excessiva oferta de força de trabalho no mercado, aliada à propriedade dos meios de produção industrial (máquinas), conduziu o empresariado burguês à situação de preponderância nas relações de trabalho, possibilitando-lhe a determinação unilateral das condições laborais. Tal circunstância suscitou, no período compreendido entre o final do século XVIII e grande parte do século XIX, a materialização daqueles clássicos vilipêndios às integridades física e mental da classe trabalhadora, de amplo relato na literatura, a compreenderem, na síntese de Karl Marx, a utilização do labor de mulheres e crianças, a intensificação do volume de serviços, a fixação de jornadas extenuantes, o aumento no número de acidentes em decorrência das precárias condições laborais e o temor constante em torno da crescente automação das atividades fabris.[13]

Tal exploração desmesurada do trabalho humano pelo capital somente foi possível na medida em que o arcabouço jurídico a refletir os valores liberais, individualistas e contratualistas da burguesia permitia a fixação de salários e jornadas laborais aviltantes desempenhadas sob condições insalubres e perigosas, à luz

---

(12) Nas palavras de Marx:

"Estudando a manufatura (cuja exploração desconhecia as máquinas), vimos que ela repousava ainda inteiramente na habilidade pessoal do operário, no virtuosismo com o qual ele manejava seu instrumento. (...) Vimos mais que a diferença entre a manufatura e a indústria mecanizada reside precisamente no fato de que a ferramenta usada para trabalhar a matéria-prima é tirada das mãos do operário para ser incorporada à máquina. (...) Na manufatura, a ferramenta não pode manifestar mais firmeza, intensidade, direção e potência do que as possuídas pelo homem a quem é confiado o seu manejo. Na grande indústria, aquele que supervisiona uma máquina pode ser facilmente substituído por outro, e a ferramenta continua a trabalhar mesmo se o homem precisa dormir ou alimentar-se.

(...)

Na manufatura e na oficina o operário serve-se da ferramenta, na fábrica ele serve à máquina. No primeiro caso, é ele que faz mover o meio de trabalho; no segundo, ele apenas segue o movimento. Na manufatura, os operários são membros de um mecanismo vivo; na fábrica, são apenas complementos vivos de um mecanismo morto que existe independente dele". MARX, Karl. Trad.: SCHMIDT, Ronaldo Alves. *O Capital*. Edição resumida por Julian Borchardt. 7. ed. Rio de Janeiro: LTC, 1982. p. 112-113.

(13) *Ibidem*, p. 90-132.

daquela mesma abstração ideológica a apregoar que patrões e obreiros detinham o mesmo grau de autonomia privada para pactuar a prestação de um serviço e sua correspondente contraprestação.

Nesse contexto, o contrato de trabalho firmado entre o industrial e o operário era inserido no capítulo dos códigos civis dedicados à "locação de serviços" e ao "arrendamento de obras", cuja regulamentação se limitava à dicção dos aspectos formais que as avenças deveriam observar. As propostas de intervenção legislativa no sentido de condicionar o conteúdo dos contratos laborais eram rechaçadas de antemão sob o argumento de que tal forma de tutela afrontaria a igualdade formal, por criar um "privilégio" aos trabalhadores, e tolheria de indivíduos dotados das mesmas faculdades naturais a possibilidade de dispor livremente sob aspectos concernentes a suas respectivas esferas de autonomia privada, conforme se infere do magistério de Héctor-Hugo Barbagelata:

> Os códigos civis, à imagem e semelhança do francês, concebiam as relações laborais como relações enquadradas de modo liso e plano no sistema das obrigações e dos contratos, destinando-lhes apenas uns poucos artigos sob a rubrica do arrendamento de serviços e do arrendamento de obra.
>
> Nesse marco, só atendia a uma certa disposição humanística a disposição destinada a impedir que o contrato pudesse gerar uma situação de escravidão, ou seja, a que estabelecia expressamente a nulidade do contrato por toda a vida.
>
> (...)
>
> Tais códigos eram vistos como o reflexo de uma espécie de direito comum, válido também para as relações laborais, a respeito das quais o contrato era concebido como a instituição por excelência dentro de um sistema jurídico fundado na liberdade individual.
>
> (...)
>
> Basta uma simples olhada na forma em que os civilistas encaravam as relações laborais para se convencer de que suas teses estão condicionadas pelas ideias econômicas em voga, assim como pela admissão da impossibilidade de evadir-se do Código Civil sem provocar uma verdadeira catástrofe no sistema jurídico.[14]

---

(14) No original: Los Códigos Civiles a imagen y semejanza del francés, concebían las relaciones laborales como relaciones encuadradas lisa y llanamente en el sistema de las obligaciones y los contratos, destinándoles apenas unos pocos artículos bajo la rubrica del arrendamiento de servicios y del arrendamiento de obra.

En ese marco, solo respondía a una cierta preocupación humanística la disposición destinada a impedir que el contrato pudiera generar una situación de esclavitud, o sea la que establecía expresamente la nulidad del contrato de por vida.

(...)

Não obstante a ficção liberal a tomar corpo nos códigos civis, fruto de elucubrações filosóficas de alta complexidade, os trabalhadores dos polos industriais urbanos encontravam-se, no mundo real, submetidos aos mecanismos da "mão invisível do mercado" – em especial à "lei da oferta e da procura" –, deparando com a inafastável contingência de vender sua mão de obra a preço vil como única forma de sobrevivência, aceitando, dessa forma, as ínfimas contraprestações oferecidas pelos detentores dos meios de produção em troca da prestação de trabalho sob jornadas excessivas e condições extremamente penosas.[15]

Dichos códigos eran mirados como reflejando una especie de derecho común, válido también para las relaciones laborales, respecto de las cuales el contrato se concebia como la institución por excelencia dentro de un sistema jurídico basado en la libertad individual.
(...)
Basta una simple ojeada a la forma en que los civilistas encaraban las relaciones laborales para convencerse de que sus tesis están condicionadas por las ideas economicas en boga, así como por la admisión de la imposibilidad de salirse del Código Civil sin provocar una verdadera catástrofe en el sistema jurídico". BARBAGELATA, Héctor-Hugo. *Curso sobre la Evolución del Pensamiento Juslaboralista*. Montevideo: Fundación de Cultura Universitaria, 2009. p.82-86.

(15) A propósito, Manuel Carlos Palomeque Lopez relata que:
"O processo de substituição do trabalho humano pela máquina e suas sequelas anexas (incremento dos rendimentos, divisão do trabalho, concentrações urbanas etc.) originaria um verdadeiro excedente de mão de obra propício à exploração. Embora os princípios liberais da contratação contidos nos Códigos Civis não deixassem de proclamar a liberdade e igualdade das partes na determinação do conteúdo do contrato, um singular mecanismo ligado às leis do mercado encarregava-se, contrariamente, de esvaziar o conteúdo daquelas formulações igualitárias. Com efeito, a troca de trabalho por salário estava submetida, tal como quaisquer outras relações econômicas, à lei da oferta e da procura dos bens objecto de transacção (trabalho e salário).

Por um lado, a <<oferta>> de trabalho não cessava de crescer como consequência da destruição do emprego, decorrente da generalizada industrialização da produção. (...) Por outro lado, a <<procura>> de trabalho controlada pelo empresário era cada vez mais reduzida, por idênticas razões de substituição da máquina pelo homem. (...) O empresário podia assim livremente dispor de condições de trabalho a baixo custo (tempos de trabalho prolongados e salários reduzidos), sabendo que seriam aceites por um ou outro indivíduo de uma superpovoada oferta de trabalho.
(...)
As terríveis consequências do maquinismo e da exaltação capitalista dos princípios liberais haveriam de conduzir a resultados negros: jornadas de trabalho esgotantes (<<de sol a sol>>), salários de fome (no limite da subsistência física do trabalhador, que permitisse a reprodução da força de trabalho), condições laborais precárias e ambientes nocivos e insalubres; exploração qualificada do trabalho feminino e dos menores; (...) desenvolvimento de procedimentos como o regime do *truck*, que consistia no pagamento dos baixos salários em espécie e não em dinheiro ou em vales permutáveis por determinados produtos unicamente dos estabelecimentos pertencentes ao empresário e nos quais os níveis de preços, muito superiores ao habitual do mercado, reduziam ao mínimo o poder aquisitivo dos já insuficientes salários. (...) Em suma, tinha-se atingido a exploração sistemática do proletariado industrial, que via, realmente, ameaçada a sua permanência histórica como grupo social diferenciado". LOPEZ, Manuel Carlos Palomeque. Trad.: MOREIRA, António. *Direito do Trabalho e Ideologia*. Coimbra: Almedina, 2001. p. 23-24.

Em tais circunstâncias, não é difícil imaginar que a formulação das condições de trabalho deixada ao "livre" alvedrio dos pactuantes, a observar tão somente as flácidas balizas dos "contratos de locação de serviços" e dos "contratos de arrendamento de obra", transformaria as referidas avenças em verdadeiros contratos de adesão com condições fixadas unilateralmente pelos empregadores, na acepção utilizada por Lyon-Caen, Jean Pélissier e Alain Supiot, e levaria uma parcela significativa da sociedade – ou seja, a classe trabalhadora – à mais completa degradação, conforme asseveram os referidos autores franceses:

> De fato, [o contrato de locação de serviços] era um contrato de adesão pelo qual o empregador impunha as condições de remuneração do trabalho, tendendo a reduzir ao máximo a contraprestação pecuniária.
>
> (...)
>
> As consequências do liberalismo em matéria social são bem conhecidas.
>
> Privados de uma regulamentação protetiva, a ação coletiva conduziu os trabalhadores à percepção de salários insuficientes para sua própria sobrevivência, submetendo-os, paralelamente a isto, a jornadas de trabalho excessivas, sob condições precárias de higiene, segurança e habitação, à exploração do labor de mulheres e crianças, bem como a regimes disciplinares que previam até mesmo a imposição e o desconto salarial de multas, transformando-os em figuras aterrorizantes e ameaçadoras à estabilidade social.[16]

A dramática situação vivenciada pelos trabalhadores sob a vigência do paradigma liberal despertaria no seio daquela massa até então amorfa o sentimento de pertinência a uma classe explorada e alienada em relação ao produto de seu esforço, ensejando, como consectária de tal percepção, a difusão da doutrina socialista, a apregoar, em apertadíssima síntese, a coletivização dos meios de produção e a justa divisão dos resultados do trabalho.[17]

---

(16) No original: "En fait, [le contrat de louage de services] est un contrat d'adhésion par lequel l'employeur impose les conditions et la rémunération du travail dont il tend a réduire au maximum la charge.

(...)

Les conséquences du libéralisme en matière sociale sont bien connues.

Privés de réglamentation proctectrice, l'action collective leur étant interdite les travailleur ne perçoivent que des salaries insuffisants pour vivre et sont contraints de faire des journées de travail démesurées sans hygiène, ni sécurité. Ils sont au surplus assujettis à une discipline stricte allant jusqu'au pronounce d'amendes retenues sur le salaire. Vivant dans les taudis (...), faisant travailler femmes et enfants, ils constituent un sujet d'effroi et une menace pour l'ordre établi". LYON-CAEN, Gérard; PÉLISSIER, Jean; SUPIOT, Alain. *Droit du Travail*. 19. ed. Paris: Dalloz, 1998. p. 8.

(17) *Vide*, nesse sentido: DE LA CUEVA, Mario. *El Nuevo Derecho Mexicano del Trabajo. Tomo II.* 14ª Edición. México: Porrúa, 2006. p. 251-252.

Sob tal ideologia, os trabalhadores viriam a formar as primeiras coalizões voltadas para a melhoria de sua condição social e protagonizariam revoltas memoráveis nos países de industrialização avançada. Diante desse quadro de conflagração social aberta e da iminência de implosão do *establishment* econômico, o Estado, capitaneado pela burguesia, passou a elucubrar mecanismos aptos a promover, de modo conciliatório, a subsistência do sistema capitalista de produção e o atendimento às demandas dos obreiros.

É justamente nesse contexto de lutas em torno de melhores condições sociais, do lado do proletariado, e da necessidade de manutenção do sistema capitalista fundado no trabalho assalariado, da parte da burguesia, que surgiram as primeiras leis protetivas dos trabalhadores, conforme bem observa Palomeque Lopez:

> A legislação operária responde, *prima facie,* a uma solução defensiva do Estado burguês para, através de um quadro normativo protector dos trabalhadores, prover à integração do conflito social em termos compatíveis com a viabilidade do sistema estabelecido, assegurando, deste modo, a dominação das relações de produção capitalistas. Não é, por isso, nenhuma casualidade que as primeiras leis operárias versem precisamente sobre aqueles aspectos da relação laboral em que se haviam manifestado os resultados mais visíveis da exploração dos trabalhadores, abordando, assim, a limitação do trabalho das mulheres e menores, a redução dos tempos de trabalho, o estabelecimento de salários mínimos ou, finalmente, a preocupação pelas condições de segurança e higiene no trabalho e a prevenção dos riscos profissionais.[18]

Com o advento das leis voltadas para a proteção da integridade física e psíquica dos obreiros nos países que protagonizaram a Revolução Industrial, com especial destaque para a Inglaterra e a França, nascia o Direito do Trabalho. E mais do que contribuir para o surgimento de um novo ramo jurídico, aquelas leis protetivas editadas em meados do século XIX marcaram a assunção de uma nova postura por parte do Estado burguês, tendo configurado, nas palavras de Palomeque Lopez, "*a primeira e transcendental manifestação histórica da intervenção dos poderes públicos nas relações entre privados*".[19]

Dito de forma mais precisa, com a sucessiva edição de leis trabalhistas em atendimento aos pleitos obreiros, o Estado de então deixou de ser um mero guardião daquelas liberdades individuais a integrarem o conjunto de valores burgueses para adotar uma postura ativa no sentido de intervir nas relações laborais, tutelando, por intermédio da atividade legislativa, a parte hipossuficiente (ou seja, os obreiros), resguardando-a da exploração predatória de sua força de trabalho no contexto do "livre mercado" e rompendo com a ideia de "isonomia formal" que,

---

(18) LOPEZ, Manuel Carlos Palomeque. *Op. cit.*, p. 30.
(19) *Ibidem*, p. 28.

nas palavras de Fábio Konder Comparato, configurava uma *"pomposa inutilidade para a legião crescente de trabalhadores, compelidos a se empregarem nas empresas capitalistas"*.[20]

Pode-se afirmar, portanto, que o advento do Direito do Trabalho representa o marco inicial do movimento a culminar com a ruptura da concepção liberal em torno da estrita separação entre Direito Público (Constituição) e Direito Privado (Código Civil) e da isonomia formal a equalizar abstratamente os indivíduos, sem levar em conta suas reais diferenças. A partir da elaboração das normas protetivas, o Estado dessacralizou a autonomia privada e a propriedade em sua acepção absoluta e passou a considerar a vida e a integridade física dos trabalhadores como matérias de ordem pública que justificavam de *per se* a limitação à livre estipulação contratual e ao desempenho das atividades econômicas lesivas àqueles bens jurídicos, conforme assinala Giovanni Cazzetta:

> No final do século XIX, incrementou-se consideravelmente a demanda por leis sociais especiais e de normas inderrogáveis com vistas a estabelecer limites à liberdade contratual. (...) As primeiras leis sociais impuseram ataduras cautelosas à disciplina do trabalho nas fábricas, ao estabelecerem conteúdos da relação laboral voltados para a atenuação do desequilíbrio contratual. Foram muitos os que conceberam a intervenção setorial do Estado como o mecanismo capaz de sanear as diferenças sociais mais graves que eram geradas pela liberdade contratual. Com seus conteúdos inovadores, a lei especial de cunho social foi percebida como o ponto de partida de uma "nova fase do direito civil", como o sinal do advento de um "direito do futuro". Tem (...) a tarefa de reconhecer quais são os sujeitos e os novos objetos do direito privado, de introduzir derrogações (revogações) do direito individualista, de infringir e sanear o direito formalmente igual e de "consagrar a existência e o valor jurídico de pessoas, de bens e de expectativas recíprocas entre uns e outros" que haviam sido completamente ignoradas pelo Código Civil burguês. Em suma, as leis sociais mostravam "um mundo novo que nasce e derrota um mundo velho que esmoece" e representavam o triunfo da nova necessidade de solidariedade, do momento da especialidade em lugar da uniformidade, do "direito-integração" em oposição ao "direito-indiferença".[21]

---

(20) COMPARATO, Fábio Konder. *A Afirmação Histórica dos Direitos Humanos*. 3. ed. São Paulo: Saraiva, 2003. p. 52.

(21) No original: "A finales del siglo XIX, se incremento considerablemente la demanda de leyes sociales-especiales y de normas inderogables para limitar la libertad contractual. (...) Las primeras leyes sociales impusieron ataduras cautelosas a la disciplina del trabajo em las fabricas, al establecer contenidos de la relación laboral encaminados a atenuar el desequilíbrio contractual. Fueron muchos los que concibieron la intervención sectorial del Estado como el mecanismo capaz de sanear las diferencias sociales más acusadas que generaba la libertad contractual. Con sus contenidos innovadores, la ley especial-social fue percibida como el punto de partida de una <<nueva fase del derecho civil>>, como el signo del advenimiento de un <<derecho del porvenir>>. Tiene (...) la tarea de reconocer quiénes

Assumido o caráter de ordem pública inerente ao Direito do Trabalho, as normas editadas principalmente nos países protagonistas da Primeira Revolução Industrial voltaram-se, em um primeiro momento, à proteção das condições físicas e psíquicas dos trabalhadores, regulamentando aspectos pertinentes ao labor das mulheres e das crianças, bem como à duração do labor, à higiene, à segurança e aos pisos remuneratórios.

Percebeu-se, contudo, que a relevância pública das relações trabalhistas não se esgotava nos aspectos pertinentes às condições de labor e de remuneração. Fez-se necessário, em razão disso, que a legislação obreira atentasse para a preservação do vínculo empregatício e para as graves consequências sociais advindas de seu rompimento. Diante desse imperativo, o Direito do Trabalho passou a impor limites à rescisão unilateral do contrato laboral por parte dos empregadores, ao mesmo tempo em que procurou estabelecer políticas voltadas para assegurar a estabilidade econômica dos trabalhadores.

Esse conjunto de normas de ordem pública, formado historicamente pelas regras e pelos princípios concernentes às condições de labor e de remuneração, bem como às formas de proteção da relação de emprego e da subsistência econômica dos obreiros que limita legitimamente a autonomia privada dos empregadores, veio a formar justamente o que se concebe hoje por "Direito do Trabalho", conforme asseveram Antoine Jeammaud e Antoine Lyon-Caen:

> Diversificados em função de seus objetos (duração do trabalho, higiene e segurança, seguidas pela remuneração, estabilidade no emprego etc.) ao longo do primeiro século de sua história, a legislação e a regulamentação da atividade assalariada formam hoje um volumoso *corpus* complementado por uma jurisprudência abundante. Elas ilustram a intervenção do Estado em uma categoria de ato jurídico – o contrato de trabalho – como técnica de acesso ao emprego assalariado e como fonte principal de submissão de um instituto jurídico ao direito do trabalho.
>
> (...)
>
> Enquanto modalidades da gestão estática da força de trabalho, estes dispositivos normativos combinam o método de tutela representado pela *limitação das prerrogativas* do empregador-contratante (a começar pela liberdade

---

són los sujetos y los nuevos objetos del derecho privado; de introducir derogaciones (revocaciones) del derecho individualista, de infringir y sanear el derecho formalmente igual, y de <<consagrar la existencia y el valor jurídico de personas, de bienes y de expectativas recíprocas entre unos y otros>> que habían sido completamente ignoradas por el Código Civil burgués. En resumen, las leyes sociales mostraban <<un mundo nuevo que nace y derrota a un mundo viejo que se desvanece>> y representaban el triunfo de la nueva necesidad de solidariedad, del momento de la especialidad en lugar de la uniformidad, del <<derecho integración>> en oposición al <<derecho indiferencia>>". CAZZETTA, Giovanni. Trad.: ÁLVAREZ, Clara. *Estado, juristas y trabajo. Itinerarios del Derecho del Trabajo em El siglo XX*. Madrid: Marcial Pons, 2010. p. 44-45.

de estipulação por eles titularizada a teor do Código Civil de 1804), com um objetivo assumido de proteção dos assalariados a conferir-lhes verdadeiros direitos subjetivos que eles podem opor a seus patrões. Diligência análoga foi estabelecida para assegurar a estes trabalhadores algumas garantias fragmentárias em face dos poderes patronais, sem relação direta com o contrato de trabalho.[22]

Do exposto até então, observa-se de plano que o surgimento e a evolução histórica do Direito do Trabalho foram pautados pela necessidade fática de proteção da parte hipossuficiente da relação de emprego em face das vicissitudes ocasionadas com a Revolução Industrial e ainda presentes no atual estágio de evolução do capitalismo, seja no que concerne à tutela das condições de labor e de remuneração, ou no que tange à proteção do vínculo empregatício.

Tais elementos históricos, narrados sinteticamente neste tópico, integram o conteúdo institucional do princípio protetivo – consagrado, entre nós, no texto do art. 7º, *caput*, da Constituição Federal – e serão decisivos, como se verá adiante, para a definição do sentido e do alcance subjacentes ao art. 7º, XXI, da Carta Magna e, mais diretamente, para o estabelecimento dos critérios de proporcionalidade a serem utilizados para o cálculo do aviso-prévio.[23]

---

(22) No original: "Diversifiées dans leurs objects (durée du travail, hygiène et sécurité d'abord, puis rémunération, stabilisation de l'emploi, etc.) au long de ce primier siècle de leur histoire, législation et réglementation de l'activité salariée forment aujourd'hui un volumineux *corpus*, complété par une jurisprudence sans cesse plus abondante. Elles illustrent l'intervention de l'État à l'egard d'une catégorie d'acte juridique – le contrat de travail – en tant que technique d'accès à l'emploi salarié et source principale de soumission d'un rapport juridique au droit du travail. Ce contrat demeure la figure de base, autour de laquelle s'ordonnent nombre de dispositions de cette branche de l'ordre juridique.

(...)

Modalités de la gestion étatique de la force de travail, ces dispositifs normatifs combinent le procédé tutélaire qu'est *la limitation des prérogatives* de l'employeur-contractant (à commencer par la liberté de stipulation qu'il tient du Code civil de 1804), dans un but affirmé de protection des salariés, et *la reconnaissance*, au profit de ces derniers, *de véritables droits subjectifs* qu'ils peuvent opposer à leur patron.

Une démarche analogue a été suivie pour assurer à ces travailleurs quelques garanties fragmentaires face aux pouvoirs patronaux, sans rapport direct avec le contrat de travail". JEAMMAUD, Antoine; LYON-CAEN, Antoine. In: JEAMMAUD, Antoine; LYON-CAEN, Antoine. *Droit du Travail, Démocratie et Crise en Europe Ocidentale et en Amérique*. Arles: Actes Sud, 1986. p. 19.

(23) Pois afinal, conforme assinala Gustavo Zagrebelsky:

"Os princípios (...) não impõem uma ação conforme o suposto normativo, tal como ocorre com as regras, senão uma 'tomada de posição' de acordo com seu *ethos* em todas as eventualidades não precisadas nem pressupostas da vida.

As normas de princípio não são mais do que a formulação sintética, privada quase de sentido desde o ponto de vista da mera análise de linguagem, dos matizes histórico-ideais do ordenamento. Por um lado, declaram as raízes e, por outro, indicam uma direção. Oferecem um ponto de referência no passado e, ao mesmo tempo, orientam o futuro. Os princípios dizem, por um lado, de que passado se provém e em que linhas de continuidade o direito constitucional atual quer estar imerso. Por outro lado, dizem a que futuro está aberta a constituição. Os princípios são, ao mesmo tempo, fatores de conservação e

2.3. A FUNÇÃO SOCIAL DA EMPRESA

As digressões formuladas até então permitem antever que o arcabouço jurídico a integrar o Direito do Trabalho e sua principal diretriz axiológica – o princípio protetivo – têm por intuito deliberado promover o equilíbrio de forças nas relações laborais e, em especial, restringir o livre exercício da autonomia privada e a fruição em absoluto do direito à propriedade por parte dos empresários em nome de bens jurídicos titularizados pelos obreiros, tais como a integridade física e o próprio direito à subsistência, a serem resguardados, como visto, pelas normas de tutela às condições laborais, à remuneração e à proteção ao emprego.

Tal construção axiológica, a culminar, em um primeiro momento, com o advento do Direito do Trabalho, foi resultado da superação daquela concepção liberal a respeito do caráter absoluto do direito à autonomia privada e da passividade do Estado diante dos fenômenos sociais, a qual predominou na primeira metade do século XIX. A partir do momento em que a danosidade daquele modelo ficou evidente, percebeu-se a necessidade de intervenção do Estado na ordem econômica com vistas a promover o equilíbrio de forças entre os particulares – até então vistos em teoria como seres "livres" e "iguais" –, bem assim a resguardar a integridade do tecido social, já bastante corroído pela "mão invisível do mercado", conforme destaca Manuel Garcia-Pelayo:

---

de inovação, de uma inovação que consiste na realização sempre mais completa e adequada às circunstâncias do presente do gérmen primígeno que constitui o princípio.
(...)
A interpretação da constituição não é, portanto, um ato pontual, a histórico, que se esgota na busca da norma que subjetivamente parece, aqui e agora, a mais adequada às nossas expectativas. Em uma constituição fundamentada em princípios, a interpretação é o ato que relaciona um passado constitucional assumido como valor e um futuro que nos é apresentado como um problema para resolver à continuidade".
No original: "Los principios (...) no imponen una acción conforme con el supuesto normativo, como ocurre con las reglas, sino una <<toma de posición>> conforme com su *ethos* en todas las no precisadas ni predecibles eventualidades concretas de la vida.
Las normas de principio no son más que la formulación sintética, privada casi de significado desde el punto de vista del mero análisis del lenguaje, de las matrices histórico-ideales del ordenamiento. Por un lado, declaran las raíces y, por otro, indican una dirección. Ofrecen un punto de referencia en el pasado y, al mismo tiempo, orientan el futuro. Los principios dicen, por un lado, de que pasado se proviene, en que líneas de continuidad el derecho constitucional actual quiere estar inmerso; por otro, dicen hacia qué futuro está abierta la constitución. Los princípios son, al mismo tiempo, factores de conservación y de innovación, de una innovación que consiste en la realización siempre más completa y adecuada a las circunstancias del presente del gérmen primigenio que constituye el principio.
(...)
La interpretación de la constitución no es por tanto um acto puntual, ahistórico, que se agota en la búsqueda de la norma que subjetivamente parece, *hic et nunc,* la más conforme a nuestras expectativas. En una constitución basada en principios, la interpretación es el acto que relaciona un pasado constitucional asumido como valor y un futuro que nos ofrece como problema para resolver en la continuidad".
ZAGREBELSKY, Gustavo. Trad.: CARBONELL, Miguel. *Historia y Constitución*. Madrid: Trotta, 2005. p. 89-90.

O Estado era concebido como uma organização racional orientada para certos objetivos e valores e dotada de estrutura vertical ou hierárquica, ou seja, constituída primordialmente por relações de supra e subordinação. (...) Seus objetivos e valores eram a garantia da liberdade, da convivência pacífica, da segurança e da propriedade, bem como a execução dos serviços públicos, fosse diretamente ou em regime de concessão.

A sociedade, de outro turno, era considerada como uma ordem espontânea dotada de racionalidade, mas não de uma racionalidade previamente projetada, senão de uma racionalidade imanente, que se pode constatar e compreender (...) uma racionalidade expressa em leis econômicas e de outra índole, mais poderosas que qualquer lei jurídica, e uma racionalidade, enfim, não de estrutura vertical ou hierárquica, mas sim horizontal e sustentada basicamente sobre relações competitivas, a que se subordinavam as outras classes ou tipos de relações.

(...)

Sob tais pressupostos, o Estado, organização artificial, não devia nem podia tratar de modificar a ordem social natural, de modo que sua função deveria limitar-se a assegurar as condições ambientais mínimas para seu funcionamento espontâneo e, a todo o mais, a intervir transitoriamente para eliminar algum obstáculo à operacionalização da ordem autorregulada da sociedade. Desse modo, o Estado e a sociedade eram imaginados como dois sistemas distintos, cada um com limites bem definidos, com regulamentações autônomas e com mínimas imbricações entre si.

O Estado social, pelo contrário, parte da experiência de que a sociedade deixada total ou parcialmente aos seus mecanismos autorreguladores conduz à pura irracionalidade e que apenas a ação do Estado possibilitada pelo desenvolvimento das técnicas administrativas, econômicas, de programação de decisões etc. pode neutralizar as disfunções de um desenvolvimento econômico e social descontrolado. Por conseguinte, o Estado não pode limitar-se a assegurar as condições ambientais de uma suposta ordem social imanente, nem a vigiar os distúrbios de um mecanismo autorregulado, senão que, pelo contrário, deve ser o regulador decisivo do sistema social e deve dispor-se à tarefa de estruturar a sociedade através de medidas diretas ou indiretas.[24]

---

(24) No original: "El estado era concebido como uma organización racional orientada hacia ciertos objetivos y valores y dotada de estructura vertical o jerárquica, es decir, construída primordialmente bajo relaciones de supra y subordinación. (...) Sus objectivos y valores eran la garantía de la libertad, de la convivencia pacífica, de la seguridad y de la propiedad, y la ejecición de los servicios públicos, fuera directamente, fuera en régimen de concesión.

La sociedad, en cambio, era considerada como una ordenación, es decir, como un orden espontaneo dotado de racionalidad, pero no de una racionalidad previamente proyectada, sino de una racionalidad inmanente, que se puede constatar y comprender (...), una racionalidad expresada en leyes economicas y de outra índole, más poderosas que cualquier ley jurídica y una racionalidad, en fin, no de estructura

A partir de então, a atuação do Estado como agente corretor das disfunções vislumbradas no jogo do livre mercado e promotor da efetiva igualdade substancial deu-se de duas formas: primeiramente, mediante a positivação de novos direitos e garantias voltados para o atendimento das necessidades dos indivíduos reconhecidamente hipossuficientes e, em paralelo a isso, por intermédio da edição de princípios e regras limitadores da autonomia privada e da livre-iniciativa em nome do equilíbrio social.

Tal limitação à autonomia privada em nome da solidariedade coletiva partiu da premissa de que o indivíduo não é um ser isolado, alheio à coletividade, de modo que suas ações e omissões não se limitam nem se esgotam com a singela consecução de seus próprios interesses, afetando, colateralmente, todos aqueles que se situam ao seu redor, mormente quando o sujeito em questão detém considerável poder econômico.[25]

---

vertical o jerárquica, sino horizontal y sustentada capitalmente sobre relaciones competitivas, a las que se subordinavan las otras clases o tipos de relaciones.
(...)
Bajo tales supuestos, el Estado, organización artificial, ni debía, ni a la larga podia, tratar de modificar el orden social natural, sino que su función habría de limitarse a asegurar las condiciones ambientales mínimas para su funcionamiento espontaneo y, todo lo más, a intervenir transitoriamente para eliminar algún bloqueo a la operacionalización del orden autorregulado de la sociedad. De este modo, el Estado y la sociedad eran imaginados como dos sistemas distintos, cada uno de limites bien definidos, com regulaciones autonomas y con unas mínimas relaciones entre si. El Estado social, por el contrario, parte de la experiencia de que la sociedad dejada total o parcialmente a sus mecanismos autorreguladores conduce a la pura irracionalidad y que solo la acción del Estado hecha posible por el desarollo de las técnicas administrativas, economicas, de programacióm de decisiones, etc., puede neutralizar los efectos disfuncionales de un desarollo económico y social no controlado. Por consiguiente, el Estado no puede limitarse a asegurar las condiciones ambientales de un supuesto orden social inmanente, ni a vigilar los distúrbios de um mecanismo autorregulado, sino que, por el contrario, ha de ser el regulador decisivo del sistema social y ha de disponerse a la terea de estructurar la sociedad a través de medidas directas o indirectas". GARCIA-PELAYO, Manuel. *Las Transformaciones del Estado Contemporáneo*. 2. Edición, 11. reimpresión. Madrid: Alianza Editorial, 2005. p. 21-23.
(25) Não por outra razão, Carlos de Cabo Martin, ao discorrer sobre o conteúdo do princípio constitucional da solidariedade, deixou assente que:
"O princípio constitucional da solidariedade conduz a configurar a cidadania como ativa e não passiva e, sobretudo, como cidadania social e não meramente individual. A cidadania social, portanto, desde este ponto de vista, leva à consideração de que em uma perspectiva jurídico-constitucional (com vistas naturalmente a seu efeito social) o indivíduo não é (...) um 'a priori', mas sim um resultado, uma 'construção' feita a partir da relação com os outros. (...) Por isso, a dignidade, nesse contexto de constitucionalismo de Estado social, adquire um nível novo não só em sua aplicação, como direito, senão também como princípio (...) convertendo-a em princípio constitucional de 'realização social' e, portanto, não só fonte de direitos, senão de deveres, porque neste contexto de inter-relação solidária do Estado social se estabelecem as bases para justificar uma 'Drittwirkung' não apenas negativa e de defesa em relação aos demais, como também positiva em relação aos outros".
No original: "El principio constitucional de solidaridad (...) conduce a configurar la ciudadanía como activa y no pasiva, y, sobretodo, como ciudadanía social y no meramente individual. La ciudadanía social, por tanto, desde este punto de vista, lleva a considerar que en una perspectiva jurídico-constitucional

Assim, com a superação do paradigma liberal, passou-se a compreender os direitos decorrentes da autonomia privada como posições jurídicas legitimadas não mais pelo direito inato à livre e desmedida disposição do patrimônio adquirido pelos indivíduos, mas sim pelo benefício social ocasionado pela utilização da propriedade e pelo exercício da livre-iniciativa econômica, conforme assinalam José Carlos Vieira de Andrade e Pietro Perlingieri:

> A influência socializante manifesta-se ainda na objectivização dos direitos fundamentais. O homem que constitui o ponto de partida e o titular dos direitos é agora o homem socialmente <<situado>> e <<inserido>>, o membro da sociedade numa linguagem organicista, que vê os seus direitos talhados a uma medida e num plano sociais. Já não é o portador abstracto e isolado de interesses primários, pré-sociais, que esgrime a sua autonomia como regra e condição de um contrato social; é um elemento de um conjunto, responsável e condicionado, limitado à partida, carregado com o seu passado social e, nesse sentido, um homem aposteriorístico.
>
> Esta situação ou posição social do homem reflecte-se em vários e relevantes aspectos na nova concepção dos direitos fundamentais.
>
> Em primeiro lugar, estabelece-se o reconhecimento de uma função social dos direitos fundamentais em geral. No conjunto desses direitos – e nalguns deles em especial – acentuam-se considerações objectivas, que contribuem para a definição do seu conteúdo e limites. Os direitos são menos individuais, porque já não são individualistas. É o que se passa, por exemplo, com o direito de propriedade, com a liberdade contratual ou a liberdade de empresa, cada vez mais dependentes de um enquadramento social imperativo. [26]
>
> (...)
>
> No vigente ordenamento não existe um direito subjetivo – propriedade privada, crédito, usufruto – ilimitado, atribuído ao exclusivo interesse do sujeito, de modo tal que possa ser configurado como entidade pré-dada, isto é, preexistente ao ordenamento e que deva ser levada em consideração enquanto conceito, ou noção, transmitido de geração em geração. O que existe é um interesse juridicamente tutelado, uma situação jurídica que já em si mesma

---

(con vistas naturalmente a su efecto social) el individuo no es (...) un a priori, sino un resultado, una <<construcción>> hecha a partir y en relación con los otros. (...) Por eso, la dignidad, en este contexto del constitucionalismo del Estado social, adquiere un nivel nuevo no sólo en su aplicación como derecho, sino que, como principio, legítima la implicación de cada uno en la de los demás, convertiéndola en prticipio constitucional de <<realización social>> y, por tanto, no sólo fuente de derechos, sino de deberes, porque en este contexto de interrelación solidaria del Estado social, se establecen las bases para justificar una Drittwirkung no ya negativa de defensa frente a los demás, sino positiva hacia los otros."
MARTÍN, Carlos de Cabo. *Teoría Constitucional de la Solidariedad*. Madrid: Marcial Pons, 2006. p. 57-58.

(26) ANDRADE, José Carlos Vieira de. *Op. cit.*, p. 61.

encerra limitações para o titular. (...) O ordenamento tutela um interesse somente enquanto atender àquelas razões, também de natureza coletiva, garantidas com a técnica das limitações e dos vínculos.

(...)

A autonomia não é livre-arbítrio: os atos e as atividades não somente não podem perseguir fins antissociais ou não sociais, mas, para terem reconhecimento jurídico, devem ser avaliáveis como conformes à razão pela qual o direito de propriedade foi garantido e reconhecido. (...) Aqui os nexos com a disciplina da empresa tornam-se muito estreitos. Assim, a atividade de gozo e de disposição do proprietário (...) não pode ser exercida em contraste com a utilidade social ou de modo a provocar dano à segurança, à liberdade, à dignidade humana.[27]

Nesse contexto de condicionamento da autonomia privada e da propriedade ao proveito social, a figura da empresa passou a merecer especial atenção por parte do Estado, uma vez que a constituição de tais pessoas jurídicas e a manutenção de suas atividades produtivas é que possibilitam a subsistência da maior parte da população, em especial daqueles que dependem de sua força de trabalho, para além de viabilizar a arrecadação dos tributos necessários para o desempenho das tarefas governamentais e para o custeio do sistema de seguridade social.

Não obstante, a atividade empresarial reflete diretamente no crescimento econômico, pois é por meio da manutenção dos empregos por ela gerados que a grande massa populacional terá acesso à renda e, consequentemente, ao consumo de bens e serviços necessários à sua subsistência e à de sua família, de modo a contribuir, com isso, para a subsistência de outras atividades produtivas e para a plena ocupação da mão de obra.

Convém ressaltar, outrossim, que a atuação regular das empresas criadas e mantidas a partir da livre-iniciativa e da autonomia privada traz consigo, como potencial benefício social, a qualificação profissional dos cidadãos – extremamente necessária para sua integração ao mercado de trabalho –, para além de impactar diretamente no decréscimo das taxas de criminalidade, cuja vinculação aos níveis de desemprego é pública e notória.

Vê-se, dessa forma, que a empresa possui uma inequívoca relevância social, pois sua regular atuação, ao possibilitar a distribuição de renda, mostra-se estritamente necessária não só para o funcionamento escorreito da economia e da estrutura do próprio Estado, como também para a subsistência de seus empregados e das respectivas famílias, refletindo, ao fim e ao cabo, não só no bem-estar destes, como também de toda a população.

---

(27) PERLINGIERI, Pietro. Trad.: DE CICCO, Maria Cristina. *Perfis do Direito Civil. Introdução ao Direito Civil Constitucional*. 2. ed. Rio de Janeiro: Renovar, 2002. p. 121-228.

Há, portanto, um cristalino liame entre a empresa e a coesão social, a refletir diretamente na própria dignidade humana titularizada pelos trabalhadores e pela generalidade dos cidadãos. Justamente por tal razão, Joaquim Pimenta – já no Brasil de 1946, cuja industrialização e povoamento ainda eram escassos se comparado aos padrões hodiernos – havia percebido que a fruição dos direitos à propriedade e à autonomia privada por parte dos empresários somente se afigurava legítima enquanto apta a gerar benefícios para a coletividade, conforme atesta a transcrição da seguinte passagem:

> De muito mais relêvo são, porém, as restrições do direito de propriedade nas relações entre empregadores e empregados, antes só compreendidas como estritamente de direito privado, regulando-se por *contratos consensuais*, livres de quaisquer outras sanções além das que os tornavam anuláveis por êrro, dólo, coação, simulação ou fraude.
>
> (...)
>
> O conceito que define a propriedade com as características de uma *função social*, é mui particularmente aplicável à propriedade capitalista ou de *economia de emprêsa*. Esta cada vez mais vai deixando de ser um *dominium*; se não um novo feudo no Estado moderno, para ser uma instituição detentora de riquezas, de bens, *patrimônio privado,* de que o proprietário pode dispor e utilizar-se em seu proveito, mas, também, *patrimônio de valores sociais,* sob a sua guarda e responsabilidade, envolvendo interêsses da sociedade, em que êle se integra, e, ainda, direito de quantos não sendo proprietários, cooperam, com o seu trabalho, para conservá-lo e fazê-lo progredir.
>
> Em conclusão, já ninguém pode usar dêsse ou daquele direito, em conflito com os fins de utilidade social que devem sempre prevalecer em todos os atos humanos, geradores de relações jurídicas, por isso mesmo juridicamente amparados, protegidos e circunscritos dentro da mesma área de utilidade social em que se movem e se interdependem.[28]

Tal tendência a caracterizar a empresa no contexto de um Estado Democrático e Social de Direito, marcada pela adesão de fins sociais à autonomia privada e aos direitos de propriedade e de livre-iniciativa, bem como pelo rompimento da dicotomia normativa existente entre as esferas pública e privada, faz-se presente no ordenamento jurídico das principais democracias ocidentais, mormente daquelas detentoras de economias vultosas e de um grande contingente de mão de obra dependente de empregos formais.

Nesse sentido, a Constituição da Espanha de 1978, em seu artigo 33, ao mesmo tempo em que reconhece o direito à propriedade, estabelece de forma expressa que a fruição de tal garantia é delimitada por sua função social, nos seguintes termos:

---

(28) PIMENTA, Joaquim. *Sociologia Jurídica do Trabalho*. Rio de Janeiro: Editora Nacional de Direito, 1946. p. 245-247.

Art. 33.

1. É reconhecido o direito à propriedade privada e à herança.

2. A função social destes direitos delimitará seu conteúdo, de acordo com as leis.[29]

De modo ainda mais detalhado, a Constituição da Itália estabelece em seu art. 41 que o direito à livre-iniciativa econômica deverá ser exercido de modo a atender à sua utilidade social e a não causar dano à dignidade humana. No artigo seguinte, a carta peninsular deixa expresso que a fruição da garantia da propriedade privada é condicionada ao atendimento à sua função social, senão, veja-se:

Art. 41. A iniciativa econômica privada é livre.

Não poderá ela ser desempenhada em contrariedade com a utilidade social ou de modo a causar dano à segurança, à liberdade e à dignidade humana.

A lei determinará os programas e os controles pelos quais a atividade econômica pública e privada poderão ser endereçadas e coordenadas aos fins sociais.

Art. 42. A propriedade é pública ou privada. Os bens econômicos pertencem ao Estado, aos seus entes ou aos particulares.

A propriedade privada é reconhecida e garantida nos termos da lei, que determinará os modos de aquisição, de gozo, os limites aptos a assegurar a função social e as formas de fazê-la acessível a todos.[30]

A exemplo dos referidos ordenamentos jurídicos, a tendência de submissão da propriedade privada e da livre-iniciativa empresarial foi claramente seguida pela Constituição Federal de 1988, constituindo um dos traços marcantes do diploma magno, principalmente nos títulos e artigos destinados à explanação dos fundamentos e objetivos da República Federativa do Brasil, à definição dos direitos individuais e à estruturação da ordem econômica.[31]

---

(29) No original: "Art.33.

1. Se reconoce el derecho a la propiedad privada y a la herencia.

2. La función social de estos derechos delimitará su contenido, de acuerdo con las leyes."

(30) No original: "Art. 41. L'iniziativa economica privata è libera.

Non può svolgersi in contrasto con l'utilità sociale o in modo da recare danno alla sicurezza, alla libertà, alla dignità umana.

La legge determina i programmi e i controlli opportuni perché l'attività economica pubblica e privata possa essere indirizzata e coordinata a fini sociali."

"Art. 42.

La proprietà è pubblica o privata. I beni economici appartengono allo Stato, ad enti o a privati.

La proprietà privata è riconosciuta e garantita dalla legge, che ne determina i modi di acquisto, di godimento e i limiti allo scopo di assicurarne la funzione sociale e di renderla accessibile a tutti."

(31) Nesse sentido, Luiz Edson Fachin, em análise voltada especificamente para a Constituição brasileira de 1988, assinala que, com a ascendência de tais postulados, "a Constituição deixa de ser reputada sim-

Com efeito, já em seu art. 1º, a Carta Magna estabelece que a "*livre-iniciativa*" constitui um dos fundamentos da República Federativa do Brasil, ao lado de outros não menos importantes, quais sejam, a "*dignidade da pessoa humana*", a "*valorização do trabalho*" e a "*cidadania*". Mais adiante, no art. 3º, a Constituição Federal indica de forma preclara que a interação daqueles postulados ocorrerá com vistas à consecução de certos objetivos sociais a compreenderem a construção "*de uma sociedade livre, justa e solidária*" (inciso I), o "*desenvolvimento nacional*" (inciso II), a erradicação "*da pobreza e da marginalização*", a redução das "*desigualdades sociais e regionais*" (inciso III), bem como a promoção do "*bem de todos*" (inciso IV). (Destacou-se)

Ainda nessa linha, a Lei Maior, ao assegurar o direito de propriedade em seu art. 5º, XXII, deixou assente, logo no inciso seguinte (XXIII), que o exercício de tal garantia não mais poderia ocorrer ao talante de seu titular, devendo observar, irrefragavelmente, sua função social, nos seguintes termos:

> Art. 5º Todos são iguais perante a lei, sem distinção de qualquer natureza, garantindo-se aos brasileiros e aos estrangeiros residentes no País a inviolabilidade do direito à vida, à liberdade, à igualdade, à segurança e à propriedade, nos termos seguintes:
>
> (...)
>
> XXII - é garantido o direito de propriedade;
>
> XXIII - a propriedade atenderá a sua função social.

De maneira ainda mais específica e em total coerência com as premissas lançadas em seus dispositivos iniciais, a Constituição Federal, ao traçar os princípios regentes da ordem econômica no art. 170, *caput,* assinala que essa última tem por

---

plesmente uma carta política, para assumir uma feição de elemento integrador de todo o ordenamento jurídico – inclusive do Direito Privado. Os direitos fundamentais não são apenas liberdades negativas exercidas contra o Estado, mas são normas que devem ser observadas por todos aqueles submetidos ao ordenamento jurídico. (...) Perde sentido a aludida noção que identifica uma externalidade dos limites negativos – em que se coloca o estado – e uma internalidade – o intangível espaço do Direito Privado, fundado na propriedade, em que todos são formalmente iguais; a eficácia dos direitos fundamentais se estende tanto 'verticalmente' como 'horizontalmente', abrangendo, pois, tanto as relações entre indivíduo e Estado como as relações entre indivíduos".

Assim, ainda segundo o autor, "a noção de liberdade vinculada à propriedade, por exemplo, que, contemporaneamente, se manifesta como liberdade de iniciativa, é expressamente funcionalizada à dignidade da pessoa, conforme se depreende do artigo 170 da Constituição Federal. Opera-se inversão de fundamento do Direito Civil, que desloca-se do 'ter' para o 'ser'.

Os três pilares de base do Direito Privado – propriedade, família e contrato – recebem uma nova leitura, que altera suas configurações, redirecionando-os de uma perspectiva fulcrada no patrimônio e na abstração para outra racionalidade, que se baseia no valor da dignidade da pessoa." FACHIN, Luiz Edson. Constituição e Relações Privadas: Questões de Efetividade no Tríplice Vértice entre o Texto e o Contexto. In: OLIVEIRA NETO, Francisco José Rodrigues de; *et alii. Constituição e Estado Social. Os obstáculos à concretização da Constituição.* Coimbra/São Paulo: Coimbra Editora/Revista dos Tribunais, 2008. p. 248-250.

duplo fundamento a "*livre-iniciativa*" e o "*valor social do trabalho*", e por finalidade primordial "*assegurar a todos existência digna, conforme os ditames da justiça social*". (Destacou-se)

E nos incisos II e III do art. 170, a detalharem os princípios regentes da ordem econômica, a Constituição Federal mais uma vez condiciona a utilização da propriedade à função social a ela subjacente, assentando, outrossim, nos incisos IV, V, VI, VII e VIII do dispositivo em tela que a iniciativa empresarial deve se pautar pela "*livre concorrência*", pela "*defesa do consumidor e do meio ambiente*", pela "*redução das desigualdades sociais e regionais*", bem como pela "*busca do pleno emprego*".[32] (Destacou-se)

Há de se ressaltar, nesse diapasão, que o próprio Código Civil promulgado em 2002 (Lei n. 10.406, de 10.1.2002) incorporou em seus dispositivos a nova configuração da autonomia privada imposta pelo Estado social. Tal assertiva se constata de maneira cristalina diante da redação conferida aos artigos 187, 421, 1.228, § 1º, e 2.035, parágrafo único, da lei substantiva cível, a estabelecerem que a validade dos atos e negócios jurídicos, bem como do exercício do direito de propriedade, encontra-se condicionada à observância de sua função social:

> Art. 187. Também comete ato ilícito o titular de um direito que, ao exercê-lo, excede manifestamente os limites impostos pelo seu fim econômico ou social, pela boa-fé ou pelos bons costumes.
>
> (...)
>
> Art. 421. A liberdade de contratar será exercida em razão e nos limites da função social do contrato.
>
> (...)

---

(32) "Art. 170. A ordem econômica, fundada na valorização do trabalho humano e na livre-iniciativa, tem por fim assegurar a todos existência digna, conforme os ditames da justiça social, observados os seguintes princípios:

I - soberania nacional;

II - propriedade privada;

III - função social da propriedade;

IV - livre concorrência;

V - defesa do consumidor;

VI - defesa do meio ambiente, inclusive mediante tratamento diferenciado conforme o impacto ambiental dos produtos e serviços e de seus processos de elaboração e prestação;

VII - redução das desigualdades regionais e sociais;

VIII - busca do pleno emprego;

IX - tratamento favorecido para as empresas de pequeno porte constituídas sob as leis brasileiras e que tenham sua sede e administração no País.

Parágrafo único. É assegurado a todos o livre exercício de qualquer atividade econômica, independentemente de autorização de órgãos públicos, salvo nos casos previstos em lei."

Art. 1.228. O proprietário tem a faculdade de usar, gozar e dispor da coisa, e o direito de reavê-la do poder de quem quer que injustamente a possua ou detenha.

§ 1º O direito de propriedade deve ser exercido em consonância com as suas finalidades econômicas e sociais e de modo que sejam preservados, de conformidade com o estabelecido em lei especial, a flora, a fauna, as belezas naturais, o equilíbrio ecológico e o patrimônio histórico e artístico, bem como evitada a poluição do ar e das águas.

(...)

Art. 2.035. A validade dos negócios e demais atos jurídicos, constituídos antes da entrada em vigor deste Código, obedece ao disposto nas leis anteriores, referidas no art. 2.045, mas os seus efeitos, produzidos após a vigência deste Código, aos preceitos dele se subordinam, salvo se houver sido prevista pelas partes determinada forma de execução.

Parágrafo único. Nenhuma convenção prevalecerá se contrariar preceitos de ordem pública, tais como os estabelecidos por este Código para assegurar a função social da propriedade e dos contratos.

Assim, diante das pautas objetivas constantes do art. 170 da Constituição Federal, bem como do Código Civil, tem-se que o exercício da autonomia privada, da livre-iniciativa empresarial e do direito de propriedade encontra-se condicionado à observância da função social a ele conferida pelos princípios da ordem econômica, representados pela existência digna de todos, pela redução das desigualdades sociais e regionais, pela defesa do consumidor e do meio ambiente, bem como pela busca do pleno emprego. A fim de reforçar tal assertiva, importa trazer à colação o comentário de José Afonso da Silva acerca do dispositivo constitucional em apreço:

> A Constituição inscreveu a propriedade privada e a sua função social como princípios da ordem econômica (art. 170, II e III). Já destacamos antes a importância desse fato, porque, então, embora também prevista entre os direitos individuais, ela não mais poderá ser considerada puro direito individual, relativizando-se seu conceito e significado, especialmente porque os princípios da ordem econômica são preordenados à vista da realização de seu fim: assegurar a todos existência digna, conforme os ditames da justiça social. Se é assim, então a propriedade privada, que, ademais, tem que atender a sua função social, fica vinculada à consecução daquele fim (...) de sorte que se pode dizer que ela só é legítima enquanto cumpra uma função dirigida à justiça social.
>
> (...)
>
> Correlacionando essa compreensão com a valorização do trabalho humano (art. 170, *caput*), a defesa do consumidor (art. 170, V), a defesa do meio ambiente (art. 170, VI), a redução das desigualdades regionais e sociais (art. 170, VII) e a busca do pleno emprego (art. 170, VIII), tem-se configurada a sua direta implicação com a propriedade dos bens de produção, especialmen-

te imputada à empresa pela qual se realiza e efetiva o poder econômico, o poder de dominação empresarial. Disso decorre que tanto vale falar de função social da propriedade dos bens de produção, como de função social da empresa, como de função social do poder econômico.

(...)

Essas considerações complementam algumas ideias já lançadas, segundo as quais a iniciativa econômica privada é amplamente condicionada no sistema da constituição econômica brasileira. Se ela se implementa na atuação empresarial, e esta se subordina ao princípio da função social, para realizar ao mesmo tempo o desenvolvimento nacional, assegurada a existência digna de todos, conforme ditames da justiça social, bem se vê que a liberdade de iniciativa só se legitima quando voltada à efetiva consecução desses fundamentos, fins e valores da ordem econômica.[33]

Pode-se afirmar, portanto, que no atual estágio do capitalismo, inaugurado com o advento do Direito do Trabalho e aperfeiçoado com a intervenção do Estado na ordem econômica, não há espaço para que a empresa seja considerada como uma entidade constituída tão somente para a geração de dividendos aos seus proprietários e para a produção de determinados bens e serviços a serem oferecidos ao mercado consumidor.

Ao revés, a empresa formada e gerida em decorrência do exercício da livre-iniciativa e da fruição do direito à propriedade encontra sua legitimidade na geração de empregos e na distribuição de renda, sem os quais o crescimento econômico e as atividades desempenhadas pelo Estado restarão comprometidos, em prejuízo último à coesão social e à própria dignidade humana. É esta, justamente, a função social que condiciona a autonomia privada na esfera empresarial e que serve de fundamento axiológico para a subsistência das normas do Direito do Trabalho que restringem a dispensa sem justa causa.

2.4. A FUNÇÃO SOCIAL DA EMPRESA E A PROTEÇÃO CONTRA O DESEMPREGO

A observância à função social que orienta o desempenho da iniciativa empresarial nos ordenamentos jurídicos democráticos não se basta com a geração de empregos, somado ao pagamento de tributos ao Estado, ao custeio do sistema de seguridade social e ao respeito à livre concorrência, ao meio ambiente e aos direitos dos consumidores e dos demais cidadãos. Também não atende à diretriz em apreço o singelo cumprimento formal da legislação em vigor e do dever geral de não lesar terceiros sem o atendimento substancial às orientações axiológicas emanadas dos

---

(33) SILVA, José Afonso da. *Curso de Direito Constitucional Positivo.* 24. ed. São Paulo: Malheiros Editores, 2005. p. 812-814.

princípios jurídicos positivados nas constituições e nos diplomas que regulam as relações laborais e a atividade econômica.

Em suma, para que a função social da empresa seja efetivamente atendida, o exercício da livre-iniciativa e, mais especificamente, a organização dos fatores de trabalho nas unidades produtivas deverão ser pautados pelas diretrizes a orientarem a ordem econômica, tais como os princípios e objetivos versados nos artigos 1º e 170 da Constituição pátria.

Dentre tais corolários a vincularem a atividade privada, destaca-se a justiça social, aqui compreendida como a efetiva utilização da empresa como meio para a distribuição de renda e, principalmente, para o atendimento aos fins coletivos da sociedade, tais como a redução das desigualdades e a promoção da cidadania e da dignidade humana, conforme bem ressalta Ana Frazão de Azevedo Lopes:

> Além da livre concorrência, a Constituição também adota como princípios que limitam e orientam a atividade da empresa, a defesa do consumidor, a defesa do meio ambiente, a redução das desigualdades regionais e sociais e a busca do pleno emprego.
>
> No entanto, tais princípios obviamente não esgotam os compromissos da empresa e da atividade econômica em geral. Afinal, o equilíbrio entre a liberdade empresarial e o igual direito à liberdade dos demais membros da sociedade é extremamente delicado e envolve a questão da justiça social. Esta, por sua vez, não tem como ser reduzida a fórmulas fechadas e que sejam insensíveis ao processo democrático e ao contexto social e histórico em que é analisada.
>
> Daí por que o princípio da função social da propriedade, cuja decorrência necessária é a função social da empresa, pode ser considerado como uma forma que a Constituição encontrou de condicionar o exercício da atividade empresarial à justiça social sem ter que recorrer a nenhum compromisso previamente determinado.
>
> (...)
>
> A função social da empresa é um conceito que foi consolidado não apenas para impedir o exercício antissocial da atividade empresarial, mas para direcioná-la ao atendimento das finalidades sociais, inclusive mediante a imposição de deveres à empresa. (...) A função social da empresa traz em si uma proposta de reumanização, a fim de que os indivíduos possam ser reconhecidos como valores supremos e não como meros instrumentos da atividade econômica. (...) O seu propósito é o de propiciar uma empresa socialmente responsável, resgatando o seu papel institucional diante dos compromissos que lhe atribui a ordem constitucional econômica.

Ocorre que esses compromissos não são atingidos quando a empresa se restringe a não prejudicar os consumidores e os demais cidadãos. Já se viu que o cumprimento da função social, no seu aspecto positivo, não diz respeito apenas à ausência de prejuízos; mais do que isso, exige a existência de benefícios sociais.

Daí porque, especialmente em um país como o Brasil, onde a pobreza e a miséria impedem parte substancial da sociedade de ter o legítimo direito à autonomia, a função social da empresa implica necessariamente a distribuição da riqueza e dos benefícios da atividade econômica.

(...)

A função social da empresa é o corolário de uma ordem econômica que, embora constituída por vários princípios, possui a finalidade comum de *assegurar a todos uma existência digna, conforme os ditames da justiça social.* Daí porque diz respeito à responsabilidade da empresa não apenas perante seus concorrentes e consumidores, mas também perante a sociedade como um todo, inclusive em relação àqueles que estão afastados do mercado consumidor exatamente em função da pobreza e da miséria.[34]

Dentre as formas mais frequentes utilizadas pelos ordenamentos infraconstitucionais de vários países no fito de promover a concretização do postulado da justiça social aplicado à ordem econômica, destaca-se a positivação de políticas e de medidas legislativas voltadas para a redução do desemprego e para a subsistência dos vínculos laborais estabelecidos entre as empresas e seus empregados, com especial atenção para aquelas relações estabelecidas há mais tempo.

A implementação de tais políticas e medidas por parte dos Estados se justifica na medida em que o livre descarte da mão de obra por parte das empresas e o desemprego trazem consigo consequências negativas que afetam não só os trabalhadores diretamente envolvidos, como também toda a coletividade. Com efeito, a carência de renda fixa periódica, para além de dificultar ou mesmo impedir a imediata satisfação das necessidades vitais dos indivíduos, impede-os de formar uma poupança voltada para o atendimento das necessidades surgidas com a ocorrência de eventuais adversidades e com a velhice. Tais vicissitudes afiguram-se ainda mais graves naquelas sociedades em que os postos de trabalho se tornam cada vez mais escassos, seja em função da crise econômica, ou dos avanços tecnológicos a tornarem dispensável o labor humano em determinados setores.

A ausência generalizada de renda ocasionada nesse cenário de desemprego potencializa, a médio prazo, a queda no padrão de vida e o aumento inversamente proporcional das taxas de pobreza e de miséria, contribuindo, outrossim, mais adiante, para o desamparo de um enorme contingente de indivíduos nas adversidades e na velhice. Tal situação, a configurar de *per se* verdadeira tragédia humana, acaba por se agravar na medida em que a crescente demanda pelos serviços

---

(34) LOPES, Ana Frazão de Azevedo. *Empresa e Propriedade. Função Social e Abuso de Poder Econômico.* São Paulo: Quartier Latin, 2006. p. 279-282.

públicos de assistência e de seguridade social não será atendida a contento, em razão das quedas no financiamento e da consequente impossibilidade de custeio dos respectivos sistemas.

Some-se a isso o fato de que o livre descarte de trabalhadores por parte da empresa, bem como o desemprego e as naturais dificuldades de recolocação dos obreiros no mercado de trabalho, em especial daqueles que detêm idade mais avançada, trazem consigo o inevitável aumento do trabalho informal e o incremento da criminalidade, de modo a prejudicar, ao fim e ao cabo, toda a coletividade.

É justamente para evitar tais consequências que as normas a integrarem o Direito do Trabalho se compatibilizam plenamente com a função social da empresa e integram como um de seus princípios elementares a tutela da continuidade do vínculo empregatício. Busca-se com tal diretriz assegurar, por meio da proteção ao emprego, não só a justiça social e a distribuição de renda, como também a estabilidade econômica dos trabalhadores e, consequentemente, a coesão e o bem-estar de toda a coletividade, conforme bem asseveram Américo Plá Rodriguez e Mario de La Cueva:

> Para compreender este princípio [da continuidade] devemos partir da base que o contrato de trabalho é um contrato de trato sucessivo, ou seja, que a relação de emprego não se esgota mediante a realização instantânea de certo ato, mas perdura no tempo. A relação empregatícia não é efêmera, mas pressupõe uma vinculação que se prolonga.
>
> Durante certo tempo se acreditou ver nesta circunstância o perigo de que reapareceriam sorrateiramente certas formas de escravidão ou, pelo menos, de servidão.
>
> (...)
>
> Posteriormente, notou-se que o perigo real era o inverso: a instabilidade, que é sinônimo de insegurança. (...) O desejo de segurança é um dos traços mais típicos do homem contemporâneo, tanto que, na história da humanidade, um dos legados do século XX será, sem dúvida, a idéia da segurança social.
>
> Tudo o que vise à conservação da fonte de trabalho, a dar segurança ao trabalhador, constitui não apenas um benefício para ele, enquanto lhe transmite uma sensação de tranqüilidade, mas também redunda em benefício para a própria empresa e, através dela, da sociedade, na medida em que contribui para aumentar o lucro e melhorar o clima social das relações entre as partes.
>
> (...)
>
> Talvez a principal expressão do princípio de continuidade seja esta: a resistência a que o empregador possa romper o contrato por sua vontade exclusiva.

A tendência predominante é que o contrato de trabalho subsista enquanto se conserve o trabalho, porque é cada vez mais firme e ampla a convicção de que a relação de emprego somente deve ser dissolvida quando exista algum motivo justificado.[35]

(...)

A estabilidade no emprego apareceu em nosso direito como uma das manifestações mais cristalinas da justiça social, profundamente arraigada no direito do trabalho, porque sua finalidade imediata é o viver hoje e no amanhã imediato, voltando-se, desde seu nascimento e de forma apaixonada, para a seguridade social, porque sua finalidade mediata é preparar o trabalhador para a adversidade e para a velhice. Dessas duas finalidades se depreende sua essência: a estabilidade no trabalho é a certeza do presente e do futuro, uma das idéias que anuncia uma vinculação mais íntima (...) do direito do trabalho e do direito à seguridade social.[36]

Imbuído desse mesmo propósito voltado para a elisão dos riscos de fragmentação da coletividade gerados pelo desemprego e pelo descarte inconsequente da mão de obra por parte das empresas, o art. 170, VIII, da Constituição Federal brasileira erigiu dentre os fundamentos da ordem econômica, ao lado da justiça social, da valorização do labor e da dignidade humana, a busca do pleno emprego, conforme visto alhures.

A busca do pleno emprego, enquanto diretriz axiológica orientadora da ordem econômica, impõe inequivocamente ao Estado o dever de implementar políticas públicas e investimentos governamentais voltados para o estímulo da atividade produtiva por parte dos particulares, de modo a possibilitar a criação de postos de trabalho e, consequentemente, a geração da renda necessária para a movimentação da economia.[37]

---

(35) RODRIGUEZ, Américo Plá. Trad.: GIGLIO, Wagner. *Princípios de Direito do Trabalho*. 3. ed. São Paulo: LTr, 2004. p. 239-264.

(36) No original: "La estabilidad en el trabajo apareció en nuestro derecho como una de las manifestaciones más cristalinas de la justicia social, hondamente enraizada en el derecho del trabajo, porque su *finalidad inmediata* es el vivir hoy y en el mañana inmediato, pero al nacer miró apasionadamente hacia la seguridad social, porque su *finalidad mediata* es preparar el vivir del trabajador en la adversidad y en la vejez. De estas sus dos finalidades se desprende su esencia: *la estabilidad en el trabajo es la certeza del presente y del futuro*, una de las ideas que anuncia una vinculación más intima (...) del derecho del trabajo y del de la seguridad social". DE LA CUEVA, Mario. *El Nuevo Derecho Mexicano del Trabajo*. Tomo I. 22. Edición. México: Porrúa, 2009. p. 219.

(37) Nas palavras de Gastão Alves de Toledo:

"O princípio constitucional da *busca do pleno emprego* (...) deve estabelecer as prioridades e os propósitos governamentais em relação ao desempenho geral da economia. O *pleno emprego* é fórmula concebida no âmbito da ciência econômica, largamente analisado a partir da obra de John Maynard Keynes (1936) – *The General Theory of Employment, Interests and Money* – e se constitui em ideal de todos os que se debruçam sobre o comportamento da economia e sua relação com o nível de emprego. Cuida-se,

No entanto, o sentido e o alcance do princípio em apreço não se limitam a isso. Com efeito, muito além do singelo fomento à atividade empresarial privada, a busca do pleno emprego, compreendido em conjunto com as diretrizes conexas da proteção dos trabalhadores, da justiça social, da dignidade humana e da valorização do labor, impõe a implementação de medidas legislativas tendentes a desestimular as dispensas sem justa causa e a assegurar, na maior medida possível, a estabilidade dos obreiros em seus empregos.

2.5. CONCRETIZAÇÕES DO PRINCÍPIO PROTETIVO E DA BUSCA DO PLENO EMPREGO NO TOCANTE À PROTEÇÃO CONTRA O DESEMPREGO

2.5.1. As medidas de vedação à despedida imotivada e de restrição à rescisão unilateral do vínculo empregatício por parte dos empregadores

Ao promoverem a concretização dos postulados da proteção do trabalhador e da busca do pleno emprego, diversos ordenamentos – em especial no âmbito da União Europeia – conceberam mecanismos legislativos que vedam a dispensa imotivada dos trabalhadores e que, paralelamente a isso, estabelecem requisitos fáticos e jurídicos rigorosos para a rescisão unilateral do contrato de trabalho por parte do empregador, apenas e tão somente quando presentes causas aptas a justificar a despedida.

Trata-se, na dicção de Rui Medeiros, de um modelo de restrição à autonomia privada e à livre-iniciativa dos empregadores, justificado pela desigualdade fática existente entre estes e os trabalhadores, a fundamentar o próprio princípio protetivo, e pela preferência conferida à reintegração dos obreiros nos respectivos postos de trabalho em detrimento da singela indenização, como consequência da busca pelo pleno emprego:

> A garantia da segurança no emprego, à semelhança dos direitos fundamentais dos trabalhadores em geral, implica naturalmente a compressão, no domínio das relações laborais, da autonomia privada, da liberdade empresarial e de outros direitos ou interesses constitucionalmente protegidos.
>
> Com efeito, "a Constituição deixa claro o reconhecimento de que as relações do trabalho subordinado não se configuram como verdadeiras relações entre iguais", procurando proteger a "autonomia dos menos autónomos".
>
> (...)

---

portanto, da instituição de mecanismos de estímulo à atividade econômica, através de investimentos públicos e medidas de natureza financeira, tributária e creditícia que possam redundar no aumento da empregabilidade". TOLEDO, Gastão Alves de. Ordem Econômica e Financeira. In: MARTINS, Ives Gandra da Silva; MENDES, Gilmar Ferreira; NASCIMENTO, Carlos Valder do. *Tratado de Direito Constitucional*. v. 2. São Paulo: Saraiva, 2010. p. 333.

A proibição de despedimentos sem justa causa, enquanto norma jusfundamental que visa a garantir efectivamente a segurança no emprego, aponta, *prima facie*, para "a consagração de um sistema que privilegie as formas de tutela reintegratória em detrimento dos meios meramente ressarcitórios".[38]

A forma mais comum adotada pelos referidos ordenamentos consiste, principalmente, na vedação expressa às demissões imotivadas, arbitrárias e abusivas, complementada por dispositivos que condicionam as dispensas válidas a situações taxativas de ordem técnica e econômica, cuja materialização inviabilize, de algum modo, a continuidade das atividades regularmente desempenhadas pelas empresas.

Tal orientação protetiva encontra expressa previsão na Carta dos Direitos Fundamentais da União Europeia, cujo art. 30 estabelece de modo expresso que *"todos os trabalhadores têm direito à proteção contra os despedimentos sem justa causa, de acordo com o direito comunitário e as legislações e práticas nacionais".*

Nesse mesmo sentido, as Diretivas n. 75, de 17.2.1975, e n. 98, de 20.7.1998, ambas do Conselho das Comunidades Europeias, estabelecem requisitos formais e substanciais severos para a implementação de demissões coletivas por parte das empresas sediadas nos países a integrarem aquele bloco, tais como a necessidade de consulta prévia às entidades sindicais obreiras, a implementação de tentativas de acordos voltados para evitar ou amenizar as medidas empresariais drásticas e o estabelecimento de um procedimento detalhado de comunicação às autoridades públicas.[39]

---

(38) MEDEIROS. Rui. In: MIRANDA, Jorge; MEDEIROS, Rui. *Constituição Portuguesa Anotada*. Tomo I. Coimbra: Coimbra Editora, 2005. p. 501-509.

(39) Diretiva n. 75/75 – "Artigo 2º.

1. Sempre que o empregador tencione efectuar despedimentos colectivos, deve proceder a consultas aos representantes dos trabalhadores com o objectivo de chegar a um acordo.

2. As consultas incidirão, pelo menos, sobre as possibilidades de evitar ou de reduzir os despedimentos colectivos, bem como sobre os meios de atenuar as suas consequências.

3. Para que os representantes dos trabalhadores possam formular propostas constructivas, o empregador deve fornecer-lhes todas as informações úteis e, em qualquer caso, através de uma comunicação escrita, os motivos do despedimento, o número de trabalhadores a despedir, o número de trabalhadores habitualmente empregados e o período no decurso do qual se pretende efectuar os despedimentos.

"Diretiva n. 98/98 - Artigo 2º

1. Quando o empresário cogitar na efetivação de despedidas coletivas, deverá consultar, em tempo hábil, os representantes dos trabalhadores com vistas à obtenção de um acordo.

2. As consultas versarão, no mínimo, sobre as possibilidades de evitar ou reduzir as demissões coletivas e de atenuar seus efeitos, mediante o recurso a medidas sociais de acompanhamento destinadas, em especial, à ajuda para a readaptação ou a reconversão dos trabalhadores demitidos.

(...)

3. A fim de permitir que os representantes dos trabalhadores possam formular propostas construtivas, o empresário, durante o transcurso das consultas e em tempo hábil, deverá:

a) proporcionar todas as informações pertinentes e

No plano das legislações internas, merece destaque o art. 53 da Constituição de Portugal, a assegurar de forma expressa aos trabalhadores "a segurança no emprego" e a vedar taxativamente "os despedimentos sem justa causa ou por motivos políticos ou ideológicos". Tal diretriz constitucional foi estritamente observada nos artigos 396, 397, 402 e 405 do Código do Trabalho lusitano (Lei n. 99, de 27.8.2003), a estabelecer que as despedidas passíveis de serem implementadas pelos empresários somente poderão ocorrer por "facto imputável ao trabalhador", por "extinção de posto de trabalho" ou por "inadaptação", permitindo-se, outrossim, os "despedimentos colectivos" havendo "motivos de mercado", "motivos estruturais" ou "motivos tecnológicos". Transcreve-se, por oportuno, os dispositivos em referência:

Constituição da República Portuguesa – Artigo 53. Segurança no emprego.

É garantida aos trabalhadores a segurança no emprego, sendo proibidos os despedimentos sem justa causa ou por motivos políticos ou ideológicos.

(...)

Código do Trabalho – Artigo 396 (Justa causa de despedimento)

1 – O comportamento culposo do trabalhador que, pela sua gravidade e consequências, torne imediata e praticamente impossível a subsistência da relação de trabalho constitui justa causa de despedimento.

2 – Para apreciação da justa causa deve atender-se, no quadro de gestão da empresa, ao grau de lesão dos interesses do empregador, ao carácter das relações entre as partes ou entre o trabalhador e os seus companheiros e às demais circunstâncias que no caso se mostrem relevantes.

---

b) comunicar-lhes, em qualquer caso, por escrito:

i) os motivos do projeto de demissão coletiva;

ii) o número e as categorias dos trabalhadores que serão despedidos;

iii) o número e as categorias de trabalhadores empregados habitualmente;

iv) o período durante o qual está prevista a efetivação das demissões;

v) os critérios levados em conta para designar os trabalhadores que serão demitidos, se as legislações ou práticas nacionais conferem ao empresário tal possibilidade;

vi) o método de cálculo das possíveis indenizações por despedida distintas da legíslação ou da prática nacionais.

O empresário deverá transmitir à autoridade pública competente uma cópia da comunicação escrita contendo, ao menos, os elementos previstos nos incisos I a V da letra b) do parágrafo 1º;

4. As obrigações estabelecidas nos itens 1, 2 e 3 aplicar-se-ão independentemente do fato da decisão relativa à demissão coletiva ser aplicada pelo próprio empresário ou por uma empresa que exerça controle sobre ele.

No que se refere às infrações referentes às obrigações de informação, consulta e notificação estabelecidas na presente Diretiva, qualquer justificativa do empresário baseada no fato de que a empresa tomadora da decisão relativa à demissão coletiva não lhe facilitou o acesso às informações necessárias, não serão levadas em consideração.

3 – Constituem, nomeadamente, justa causa de despedimento os seguintes comportamentos do trabalhador:

a) Desobediência ilegítima às ordens dadas por responsáveis hierarquicamente superiores;

b) Violação dos direitos e garantias de trabalhadores da empresa;

c) Provocação repetida de conflitos com outros trabalhadores da empresa;

d) Desinteresse repetido pelo cumprimento, com a diligência devida, das obrigações inerentes ao exercício do cargo ou posto de trabalho que lhe esteja confiado;

e) Lesão de interesses patrimoniais sérios da empresa;

f) Falsas declarações relativas à justificação de faltas;

g) Faltas não justificadas ao trabalho que determinem directamente prejuízos ou riscos graves para a empresa ou, independentemente de qualquer prejuízo ou risco, quando o número de faltas injustificadas atingir, em cada ano civil, cinco seguidas ou dez interpoladas;

h) Falta culposa de observância das regras de higiene e segurança no trabalhador;

i) Prática, no âmbito da empresa, de violências físicas, de injúrias ou de outras ofensas punidas por lei sobre trabalhadores da empresa, elementos dos corpos sociais ou sobre o empregador individual não pertencente aos mesmos órgãos, seus delegados ou representantes;

j) Sequestro e em geral crimes contra a liberdade das pessoas referidas na alínea anterior;

l) Incumprimento ou oposição ao cumprimento de decisões judiciais ou administrativas;

m) Reduções anormais de produtividade.

(...)

Artigo 397 (Despedimento Colectivo – Noção).

1 – Considera-se despedimento colectivo a cessação de contratos de trabalho promovida pelo empregador e operada simultânea ou ou sucessivamente no período de três meses, abrangendo, pelo menos, dois ou cinco trabalhadores, conforme se trata, respectivamente, de microempresa e de pequena empresa, por um lado, ou de média e grande empresa, por outro, sempre que aquela ocorrência se fundamente em encerramento de uma ou várias secções ou estrutura equivalente ou redução de pessoal determinada por motivos de mercado, estruturais ou tecnológicos.

2 – Para efeitos do disposto no número anterior consideram-se, nomeadamente:

a) Motivos de mercado – redução da actividade da empresa provocada pela diminuição previsível da procura de bens ou serviços ou impossibilidade superveniente, prática ou legal, de colocar esses bens ou serviços no mercado;

b) Motivos estruturais – desequilíbrio económico-financeiro, mudança de actividade, reestruturação da organização produtiva ou substituição de produtos dominantes;

c) Motivos tecnológicos – alterações nas técnicas ou processos de fabrico, automatização dos instrumentos de produção, de controlo ou de movimentação de cargas, bem como informatização de serviços ou automatização de meios de comunicação.

(...)

Artigo 402 (Despedimento por extinção de posto de trabalho – Noção).

A extinção do posto de trabalho determina o despedimento justificado por motivos económicos, tanto de mercado como estruturais ou tecnológicos, relativos à empresa, nos termos previstos para o despedimento colectivo.

(...)

Artigo 405 (Despedimento por inadaptação – Noção).

Constitui fundamento de despedimento do trabalhador a sua inadaptação superveniente ao posto de trabalho, nos termos dos artigos seguintes.

O "*Code du Travail*" francês, por sua vez, se vale de forma aberta para vedar o despedimento sem justa causa, ao estabelecer de forma lapidar, em seus artigos L-1.232-1 e L-1.233-2, que as dispensas por razões pessoais ou econômicas deverão ser sempre motivadas em elementos "sérios e reais", estabelecendo-se, nos dispositivos seguintes, uma série de formalidades a serem observadas pelos empregadores, nos seguintes termos:

Art. 1.232-1. Toda dispensa por razões pessoais será motivada pelas condições definidas no presente capítulo.

Ela será justificada por uma causa real e séria.

Art. 1.232-2. O empregador que pretender demitir um assalariado deverá convocá-lo, antes de qualquer decisão, a uma entrevista prévia.

A convocação se efetuará por carta registrada ou por carta concedida de mão própria contra recibo. Esta carta deverá fazer menção ao objeto da convocação.

A entrevista prévia não pode ser realizada com menos de cinco dias úteis após a apresentação da carta recomendada ou da entrega, de mão própria, da carta de convocação.[40]

Paralelamente a isso, o "Code du Travail" da França, em seus artigos 1.233-2, 1.233-3 e 1.233-8, estabelece regras específicas para os despedimentos de natureza econômica, a variarem em função da quantidade de trabalhadores dispensados em um mesmo período de 30 (trinta) dias, no intuito deliberado de promover a estabilidade no emprego e de evitar a implementação da medida extrema representada

---

(40) "Article L1232-1.
Tout licenciement pour motif personnel est motivé dans les conditions définies par le présent chapitre.
Il est justifié par une cause réelle et sérieuse."
"Article L1232-2.
L'employeur qui envisage de licencier un salarié le convoque, avant toute décision, à un entretien préalable.
La convocation est effectuée par lettre recommandée ou par lettre remise en main propre contre décharge. Cette lettre indique l'objet de la convocation.
L'entretien préalable ne peut avoir lieu moins de cinq jours ouvrables après la présentation de la lettre recommandée ou la remise en main propre de la lettre de convocation."

pela rescisão unilateral dos contratos de trabalho por parte dos empregadores. Transcrevem-se, por oportuno, os dispositivos em comento:

> Art. 1.233-2.
> Toda dispensa por motivos econômicos será motivada pelas condições definidas no presente capítulo.
> Ela será justificada por uma causa real e séria.
> Art. 1.233-3. Constitui um despedimento por motivo econômico o despedimento efetuado por um empregador por um ou vários motivos não inerentes à pessoa do assalariado que resulta de uma supressão ou transformação do emprego ou de uma modificação recusada pelo assalariado quanto a um elemento essencial do contrato de trabalho, nomeadamente relacionados a dificuldades econômicas ou a alterações tecnológicas. As disposições do presente capítulo são aplicáveis a qualquer ruptura do contrato de trabalho, com exceção da ruptura convencional referida nos artigos L. 1.237-11 e seguintes, resultante de uma das causas enunciadas no primeiro parágrafo.
> (...)
> Art. 1.233-8. O empregador que pretende proceder a um despedimento coletivo por motivo econômico de menos de dez assalariados num período de trinta dias deve reunir e consultar o Comitê de Empresa constituído nas empresas de cinquenta assalariados ou mais, os delegados de pessoal nas empresas com menos de cinquenta assalariados, segundo as condições previstas pela presente subsecção.[41]

Vê-se, portanto, que os ordenamentos jurídicos dos países ora estudados, bem assim as diretrizes emanadas da União Europeia, pautam a regulamentação das despedidas pelas diretrizes pertinentes à preservação do pleno emprego e à proteção do

---

(41) No original:
"Article L1233-2.
Tout licenciement pour motif économique est motivé dans les conditions définies par le présent chapitre.
Il est justifié par une cause réelle et sérieuse.
Article L1233-3.
Constitue un licenciement pour motif économique le licenciement effectué par un employeur pour un ou plusieurs motifs non inhérents à la personne du salarié résultant d'une suppression ou transformation d'emploi ou d'une modification, refusée par le salarié, d'un élément essentiel du contrat de travail, consécutives notamment à des difficultés économiques ou à des mutations technologiques.
Les dispositions du présent chapitre sont applicables à toute rupture du contrat de travail à l'exclusion de la rupture conventionnelle visée aux articles L. 1237-11 et suivants, résultant de l'une des causes énoncées au premier alinéa."
(...)
"Article L1233-8
L'employeur qui envisage de procéder à un licenciement collectif pour motif économique de moins de dix salariés dans une même période de trente jours réunit et consulte le comité d'entreprise dans les entreprises de cinquante salariés et plus, les délégués du personnel dans les entreprises de moins de cinquante salariés, dans les conditions prévues par la présente sous-section".

trabalhador diante das determinações discricionárias dos empregadores que possam redundar em despedidas desmotivadas e, consequentemente, em prejuízos não só para os obreiros diretamente afetados, como também para toda a coletividade.

Paralelamente a isso, a análise dos dispositivos ora mencionados demonstra que os respectivos ordenamentos manifestam de modo cristalino sua preferência pela reintegração dos trabalhadores demitidos aos postos de trabalho em relação à reparação pecuniária, conferindo ao princípio protetivo e à busca do pleno emprego uma nítida preponderância em relação aos postulados da livre-iniciativa e da autonomia privada.

2.5.2. Indenização proporcional ao tempo de serviço em caso de despedida imotivada

Alguns sistemas jurídicos não consagram a vedação à despedida imotivada, optando, ao revés, por concretizar os princípios da proteção do trabalhador e da busca do pleno emprego por intermédio da responsabilização pecuniária dos empregadores pela rescisão unilateral e sem justa causa dos contratos de trabalho.

Tal responsabilização consiste, em termos gerais, no estabelecimento de indenizações cujo montante é diretamente proporcional ao período de serviço desempenhado pelo trabalhador no âmbito de uma mesma empresa. Busca-se, com tal mecanismo, desincentivar as dispensas desmotivadas e manter os postos de trabalho – em especial aqueles de ocupação mais antiga – por meio da criação de um ônus pecuniário para os empresários, ao mesmo tempo em que se procura reparar o obreiro pela perda do emprego.[42]

A indenização compensatória pela perda do emprego, a ser fixada em proporção ao tempo de serviço dedicado ao mesmo empregador, é medida amplamente utilizada em vários ordenamentos jurídicos. Nesse sentido, a legislação italiana (art. 2.160 do Código Civil) estabelece que, no caso de rescisão desmotivada do contrato de trabalho pelo empregador, o obreiro fará jus a uma contrapartida pecuniária estipulada na base de uma remuneração anual dividida por 13,5 (treze e meio) por cada ano de trabalho, nos seguintes termos:

> Artigo 2.120 – Disciplina da compensação por término do contrato de trabalho.
>
> Em todo caso de cessação do contrato de trabalho subordinado, o trabalhador terá direito a uma indenização compensatória. Tal compensação se calcula somando para cada ano de serviço uma cota igual e, em qualquer caso, não superior à importância

---

(42) Nas palavras de Mauricio Godinho Delgado: "Na medida em que o Direito do Trabalho contigencia a extinção contratual, em cumprimento ao princípio da continuidade da relação de emprego, é natural e compreensível que ele tenda a criar distintas indenizações cabíveis para o instante da terminação do contrato de trabalho. Supõe o ramo justrabalhista que a extinção do contrato traduza um dano para o empregado (...). Em decorrência desse dano presumido, diferenciadas indenizações rescisórias foram-se criando pelo ramo jurídico especializado para o enfrentamento da extinção contratual". DELGADO, Mauricio Godinho. *Curso de Direito do Trabalho*. 4. ed. São Paulo: LTr, 2005. p. 1.260.

da retribuição devida por ano dividida por 13,5. A cota será reduzida proporcionalmente em relação às frações de ano, computando-se como meses inteiros as frações de meses iguais ou superiores a 15 dias.[43]

O "*Estatuto de los Trabajadores*" da Espanha (Real Decreto n. 1, de 24.3.1995), por sua vez, não prevê expressamente hipóteses de rescisão unilateral dos contratos laborais por parte do empregador sem que haja justo motivo. Segundo o diploma em apreço, o despedimento dos trabalhadores somente poderá ocorrer nas situações objetivas a justificarem demissões coletivas (art. 51), bem assim nas hipóteses de inaptidão do trabalhador para sua função (art. 52, "a"), inadaptação do obreiro às atividades da empresa (art. 52, "b"), faltas sucessivas ao trabalho (art. 52, "c") e por indisciplina (art. 54), nos seguintes termos:

Art. 51. Dispensa coletiva.

1. Para efeitos do disposto na presente lei, se entenderá por dispensa coletiva a extinção dos contratos de trabalho fundada em causas econômicas, técnicas, organizativas ou de produção quando, em um período de noventa dias, a extinção afeta ao menos:

a) Dez trabalhadores, nas empresas que ocupem menos de cem trabalhadores.

b) O 10% do número de trabalhadores da empresa naquelas que ocupem entre cem e trezentos trabalhadores.

c) Trinta trabalhadores nas empresas que empreguem trezentos ou mais trabalhadores.

Ocorre causa econômica quando os resultados da empresa apresentem uma situação econômica negativa, em casos tais como a existência de perdas atuais ou previstas, ou a diminuição persistente de seu nível de ingressos, que possam afetar sua viabilidade ou sua capacidade de manter o volume de emprego. Para tanto, a empresa terá que demonstrar os resultados alegados e justificar que dos mesmos deduz-se a razoabilidade da decisão extintiva para preservar ou favorecer sua posição competitiva no mercado.

Ocorre causa técnica quando se produzem alterações, entre outras, no âmbito dos meios ou dos instrumentos de produção e causas organizativas quando se produzem alterações, entre outras, na demanda dos produtos ou serviços que a empresa pretende colocar no mercado. Para tanto, a empresa deverá demonstrar a concorrência de alguma das causas assinaladas e justificar que das mesmas se deduz a razoabilidade da decisão extintiva para contribuir na prevenção de uma evolução negativa da empresa ou para melhorar a situação da mesma através de uma organização mais adequada dos recursos, que favoreça sua posição competitiva no mercado ou uma melhor resposta às exigências da demanda.

---

(43) No original: "Art. 2.120 Disciplina del trattamento di fine rapporto.

In ogni caso di cessazione del rapporto di lavoro subordinato, il prestatore di lavoro ha diritto ad un trattamento di fine rapporto. Tale trattamento si calcola sommando per ciascun anno di servizio una quota pari e comunque non superiore all'importo della retribuzione dovuta per l'anno stesso divisa per 13,5. La quota è proporzionalmente ridotta per le frazioni di anno, computandosi come mese intero le frazioni di mese uguali o superiori a 15 giorni".

Entender-se-á, igualmente, como dispensa coletiva a extinção dos contratos de trabalho que afetem a totalidade da folha salarial da empresa, sempre que o número de trabalhadores afetados seja superior a cinco, quando aquele se produza como consequência da cessação total de sua atividade empresarial fundada nas mesmas causas anteriormente assinaladas.

Para o cômputo do número de extinções contratuais a que se refere o parágrafo primeiro deste artigo, se levarão em conta quaisquer outras rescisões produzidas no período de referência por iniciativa do empresário em virtude de outros motivos que não sejam inerentes à pessoa do trabalhador distintos daqueles previstos no parágrafo c) do item 1 do artigo 49 desta lei, sempre que seu número seja, pelo menos, de cinco.

Quando em períodos sucessivos de noventa dias e com o objetivo de elidir as previsões contidas no presente artigo, a empresa vier a realizar rescisões de contratos laborais com arrimo no art. 52, "c" desta lei em um número inferior aos limites assinalados, e sem que concorram causas novas que justifiquem tal atuação, tais rescisões novas considerar-se-ão efetuadas em fraude à lei e serão declaradas nulas e sem efeito.

(...)

Art. 52. Extinção do contrato por causas objetivas.

O contrato poderá ser extinto:

a) por inaptidão do trabalhador conhecida ou superveniente posteriormente à sua colocação efetiva na empresa. A inaptidão existente com anterioridade ao cumprimento de um período probatório não poderá ser alegada posteriormente a tal descumprimento.

b) Por falta de adaptação do trabalhador às modificações técnicas operadas em seu posto de trabalho, quando tais mudanças sejam razoáveis e tenham transcorrido por um período mínimo de dois meses a contar da introdução da causa modificativa. O contrato ficará suspenso pelo tempo necessário e até o máximo de três meses, quando a empresa ofereça um curso de adaptação ou aperfeiçoamento profissional a cargo do organismo próprio competente para tanto, que capacite a adaptação requerida. Durante o curso pagar-se-á ao trabalhador a média dos salários que vinha recebendo.

c) Quando concorra alguma das causas previstas no artigo 51.1 desta lei e a extinção afete a um número inferior ao estabelecido no mesmo.

Os representantes dos trabalhadores terão prioridade de permanência na empresa nas situações a que se referem o presente dispositivo.[44]

---

(44) No original: "Artículo 51. Despido colectivo.

1. A efectos de lo dispuesto en la presente Ley se entenderá por despido colectivo la extinción de contratos de trabajo fundada en causas económicas, técnicas, organizativas o de producción cuando, en un período de noventa días, la extinción afecte al menos a:

a) Diez trabajadores, en las empresas que ocupen menos de cien trabajadores.

b) El 10 % del número de trabajadores de la empresa en aquéllas que ocupen entre cien y trescientos trabajadores.

c) Treinta trabajadores en las empresas que ocupen trescientos o más trabajadores.

Se entiende que concurren causas económicas cuando de los resultados de la empresa se desprenda una situación económica negativa, en casos tales como la existencia de pérdidas actuales o previstas, o

No entanto, o art. 56.1 do "*Estatuto de los Trabajadores*" espanhol, ao tratar das medidas cabíveis em caso de dispensas irregulares, aí incluídos os despedimentos sem justa causa, dota os empregadores da possibilidade de optarem ora

---

la disminución persistente de su nivel de ingresos, que puedan afectar a su viabilidad o a su capacidad de mantener el volumen de empleo. A estos efectos, la empresa tendrá que acreditar los resultados alegados y justificar que de los mismos se deduce la razonabilidad de la decisión extintiva para preservar o favorecer su posición competitiva en el mercado.

Se entiende que concurren causas técnicas cuando se produzcan cambios, entre otros, en el ámbito de los medios o instrumentos de producción; causas organizativas cuando se produzcan cambios, entre otros, en el ámbito de los sistemas y métodos de trabajo del personal y causas productivas cuando se produzcan cambios, entre otros, en la demanda de los productos o servicios que la empresa pretende colocar en el mercado. A estos efectos, la empresa deberá acreditar la concurrencia de alguna de las causas señaladas y justificar que de las mismas se deduce la razonabilidad de la decisión extintiva para contribuir a prevenir una evolución negativa de la empresa o a mejorar la situación de la misma a través de una más adecuada organización de los recursos, que favorezca su posición competitiva en el mercado o una mejor respuesta a las exigencias de la demanda.

Se entenderá igualmente como despido colectivo la extinción de los contratos de trabajo que afecten a la totalidad de la plantilla de la empresa, siempre que el número de trabajadores afectados sea superior a cinco, cuando aquél se produzca como consecuencia de la cesación total de su actividad empresarial fundada en las mismas causas anteriormente señaladas.

Para el cómputo del número de extinciones de contratos a que se refiere el párrafo primero de este artículo, se tendrán en cuenta asimismo cualesquiera otras producidas en el período de referencia por iniciativa del empresario en virtud de otros motivos no inherentes a la persona del trabajador distintos de los previstos en el párrafo c) del apartado 1 del artículo 49 de esta Ley, siempre que su número sea, al menos, de cinco.

Cuando en períodos sucesivos de noventa días y con el objeto de eludir las previsiones contenidas en el presente artículo, la empresa realice extinciones de contratos al amparo de lo dispuesto en el artículo 52. c) de esta Ley en un número inferior a los umbrales señalados, y sin que concurran causas nuevas que justifiquen tal actuación, dichas nuevas extinciones se considerarán efectuadas en fraude de Ley, y serán declaradas nulas y sin efecto.

(...)

"Artículo 52. Extinción del contrato por causas objetivas.

El contrato podrá extinguirse:

a) Por ineptitud del trabajador conocida o sobrevenida con posterioridad a su colocación efectiva en la empresa. La ineptitud existente con anterioridad al cumplimiento de un período de prueba no podrá alegarse con posterioridad a dicho cumplimiento.

b) Por falta de adaptación del trabajador a las modificaciones técnicas operadas en su puesto de trabajo, cuando dichos cambios sean razonables y hayan transcurrido como mínimo dos meses desde que se introdujo la modificación. El contrato quedará en suspenso por el tiempo necesario y hasta el máximo de tres meses, cuando la empresa ofrezca un curso de reconversión o de perfeccionamiento profesional a cargo del organismo oficial o propio competente, que le capacite para la adaptación requerida. Durante el curso se abonará al trabajador el equivalente al salario medio que viniera percibiendo.

c) Cuando concurra alguna de las causas previstas en el artículo 51.1.de esta Ley y la extinción afecte a un número inferior al establecido en el mismo.

Los representantes de los trabajadores tendrán prioridad de permanencia en la empresa en el supuesto al que se refiere este apartado."

pela reintegração aos postos de trabalho, ora pelo pagamento de uma indenização compensatória fixada na base de 45 (quarenta e cinco) dias de salário por ano de serviço, somada ao saldo da remuneração não quitada no período entre a data do despedimento e a notificação a atestar a irregularidade da rescisão unilateral. Transcreve-se, por oportuno, o dispositivo em comento:

> Artigo 56. Despedida improcedente.
>
> 1. Quando a despedida seja declarada improcedente, o empresário, no prazo de cinco dias a contar da notificação da sentença, poderá optar pela readmissão do trabalhador, com abono dos salários de tramitação previstos no parágrafo "b" deste item 1, ou o abono das seguintes prestações econômicas que deverão ser fixadas quando da dispensa:
>
> a) Uma indenização de quarenta e cinco dias de salário, por ano de serviço, a ser paga mensalmente na proporção dos períodos inferiores a um ano até o máximo de quarenta e dois pagamentos mensais.
>
> b) Uma quantidade igual à soma dos salários não percebidos a partir da data do despedimento até a notificação da sentença declaratória da improcedência ou até que o empregado encontre outro emprego. Se tal recolocação, devidamente comprovada pelo empresário, ocorrer anteriormente à referida sentença, o empresário poderá descontar os salários de tramitação.[45]

A legislação francesa, a par de vedar as despedidas sem justa causa, impõe aos empregadores o pagamento de uma indenização aos obreiros mesmo quando o contrato de trabalho é rompido por motivos econômicos ou pessoais "reais e sérios". Tal compensação encontra ampla previsão no art. L-1.234-9 do "Code du Travail", excluindo-se de seu âmbito de incidência tão somente os despedimentos de cunho disciplinar, senão, veja-se:

> Art. L1.234-9. O trabalhador assalariado titular de um contrato de trabalho de duração indeterminada, despedido após completar um ano de antiguidade no mesmo emprego, tem direito, exceto no caso de falta grave, a uma indenização de despedimento. As modalidades de cálculo desta indenização serão fixadas em razão da remuneração

---

(45) No original: "Artículo 56. Despido improcedente.

1.Cuando el despido sea declarado improcedente, el empresario, en el plazo de cinco días desde la notificación de la sentencia, podrá optar entre la readmisión del trabajador, con abono de los salarios de tramitación previstos en el párrafo b de este apartado 1, o el abono de las siguientes percepciones económicas que deberán ser fijadas en aquélla:

a) Una indemnización de cuarenta y cinco días de salario, por año de servicio, prorrateándose por meses los períodos de tiempo inferiores a un año hasta un máximo de cuarenta y dos mensualidades.

b) Una cantidad igual a la suma de los salarios dejados de percibir desde la fecha de despido hasta la notificación de la sentencia que declarase la improcedencia o hasta que hubiera encontrado otro empleo, si tal colocación fuera anterior a dicha sentencia y se probase por el empresario lo percibido, para su descuento de los salarios de tramitación."

bruta da qual o assalariado fazia jus anteriormente à ruptura do contrato de trabalho. Esta taxa e as respectivas modalidades serão fixadas por via regulamentar.[46]

A fórmula da indenização por despedimento desmotivado em razão do tempo de serviço desempenhado no âmbito de um mesmo empregador é utilizada, igualmente, pelo Código de Trabalho do Chile, que em seu art. 163 estabelece uma compensação a ser fixada à proporção de 30 (trinta) dias de remuneração por ano de serviço para os trabalhadores com vínculo superior a 1 (um) ano, observando-se o limite máximo de 330 (trezentos e trinta) dias, salvo se obreiros e empregadores convencionarem, individual ou coletivamente, outra forma de reparação pecuniária:

> Art. 163. Se o contrato permanecer vigente por um ano ou mais e o empregador encerrá-lo nos termos do art. 161, deverá pagar ao trabalhador, quando da terminação, a indenização pelos anos de serviço que as partes convencionaram individual ou coletivamente, sempre que esta se der em um montante superior ao inciso seguinte.
>
> Na ausência de tal estipulação, entendendo-se, ademais, por tal a que não seja cumprida com o requisito assinalado no inciso precedente, o empregador deverá pagar ao trabalhador uma indenização equivalente a trinta dias da última remuneração mensal devida por cada ano de serviço e fração superior a seis meses, prestados continuamente a tal empregador. A referida indenização terá um limite máximo de trezentos dias de remuneração.
>
> A indenização a que se refere este artigo será comulável com a indenização substitutiva do aviso-prévio devido ao trabalhador, segundo o estabelecido no inciso segundo do art. 161 e no inciso quarto do art. 162 deste Código. [47]

---

(46) No original: "Article L 1234-9. Le salarié titulaire d'un contrat de travail à durée indéterminée, licencié alors qu'il compte une année d'ancienneté ininterrompue au service du même employeur, a droit, sauf en cas de faute grave, à une indemnité de licenciement.

Les modalités de calcul de cette indemnité sont fonction de la rémunération brute dont le salarié bénéficiait antérieurement à la rupture du contrat de travail. Ce taux et ces modalités sont déterminés par voie réglementaire".

(47) "Art. 163. Si el contrato hubiere estado vigente un año o más y el empleador le pusiere término en conformidad al artículo 161, deberá pagar al trabajador, al momento de la terminación, la indemnización por años de servicio que las partes hayan convenido individual o colectivamente, siempre que ésta fuere de un monto superior a la establecida en el inciso siguiente.

A falta de esta estipulación, entendiéndose además por tal la que no cumpla con el requisito señalado en el inciso precedente, el empleador deberá pagar al trabajador una indemnización equivalente a treinta días de la última remuneración mensual devengada por cada año de servicio y fracción superior a seis meses, prestados continuamente a dicho empleador. Esta indemnización tendrá un límite máximo de trescientos treinta días de remuneración.

La indemnización a que se refiere este artículo será compatible con la sustitutiva del aviso previo que corresponda al trabajador, según lo establecido en el inciso segundo del artículo 161 y en el inciso cuarto del artículo 162 de este Código".

Há de se ressaltar, por oportuno, que o modelo em análise neste tópico foi expressamente adotado pela Constituição Federal do Brasil e pela legislação ordinária pátria, ao menos enquanto não regulamentado de maneira mais específica o art. 7º, I, da Carta Magna. De fato, do cotejo entre esse último e o art. 10, I, do ADCT, de um lado, e o art. 18, § 1º, da Lei n. 8.036, de 11.5.1990, observa-se de plano que a fixação da indenização por despedida imotivada em função dos montantes existentes na conta vinculada ao FGTS tem por intuito majorar as compensações devidas àqueles trabalhadores que contam com mais tempo de serviço prestado a uma mesma empresa, senão, veja-se:

Constituição Federal – Art. 7º. São direitos dos trabalhadores urbanos e rurais, além de outros que visem à melhoria de sua condição social:

I – relação de emprego protegida contra despedida arbitrária ou sem justa causa, nos termos de lei complementar, que preverá indenização compensatória, dentre outros direitos.

(...)

ADCT – Art. 10. Até que seja promulgada a lei complementar a que se refere o art. 7º, I, da Constituição:

I – fica limitada a proteção nele referida ao aumento, para quatro vezes, da porcentagem prevista no art. 6º, caput e § 1º, da Lei n. 5.107, de 13 de setembro de 1966.

(...)

Lei n. 8.036/90 – Art. 18. Ocorrendo rescisão do contrato de trabalho, por parte do empregador, ficará este obrigado a depositar na conta vinculada do trabalhador no FGTS os valores relativos aos depósitos referentes ao mês da rescisão e ao imediatamente anterior, que ainda não houver sido recolhido, sem prejuízo das cominações legais.

§1º Na hipótese de despedida pelo empregador sem justa causa, depositará este, na conta vinculada do trabalhador no FGTS, importância igual a quarenta por cento do montante de todos os depósitos realizados na conta vinculada durante a vigência do contrato de trabalho, atualizados monetariamente e acrescidos dos respectivos juros.

Da análise do modelo indenizatório ora estudado, verifica-se que a imposição ao empregador do ônus pecuniário correspondente à compensação proporcional ao tempo de serviço tem por intuito cristalino conduzir-lhe à reflexão sobre a relação entre o custo financeiro e os benefícios inerentes às despedidas imotivadas em vias de serem implementadas, de modo a tornar economicamente inviáveis ou custosas aquelas rescisões unilaterais destituídas de justa causa, cujos reais motivos são, muitas vezes, caprichos pessoais ou desinteligências de menor importância.

Ao assim procederem, os ordenamentos jurídicos que consagram as indenizações por tempo de serviço em caso de demissão imotivada acabaram por contribuir para a proteção do emprego não só dos trabalhadores que contam com longos períodos dedicados a um mesmo empregador, como também da grande parcela da população detentora de idade mais avançada, cuja recolocação no mercado de trabalho após a dispensa afigura-se notoriamente mais difícil.

Atende-se, dessa forma – ainda que de modo menos incisivo se comparado ao modelo da vedação absoluta à despedida imotivada e da reintegração aos postos de trabalho –, às diretrizes principiológicas que se voltam para a proteção dos trabalhadores e que condicionam a atividade da empresa à observância de uma função social pautada pela solidariedade, pelo apreço à dignidade humana e pela busca do pleno emprego.

2.5.3. Fundo de Garantia do Tempo de Serviço – FGTS e outros mecanismos de poupança forçada

Paralelamente a tais modelos de proteção contra a despedida imotivada, os ordenamentos jurídicos de diversos países estabeleceram fundos destinados à poupança forçada dos trabalhadores, voltados para socorrer-lhes quando do rompimento unilateral do vínculo empregatício por parte do empregador, bem como diante da ocorrência de outras vicissitudes de cunho pessoal a serem aplacadas ou sanadas por intermédio de desprendimentos pecuniários.

No caso brasileiro, tal mecanismo de poupança forçada foi instituído com a edição da Lei n. 5.107, de 13.9.1966, ao criar o Fundo de Garantia do Tempo de Serviço (FGTS) como alternativa ao sistema da estabilidade decenal no emprego originalmente prevista no art. 492 da Consolidação das Leis do Trabalho (CLT) que, posteriormente, com o advento da Constituição Federal de 1988 e das Leis n. 7.839/1989 e 8.036/1990, veio a substituí-lo em definitivo.

Convém assinalar, por oportuno, que o vetusto sistema da estabilidade celetista visava a premiar com a garantia de emprego o trabalhador que dedicasse à empresa uma década de serviços prestados, no intuito de resguardá-lo da insegurança gerada pela possibilidade de cessão patronal do contrato de trabalho e de protegê-lo das dificuldades subjacentes à recolocação no mercado de trabalho. Tratava-se, portanto, de um sistema que tomava a duração do vínculo empregatício dos obreiros como parâmetro para a aquisição de um direito subjetivo em face dos empregadores.

O sistema do Fundo de Garantia do Tempo de Serviço (FGTS), muito embora tenha substituído a estabilidade decenal por uma prestação pecuniária, de modo a contribuir para a precarização das relações de trabalho, manteve, de certa forma, o desígnio originário do art. 492 da CLT, na parte em que pretende conceder aos trabalhadores um benefício cuja fruição em menor ou maior medida será diretamente proporcional ao período de atividades dedicado a um mesmo empregador.

Ou seja, tanto no extinto sistema da estabilidade decenal, quanto no modelo da poupança forçada, pretende-se premiar o tempo de serviço desempenhado pelo obreiro no âmbito de uma mesma empresa e, ao mesmo tempo, reduzir os riscos sociais do desemprego, em especial para os trabalhadores de idade avançada.

A veracidade de tal assertiva se constata de maneira cristalina a partir da análise formulada por Hirosê Pimpão muito antes da edição da Lei n. 5.107/1966 e da instituição do Fundo de Garantia do Tempo de Serviço (FGTS):

> O direito de ESTABILIDADE, adquirido pelo operário depois de um lapso mais ou menos longo a serviço efetivo de um patrão, constitui uma das mais positivas conquistas do proletariado.
>
> (...)
>
> Depois de trabalhar durante certo tempo na mesma empreza, como prêmio aos esforços despendidos, o operário entra no gôzo de prerrogativas que não são comuns aos outros operários com menor tempo de serviço.
>
> (...)
>
> O direito de estabilidade é uma instituição caracteristicamente do direito brasileiro, onde surgiu com a Lei n. 4.682, de 1923. Nenhum outro país o conhece, nos termos em que é consagrado entre nós.
>
> É que, seu objetivo é mais SOCIAL do que INDIVIDUAL. Visa a evitar a existência de DESEMPREGADOS, que constituem um elemento de desordem e de desagregação social. Com êsse mesmo objetivo existe, em quase todos os países civilizados, o SEGURO CONTRA o DESEMPRÊGO. No FUNDO SOCIOECONÔMICO essas duas instituições são rigorosamente idênticas. Atingem, por vias diferentes, uma mesma finalidade.
>
> No Brasil, se não fosse consagrado o direito de estabilidade, por não ser conhecido o seguro contra o *"chômage"*, um empregado que fosse dispensado depois de passar uma verdadeira existência trabalhando para o mesmo empregador, não sendo já moço para procurar novo emprêgo com probabilidade de êxito, decairia no desânimo, e iria, de queda em queda, possivelmente até a mendicância.[48]

No que concerne especificamente ao Fundo de Garantia do Tempo de Serviço (FGTS), seus fundamentos teleológicos individuais e coletivos são bem definidos por João de Lima Teixeira Filho, ao comentar as razões que ensejaram sua instituição no passado e que justificam sua subsistência no presente:

> Abstraindo-se do pecado original de que o sistema do FGTS foi a primeira medida que, contundentemente, precarizou o vínculo de emprego e os graves erros na administração de seus recursos (...) é inegável que o sistema do FGTS desempenha importante papel social, tanto pelo ângulo individual quanto do ponto de vista coletivo.

---

(48) PIMPÃO, Hirosê. *Das Relações de Emprêgo no Direito do Trabalho*. Rio de Janeiro: Mendes Júnior, 1944. p. 122-125.

Individualmente, o FGTS é um crédito trabalhista, resultante de poupança forçada do trabalhador, concebido para socorrê-lo em situações excepcionais durante a vigência do vínculo de emprego ou na cessação deste, de forma instantânea ou em circunstância futura, conforme a causa determinante da cessação contratual.

Coletivamente, a aplicação dos recursos do FGTS para financiar a construção de habitações populares, obras de saneamento básico e de infraestrutura urbana, imprime significação a esses fundos privados, dos trabalhadores. (...) Essa aplicação vinculada, em conjugação harmônica com uma política pública de emprego, contribui decisivamente para a alavancagem do nível de emprego.[49]

A exemplo do que ocorreu no Brasil com a instituição legal do Fundo de Garantia do Tempo de Serviço – FGTS, diversos outros países estabeleceram, para seus trabalhadores, mecanismos de poupança forçada voltados para assegurar-lhes um certo patrimônio quando da cessação do vínculo laboral.

Nesse sentido, o *"Código del Trabajo"* do Equador instituiu o chamado "fundo de reserva", a ser formado pelo depósito de uma remuneração mensal por ano de serviço completo após o decurso dos primeiros 12 (doze) meses de vigência do contrato de trabalho, a ser resgatado pelo obreiro quando do término da relação empregatícia, nos termos do art. 196 do diploma em apreço:

> Art. 196. Direito ao fundo de reserva.
>
> Todo trabalhador que preste serviços por mais de um ano tem direito a que o empregador lhe pague uma soma equivalente a um mês de soldo ou salário por cada ano completo posterior ao primeiro ano de serviço. Estas somas constituirão seu fundo de reserva ou trabalho capitalizado.
>
> O trabalhador não perderá este direito por nenhum motivo.[50]

---

(49) TEIXEIRA FILHO, João de Lima. In: SÜSSEKIND, Arnaldo *et alii*. *Instituições de Direito do Trabalho*. v. 1. 22. ed. São Paulo: LTr, 2005. p. 663-664.

(50) No original: "Art. 163. Si el contrato hubiere estado vigente un año o más y el empleador le pusiere término en conformidad al artículo 161, deberá pagar al trabajador, al momento de la terminación, la indemnización por años de servicio que las partes hayan convenido individual o colectivamente, siempre que ésta fuere de un monto superior a la establecida en el inciso siguiente.

A falta de esta estipulación, entendiéndose además por tal la que no cumpla con el requisito señalado en el inciso precedente, el empleador deberá pagar al trabajador una indemnización equivalente a treinta días de la última remuneración mensual devengada por cada año de servicio y fracción superior a seis meses, prestados continuamente a dicho empleador. Esta indemnización tendrá un límite máximo de trescientos treinta días de remuneración.

La indemnización a que se refiere este artículo será compatible con la sustitutiva del aviso previo que corresponda al trabajador, según lo establecido en el inciso segundo del artículo 161 y en el inciso cuarto del artículo 162 de este Código".

De igual modo, o "*Código del Trabajo*" do Panamá determinou aos empregadores a constituição de um fundo de garantia para cada trabalhador, cujos depósitos custearão não só o "prêmio por antiguidade" a ser resgatado pelos obreiros quando da rescisão do vínculo laboral, como também os montantes correspondentes à indenização por despedida imotivada.

Nos termos dos artigos 229-A, 229-B e 229-C do diploma em apreço, o fundo de garantia panamenho será fomentado a cada trimestre por intermédio do depósito das contribuições correspondentes ao "prêmio por antiguidade" e da cotização da indenização por despedimento imotivado nas instituições financeiras credenciadas para tanto, nos seguintes termos:

Artigo 229-A. Nos contratos de trabalho por tempo indeterminado, os empregadores estabelecerão um fundo de garantia para pagar ao trabalhador, quando do término da relação de trabalho, a indenização por antiguidade e a indenização por despedimentos injustificados ou por renúncias justificadas.

Artigo 229-B. Para o estabelecimento do fundo, o empregador cotizará trimestralmente a cota-parte relativa à indenização por antiguidade do trabalhador e 5% da cota-parte mensal da indenização a que teria direito o trabalhador caso a relação de trabalho se termine por despedida injustificada ou por renúncia justificada.

Artigo 229-C. As cotizações trimestrais a que se refere o artigo anterior serão depositadas através de fideicomissos, em entidades privadas autorizadas pela Lei n. 10, de 1993, para a administração de fundos complementares de retiradas e aposentadorias. Tais entidades não poderão ser subsidiárias do empregador nem filiadas a este.[51]

Os mecanismos de poupança forçada ora descritos, muito embora não logrem, de *per se*, desincentivar a prática de despedimentos imotivados e concretizar, de modo efetivo, os postulados da busca do pleno emprego e da tutela dos postos de trabalho, atendem ao princípio da proteção dos trabalhadores na medida em que asseguram a estes o resgate de uma renda diretamente proporcional ao tempo de serviço desempenhado no âmbito de um mesmo empregador.

São os referidos fundos, portanto, mecanismos cujos fundamentos axiológicos coincidem com a estabilidade no emprego e com a indenização proporcional

---

(51) No original: "Artículo 229 - A. En los contratos de trabajo por tiempo indefinido, los empleadores establecerán un fondo de cesantía para pagar al trabajador, al cesar la relación de trabajo, la prima de antigüedad y la indemnización por despidos injustificados o renuncias justificadas.

Artículo 229 – B. Para el establecimiento del fondo, el empleador cotizará trimestralmente la cuota parte relativa a la prima de antigüedad del trabajador y el 5 por ciento de la cuota parte mensual de la indemnización a que pudiese tener derecho el trabajador, en el supuesto de que la relación de trabajo concluya por despido injustificado o renuncia justificada.

Artículo 229 – C. Las cotizaciones trimestrales a que se refiere el artículo anterior, se depositarán, a través de fideicomisos, en entidades privadas autorizadas por la ley núm. 10 de 1993, para la administración de fondos complementarios de retiros y jubilaciones. Tales entidades no serán subsidiarias del empleador ni afiliadas a éste".

ao tempo de serviço em caso de despedida imotivada, na parte em que visam a assegurar compensações aos trabalhadores tanto maior seja o período dedicado às atividades prestadas no âmbito de um mesmo empregador.

2.5.4. Aviso-prévio

Em complemento às medidas jurídicas que têm por pretensão a tutela dos trabalhadores contra as despedidas imotivadas e contra o desemprego, a generalidade dos ordenamentos jurídicos concebe o instituto do *"aviso-prévio"* como um mecanismo apto a possibilitar a reorganização da vida pessoal dos obreiros por intermédio da concessão de um razoável lapso temporal anterior à cessação absoluta das obrigações decorrentes do contrato de trabalho, no qual poderão eles buscar sua recolocação no mercado de trabalho.

De igual modo, o instituto do *"aviso-prévio"*, visto em sua faceta patronal, objetiva evitar que o empregador seja surpreendido com a interrupção abrupta das atividades desempenhadas pelo obreiro no âmbito de sua empresa. As finalidades vislumbradas pelo mecanismo em apreço foram bem sintetizadas por Hirosê Pimpão e Cesarino Júnior, nos seguintes termos:

> Quando, após uma série incontável de verdadeiras peripécias e após vencer diversas dificuldades, entre as quais se sobreleva a de conseguir defrontar-se com o *empregador*, o *empregado* consegue ser admitido a serviço da emprêsa e esta o aceita pela imperiosa necessidade que tem de usar a sua *fôrça trabalho*, forma-se, desde logo, então, uma presunção *juris tantum*, de interêsse de ambas as partes, de que a relação contratual afinal concluída terá a maior duração possível no tempo, se desde a sua celebração, não fôr estipulado que será de duração certa ou para enquanto durar a confecção de determinada obra.
>
> Nessas condições, tanto o empregado como o empregador, o primeiro precisando, para viver, do trabalho que lhe foi confiado, e o segundo precisando, para que se não descontrole a engrenagem total da emprêsa, do trabalho normal daquele, vão desenvolvendo as suas atividades sem a martirizante preocupação com o futuro e sem temer que lhes venha a faltar, de um momento para o outro, o *salário*, ao trabalhador, e a *fôrça trabalho*, ao patrão, a menos que sobrevenha uma causa intempestiva, imperativa e justa, que colha de surpresa a ambas as partes.
>
> Dessa forma, no momento em que uma das partes desejar dar por findo o Contrato de Trabalho, deverá avisar prèviamente a outra dessa sua resolução, a fim de evitar seja apanhada desprevenida por tal atitude, incompatível uma surpresa dessas com os propósitos de harmonia entre o Capital e o Trabalho, e que ocasionará, fatalmente, uma perturbação grave no ritmo da vida da emprêsa ou do empregado.
>
> (...)

O empregado, recebendo o Aviso prévio com a antecedência legal, terá tempo para buscar nova colocação, que lhe permita, com os de sua família, continuar mantendo a sua subsistência; o empregador, avisado a tempo, terá vagar suficiente para conseguir um substituto para o empregado demissionário e que deixará a casa apenas escoado o prazo do aviso; e, com isso a emprêsa, pela falta de uma de suas peças imprescindíveis, não terá que sofrer um descontrole geral.[52]

(...)

A cessação brusca das relações de trabalho, causa naturalmente, prejuízo ao contratante desprevenido: se se trata do empregado, porque, de um momento para outro fica êle privado do seu meio de subsistência, sem ter tido tempo de procurar outro, antes de reduzido a essa situação; ao empregador, pelo fato de se verificar inesperadamente um claro na sua organização, claro esse que nem sempre será fácil preencher de momento, sem prejuízos para o funcionamento regular de sua emprêsa.[53]

Muito embora a nomenclatura seja idêntica para ambas as situações – a patronal e a obreira –, os bens jurídicos tutelados pelos "avisos-prévios" em referência são bem distintos. Naquela primeira situação, o intuito do instituto esgota-se no resguardo da regularidade das atividades empresariais, enquanto, na segunda, os objetivos do instituto adquirem nítido cunho social, na medida em que visam a amenizar a perda abrupta da fonte de sustento dos trabalhadores assalariados.

Na parte em que se volta para a figura do obreiro, o instituto do aviso-prévio concretiza os princípios da proteção dos trabalhadores e da busca do pleno emprego, na medida em que impõe aos empresários a concessão de um lapso temporal razoável aos seus empregados demissionários a fim de que estes resguardem sua subsistência por meio da prestação de labor a outro empregador, de modo a evitar ou amenizar, com isso, a materialização dos flagelos sociais inerentes ao desemprego.

É, portanto, o aviso-prévio, nesse particular, um consectário da *"função social da empresa"* consagrada nos ordenamentos jurídicos de cunho democrático, porquanto a autonomia e a livre-iniciativa dos empresários voltada para o imediato descarte da mão de obra são impedidas em nome da proteção à pessoa do trabalhador enquanto ser economicamente dependente de seu labor e em nome da finalidade precípua de evitar-se, na maior medida possível, a ociosidade da mão de obra em grande escala.

No entanto, para que a função social da empresa – pautada, como visto, pelos princípios da proteção do trabalhador e da busca do pleno emprego –, seja efetivamente observada, faz-se mister que o prazo do aviso-prévio seja adequado à

---

(52) PIMPÃO, Hirosê. *Aviso prévio*. São Paulo: Max Limonad, 1945. p. 72-73.
(53) CESARINO JÚNIOR, A. F. *Direito Social Brasileiro*. v. 2. São Paulo: Saraiva, 1970. p. 243.

situação pessoal de cada empregado. Dessa forma, os obreiros poderão dispor do tempo necessário para lograrem nova ocupação e manterem seu padrão de vida, sem que se ignorem as circunstâncias individuais a que se encontram premidos.

Justamente por conta disso, diversos ordenamentos jurídicos – aí incluído o brasileiro – consagram a figura do *"aviso-prévio proporcional"*, caracterizado, em termos sintéticos, pela variação dos prazos referentes ao aviso-prévio em função do menor ou maior tempo de serviço desempenhado pelo trabalhador no âmbito de uma mesma empresa.

O aviso-prévio proporcional se justifica na medida em que os longos anos de serviço prestados a um mesmo empregador possibilitam, como regra geral, a progressão funcional e financeira do empregado no âmbito da empresa, gerando, com isso, certo nível de estabilidade econômica e familiar que lhe possibilita gozar de um determinado padrão de vida, viabilizando, outrossim, o planejamento de suas atividades pessoais em função de sua renda.

Daí a necessidade de o empregado a contar com maior tempo de serviço no âmbito de uma mesma empresa ter, a seu favor, um prazo maior de aviso-prévio para que procure, nesse lapso, outra ocupação apta a conferir-lhe o mesmo ingresso salarial ou, se isso não for possível, que lhe possa amenizar os impactos da perda de seu posto de trabalho anterior, mediante um decurso temporal adequado para a reconfiguração de seu padrão de vida e de sua família.

De outro turno, o desempenho de longo tempo de serviço para um mesmo empregador é acompanhado, naturalmente, do acréscimo da idade física do empregado, o que, por sua vez, dificulta notoriamente sua reinserção no mercado de trabalho em caso de dispensa, mormente quando esta se dá após o decurso de muitos anos.

Também por esse motivo, o aviso-prévio proporcional se justifica, pois as dificuldades a serem enfrentadas pelos trabalhadores demissionários de idade avançada demandam a concessão de um maior lapso temporal para que os referidos obreiros possam se recolocar no mercado de trabalho em empregos aptos a assegurar-lhes um padrão de vida, senão idêntico, próximo àquele que desfrutavam anteriormente.

Diante de todo o exposto neste item, é possível concluir que o aviso-prévio partilha da mesma lógica inerente às demais figuras voltadas para a proteção do trabalhador contra a despedida imotivada, pois, tal como essas últimas, pretende ele resguardar o obreiro em face da perda abrupta de sua principal – senão única – fonte de renda, ao mesmo tempo em que visa a impedir os flagelos sociais que acompanham o desemprego.

Pois bem. As figuras analisadas nos itens anteriores, em especial a indenização compensatória e o Fundo de Garantia do Tempo de Serviço (FGTS), têm sua fixação pecuniária pautada em razão do período em que o trabalhador desempenhou suas atividades no âmbito de uma mesma empresa, partindo da premissa de que, quanto maior o referido lapso, maior a necessidade de proteção a ser demandada pelo obreiro demissionário.

Ora, se tal lógica subjaz às demais medidas voltadas para a proteção contra a despedida imotivada, mormente daquelas materializadas após o decurso de longo tempo de serviço, não há como justificar a negativa de sua extensão para a figura do aviso-prévio. Daí por que o instituto em apreço, tal como a indenização compensatória e a poupança forçada, deve ter seu lapso ou sua conversão em pecúnia fixados à proporção do período em que o empregado permaneceu trabalhando em uma mesma empresa.

Não por outra razão, as diretrizes estabelecidas pelo direito internacional a respeito do tema – em especial no âmbito da Organização Internacional do Trabalho (OIT) e em diversos ordenamentos jurídicos, aí incluído o brasileiro, consagram o aviso-prévio proporcional como consectário lógico da proteção do trabalhador contra as despedidas imotivadas, conforme se atestará de plano nos itens subsequentes.

3

O Aviso-Prévio nos Diplomas de Direito Internacional

3.1. A CONVENÇÃO N. 158 DA ORGANIZAÇÃO INTERNACIONAL DO TRABALHO – OIT

Após intensos debates no âmbito da Conferência Geral do Trabalho, a OIT aprovou em sua 68ª Reunião, realizada no ano de 1982, o texto final de sua Convenção n. 158, tendo por objeto a tutela dos trabalhadores em face do término das relações de trabalho, em especial daquelas estabelecidas no bojo de contratos de duração indeterminada.

A leitura do art. 4º da Convenção n. 158 da OIT deixa expresso de modo cristalino que a modalidade de proteção dos trabalhadores adotada pelo instrumento em apreço consiste na vedação à dispensa imotivada, tal como o fazem as legislações domésticas de Portugal e França. Em consonância com tal modelo, o referido dispositivo impõe como causas aptas a justificar os despedimentos a inaptidão dos obreiros para o desempenho das tarefas a eles confiadas a violação aos deveres disciplinares e a superveniência de vicissitudes a afetarem o funcionamento da empresa, nos seguintes termos:

> Artigo 4º.
> Não se colocará termo à relação de trabalho de um trabalhador, ao menos que exista, para tanto, uma causa justificada relacionada com sua capacidade ou com sua conduta, ou baseada nas necessidades de funcionamento da empresa, estabelecimento ou serviço.

Ainda no tocante à rescisão unilateral dos contratos de trabalho pelos empregadores, a Convenção n. 158 da OIT restringe a possibilidade de dispensas coletivas a eventos de natureza tecnológica ou econômica, estabelecendo, outrossim, em seus artigos 13 e 14, severas formalidades a serem observadas quando da implementação dos referidos despedimentos, dentre elas a consulta e o diálogo com as entidades representativas dos trabalhadores e a comunicação às autoridades nacionais:

Artigo 13.

1. Quando o empregador estabeleça rescisões por motivos econômicos, tecnológicos, estruturais ou análogos:

a) proporcionará aos representantes dos trabalhadores interessados, em tempo oportuno, a informação pertinente, incluídos os motivos das terminações previstas, o número e as categorias dos trabalhadores que possam ser afetados por elas e o período durante o qual serão levadas a cabo tais terminações;

b) em conformidade com a legislação e as práticas nacionais, oferecerá aos representantes dos trabalhadores interessados, o quanto antes, uma oportunidade para entabular consultas sobre as medidas que deverão ser adotadas para evitar ou limitar as terminações e as medidas para atenuar as consequências adversas de todas as terminações para os trabalhadores afetados, por exemplo, recolocando-lhes em outros empregos.

2. A aplicação do párágrafo 1 do presente artigo poderá ser limitado, por intermédio dos métodos de aplicação mencionados no art.1 da presente Convenção, nos casos em que o número de trabalhadores cuja relação de trabalho a ser encerrada seja pelo menos igual a uma cifra o a um percentual determinado do pessoal.

3. Para efeitos do presente artigo, a expressão *representantes dos trabalhadores interessados* se aplica aos representantes dos trabalhadores reconhecidos como tais pela legislação ou pelas prácticas nacionais, em conformidade com a Convenção sobre os representantes dos trabalhadores, de 1971.

Sección B. Notificação à autoridade competente.

Artigo 14.

1. Em conformidade com a legislação e as prácticas nacionais, o empregador que preveja terminações por motivos econômicos, tecnológicos, estruturais ou análogos notificará as referidas dispensas o quanto antes à autoridade competente, passando a esta última a informação pertinente, incluído um memorando por escrito dos motivos das terminações que podem ocorrer no período durante o qual serão levados a cabo tais rescisões.

2. A legislação nacional poderá limitar a aplicabilidade do parágrafo 1 do presente artigo nos casos em que o número de trabalhadores cuja relação de trabalho se preveja dar por terminada seja pelo menos igual a um número ou a um percentual determinado do pessoal.

3. O empregador notificará as autoridades competentes sobre as terminações referidas no parágrafo 1 do presente artigo dentro de um prazo mínimo em relação à data em que ocorrerão as terminações, prazo este que será especificado na legislação nacional.

Para além de condicionar as dispensas individuais e coletivas às sobreditas causas objetivas, a Convenção n. 158 da OIT determina em seu art. 12 que as legislações domésticas deverão proporcionar aos trabalhadores demissionários compensações pecuniárias tais como indenizações, seguros-desemprego ou mecanismos de poupança forçada (v.g. fundos), a serem disponibilizados aos obreiros tão logo rescindido o vínculo laboral. Note-se, por oportuno, que o dispositivo em apreço estabelece o tempo de serviço dos empregados no âmbito de um mesmo empregador como parâmetro para a fixação dos respectivos montantes, senão, veja-se:

Artigo 12.

Em conformidade com a legislação e com as práticas nacionais, todo trabalhador cuja relação de trabalho se dê por terminada terá direito:

a) A uma indenização por término de serviços ou a outras prestações análogas, cuja quantia será fixada em função, entre outras coisas, do tempo de serviços e do montante de salários, a serem pagas diretamente pelo empregador ou por um fundo constituído mediante cotização dos empregadores; ou

b) a prestações do seguro-desemprego, de um regime de assistência aos desempregados ou de outras formas de seguridade social, tais como as prestações em caso de velhice ou de invalidez, sob as condições normais a que estão sujeitas ditas prestações; ou

c) a uma combinação de tais indenizações ou prestações.

No que concerne ao aviso-prévio, a Convenção n. 158 da OIT valeu-se dessa mesma lógica para determinar, em seu art. 11, que o lapso temporal a ser conferido aos trabalhadores demissionários antes da cessação definitiva das obrigações contratuais deverá ser "razoável", podendo tal direito ser substituído por uma indenização, nos seguintes termos:

Artigo 11.

O trabalhador cuja relação de trabalho está prestes a ser encerrada terá direito a um prazo de aviso-prévio razoável ou, em seu lugar, a uma indenização, a menos que tenha incorrido em uma falta grave de tal índole que se afigura desarrazoado submeter o empregador à subsistência do vínculo de emprego durante o prazo de aviso-prévio.

Da interpretação sistemática do art. 11, em cotejo com o art. 12, da Convenção n. 158 da OIT, observa-se de plano que o "aviso-prévio razoável" imposto pelo referido dispositivo deverá levar em conta, tal como as indenizações compensatórias e as demais reparações pecuniárias, o tempo de serviço do trabalhador no âmbito de uma mesma empresa.

Tal compreensão, que subjaz ao sistema protetivo da Convenção n. 158 da OIT, é partilhada pela Recomendação n. 119, conforme se verá adiante.

3.2. A RECOMENDAÇÃO N. 119 DA ORGANIZAÇÃO INTERNACIONAL DO TRABALHO – OIT

Dezenove anos antes da promulgação da Convenção n. 158, mais precisamente em 1963, a Organização Internacional do Trabalho já havia editado a Recomendação n. 119, tendo por objeto a proteção dos trabalhadores contra as despedidas imotivadas.

Dentre as medidas constantes da Recomendação n. 119 da OIT, destacam-se, a exemplo da Convenção n. 158, a imprescindibilidade de vinculação das dispensas à existência de um motivo relacionado à inadaptação dos obreiros às suas funções, à ocorrência de falta grave ou a eventuais necessidades técnicas experimentadas pelas empresas.

De outro turno, a Recomendação n. 119 da OIT converge com a Convenção n. 158 na parte em que exige para as despedidas coletivas a existência de motivos tecnológicos e econômicos reais e sérios, bem assim a necessidade de consulta às entidades representativas dos trabalhadores e a comunicação às autoridades domésticas.

No que concerne especificamente ao aviso-prévio, o item 7 da Recomendação n. 119 da OIT determina, tal como a Convenção n. 158, que o prazo conferido aos trabalhadores seja razoável e que os referidos obreiros disponham, durante suas jornadas diárias, de algumas horas para procurar nova ocupação, nos seguintes termos:

7.

1) O trabalhador cujo emprego esteja em vias de encerramento deveria ter direito a um aviso-prévio razoável ou, em seu lugar, a uma indenização compensatória.

2) Durante o prazo de aviso-prévio, o trabalhador deveria, na medida do possível, ter direito a um período razoável de tempo livre sem perda de sua remuneração, com vistas à obtenção de outro emprego.

Vê-se, portanto, que a Recomendação n. 119 da OIT, ao fazer menção ao "aviso-prévio razoável", a exemplo da Convenção n. 158, aponta para a necessidade de que os lapsos temporais a serem concedidos aos trabalhadores com vistas à sua recolocação no mercado de trabalho, ou a respectiva indenização, levem em conta a situação pessoal de cada obreiro, aí se incluindo, por evidente, o tempo de serviço desempenhado no âmbito de um mesmo empregador.

3.3. OS ARTIGOS 6º E 7º DO PROTOCOLO DE SAN SALVADOR DA ORGANIZAÇÃO DOS ESTADOS AMERICANOS – OEA

No plano internacional, há de se mencionar, ao lado da Convenção n. 158 e da Recomendação n. 119 da OIT, o Protocolo de San Salvador da Organização dos Estados Americanos – OEA, cujos artigos 6º e 7º estabelecem, para os países signatários, aí incluído o Brasil, diretrizes voltadas para a busca do pleno emprego e, principalmente, para a proteção dos trabalhadores em face das dispensas imotivadas, nos seguintes termos:

Artigo 6º
Direito ao trabalho
1.Toda pessoa tem direito ao trabalho, o que inclui a oportunidade de obter os meios para levar uma vida digna e decorosa por meio do desempenho de uma atividade lícita, livremente escolhida ou aceita.

2. Os Estados-Partes comprometem-se a adotar medidas que garantam plena efetividade do direito ao trabalho, especialmente as referentes à consecução do pleno emprego, à orientação vocacional e ao desenvolvimento de projetos de treinamento técnico-profissional, particularmente os destinados aos deficientes. Os Estados-Partes comprometem-se também a executar e a fortalecer programas que coadjuvem um adequado atendimento da família, a fim de que a mulher tenha real possibilidade de exercer o direito ao trabalho.

Artigo 7º
Condições justas, eqüitativas e satisfatórias de trabalho
Os Estados-Partes neste Protocolo reconhecem que o direito ao trabalho, a que se refere o artigo anterior, pressupõe que toda pessoa goze do mesmo em condições justas, eqüitativas e satisfatórias, para o que esses Estados garantirão em suas legislações, de maneira particular:

a. Remuneração que assegure, no mínimo, a todos os trabalhadores condições de subsistência digna e decorosa para eles e para suas famílias e salário eqüitativo e igual por trabalho igual, sem nenhuma distinção;

b. O direito de todo trabalhador de seguir sua vocação e de dedicar-se à atividade que melhor atenda a suas expectativas e a trocar de emprego de acordo com a respectiva regulamentação nacional;

c. O direito do trabalhador à promoção ou avanço no trabalho, para o qual serão levadas em conta suas qualificações, competência, probidade e tempo de serviço;

d. Estabilidade dos trabalhadores em seus empregos, de acordo com as características das indústrias e profissões e com as causas de justa separação. Nos casos de demissão injustificada, o trabalhador terá direito a uma indenização ou à readmissão no emprego ou a quaisquer outras prestações previstas pela legislação nacional;

e. Segurança e higiene no trabalho;

f. Proibição de trabalho noturno ou em atividades insalubres ou perigosas para os menores de 18 anos e, em geral, de todo trabalho que possa pôr em perigo sua saúde, segurança ou moral. Quando se tratar de menores de 16 anos, a jornada de trabalho deverá subordinar-se às disposições sobre ensino obrigatório e, em nenhum caso, poderá constituir impedimento à assistência escolar ou limitação para beneficiar-se da instrução recebida;

g. Limitação razoável das horas de trabalho, tanto diárias quanto semanais. As jornadas serão de menor duração quando se tratar de trabalhos perigosos, insalubres ou noturnos;

h. Repouso, gozo do tempo livre, férias remuneradas, bem como remuneração nos feriados nacionais.

Veja-se, a propósito, que o art. 6º do Protocolo de San Salvador estabelece, a exemplo da Constituição Federal brasileira, a *"busca do pleno emprego"* como objetivo a ser alcançado pelos países signatários, cujo conteúdo compreende, conforme já visto, a necessidade quanto à implementação de medidas voltadas para a proteção dos postos de trabalho contra despedidas imotivadas e arbitrárias, aí se incluindo, por evidente, o aviso-prévio.

De forma ainda mais específica, o art. 7º consagra como princípio o *"direito ao trabalho"*, estabelecendo expressamente, em sua alínea "d", a repulsa às despedidas imotivadas e a necessidade quanto ao pagamento de indenizações compensatórias em caso de despedidas sem justa causa.

Tais diretrizes principiológicas, por integrarem diploma internacional ratificado pelo Brasil, deverão, necessariamente, orientar a interpretação a ser conferida pelos aplicadores do direito quando do delineamento do sentido e do alcance dos dispositivos do ordenamento interno, tal como o art. 7º, XXI, da Constituição Federal.[1]

---

(1) Veja-se, nesse sentido, a decisão proferida pelo Supremo Tribunal Federal quando do julgamento da Medida Cautelar na Ação Direta de Inconstitucionalidade n. 1.675/DF:

"Argüição plausível de conseqüente inconstitucionalidade do art. 6º da M.Prov. 1539-35/97, o qual – independentemente de acordo ou convenção coletiva – faculta o funcionamento aos domingos do comércio varejista: medida cautelar deferida. A Constituição não faz absoluta a opção pelo repouso aos domingos, que só impôs 'preferentemente'; a relatividade daí decorrente não pode, contudo, esvaziar a norma constitucional de preferência, em relação à qual as exceções – sujeitas à razoabilidade e objetividade dos seus critérios – não pode converter-se em regra, a arbítrio unicamente de empregador. A Convenção 126 da OIT reforça a argüição de inconstitucionalidade: ainda quando não se queira comprometer o Tribunal com a tese da hierarquia constitucional dos tratados sobre direitos fundamentais ratificados antes da Constituição, o mínimo a conferir-lhe é o valor de poderoso reforço à interpretação do texto constitucional que sirva melhor à sua efetividade: não é de presumir, em Constituição tão ciosa da proteção dos direitos fundamentais quanto a nossa, a ruptura com as convenções internacionais que se inspiram na mesma preocupação". BRASIL: SUPREMO TRIBUNAL FEDERAL. MEDIDA CAUTELAR NA AÇÃO DIRETA DE INCONSTITUCIONALIDADE N. 1.675/DF. RELATOR: Min. Sepúlveda Pertence. Plenário. DJ: 19.9.2003.

# Detalhamento da Disciplina do Aviso-Prévio no Direito Estrangeiro

4.1. FRANÇA

Berço das ideias revolucionárias que deram origem às liberdades individuais, a França vivenciou todo o processo tecnológico que culminou com a Revolução Industrial e com a exploração desmesurada dos trabalhadores assalariados, consagrando, em razão dessas vicissitudes históricas, uma legislação voltada especialmente para a proteção da parte hipossuficiente dos contratos laborais (os obreiros), no sentido de excluí-la do âmbito de incidência do vetusto contrato de locação de serviços do Código Civil de 1804.

A partir do momento em que o direito francês condicionou o conteúdo dos contratos de trabalho à observância de pautas voltadas para a segurança, a integridade física e a estabilidade econômica dos trabalhadores, levando-se em conta a disparidade desses últimos em relação aos empregadores detentores dos meios de produção, passou a ser integrado pelo princípio protetivo.

Como sucedâneo da proteção dos trabalhadores e da intervenção do Estado na ordem econômica, a Constituição da França de 1946 passou a consagrar como diretriz principiológica no item 5 de seu Preâmbulo o *"direito ao emprego"*, a ser materializado pela implementação de políticas macroeconômicas por parte das autoridades governamentais e por intermédio da formulação de medidas legislativas tendentes a desincentivar as demissões imotivadas por parte das empresas, nos seguintes termos:

> 5- Cada um tem o dever de trabalhar e o direito de obter um emprego. Ninguém pode ser lesado, no seu trabalho ou no seu emprego, devido às suas origens, às suas opiniões ou às suas crenças.[1]

---

(1) No original: "Chacun a le devoir de travailler et le droit d'obtenir un emploi. Nul ne peut être lésé, dans son travail ou son emploi, en raison de ses origines, de ses opinions ou de ses croyances".

Com a promulgação da Constituição francesa de 4 de outubro de 1958, o Preâmbulo da Carta de 1946 foi mantido na condição de declaração de direitos fundamentais de cunho social, de modo que seu item 5 remanesce a orientar a atividade legislativa e interpretativa do Estado no que concerne à proteção dos trabalhadores e à busca do pleno emprego.

Em consonância com tais diretrizes, o atual *"Code du Travail"* francês consagrou nos artigos L-1.234-1 a L-1.234-8 o direito ao aviso-prévio proporcional ao tempo de serviço do empregado despedido por motivação não disciplinar, justamente no fito de conceder a este um lapso razoável para possibilitar-lhe a reorganização de sua vida pessoal e profissional, sem maiores prejuízos à sua estabilidade econômica, conforme assinala Bernard Teyssié ao comentar o instituto em apreço:

> A observância de um período de aviso-prévio durante o qual as relações contratuais são normalmente mantidas tem por intuito promover um período de transição. Nesse interregno, o assalariado será beneficiado com a possibilidade de procurar um emprego apto a conferir-lhe uma nova atividade profissional quando da expiração do prazo.[2]

No que concerne aos prazos, o art. L-1.234-1 do *"Code du Travail"* estabelece um lapso de 30 (trinta) dias de aviso-prévio para aqueles empregados que permaneceram vinculados a um mesmo empregador por um interregno de 6 (seis) meses a 2 (dois) anos, estabelecendo, outrossim, que a fruição do direito em referência para os contratos de trabalho encerrados anteriormente ao período de 6 (seis) meses dependerá da regulamentação profissional específica ou, na ausência desta, de acordos e convenções coletivas, bem como dos usos e costumes das respectivas atividades.

Para os empregados que contam tempo de serviço igual ou superior a 2 (dois) anos no âmbito de um mesmo empregador, o art. L-1.234-1 do *"Code du Travail"* francês lhes confere o aviso-prévio na proporção de 60 (sessenta) dias, sendo este o limite máximo para a fruição de tal direito.

Destaque-se, por oportuno, que o dispositivo em testilha, lido em conjunto com o artigo a suceder-lhe, veda a possibilidade de fixação de prazos menores aos ali estabelecidos em sede de acordos individuais e coletivos, assentando, de outro turno, a viabilidade de que tais lapsos venham a ser majorados por leis específicas, por normas individuais ou coletivas ou mesmo por usos e costumes. Transcreve-se, por oportuno, a íntegra dos artigos. L-1.234-1 e L-1.234-2 do "Code du Travail" francês:

---

(2) No original: "Le respect d'un délai de préavis pendant lequel les relations contractuelles sont normalement maintenues est de nature à ménager une période de transition: le salarié la mettra à profit pour chercher un emploi qui, dans l'idéal, lui assurera une nouvelle activité professionnelle dès l'expiration du délai-congé". TEYSSIÉ, Bernard. *Droit du Travail*. Paris: Litec, 2005. p. 387.

Art. L-1.234-1. Quando a despedida não é motivada por uma falta grave, o assalariado terá direito:

1º. Se ele estiver vinculado a um mesmo empregador por um tempo de serviço contínuo inferior a seis meses, a um aviso-prévio no qual a duração será determinada por lei, convenção ou acordo coletivo de trabalho ou, na ausência, pelos usos praticados na localidade e na profissão;

2º. Se ele estiver vinculado a um mesmo empregador por um tempo de serviço contínuo comprimido entre seis meses e menos de dois anos, a um aviso-prévio de um mês;

3º. Se ele estiver vinculado a um mesmo empregador por um tempo de serviço contínuo de pelo menos dois anos, a um aviso-prévio de dois meses.

No entanto, as disposições constantes dos parágrafos 2º e 3º não são aplicáveis se a lei, a convenção ou o acordo coletivo de trabalho, o contrato de trabalho ou os usos estabeleçam um aviso-prévio ou uma contagem de tempo de serviço mais favorável para o assalariado.

(...)

Art. L-1234-2. Toda cláusula de um contrato de trabalho a fixar um aviso-prévio de duração inferior àquela prevista nas disposições do artigo L-1234-1 ou uma forma de contagem de tempo de serviço superior àquela enunciada nas mesmas disposições é nula.[3]

Há de se destacar, no entanto, que o art. L-1.234-1, ao conferir o aviso-prévio de 60 (sessenta) dias para todo e qualquer trabalhador que conte mais de 2 (dois) anos no âmbito de um mesmo empregador, sem criar regra distinta para os detentores de tempos de serviço mais extensos, acaba por criar situação de desigualdade, na medida em que obreiros em situações distintas serão tratados de maneira idêntica.

---

(3) No original:

"Art. L-1234-1. Lorsque le licenciement n'est pas motivé par une faute grave, le salarié a droit:

1º S'il justifie chez le même employeur d'une ancienneté de services continus inférieure à six mois, à un préavis dont la durée est déterminée par la loi, la convention ou l'accord collectif de travail ou, à défaut, par les usages pratiqués dans la localité et la profession;

2º S'il justifie chez le même employeur d'une ancienneté de services continus comprise entre six mois et moins de deux ans, à un préavis d'un mois;

3º S'il justifie chez le même employeur d'une ancienneté de services continus d'au moins deux ans, à un préavis de deux mois.

Toutefois, les dispositions des 2º et 3º ne sont applicables que si la loi, la convention ou l'accord collectif de travail, le contrat de travail ou les usages ne prévoient pas un préavis ou une condition d'ancienneté de services plus favorable pour le salarié."

"Art. L-1234-2. Toute clause d'un contrat de travail fixant un préavis d'une durée inférieure à celui résultant des dispositions de l'article L. 1234-1 ou une condition d'ancienneté de services supérieure à celle énoncée par ces mêmes dispositions est nulle".

No que concerne ao aviso-prévio indenizado, o art. L-1.234-5 do "*Code du Travail*" francês estabelece que a referida compensação será devida quando o empregador não conferir aos obreiros os lapsos previstos no art. L-1.234-1 daquele mesmo diploma legal, assentando, outrossim, que a reparação pecuniária em testilha não só é cumulável com a indenização devida em caso de despedimento, como também não compromete a fruição da remuneração devida ao empregado no período correspondente ao aviso-prévio, nos seguintes termos:

> Art. 1.234-5. Quando o assalariado não cumpre o aviso-prévio, tem direito – exceto se cometeu uma falta grave – a uma indenização compensatória.
>
> A inexecução do aviso-prévio, nomeadamente no caso de dispensa pelo empregador, não provoca nenhuma diminuição nos salários e vantagens que o assalariado teria percebido se tivesse realizado o seu trabalho até a expiração do aviso-prévio, compreendendo-se, aí, a remuneração das licenças.
>
> A indenização compensatória do aviso-prévio acumula-se com a indenização de despedimento e com a indenização prevista no artigo L-1.235-2.[4]

Da análise dos princípios a inspirarem o direito do trabalho francês, bem como das regras concernentes aos critérios para a fixação do aviso-prévio proporcional, observa-se que aqueles postulados coincidem, em termos gerais, com as orientações axiológicas consagradas na Constituição Federal brasileira, em especial no que concerne à proteção ao trabalhador e à busca do pleno emprego como diretrizes a orientarem a ordem econômica.

4.2. SUÍÇA

A Confederação Helvética, tal como a generalidade dos países da Europa Ocidental, consagrou, no início do século XX, um arcabouço normativo voltado especificamente para o contrato de trabalho, com base na constatação fática em torno da hipossuficiência dos obreiros diante da figura do empregador e tendo em vista, outrossim, a inadequação da legislação contratual ordinária para a regulamentação das relações laborais.

Nesse sentido, a promulgação do Código das Obrigações ("*Code des Obligations*") suíço de 1911 trouxe dentre seus dispositivos um título inteiramente dedicado à regulamentação do contrato de trabalho e ao delineamento das matérias de

---

(4) No original:

"Art. L-1234-5. Lorsque le salarié n'exécute pas le préavis, il a droit, sauf s'il a commis une faute grave, à une indemnité compensatrice.

L'inexécution du préavis, notamment en cas de dispense par l'employeur, n'entraîne aucune diminution des salaires et avantages que le salarié aurait perçus s'il avait accompli son travail jusqu'à l'expiration du préavis, indemnité de congés payés comprise. L'indemnité compensatrice de préavis se cumule avec l'indemnité de licenciement et avec l'indemnité prévue à l'article L. 1235-2".

ordem pública a serem observadas pelos pactuantes, tais como as questões afetas à remuneração, à jornada de trabalho, aos repousos, às férias, às condições laborais e à proteção dos obreiros em face da rescisão unilateral das avenças por parte dos empregadores.

No plano constitucional, as cartas suíças promulgadas no século XX dedicaram especial atenção à proteção do trabalhador. Nesse sentido, o diploma magno em vigor, datado de 18.1.1999, consagra em seu texto princípios e objetivos voltados para o condicionamento da liberdade econômica ao bem-estar da população, bem como para o combate ao desemprego e para a intervenção legislativa do Estado no que concerne à tutela dos obreiros.

Destacam-se, no conjunto da Constituição Federal suíça de 1999, o art. 94, § 4º, dedicado à função social da empresa, o art. 100, § 2º, cujo teor impõe ao governo central e aos cantões a implementação de medidas voltadas para o combate ao desemprego e, finalmente, o art. 100, alíneas "a" e "b", a consagrar o dever do Estado em proteger, por meio da legislação, os trabalhadores e as condições laborais, nos seguintes termos:

Art. 94. Princípios do sistema econômico.

1 – A Confederação e os Cantões deverão se pautar pelo princípio da liberdade econômica. 2 – Eles devem salvaguardar os interesses da economia suíça como um todo e, juntamente com o setor privado, deverão contribuir para a segurança e para o bem-estar da população.[5]

(...)

Art. 100 – Política econômica.

1 – A Confederação deverá tomar as medidas necessárias para alcançar o desenvolvimento econômico balanceado e, em particular, para prevenir e combater o desemprego e a inflação.[6]

(...)

---

(5) No original:

"Art. 94 Principes de l'ordre économique

[1] La Confédération et les cantons respectent le principe de la liberté économique.

[2] Ils veillent à sauvegarder les intérêts de l'économie nationale et contribuent, avec le secteur de l'économie privée, à la prospérité et à la sécurité économique de la population.

[3] Dans les limites de leurs compétences respectives, ils veillent à créer un environnement favorable au secteur de l'économie privée.

[4] Les dérogations au principe de la liberté économique, en particulier les mesures menaçant la concurrence, ne sont admises que si elles sont prévues par la Constitution fédérale ou fondées sur les droits régaliens des cantons".

(6) No original:

"Art. 100 Politique conjoncturelle

[1] La Confédération prend des mesures afin d'assurer une évolution régulière de la conjoncture et, en particulier, de prévenir et combattre le chômage et le renchérissement".

Art. 110 – Emprego.

1 – A Confederação pode legislar sobre:

a) proteção do empregado;

b) relações entre empregadores e empregados, e em particular sobre regulamentações comuns e sobre matérias operacionais e profissionais.[7]

Conforme já visto alhures, a regulamentação das relações laborais prevista no art. 110, "a", da Constituição Federal suíça encontra expressão no Título X do Código das Obrigações. No texto do referido diploma normativo, encontram-se diversos dispositivos voltados para a proteção do trabalhador em face da dispensa, dentre os quais se destacam os artigos 335-B e 335-C, destinados ao "*aviso-prévio proporcional*".

Nos termos do art. 335-B do Código das Obrigações suíço, a rescisão unilateral dos contratos de trabalho por qualquer das partes, durante o período de experiência dos empregados, a coincidir com o primeiro mês de trabalho, será de 7 (sete) dias. Ainda segundo o dispositivo em referência, o lapso probatório poderá ser excedido por acordo das partes até o limite máximo de 3 (três) meses, nos seguintes termos:

Art. 335-B. Durante o período de experiência.

1 – Durante o período de experiência, cada uma das partes pode cancelar o contrato de trabalho à qualquer momento mediante um prazo de aviso de sete dias; é considerado como período de experiência o primeiro mês de trabalho.

2 – Dentre as disposições peculiares pode estar previsto, por acordo escrito ou convenção coletiva, o tipo de trabalho; no entanto, o período de experiência não pode exceder três meses.

3 – Quando, durante o período de experiência, o trabalho é interrompido em razão de doença, acidente ou cumprimento de uma obrigação legal que incumbe ao trabalhador, o período de experiência será prolongado.[8]

---

(7) No original:

"La Confédération peut légiférer:

a. sur la protection des travailleurs;

b. sur les rapports entre employeurs et travailleurs, notamment la réglementation en commun des questions intéressant l'entreprise et le domaine professionnel".

(8) No original:

"Art. 335-B

Pendant le temps d'essai

1 – Pendant le temps d'essai, chacune des parties peut résilier le contrat de travail à tout moment moyennant un délai de congé de sept jours; est considéré comme temps d'essai le premier mois de travail.

2 – Des dispositions différentes peuvent être prévues par accord écrit, contrat-type de travail ou convention collective; toutefois, le temps d'essai ne peut dépasser trois mois.

O art. 335-C, por sua vez, é dedicado às formas de cálculo do aviso-prévio proporcional nas dispensas de trabalhadores detentores de contratos de trabalho com duração indeterminada, na seguinte proporção[9]:

TEMPO DE SERVIÇO	PRAZO DE AVISO-PRÉVIO
1 (um) ano ou fração	30 (trinta) dias
2 (dois) a 9 (nove) anos	60 (sessenta) dias
Mais de 9 (nove) anos	90 (noventa) dias

Da análise dos dispositivos do Código das Obrigações concernentes ao aviso-prévio proporcional, em especial do art. 335-C, observa-se que, muito embora o dispositivo em apreço estabeleça prazos diferenciados para os trabalhadores a contarem com até 9 (nove) anos de serviço no âmbito de um mesmo empregador, não há lapsos adicionais previstos para os empregados que possuem uma quantidade maior de anos dedicados à empresa.

Nesse particular, o diploma helvético partilha daquela mesma vicissitude a afetar o *"Code du Travail"* da França, na medida em que trata de maneira idêntica trabalhadores que possuem tempos de serviço distintos, criando, com isso, situação de desigualdade. No entanto, em que pese tal circunstância, o ordenamento jurídico da Suíça é pautado por princípios de cunho social e por diretrizes econômicas similares àqueles presentes na Constituição Federal brasileira de 1988.

---

3 – Lorsque, pendant le temps d'essai, le travail est interrompu par suite de maladie, d'accident ou d'accomplissement d'une obligation légale incombant au travailleur sans qu'il ait demandé de l'assumer, le temps d'essai est prolongé d'autant".

(9) "Art. 335-C – Após o período de experiência.

1 – contrato pode ser cancelado depois de um mês mediante a concessão de um prazo de aviso de um mês durante o primeiro ano de serviço, dois meses do segundo ao nono ano de serviço, de três meses ulteriormente.

2 – Estes prazos podem ser alterados por acordo escrito, por contrato de trabalho ou convenção coletiva; prazos inferiores um mês podem, contudo, ser fixados apenas por convenção coletiva e para o primeiro ano de serviço."

No original:

"Art. 335-C. Après le temps d'essai

1 Le contrat peut être résilié pour la fin d'un mois moyennant un délai de congé d'un mois pendant la première année de service, de deux mois de la deuxième à la neuvième année de service, de trois mois ultérieurement.

2 Ces délais peuvent être modifiés par accord écrit, contrat-type de travail ou convention collective; des délais inférieurs à un mois ne peuvent toutefois être fixés que par convention collective et pour la première année de service".

4.3. LUXEMBURGO

Seguindo a tendência verificada nos ordenamentos de cunho democrático, a Constituição do Grão-Ducado de Luxemburgo em vigor estabelece em seu art. 11, § 5º, como diretriz a ser implementada pelo Estado a proteção aos direitos dos trabalhadores e a luta contra a pobreza, nos seguintes termos:

Art. 11.

(...)

(5) A lei regula, quanto aos seus princípios, a seguridade social, a proteção da saúde, os direitos dos trabalhadores, a luta contra a pobreza e a integração social dos cidadãos incapacitados. [10]

Em cumprimento aos objetivos sociais assumidos pela Constituição luxemburguesa, editou-se o Código do Trabalho, a versar sobre as normas gerais destinadas à proteção dos trabalhadores e, principalmente, sobre as medidas a serem implementadas no âmbito das empresas com vistas a evitar o desemprego e desincentivar os despedimentos motivados por causas tecnológicas e econômicas.

Nesse particular, o Código do Trabalho de Luxemburgo dedica um de seus títulos integralmente às *"medidas de prevenção às despedidas conjunturais"*, destacando de forma expressa não apenas que os dispositivos ali presentes terão por objetivo promover o pleno emprego, mas também que os procedimentos de dispensa a serem implementados pelos empregadores nessas circunstâncias somente terão lugar quando preenchidos os requisitos fáticos delineados objetivamente no art. L-511-1:

Art. L-511-1: O presente capítulo tem por objeto prevenir despedimentos por causas conjunturais nas empresas ou em vários dos seus estabelecimentos e manter um nível satisfatório do emprego em período de decréscimo econômico de caráter geral. A aplicação das medidas preventivas e corretivas a serem levadas a efeito para esse fim é sujeita as condições seguintes:

1 - Deve ser estabelecido que, em consequência de um retrocesso considerável da caderneta das encomendas, a taxa de atividade de um ou vários ramos econômicos acuse uma baixa considerável em relação à média dos três últimos anos e que se espere uma diminuição importante das necessidades de mão de obra;

2 - É necessário que as dificuldades mencionadas acima tenham uma origem essencialmente conjuntural e um caráter temporário;

---

(10) No original:

"Art. 11.

(...)

(5) La loi règle quant à ses principes la sécurité sociale, la protection de la santé, les droits des travailleurs, la lutte contre la pauvreté et l'intégration sociale des citoyens atteints d'un handicap".

3 - É necessário que os prognósticos de evolução da crise permitam esperar uma retomada normal dos negócios que asseguram o restabelecimento do pleno emprego num prazo razoável.[11]

No que concerne especificamente ao aviso-prévio, o Código do Trabalho de Luxemburgo estabelece em seus artigos L-124-3 e L-124-4 critérios de cálculo a variarem segundo a iniciativa do rompimento do contrato. Nesse sentido, sendo a despedida implementada pelo empregador, os lapsos observarão a seguinte proporcionalidade[12]:

---

(11) No original:

"Art. 511-1: Le présent chapitre a pour objet de prévenir des licenciements pour des causes conjoncturelles dans les entreprises ou dans un ou plusieurs de leurs établissements et de maintenir un niveau satisfaisant de l'emploi en période de récession économique à caractère général.

L'application des mesures préventives et correctives à mettre en oeuvre à cet effet est sujette aux conditions suivantes:

1. il doit être établi que, par suite d'un recul considérable du carnet des commandes, le taux d'activité d'une ou de plusieurs branches économiques accuse une baisse prononcée par rapport à la moyenne des trois dernières années et qu'il y a lieu de s'attendre à une diminution importante des besoins en main-d'oeuvre;

2. il faut que les difficultés mentionnées ci-dessus aient une origine essentiellement conjoncturelle et un caractère temporaire;

3. il faut que l'évolution prévisible permette d'escompter une reprise normale des affaires assurant le rétablissement du plein emploi dans un délai raisonnable".

(12) Art. L-124-3. (1) O empregador que decide despedir deve, sob pena de irregularidade por defeito de forma, notificar o despedimento ao assalariado por carta registrada. No entanto, a assinatura afixada pelo assalariado sobre a cópia da carta de despedimento vale como aviso de recibo da notificação.

(2) No caso de despedimento de um assalariado por iniciativa do empregador, o contrato de trabalho termina: após a concessão de um prazo de aviso-prévio de dois meses para o assalariado que permanece junto do mesmo empregador por um tempo de serviço contínuo inferior a cinco anos; à concessão de um prazo de aviso-prévio de quatro meses para o assalariado que permanece junto do mesmo empregador por um tempo de serviço contínuo compreendido entre cinco anos e menos dez anos; à concessão de um prazo de aviso-prévio de seis meses para o assalariado que permanece junto do mesmo empregador por um tempo de serviço contínuo de dez anos pelo menos.

No original: "Art. L-124-3. 1) L'employeur qui décide de licencier doit, sous peine d'irrégularité pour vice de forme, notifier le licenciement au salarié par lettre recommandée à la poste. Toutefois, la signature apposée par le salarié sur le double de la lettre de licenciement vaut accusé de réception de la notification.

(2) En cas de licenciement d'un salarié à l'initiative de l'employeur, le contrat de travail prend fin:

à l'expiration d'un délai de préavis de deux mois pour le salarié qui justifie auprès du même employeur d'une ancienneté de services continus inférieure à cinq ans;

à l'expiration d'un délai de préavis de quatre mois pour le salarié qui justifie auprès du même employeur d'une ancienneté de services continus comprise entre cinq ans et moins de dix ans;

à l'expiration d'un délai de préavis de six mois pour le salarié qui justifie auprès du même employeur d'une ancienneté de services continus de dix ans au moins".

TEMPO DE SERVIÇO	PRAZO DE AVISO-PRÉVIO
Menos de 5 (cinco) anos	60 (sessenta) dias
Entre 5 (cinco) e 10 (dez) anos	120 (cento e vinte) dias
Mais de 10 (dez) anos	180 (cento e oitenta) dias

Ainda segundo o art. L-124-4 do Código do Trabalho de Luxemburgo, quando a rescisão contratual for de iniciativa do empregado, deverá este notificar previamente o empregador em prazos correspondentes à metade dos lapsos referidos no artigo precedente, observando-se a seguinte proporção[13]:

TEMPO DE SERVIÇO	PRAZO DE AVISO-PRÉVIO
Menos de 5 (cinco) anos	30 (trinta) dias
Entre 5 (cinco) e 10 (dez) anos	60 (sessenta) dias
Mais de 10 (dez) anos	90 (noventa) dias

Veja-se, a propósito, que os artigos L-124-3 e L-124-4 do Código do Trabalho de Luxemburgo estabelecem prazos de aviso-prévio mais elásticos se comparados às regras semelhantes existentes nos ordenamentos jurídicos da França e da Suíça, muito embora os dispositivos em referência partilhem com esses últimos países a tendência de submeter a um mesmo prazo de aviso-prévio obreiros com mais de 10 (dez) anos de tempo de serviço no âmbito de uma mesma empresa, sem fazer distinções entre eles.

Há de se ressaltar, ainda, que o Código do Trabalho de Luxemburgo, ao contrário das legislações em vigor na França e na Suíça, estabelece critérios diversos

---

[13] "Art. L-124-4. O assalariado deve cancelar o contrato de trabalho por carta registrada. No entanto, a assinatura afixada pelo empregador sobre o recibo da carta de demissão vale como aviso de recebimento da notificação. No caso de rescisão pelo assalariado, o contrato de trabalho terminará após a concessão de um prazo de aviso-prévio igual à metade do prazo de aviso-prévio a que o assalariado pode pretender em conformidade com as disposições do parágrafo (2) do artigo L. 124-3. Os prazos de pré-avisos referidos no parágrafo antecedente correrão em conformidade com as disposições do parágrafo (3) do artigo L. 124-3."

No original: "Art. L-124-4. Le salarié doit résilier le contrat de travail par lettre recommandée à la poste. Toutefois, la signature apposée par l'employeur

sur le double de la lettre de démission vaut accusé de réception de la notification.

En cas de résiliation par le salarié, le contrat de travail prend fin à l'expiration d'un délai de préavis égal à la moitié du délai

de préavis auquel le salarié peut prétendre conformément aux dispositions du paragraphe (2) de l'article L. 124-3.

Les délais de préavis visés à l'alinéa qui précède prennent cours conformément aux dispositions du paragraphe (3) de

l'article L. 124-3".

para o cálculo do aviso-prévio proporcional quando a rescisão contratual ocorre por iniciativa do empregador ou do obreiro, privilegiando esse último quanto à fixação dos prazos. Nesse particular, o diploma em apreço logra concretizar, em maior medida, o princípio da proteção do trabalhador.

A análise dos dispositivos do ordenamento luxemburguês pertinentes à ordem econômica e aos direitos fundamentais de cunho social permite antever que os desígnios dos referidos dispositivos coincidem com os objetivos e com as pautas axiológicas encampadas pela Constituição Federal do Brasil de 1988, em especial no que concerne à proteção dos trabalhadores e à busca do pleno emprego com a consequente tutela dos postos de trabalho.

4.4. ALEMANHA

Após a derrocada do regime nazista com o desfecho da Segunda Guerra Mundial, a Alemanha Ocidental aliou-se às tendências verificadas na legislação das democracias de cunho social e promulgou, em 23 de maio de 1949, a Constituição de Bonn, cujo art. 1º assegura, já de antemão, que "*a dignidade humana é inviolável*" e que a proteção de tal primado "*deve ser o valor de toda autoridade estatal*".[14]

Nesse contexto pautado pela sobrelevação da pessoa humana em relação aos desígnios estatais e particulares, o art. 14, 2, da Constituição de Bonn estabelece que a propriedade privada não configura um direito absoluto, trazendo consigo obrigações e que seu uso deve ser pautado pelo bem comum.[15]

Por essa mesma razão, o Código Civil Alemão ("*Bundesgesetzblatt – BGB*"), alterado significativamente após sua promulgação em 1896, regulamentou o direito das obrigações de modo a reconhecer, em seus artigos 611 a 630, condições diferenciadas para os contratos estabelecidos entre empregadores e trabalhadores, tendo em vista, justamente, a hipossuficiência desses últimos em relação àqueles primeiros.[16]

Tal diferenciação consagrada pelo Código Civil Alemão fez-se presente de modo muito particular na definição das condições para a rescisão contratual, a variarem, justamente, em função da natureza convencional ou empregatícia da prestação de serviços. Para aquelas primeiras, que pressupõem o desempenho de uma obra certa e determinada, a Seção 621 do BGB estabelece prazos exíguos

---

(14) No original: "Article 1 [Human dignity]

(1)Human dignity shall be inviolable. To respect and protect it shall be the duty of all state authority". Disponível em: <www.iuscomp.org/gla/statutes/GG.htm#14>.

(15) No original: "Article 14 [Property, Inheritance, expropriation]

(...)

(2) Property entails obligations. It use shall also serve the public good".

(16) *Vide*, nesse sentido: DÄUBLER, Wolfgang. Trad.: KELLER, Alfred. *Direito do Trabalho e Sociedade na Alemanha*. São Paulo: LTr/Fundação Friedrich Ebert/ILDES, 1997. p. 48-49.

e requisitos simplórios a serem observados anteriormente ao encerramento das avenças, nos seguintes termos:

Seção 621.

Períodos de notificação para relações de prestação de serviços.

No caso de uma relação de prestação de serviços que não seja uma relação de emprego no sentido da Seção 622, o encerramento é permitido:

1. Se a remuneração é paga em diárias, um dia antes do término do dia seguinte;

2. Se a remuneração é paga por semana, pelo menos no primeiro dia da semana a encerrar-se no sábado seguinte;

3. Se a remuneração é paga por mês, pelo menos no décimo quinto dia do mês corrente;

4. Se a remuneração é fixada por quadrimestre ou períodos de tempo mais longos, observar-se-á um período de aviso-prévio de seis semanas anteriormente ao término do quadrimestre correspondente;

5. Se a remuneração não tem por parâmetro períodos de tempo, a qualquer momento. No caso de relações de prestação de serviços que levem em conta total ou principalmente a atividade econômica do prestador, o aviso-prévio deverá ser dado com duas semanas de antecedência."[17]

No que concerne à generalidade das relações empregatícias, os prazos de aviso-prévio são fixados no dispositivo seguinte (Seção 622). Segundo o dispositivo em apreço, quando a rescisão partir do empregado, a notificação ao patrão deverá observar o prazo mínimo de 30 (trinta) dias, ao passo que o término por iniciativa do empregador observará a seguinte proporção[18]:

---

(17) No original:

"Section 621

Notice periods for service relationships

In the case of a service relationship that is not an employment relationship within the meaning of section 622, termination is allowed

1. if the remuneration is assessed by days, on any day to the end of the following day;

2. if the remuneration is assessed by weeks, at the latest on the first working day of a week to the end of the following Saturday;

3. if the remuneration is assessed by months, at the latest by the fifteenth of one month to the end of the calendar month;

4. if the remuneration is assessed by quarters or longer periods of time, observing a notice period of six weeks, to the end of a calendar quarter;

5. if the remuneration is not assessed by time periods, at any time; in the case of a service relationship that completely or mainly takes up the economic activity of the person obliged; however, a notice period of two weeks must be observed".

(18) "Seção 622. Períodos de notificação prévia nas relações de emprego.

(1) A relação de emprego de um assalariado (empregado) pode ser terminada após um período de notificação prévia de quatro semanas em relação ao décimo quinto dia ou ao fim do mês corrente.

TEMPO DE SERVIÇO	PRAZO DE AVISO-PRÉVIO
Entre 2 (dois) e 5 (cinco) anos	30 (trinta) dias
Entre 5 (cinco) e 8 (oito) anos	60 (sessenta) dias
Entre 8 (oito) e 10 (dez) anos	90 (noventa) dias
Entre 10 (dez) e 12 (doze) anos	120 (cento e vinte) dias
Entre 12 (doze) e 15 (quinze) anos	150 (cento e cinquenta) dias
Entre 15 (quinze) e 20 (vinte) anos	180 (cento e oitenta) dias
De 20 (vinte) anos em diante	210 (duzentos e dez) dias

Cumpre observar, por oportuno, que a Seção 622 do BGB, em seus parágrafos 2º, 3º e 5º, desconsidera expressamente o tempo de serviço prestado pelos empregados antes de estes completarem 25 (vinte e cinco) anos e exclui do campo de

---

(2) Para a notificação a ser observada pelo empregador, o período de aviso-prévio observará o seguinte:

1. se a relação teve duração de dois anos, um mês ao fim do corrente mês,

2. se a relação teve duração de cinco anos, dois meses ao fim do corrente mês,

3. se a relação teve duração de oito anos, três meses ao fim do corrente mês,

4. se a relação teve duração de dez anos, quatro meses ao fim do corrente mês,

5. se a relação teve duração de doze anos, cinco meses ao fim do corrente mês,

6. se a relação teve duração de quinze anos, seis meses ao fim do corrente mês,

7. se a relação teve duração de vinte anos, sete meses ao fim do corrente mês.

Ao calcular a duração do tempo de serviço, os períodos anteriores à conclusão do vigésimo quinto ano de vida do empregado não serão tomados em consideração."

No original:

"Section 622

Notice periods in the case of employment relationships

(1)The employment relationship of a wage-earner or a salary-earner (employee) may be terminated with a notice period of four weeks to the fifteenth or to the end of a calendar month.

(2)For notice of termination by the employer, the notice period is as follows if the employment relationship in the business or the enterprise

1. has lasted for two years, one month to the end of a calendar month,

2. has lasted for five years, two months to the end of a calendar month,

3. has lasted for eight years, three months to the end of a calendar month,

4. has lasted for ten years, four months to the end of a calendar month,

5. has lasted for twelve years, five months to the end of a calendar month,

6. has lasted for fifteen years, six months to the end of a calendar month,

7. has lasted for twenty years, seven months to the end of a calendar month.

In calculating the duration of employment, time periods prior to completion of the twenty-fifth year of life of the employee are not taken into account". Disponível em: <http://www.gesetze-im-internet.de/englisch_bgb/>.

aplicação do dispositivo em testilha os trabalhadores em período probatório, bem assim os obreiros contratados por um período igual ou inferior a 3 (três) meses e aqueles vinculados a empresas com menos de 20 (vinte) assalariados.[19]

Para além disso, há de se ressaltar que o dispositivo em análise partilha da mesma característica do art. L-1.234-1 do "Code du Travail" francês, do art. 335-C do "Code des Obligations" da Suíça e do art. L- 124-3 do Código do Trabalho de Luxemburgo, a conceder os mesmos lapsos para os trabalhadores que ultrapassaram os limites de tempo de serviço ali estabelecidos, deixando de observar, em razão disso, uma proporção aritmética entre os prazos de aviso-prévio e os períodos laborais dedicados a um mesmo empregador.

A despeito de tais características, pautadas por distinções entre obreiros em função da idade e do número de assalariados das empresas e que divergem, em certa medida, do mandamento constitucional da isonomia, a Seção 622 do BGB, na parte em que estabelece os mecanismos de cálculo para o aviso-prévio proporcional a ser aferido pelos trabalhadores em função do tempo de serviço desempenhado no âmbito de um mesmo empregador, partilha das mesmas diretrizes axiológicas emanadas da Constituição Federal do Brasil de 1988 nesse particular.

---

(19) "(3) Durante o período probatório acordado entre as partes, pela duração máxima de seis meses, a relação de emprego poderá ser encerrada com a notificação prévia de duas semanas.

(...)

(5) Em um contrato individual, os períodos de notificação prévia mais curtos do que aqueles mencionado na subseção (1) podem ser concordados somente:

1. Se o empregado foi contratado em termos provisórios. Isto não se aplica se a relação de emprego é prolongada para além de um período de três meses;

2. Se o empregador emprega, em regra geral, não mais de 20 empregados, à exceção daqueles empregados para seu próprio treinamento e o período de aviso-prévio não seja menor do que quatro semanas.

Quando o número de empregados é determinado, os empregados de meio expediente com horários laborais semanais regulares de não mais de 20 horas serão contados como 0.5 empregados e aqueles que trabalham não mais de 30 horas serão contados como 0.75 empregados.

O acordo em um contrato individual de períodos de aviso-prévio mais longos em relação aos indicados nas subseções (1) a (3) não serão afetado por este."

No original: "(3) During an agreed probationary period, at most for the duration of six months, the employment relationship may be terminated with a notice period of two weeks."

(...)

5)In an individual contract, shorter notice periods than those cited in subsection (1) may be agreed only:

1. if an employee is employed to help out on a temporary basis; this does not apply if the employment relationship is extended beyond a period of three months;

2. if the employer as a rule employs not more than 20 employees with the exception of those employed for their own training and the notice period does not fall short of four weeks.

When the number of employees employed is determined, part-time employees with regular weekly working hours of not more than 20 hours are counted as 0.5 employees and those working not more than 30 hours are counted as 0.75 employees. The agreement in an individual contract of longer notice periods than those stated in subsections (1) to (3) is unaffected by this". *Idem.*

4.5. ARGENTINA

A tendência de consagração legislativa dos direitos sociais, aí incluídas as garantias dos trabalhadores, foi seguida, igualmente, pela Argentina, cuja Constituição de 1853-1860 não os previa originalmente, vindo a estabelecê-los no século XX, quando a quase totalidade dos ordenamentos democráticos já havia substituído o constitucionalismo de cunho meramente liberal por uma postura intervencionista a ser assumida pelo Estado na organização da economia, conforme salienta Helio Juan Zarini:

> Do constitucionalismo anterior, clássico ou moderno ao constitucionalismo social, que agora nos ocupa, perpassa toda uma transformação na sociedade e se registra uma dupla transformação em relação ao Estado e em relação aos direito das pessoas: a) do Estado abstencionista se passou ao Estado intervencionista, e b) complementaram-se os direitos individuais com a incorporação dos direitos sociais e econômicos.
>
> O constitucionalismo social contemporâneo reflexa, assim, uma nova realidade. Já não se trata do Estado abstencionista do constitucionalismo anterior, senão que agora se persegue a obtenção de prestações do novo Estado. Aparece um Estado dispensador de serviços que deve fazer ou dar algo em favor dos homens e dos setores mais necessitados, para o qual se somam novas funções sociais e econômicas.[20]

Nesse sentido, foi inserido no texto originário da Constituição da República Argentina o art. 14-*Bis*, tendo por objeto, justamente, o rol das garantias asseguradas aos trabalhadores e às entidades sindicais, bem como a consagração do direito à seguridade social. No elenco em referência consta a expressa previsão do princípio protetivo, bem como de seus corolários mais evidentes, nos seguintes termos:

> Art. 14 *bis* – O trabalho em suas diversas formas gozará da proteção das leis, que assegurarão ao trabalhador: condições dignas e equitativas de trabalho, jornada limitada, descanso e férias remuneradas, retribuição justa, salário mínimo vital móvel, igual remuneração por igual trabalho, participação nos lucros das empresas, controle da produção e colaboração na direção, proteção contra a despedida arbitrária, estabilidade

---

(20) No original: "Del anterior constitucionalismo clásico o moderno al constitucionalismo social, que ahora nos ocupa, media todo un cambio en la sociedad y se registra uma doble transformación a nivel del Estado y a nivel de los derechos de las personas: *a)* del Estado abstencionista se pasó al Estado intervencionista, y *b)* se complementaron los derechos individuales com la incorporación de derechos sociales y económicos.

El constitucionalismo social contemporáneo refleja así una nueva realidad. Ya no se trata del Estado abstencionista del anterior constitucionalismo, sino que ahora se persigue obtener prestaciones del nuevo Estado. Aparece un Estado dispensador de servicios que debe hacer o dar algo en favor de los hombres y sectores más necesitados, para lo cual abarca nuevas funciones sociales y económicas". ZARINI, Helio Juan. *Constitución Argentina*. 3ª reimpresión. Buenos Aires: Astrea, 2004. p. 63.

do empregado público, organização sindical livre e democrática, reconhecida por simples inscrição em um registro especial.

Fica assegurado aos sindicatos: estabelecer convênios coletivos de trabalho, recorrer à conciliação e à arbitragem, o direito de greve. Os representantes sindicais gozarão das garantias necessárias para o cumprimento de sua gestão sindical e as relacionadas à estabilidade de seu emprego.

O Estado outorgará os benefícios da seguridade social, que terá caráter integral e irrenunciável. Em especial, a lei estabelecerá: o seguro social obrigatório, que ficará a cargo das entidades nacionais ou provinciais com autonomia financeira e econômica, administradas pelos interessados com participação do Estado, sem que possa existir superposição de aportes, jubilações e pensões móveis, a proteção integral da família, a defesa do bem de família, a compensação econômica familiar e o acesso a uma habitação digna.[21]

No fito de promover a concretização do sobredito dispositivo, foi promulgada em 13.05.1976 a Lei n. 20.744, intitulada "Lei do Contrato de Trabalho", cujo objeto era a regulamentação da totalidade das relações empregatícias estabelecidas no âmbito das empresas argentinas. A exemplo das legislações a vigerem na França, na Suíça e em Luxemburgo, o título destinado à extinção do pacto laboral traz previsão expressa sobre a concessão de aviso-prévio proporcional.

Desse modo, sendo a despedida do empregado fundamentada em uma das causas elencadas na "Lei do Contrato de Trabalho", recairá sobre a empresa o dever de conceder-lhe aviso-prévio de 30 (trinta) dias quando o trabalhador contar com lapso de tempo de serviço compreendido entre o fim do período probatório de 3 (três) meses e 5 (cinco) anos. De outro turno, não havendo a concessão do direito ora previsto, será devida ao obreiro uma indenização correspondente ao prazo do aviso-prévio não cumprido.

De outro turno, sendo o tempo de serviço do empregado superior a 5 (cinco) anos, o aviso-prévio proporcional será fixado em 60 (sessenta) dias.

---

(21) No original: "Art. 14 bis.- El trabajo en sus diversas formas gozará de la protección de las leyes, las que asegurarán al trabajador: condiciones dignas y equitativas de labor; jornada limitada; descanso y vacaciones pagados; retribución justa; salario mínimo vital móvil; igual remuneración por igual tarea; participación en las ganancias de las empresas, con control de la producción y colaboración en la dirección; protección contra el despido arbitrario; estabilidad del empleado público; organización sindical libre y democrática, reconocida por la simple inscripción en un registro especial. Queda garantizado a los gremios: concertar convenios colectivos de trabajo; recurrir a la conciliación y al arbitraje; el derecho de huelga. Los representantes gremiales gozarán de las garantías necesarias para el cumplimiento de su gestión sindical y las relacionadas con la estabilidad de su empleo. El Estado otorgará los beneficios de la seguridad social, que tendrá carácter de integral e irrenunciable. En especial, la ley establecerá: el seguro social obligatorio, que estará a cargo de entidades nacionales o provinciales con autonomía financiera y económica, administradas por los interesados con participación del Estado, sin que pueda existir superposición de aportes; jubilaciones y pensiones móviles; la protección integral de la familia; la defensa del bien de familia; la compensación económica familiar y el acceso a una vivienda digna".

Prevê-se, ainda, um aviso-prévio de 15 (quinze) dias para o trabalhador submetido ao regime probatório de 3 (três) meses. A disciplina da matéria ora analisada consta dos artigos 92 bis e 231 da "Lei do Contrato de Trabalho", a cuja transcrição se procede:

Art. 92 bis. – O contrato de trabalho por tempo indeterminado, exceto o referido no artigo 96, se entenderá como celebrado a prova durante os primeiros TRÊS (3) meses de vigência. Qualquer das partes poderá extinguir a relação de trabalho durante esse lapso sem expressar os motivos para tanto, sem direito à indenização, mas com a obrigação de conceder o aviso-prévio de acordo com o estabelecido nos artigos 231 e 232.

(...)

Art. 231. – Prazos.

O contrato de trabalho não poderá ser rescindido pela vontade de uma das partes sem o aviso-prévio, ou em sua ausência, sem indenização para além daquela devida ao trabalhador por antiguidade no emprego, quando o contrato seja dissolvido pela vontade do empregador. O aviso-prévio, quando as partes não fixarem um período maior, deverá ser dado com a seguinte antecipação:

a) pelo trabalhador, de quinze (15) dias;

b) pelo empregador, de quinze (15) dias quando o trabalhador se encontrar em período de prova, de um (1) mês quando o trabalhador possuir uma antiguidade no emprego que não exceda cinco (5) anos e de dois (2) meses quando for superior.[22]

Note-se, a propósito, que, a exemplo da legislação de Luxemburgo, o art. 231, "a" e "b", da "Lei do Contrato de Trabalho" da Argentina estabelece condições diversas para o aviso-prévio a ser concedido pelos empregadores ou pelos obreiros, sendo, nesse particular, mais benéfica para este, de modo a atender ao postulado da proteção dos trabalhadores.

---

(22) No original: "Art. 92 bis. – El contrato de trabajo por tiempo indeterminado, excepto el referido en el artículo 96, se entenderá celebrado a prueba durante los primeros tres (3) meses de vigencia. Cualquiera de las partes podrá extinguir la relación durante ese lapso sin expresión de causa, sin derecho a indemnización con motivo de la extinción, pero con obligación de preavisar según lo establecido en los artículos 231 y 232".
(...)
"Art. 231. – Plazos.
El contrato de trabajo no podrá ser disuelto por voluntad de una de las partes, sin previo aviso, o en su defecto, indemnización además de la que corresponda al trabajador por su antigüedad en el empleo, cuando el contrato se disuelva por voluntad del empleador. El preaviso, cuando las partes no lo fijen en un término mayor, deberá darse con la anticipación siguiente:
a) por el trabajador, de quince (15) días;
b) por el empleador, de quince (15) días cuando el trabajador se encontrare en período de prueba; de un (1) mes cuando el trabajador tuviese una antigüedad en el empleo que no exceda de cinco (5) años y de dos (2) meses cuando fuere superior."

No entanto, em que pese tal vicissitude, o dispositivo em testilha estabelece idêntico prazo de aviso-prévio para os trabalhadores a contarem com mais de 5 (cinco) anos de tempo de serviço no âmbito de uma mesma empresa, sem fazer distinções adicionais entre eles, tal como ocorre, em maior medida, na França e na Suíça, e, em menor proporção, em Luxemburgo e na Alemanha.

Afora tal circunstância, o ordenamento jurídico argentino, no que concerne aos seus princípios e diretrizes voltados para a conformação da ordem econômica aos direitos sociais titularizados pelos trabalhadores, guarda similitude de propósitos com os postulados consagrados na Constituição Federal brasileira de 1988.

4.6. REPÚBLICA DOMINICANA

Tal como a generalidade das cartas democráticas contemporâneas, a Constituição da República Dominicana promulgada em 2010 consagra dentre suas diretrizes fundamentais a tutela dos direitos sociais dos trabalhadores e a submissão das garantias da propriedade e da livre-iniciativa econômica ao interesse da coletividade, de modo a impor-lhes uma função social, a teor de seu art. 51:

> Artículo 51. – Derecho de propiedad. El Estado reconoce y garantiza el derecho de propiedad. La propiedad tiene una función social que implica obligaciones. Toda persona tiene derecho al goce, disfrute y disposición de sus bienes.

Em seu art. 62, *caput,* a Constituição dominicana estabelece que o Estado tem por função o fomento do pleno emprego, discriminando, outrossim, nos §§ 7º, 8º e 9º do dispositivo em referência, os direitos decorrentes da adoção do princípio da proteção do trabalhador, com destaque para a garantia de uma remuneração digna, de jornadas adequadas e de condições saudáveis e seguras de labor, nos seguintes termos:

> Artigo 62. Direito ao trabalho. O trabalho é um direito, um dever e uma função social que se exerce com a proteção e a assistência do Estado. É finalidade essencial do Estado fomentar o emprego digno e remunerado. Os poderes públicos promoverão o diálogo e a concertação entre trabalhadores, empregadores e o Estado. Em consequência:
>
> (...)
>
> 7) A lei disporá, segundo demande o interesse geral, sobre as jornadas de trabalho, os dias de descanso e férias, os salários mínimos e suas formas de pagamento, a participação dos nacionais em todo o trabalho, a participação das trabalhadoras e dos trabalhadores nos lucros da empresa e, em geral, todas as medidas mínimas que se façam necessárias em prol dos trabalhadores, incluindo-se regulações especiais para o trabalho informal, a domicílio e qualquer outra modalidade de trabalho humano. O Estado facilitará os meios a seu alcance para que as trabalhadoras e os trabalhadores possam adquirir os utensílios e os instrumentos indispensáveis para seu trabalho;
>
> 8) É obrigação de todo empregado garantir a seus trabalhadores condições adequadas de segurança, de saúde, de higiene, bem como um meio ambiente de trabalho ade-

quado. O Estado adotará medidas para promover a criação de instâncias integradas por trabalhadores e empregadores para a consecução dessas finalidades.

9) Todo trabalhador tem direito a um salário justo e eficiente que lhe permita viver com dignidade e que seja apto a cobrir para si e para sua família as necessidades básicas materiais, intelectuais e sociais. Será garantido o pagamento de igual salário por trabalho de igual valor, sem discriminação de gênero ou de outra índole e em idênticas condições de capacidade, eficiência e antiguidade. [23]

O art. 217 da Constituição da República Dominicana, por sua vez, estabelece de forma expressa que a ordem econômica tem por fundamentos a justiça social, a dignidade humana, a coesão social e a responsabilidade social, cujos corolários submetem toda a atividade empresarial. Transcreve-se, por oportuno, o dispositivo em apreço:

> Artigo 217 – Orientação e fundamento. O regime econômico se orienta pela busca do desenvolvimento humano. Se fundamenta no crescimento econômico, na redistribuição da riqueza, na justiça social, na equidade, na coesão social e territorial e na sustentabilidade ambiental, dentro de um marco de livre concorrência, igualdade de oportunidades, responsabilidade social, participação e solidariedade.[24]

---

(23) No original: "Artículo 62.- Derecho al trabajo. El trabajo es un derecho, un deber y una función social que se ejerce con la protección y asistencia del Estado. Es finalidad esencial Del Estado fomentar el empleo digno y remunerado. Los poderes públicos promoverán El diálogo y concertación entre trabajadores, empleadores y el Estado. En consecuencia:

(...)

7) La ley dispondrá, según lo requiera el interés general, las jornadas de trabajo, los días de descanso y vacaciones, los salarios mínimos y sus formas de pago, la participación de los nacionales en todo trabajo, la participación de las y los trabajadores en los beneficios de la empresa y, en general, todas las medidas mínimas que se consideren necesarias a favor de los trabajadores, incluyendo regulaciones especiales para el trabajo informal, a domicilio y cualquier otra modalidad del trabajo humano. El Estado facilitará los medios a su alcance para que las y los trabajadores puedan adquirir los útiles e instrumentos indispensables a su labor;

8) Es obligación de todo empleador garantizar a sus trabajadores condiciones de seguridad, salubridad, higiene y ambiente de trabajo adecuados. El Estado adoptará medidas para promover la creación de instancias integradas por empleadores y trabajadores para la consecución de estos fines;

9) Todo trabajador tiene derecho a un salario justo y suficiente que le permita vivir con dignidad y cubrir para sí y su familia necesidades básicas materiales, sociales e intelectuales. Se garantiza el pago de igual salario por trabajo de igual valor, sin discriminación de género o de otra índole y en idénticas condiciones de capacidad, eficiencia y antigüedad".

(24) No original: "Artículo 217.- Orientación y fundamento. El régimen económico se orienta hacia la búsqueda del desarrollo humano. Se fundamenta en el crecimiento económico, la redistribución de la riqueza, la justicia social, la equidad, la cohesión social y territorial y la sostenibilidad ambiental, en un marco de libre competencia, igualdad de oportunidades, responsabilidad social, participación y solidaridad".

A concretização dos referidos preceitos no plano infraconstitucional encontra expressão no "*Código del Trabajo*" da República Dominicana (Lei n. 1.692, de 29 de maio de 1992), cujo Título VII versa sobre a terminação dos contratos de trabalho. Dentre as normas a integrarem este último, destaca-se o art. 76, cujo objeto é a concessão do aviso-prévio quando da rescisão unilateral e sem justa causa das avenças laborais, na seguinte proporção[25]:

TEMPO DE SERVIÇO	PRAZO DE AVISO-PRÉVIO
3 (três) a 6 (seis) meses	7 (sete) dias
Entre 6 (seis) meses e 1 (um) ano	14 (catorze) dias
Mais de 1 (um) ano	28 (vinte e oito) dias

A análise do art. 76 do "*Código del Trabajo*" dominicano atesta que a forma de cálculo do aviso-prévio proporcional ali estabelecida acaba por tratar, de modo idêntico, trabalhadores que possuem mais de 1 (um) ano de tempo de serviço dedicado ao mesmo empregador. Há, dessa forma, situação que não se afigura ideal segundo os cânones do princípio da isonomia.

Para além disso, há de se destacar que a norma em testilha não estabelece distinções entre os prazos de aviso-prévio a serem concedidos por trabalhadores e empregadores em caso de rescisão contratual unilateral e desmotivada. Não há, no diploma dominicano, a mesma preocupação a constar das legislações da Suíça, de Luxemburgo e da Argentina.

De outro turno, muito embora os princípios e diretrizes da Carta Magna da República Dominicana sejam plenamente compatíveis com os preceitos da Constituição Federal brasileira atinentes à proteção dos trabalhadores e à ordem econômica, os prazos estabelecidos para o aviso-prévio, em quaisquer circunstâncias, afiguram-se menores se comparados ao lapso único de 30 (trinta) dias consagrados no art. 487, II, da Consolidação das Leis do Trabalho – CLT.

---

(25) "Art. 76- A parte que exerce o direito de rescisão contratual deve conceder aviso-prévio à outra, de acordo com as seguintes regras:
1ª. Após um trabalho contínuo que não seja inferior a três meses e nem maior do que seis, com um mínimo de sete dias de antecipação.
2ª. Após um trabalho contínuo que exceda seis meses e não ultrapasse um ano, com um mínimo de catorze (14) dias de antecipação.
3ª. Após um ano de trabalho contínuo, com um mínimo de vinte e oito dias de antecipação."
No original: "Art. 76 - La parte que ejerce el derecho de desahucio debe dar aviso previo a la otra, de acuerdo con las reglas siguientes:
1º. Después de un trabajo continuo no menor de tres meses ni mayor de seis, con un mínimo de siete días de anticipación.
2º. Después de un trabajo continuo que exceda de seis meses y no sea mayor de un año, con un mínimo de catorce (14) días de anticipación.
3º. Después de un año de trabajo continuo, con un mínimo de veintiocho días de anticipación".

5

Evolução Histórica do Aviso-Prévio no Direito Brasileiro

5.1. PERÍODO ANTERIOR À REFORMA CONSTITUCIONAL DE 1926. AS ORDENAÇÕES FILIPINAS E A LOCAÇÃO DE SERVIÇOS REGIDA PELAS LEIS CIVIS E COMERCIAIS

Anteriormente ao advento das normas de Direito do Trabalho no ordenamento jurídico pátrio, a regulamentação do desempenho remunerado do labor humano no Brasil passou por dois momentos distintos, a saber, a fase da *"servidão"*, consagrada nas Ordenações Filipinas, e o período da *"locação de serviços"*, vivenciado quando da introdução, entre nós, das leis de cunho contratualista e liberal.

A fase da *"servidão"* e sua longa duração na legislação luso-brasileira talvez encontre explicação na organização eminentemente agrária da sociedade, tanto na metrópole ibérica, quanto na colônia americana mesmo após sua emancipação política. Nesse sistema, fortemente marcado por elementos oriundos do período feudal, a relação entre os prestadores e tomadores de serviços era baseada na proteção dos *"amos"* em relação aos *"servos"* e na vassalagem prestada por estes àqueles, com respaldo último na ideia de que o domínio fundiário conferia ao proprietário plenos poderes em relação às suas glebas e aos criados que nela se encontrassem.[1]

---

(1) Segundo Jorge Luiz Souto Maior:

"A servidão foi o marco principal do feudalismo, caracterizado por um sistema predominantemente agrário. Sua organização era baseada na posse da terra, em que os senhores feudais, proprietários das terras, exerciam poderes sobre aqueles que trabalhavam para eles, os servos. Estes, por utilizarem a terra, deviam obrigações aos senhores e em troca recebiam sua proteção. Os senhores tinham poder total nas terras de seu domínio, aplicavam leis e declaravam tanto a guerra quanto a paz. O servo, apesar de não ser escravo, guardava muita semelhança com este, pois sua liberdade era apenas aparente". MAIOR, Jorge Luiz Souto. *Curso de Direito do Trabalho* – Vol. I. Parte I. Teoria Geral do Direito do Trabalho. São Paulo: LTr, 2011. p. 58.

A fase da "*locação de serviços*", de seu turno, teve início com os movimentos de modernização da legislação civilista brasileira, nas décadas finais do século XIX e no início do século XX. Sua marca registrada consiste, justamente, no intuito de vislumbrar as relações de prestação de serviços como objetos passíveis de contratação, nos marcos da teoria geral das obrigações característica do período oitocentista.

5.1.1. Os Títulos de XXIX a XXXV do Livro 4º das Ordenações Filipinas

No que concerne à regulamentação do trabalho humano, as Ordenações Filipinas, editadas em 1603 pelo Rei Felipe II durante o período em que Portugal e seus domínios ultramarinos estiveram submetidos ao jugo da Coroa espanhola, limitaram-se a reformar, em alguns pontos, os enunciados das Ordenações Manuelinas e Afonsinas, lavradas em período anterior à fase mercantilista e, por essa razão, repleta de elementos característicos do feudalismo.[2]

Por essa razão, o Livro IV das Ordenações Filipinas, que regula de maneira descoordenada as questões afetas ao Direito Civil, ao tratar do trabalho humano em seus Títulos XIX a XXXV, trata o tomador dos serviços como "*amo*" e o prestador como "*criado*", partindo do pressuposto de que há entre eles uma relação a denotar servidão e dependência doméstica, seja qual for a modalidade do labor a ser exercido, conforme atesta a transcrição dos Títulos XXIX e XXXII:

TÍTULO XXIX.

Do criado, que vive com o senhor a bemfazer, e como se lhe pagará o serviço.

Posto que algum homem ou mulher viva com senhor, ou amo, de qualquer qualidade que sejam a bemfazer sem avença de certo preço ou quantidade ou outra cousa, que haja de haver por seu serviço contentando-se do que o senhor, ou amo lhe quizer dar, será o amo e senhor obrigado a lhe pagar o serviço que fez, havendo respeito ao tempo, que servio, e à qualidade do criado e do serviço. Porém, se entre elles houver contracto feito sobre o serviço, cumprir-se-ha o que entre elles for tractado, como fôr direito.

(...)

TÍTULO XXXII.

Que não se pode pedir soldada ou serviço passados trez annos.

Os homens e mulheres que morarem com senhores ou amos a bemfazer, ou per soldada, ou jornal, ou por qualquer convença, se depois que se delles sairem, passarem trez annos, e seus senhores e amos estiverem sempre nesses lugares, onde se delles serviram, sem se delles partirem, e os taes servidores e criados os não demandarem nos ditos trez annos por seu serviço não os poderão mais demandar, nem serão á isso recebidos, nem seus amos mais obrigados a lhes pagar. Porém, aos menores de vinte e cinco annos começarão de correr os ditos trez annos, tanto que chegarem à idade de vinte e cinco.

---

(2) Disponível em: <http://www.ci.uc.pt/ihti/proj/filipinas/ordenacoes.htm>.

Em que pese o caráter rudimentar de suas normas, o Título IV das Ordenações Filipinas foi largamente aplicado em território brasileiro, mesmo após a independência, consolidada em 1822. No entanto, em que pese tal circunstância, a evolução das relações sociais já no século XIX, marcada pela ascensão das ideias liberais e do individualismo, havia tornado aquele diploma ultrapassado e inadequado para a regulamentação dos aspectos pertinentes à nova realidade, conforme observado, à ocasião, por Antonio Joaquim Ribas:

> Dos cinco livros das Ordenações Philippinas quasi que só o 4º é dedicado á theoria do direito civil. Mas os seus preceitos, além de nimiamente deficientes, e formulados sem ordem, não estão ao par das necessidades da sociedade actual e dos progressos da sciencia juridica. Estes defeitos têm sido officialmente reconhecidos, e por vezes tem se tentado novas codificações da legislação civil.[3]

Diante de tal constatação, foram editados no período do Império diversos diplomas esparsos a versarem sobre aspectos do Direito Civil, dentre eles, as relações obrigacionais estabelecidas entre os indivíduos pretensamente *"livres e iguais"* e, nesse particular, as formas pelas quais seriam firmados os contratos de locação e de arrendamento de serviços.

5.1.2. A Lei de 13 de setembro de 1830, o Código Comercial de 1850 e o Decreto n. 2.827 de 1879

A inadequação das Ordenações Filipinas à realidade econômica brasileira do século XIX era patente, mesmo sendo esta marcada pelo provincianismo, pela prevalência absoluta do modelo agrário e pela chaga moral da escravidão. Por essa razão, a necessidade em torno da modernização da regulamentação da locação de serviços por aqueles que gozavam da condição de *"livres e iguais"* foi sentida já no alvorecer do jovem Império.

No direito estrangeiro, a tendência experimentada pela legislação civilista nesse particular apontava para a consideração da prestação de serviços como uma modalidade pura e simples do "contrato de locação", submetida às mesmas formalidades desse último e sem qualquer consideração especial à pessoa do trabalhador, como sucedâneo das ideias liberais de cunho individualista a permearem os diplomas editados no período.

Nesse sentido, foi editada em 13 de setembro de 1830 a primeira lei brasileira a ter por objeto específico o *"contrato por escripto sobre prestação de serviços"* a ser firmado sob a jurisdição do Império. O diploma em apreço, a exemplo de seus congêneres estrangeiros, trata o desempenho do labor humano sob remuneração como "locação" que, como tal, abrangia sob seu amplo conceito tanto os bens, quanto os serviços, conforme admitia Lourenço Trigo de Loureiro:

---

(3) RIBAS, Antonio Joaquim. *Curso de Direito Civil Brasileiro*. v. I. Edição fac-similar. Brasília: Senado Federal, 2003. p. 112-113.

Locução-conducção (outra convenção onerosa) é o contrato, pelo qual alguém concede a outrem o uso de alguma cousa propria immovel, ou de serviços pessoaes por certa pensão, ou paga, e por tempo determinado, como succede ordinariamente nas locações de predios rusticos, ou indeterminado, como succede quasi sempre nas locações de predios urbanos.

Ella não requer solemnidade alguma, e da mesma sorte, que a compra e venda, torna-se perfeita pelo simples mutuo consenso das partes contractantes.[4]

No que concerne ao conteúdo da Lei de 13 de setembro de 1830, suas disposições se pautavam pela simplicidade, limitando-se a estabelecer os deveres dos tomadores e dos prestadores dos serviços, bem assim as penas a que estes se submetiam em caso de descumprimento dos contratos.

Mais adiante, em 1850, o Código Comercial do Império (Lei n. 556 de 25 de junho de 1850) veio a complementar o diploma de 1830 de modo a regulamentar, com maior precisão, a prestação dos serviços nos estabelecimentos dedicados à indústria e ao comércio sob a forma de "locação mercantil". Foi o diploma em apreço a primeira norma brasileira a regulamentar o aviso-prévio, que, à ocasião, era fixado em 30 (trinta) dias e obrigava, especificamente, os prepostos dos feitores, caixeiros e guarda-livros, nos termos dos artigos 74 e 81:

> Art. 74. Todos os feitores, guarda-livros, caixeiros e outros quaisquer prepostos das casas de comércio, antes de entrarem no seu exercício, devem receber de seus patrões ou preponentes uma nomeação por escrito, que farão inscrever no Tribunal do Comércio (artigo n. 10, n. 2); pena de ficarem privados dos favores por este Código concedidos aos da sua classe".
>
> (...)
>
> Art. 81. Não se achando acordado o prazo do ajuste celebrado entre o preponente e os seus prepostos, qualquer dos contratantes poderá dá-lo por acabado, avisando o outro da sua resolução com 1 (um) mês de antecipação.

No tocante ao meio rural, o crescente ingresso de imigrantes europeus dedicados à agricultura conduziu à edição do Decreto n. 2.728, de 15 de março de 1879, a regulamentar em termos simplórios a locação de serviços e as empreitadas a serem realizadas por parte dos rurícolas. Tal como a Lei de 13 de setembro de 1830, o diploma em referência não avançava para além da forma e das obrigações a vincularem as partes da avença, sem estabelecer normas tuitivas específicas e prazos de aviso-prévio.

---

(4) LOUREIRO, Lourenço Trigo de. *Instituições de Direito Civil Brasileiro*. v. II. Edição fac-similar. Brasília: Senado Federal, 2004. p. 258-259.

5.1.3. O art. 1.221 do Código Civil de 1916

Com significativo atraso em relação aos demais países de tradição jurídica romano-germânica, apenas em 1916 logrou-se a codificação da legislação civil em território brasileiro, por intermédio da aprovação do consagrado projeto formulado por Clóvis Bevilacqua. Em seus artigos 1.216 a 1.236, o Código Civil cuidava da prestação do trabalho a outrem sob remuneração, submetendo-a, tal como os diplomas do século XIX, ao regime da "locação de serviços".

Já a essa altura, o direito estrangeiro vinha reconhecendo a hipossuficiência dos trabalhadores e conferindo ao contrato de trabalho uma disciplina específica, marcada pela submissão das avenças a normas de ordem pública voltadas para a proteção da integridade física e da estabilidade econômica dos obreiros.

No Brasil, contudo, a industrialização ainda incipiente e a predominância da agricultura como modelo econômico, aliada à mentalidade liberal e individualista partilhada pelas oligarquias governantes e pelos primeiros industriais, não permitiam, naquele momento, a adoção de solução similar pelo direito pátrio. Manteve-se, em razão disso, o sistema da "locação de serviços" no Código Civil de 1916, com escassas inovações em relação ao conteúdo do contrato.

Dentre tais inovações, destaca-se a estipulação constante do art. 1.221 do Código Civil, a estabelecer prazos de aviso-prévio de observância necessária pelas partes quando da rescisão das avenças. Ao contrário do art. 81 do Código Comercial, cuja disciplina vinculava apenas os prepostos dos feitores, guarda-livros e caixeiros, o regime da lei substantiva cível abrangia todo e qualquer locador ou locatário de serviços, nos seguintes termos:

> Art. 1.221. Não havendo prazo estipulado, nem se podendo inferir da natureza do contrato, ou do costume do lugar, qualquer das partes a seu arbítrio, mediante prévio aviso, pode reincidir o contato.
>
> Parágrafo único. Dar-se-á o aviso:
>
> I - Com antecedência de oito dias, se o salário se houver fixado por tempo de um mês, ou mais.
>
> II - Com antecipação de quatro dias, se o salário se tiver ajustado por semana, ou quinzena.
>
> III - De véspera, quando se tenha contratado por menos de sete dias.

O dispositivo em referência permaneceria a vincular a generalidade dos trabalhadores até a edição da Consolidação das Leis do Trabalho de 1943, quando o aviso-prévio foi regulamentado já em um contexto de atenção às peculiaridades dos trabalhadores, segundo a tendência da legislação editada após a Reforma Constitucional de 1926.

5.2. PERÍODO POSTERIOR À REFORMA CONSTITUCIONAL DE 1926. A LEGISLAÇÃO TRABALHISTA

Durante a Primeira República, a tutela dos trabalhadores em face das vicissitudes econômicas e sociais foi praticamente nenhuma. Apesar dos apelos em vistas à implementação de normas de proteção à integridade física dos obreiros e às condições laborais, prevaleceu no parlamento de então a mesma mentalidade liberal e individualista que perpassava o rol de direitos e garantias da Constituição Federal de 1891.

À medida que avançava o século XX e que as legislações estrangeiras iam paulatinamente agregando as garantias trabalhistas ao seu cabedal de direitos, pululavam as críticas em torno da conduta passiva do legislador brasileiro nesse particular e da insistência em manterem-se os dogmas liberais mesmo diante da notória ineficácia destes para a proteção dos obreiros. Nesse sentido, o discurso proferido por Rui Barbosa acerca da chamada "questão social", durante a campanha presidencial de 1919, bem sintetiza o espírito do período em referência:

> A concepção individualista dos direitos humanos tem evolvido rapidamente, com os tremendos sucessos dêste século, para uma transformação incomensurável nas noções jurídicas do individualismo restringidas agora por uma extensão, cada vez maior, dos direitos sociais. Já não se vê na sociedade um mero agregado, uma justaposição de unidades individuais, acasteladas cada qual no seu direito intratável, mas uma entidade naturalmente orgânica, em que a esfera do indivíduo tem por limites inevitáveis, de todos os lados, a coletividade. O direito vai cedendo à moral, o indivíduo à associação, o egoísmo, à solidariedade humana.
>
> (...)
>
> Mas, senhores, já que me constrangeram a trazer a êste auditório a questão social, de cujo melindre ìntimamente escarnecem êsses exploradores e zombadores de tudo, aceito o repto, e entremos a contas.
>
> Venham com as suas os homens, que, há trinta anos, se assenhoraram da República, e nela, vai por trinta anos, parasiteiam à tripa fôrra. Que fizeram êles, nesses seis lustros, nêsse terço de século, pela causa do trabalho nesta terra, êles, os únicos em cujas mãos está, para tudo, a faca e o queijo, a faca rija no corte e o queijo inesgotável no miolo?
>
> (...)
>
> Nada se construiu. Nada se adiantou, nada se fêz. A sorte do operário continua indefesa, desde que a lei, no pressuposto de uma igualdade imaginária entre êle e o patrão e de uma liberdade não menos imaginária nas relações contratuais, não estabeleceu, para êste caso de 'minoridade social', as providências tutelares, que uma tal condição exige.

As fábricas devoram a vida humana desde os sete anos de idade. Sôbre as mulheres, pesam, de ordinário, trabalhos tão árduos quanto os dos homens; não percebem senão salários reduzidos e, muitas vêzes, de escassez mínima. Equiparam-se aos adultos, para o trabalho, os menores de quatorze e doze anos. Mas, quando se trata de salário, cessa a equiparação. Em emergências de necessidade todo êsse pessoal concorre aos serões. O horário, geralmente, nivela sexos e idades entre os extremos habituais de nove a dez horas cotidianas de canseira.

(...)

Eis, senhores, no escôrço que êste lugar me permitia, uma idéia suscinta da extensão do território imenso por lavrar, na vastidão extensíssima e complexíssima dos assuntos que entendem com a sorte do operariado, que, sendo a sorte do nosso trabalho, é a sorte, assim da nossa indústria, como da nossa agricultura, e, portanto, a sorte do País. Feito não há nada. Tudo por fazer.

(...)

São conseqüências da irresistível evolução econômica do mundo. Por isso 'as constituições não podem continuar a ser utilizadas como instrumentos, com que se privem dos seus direitos aquêles mesmos, que elas eram destinadas a proteger, e que mais lhes necessitam da proteção'.

As nossas constituições têm ainda por normas as declarações de direitos consagrados no século dezoito. Suas fórmulas já não correspondem exatamente à consciência jurídica do universo. A inflexibilidade individualista dessas cartas, imortais, mas não imutáveis, alguma coisa tem de ceder (quando lhes passa já pelo quadrante o sol do seu terceiro século) ao sôpro da socialização, que agita o mundo.[5]

Após longos anos de omissão e críticas, deu-se, em 1926, ainda que de forma tímida, o primeiro passo do ordenamento brasileiro em direção à normatização específica das condições do labor humano, por intermédio da promulgação da Emenda Constitucional de 4 de setembro de 1926, cujo art. 2º inseriu o "trabalho" dentre as competências legislativas da União previstas no art. 31 da Constituição Federal de 1891, nos seguintes termos:

Art. 2º. Substitua-se o art. 31 da Constituição pelo seguinte:

Art. 31. Compete privativamente ao Congresso Nacional:

(...)

28 – legislar sobre o trabalho.

---

(5) BARBOSA, Rui. A Questão Social e Política no Brasil. In: LACERDA, Virgínia Côrtes de. *Rui Barbosa. Escritos e Discursos Seletos.* Rio de Janeiro: Companhia Aguilar, 1966. p. 430-453.

Em que pese, todavia, a previsão abstrata em torno da competência do Congresso Nacional para legislar sobre o trabalho, somente a partir da década seguinte, com a eclosão da Revolução de 1930 e com a derrocada do regime oligárquico da "República Velha", é que começaria a ser erguido, efetivamente, o arcabouço jurídico voltado para a tutela dos obreiros e superado o longo período em que a produção econômica brasileira bastou-se na agricultura e na pecuária.[6]

5.2.1. O art. 121, § 1º, "g", da Constituição Federal de 1934 e a Lei n. 62 de 5 de junho de 1935

Uma vez consolidada a Revolução de 1930 e apaziguados os ânimos após a conflagração de 1932 a envolver a União e o Estado de São Paulo, editou-se, em 1934, a nova Constituição Federal, a trazer em seu art. 121, § 1º, pela primeira vez na história nacional, um rol amplo de direitos trabalhistas que pautariam a atividade do legislador ordinário na tarefa de promover a consolidação de tais garantias.

Dentre tais direitos, a constarem expressamente do art. 121, § 1º, da Carta de 1934, destacam-se a previsão expressa do princípio protetivo, a fixação de um salário mínimo, a limitação da jornada de trabalho, as garantias de férias e repousos remunerados, bem como o estabelecimento de indenização a ser paga aos trabalhadores em caso de demissão sem justa causa. Transcreve-se, por oportuno, o dispositivo em referência:

> Art. 121 - A lei promoverá o amparo da produção e estabelecerá as condições do trabalho, na cidade e nos campos, tendo em vista a proteção social do trabalhador e os interesses econômicos do País.
>
> § 1º - A legislação do trabalho observará os seguintes preceitos, além de outros que colimem melhorar as condições do trabalhador:
>
> a) proibição de diferença de salário para um mesmo trabalho, por motivo de idade, sexo, nacionalidade ou estado civil;
>
> b) salário mínimo, capaz de satisfazer, conforme as condições de cada região, às necessidades normais do trabalhador;

---

(6) Nas palavras de Joaquim Pimenta:

"Nesta parte, a Revolução compensou as aspirações, os esforços, os sacrifícios dos que nela sinceramente cooperaram, abrindo caminho para o advento, no Brasil, de um direito que está fadado a ser, no mundo, elemento plasmático, estrutural, das futuras constituições políticas.

(...)

Com efeito, basta um rápido exame do quanto há realizado o Brasil nos domínios do Direito do Trabalho, para fazer ressaltar que, em pouco mais de uma década, foi êle muito além de outros países americanos e europeus, culturalmente mais avançados ou mais antigos. O fato é tanto mais digno de consideração porque, até 1930, estávamos em humilhante posto de retaguarda, ao lado ou mesmo abaixo de nações que não ofereciam o mesmo nível de progresso industrial nem tão pouco as condições materiais de existência de que já dispunha o povo brasileiro." PIMENTA, Joaquim. Op. cit., p. 8.

c) trabalho diário não excedente de oito horas, reduzíveis, mas só prorrogáveis nos casos previstos em lei;

d) proibição de trabalho a menores de 14 anos; de trabalho noturno a menores de 16 e em indústrias insalubres, a menores de 18 anos e a mulheres;

e) repouso hebdomadário, de preferência aos domingos;

f) férias anuais remuneradas;

g) indenização ao trabalhador dispensado sem justa causa;

h) assistência médica e sanitária ao trabalhador e à gestante, assegurando a esta descanso antes e depois do parto, sem prejuízo do salário e do emprego, e instituição de previdência, mediante contribuição igual da União, do empregador e do empregado, a favor da velhice, da invalidez, da maternidade e nos casos de acidentes de trabalho ou de morte;

i) regulamentação do exercício de todas as profissões;

j) reconhecimento das convenções coletivas, de trabalho.

Uma vez promulgada a nova constituição, foi editada a Lei n. 62, de 5 de junho de 1935, tendo por objeto a concretização do direito à indenização por despedida imotivada assegurado no art. 121, § 1º, "g", da Carta Magna de 1934. Em seu art. 2º, o diploma em apreço estabeleceu que a referida compensação seria não apenas proporcional ao tempo de serviço do obreiro, como também fixada em um salário por ano dedicado ao mesmo empregador:

> Art. 2º A indemnização será de um mez de ordenado por anno de serviço effectivo, ou por anno e fracção igual ou superior a seis mezes. Antes de completo o primeiro anno, nenhuma indemnização será exigida.
>
> § 1º Se o pagamento do trabalho fôr realizado por dia, vinte e cinco dias servirão de base para o calculo da indemnização.
>
> § 2º Se realizado por hora o pagamento do trabalho, a indemnização apurar-se-á na base de duzentas horas por mez.
>
> § 3º Para os empregados ou operarios que trabalhem por commissão, a indemnização será calculada na base da commissão total dos ultimas doze mezes do serviço, dividida por doze.

No entanto, em que pese a previsão expressa a respeito do direito dos trabalhadores à indenização proporcional ao tempo de serviço em caso de rescisão imotivada do contrato laboral, a Lei n. 62/1935 não lhes assegurou a garantia do aviso-prévio, fazendo-o apenas em relação aos empregadores, diante da iminência de retirada do emprego por parte do obreiro, nos termos de seu art. 6º:

> Art. 6º. O empregado deverá dar aviso-prévio ao empregador, com o prazo mínimo de trinta dias, quando desejar retirar-se do emprego. A falta do aviso prévio sujeita-o ao desconto de um mez de ordenado ou do duodecimo do total das comissões percebidas nos ultimos doze mezes de serviço.

O reconhecimento expresso em torno do aviso-prévio como direito dos trabalhadores, em substituição à vetusta redação do art. 1.221 do Código Civil de 1916, somente viria a ocorrer com a promulgação da Consolidação das Leis do Trabalho, em 1943.

5.2.2. A Consolidação das Leis do Trabalho de 1943 e a redação originária do art. 487

Passados já 12 (doze) anos desde a Revolução de 1930, a legislação esparsa a versar matéria trabalhista havia se avolumado consideravelmente. Diante disso, foi constituída, em 1942, uma comissão no âmbito do Ministério do Trabalho com vistas à redação de uma "Consolidação das Leis do Trabalho" que veio a ser, finalmente, promulgada pelo Presidente da República 1 (um) ano depois, por intermédio do Decreto-Lei n. 5.452, de 1º.5.1943.

Na versão original da Consolidação das Leis do Trabalho, o aviso-prévio a ser efetuado pelas partes do contrato de trabalho possuía prazos variáveis em função do regime remuneratório do empregado. Assim, se o obreiro percebesse, por dia, o prazo mínimo de antecedência seria de 3 (três) dias, sendo, ao revés, de 8 (oito) dias, caso a remuneração daquele fosse paga por semana ou tempo inferior, nos termos do art. 487, I e II:

Art. 487 – Não havendo prazo estipulado, a parte que, sem justo motivo, quiser rescindir o contrato deverá avisar a outra da sua resolução com a antecedência mínima de:

I – 3 dias, se o empregado receber, diariamente, o seu salário;

II – 8 dias, se o pagamento for efetuado por semana ou tempo inferior.

Em complemento a tal dispositivo, o § 1º do art. 487 da Consolidação das Leis do Trabalho estabeleceu que a inocorrência de concessão do aviso-prévio por parte do empregador conferiria ao empregado o direito à percepção dos salários correspondentes aos períodos mencionados nos incisos I e II.[7]

A disciplina do aviso-prévio dos trabalhadores urbanos viria a ser incrementada, nos anos seguintes, por intermédio de diversas normas alteradoras do art. 487 da Consolidação das Leis do Trabalho.

5.2.3. A Lei n. 1.530, de 26 de dezembro de 1951

A redação originária do art. 487 da Consolidação das Leis do Trabalho não fazia menção expressa aos trabalhadores que percebiam remuneração mensal,

---

(7) "Art. 487 - Não havendo prazo estipulado, a parte que, sem justo motivo, quiser rescindir o contrato dever avisar a outra da sua resolução com a antecedência mínima de:

§1º - A falta do aviso-prévio por parte do empregador dá ao empregado o direito aos salários correspondentes ao prazo do aviso, garantida sempre a integração desse período no seu tempo de serviço."

limitando-se a assentar que o aviso-prévio era devido apenas quando os salários dos obreiros fossem pagos por dia ou por semana.

No fito de suprir tal lacuna, a Lei n. 1.530, de 26 de dezembro de 1951, conferiu nova redação aos incisos I e II do art. 487 da Consolidação das Leis do Trabalho, estabelecendo que o aviso-prévio seria devido aos trabalhadores remunerados por mês ou por quinzena na proporção de 30 (trinta) dias. Ainda segundo o referido dispositivo, o obreiro faria jus a tal lapso independentemente do regime remuneratório, conquanto contasse com mais de 12 (doze) meses no mesmo empregador.

Para além disso, o diploma em apreço suprimiu o aviso-prévio de 3 (três) dias para os trabalhadores remunerados por dia e manteve o prazo de 8 (oito) dias para aqueles obreiros que percebem seus vencimentos por semana ou prazo inferior. Com o advento da Lei n. 1.530/51, o art. 487 da Consolidação das Leis do Trabalho passou a vigorar com a seguinte redação:

> Art. 487 – Não havendo prazo estipulado, a parte que, sem justo motivo, quiser rescindir o contrato deverá avisar a outra da sua resolução com a antecedência mínima de:
>
> I – oito dias, se o pagamento for efetuado por semana ou tempo inferior;
>
> II – trinta dias aos que perceberem por quinzena ou mês, ou que tenham mais de 12 (doze) meses de serviço na empresa.

Desde então, o regime do aviso-prévio dos trabalhadores urbanos permaneceu praticamente o mesmo, ressalvadas as alterações pontuais advindas das Leis n. 7.093, de 25.4.1983, e n. 7.108, de 5.7.1983, que ampliaram, em certa medida, a garantia estabelecida em favor dos trabalhadores no art. 487 da Consolidação das Leis do Trabalho.

5.2.4. O art. 90 da Lei n. 4.214 de 2 de março de 1963 e o art. 15 da Lei n. 5.889 de 8 de junho de 1973. Aviso-prévio dos rurícolas

O direito ao aviso-prévio dos trabalhadores rurais foi previsto originariamente na Lei n. 4.214, de 2 de março de 1963, cujo art. 90 estabeleceu os prazos e as condições de conversão em pecúnia da referida garantia, nos mesmos moldes do art. 487 da Consolidação das Leis do Trabalho, com redação conferida pela Lei n. 1.530/1951:

> Art. 90. Não havendo prazo estipulado, a parte que, sem justo motivo, quiser rescidir o contrato deverá avisar a outra de sua resolução, com antecedência de oito dias, se o pagamento fôr feito por semana ou tempo inferior; de trinta dias se feito o pagamento por quinzena ou mês, ou se empregado tiver mais de doze meses de serviço na emprêsa.
>
> § 1º A falta do aviso-prévio por parte do empregador dá ao empregado direito aos salários correspondentes ao prazo do aviso, garantida, sempre, a integração dêsse período no seu tempo de serviço.

§ 2º Sendo do empregado a falta de aviso prévio, o empregador terá o direito de descontar os salários correspondentes ao prazo respectivo.

§ 3º Em se tratando de salário pago à base de peça ou tarefa, o cálculo, para o efeitos dos parágrafos anteriores, será feito de acôrdo com a média dos últimos doze meses de serviço.

Diferentemente do art. 487 e seguintes da Consolidação das Leis do Trabalho, a Lei n. 4.124/1963 conferiu aos trabalhadores rurais o direito de dispor de 1 (um) dia por semana durante o gozo do aviso-prévio para procurar outro emprego, nos termos de seu art. 91:

> Art. 91. Durante o prazo do aviso prévio, se a rescisão tiver sido promovida pelo empregador, o trabalhador rural terá direito a um dia por semana, sem prejuizo do salário integral para procurar outro trabalho.

Dez anos após a edição da Lei n. 4.124/1963, foi ela revogada expressamente pela Lei n. 5.889, de 8 de junho de 1973, a estabelecer o "Estatuto do Trabalhador Rural". Já em seu artigo inaugural, o novel diploma assentou que os dispositivos da Consolidação das Leis do Trabalho que não se mostrarem incompatíveis com suas normas se aplicariam às relações de trabalho no meio campestre, nos seguintes termos:

> Art. 1º As relações de trabalho rural serão reguladas por esta Lei e, no que com ela não colidirem, pelas normas da Consolidação das Leis do Trabalho, aprovada pelo Decreto-Lei n. 5.452, de 01.05.1943.

Desse modo, como a Lei n. 5.889/73 não estabeleceu regras expressas sobre o cômputo do aviso-prévio para os rurícolas, ao contrário de sua predecessora, a matéria passou a ser regulamentada, a partir de 8 de junho de 1973, pelo art. 487 e seguintes da Consolidação das Leis do Trabalho e suas alterações.

O único dispositivo especificamente voltado para o aviso-prévio a constar da Lei n. 5.889/1973 fez-se representado pelo art. 15 do novel diploma, cujo teor repetiu a orientação prevista no art. 91 da Lei n. 4.124/1963, concernente ao gozo de 1 (uma) hora da jornada de trabalho para a procura de um novo emprego:

> Art. 15. Durante o prazo do aviso prévio, se a rescisão tiver sido promovida pelo empregador, o empregado rural terá direito a um dia por semana, sem prejuízo do salário integral, para procurar outro trabalho.

Com o advento da Constituição Federal de 1988, os direitos dos trabalhadores em geral, previstos no art. 7º da Carta Magna, foram estendidos para os rurícolas. Desse modo, o regime do aviso-prévio proporcional estabelecido no inciso XXI afigura-se extensível à referida classe de obreiros, assim como a eles são aplicáveis as conclusões desta obra.

5.2.5. As Leis n. 7.108 e n. 7.193 de 1983 e a Lei n. 10.218 de 2001

Após a reformulação implementada pela Lei n. 1.530/51, o regime do aviso--prévio dos trabalhadores urbanos, constante do art. 487 da Consolidação das Leis do Trabalho, foi alterado em apenas três ocasiões, mais precisamente quando do advento das Leis n. 7.093, de 25 de abril de 1983, n. 7.108, de 5 de julho de 1983, e n. 10.218, de 11 de abril de 2001.

O primeiro dos referidos diplomas (Lei n. 7.093/1983) estendeu aos trabalhadores urbanos o direito assegurado aos rurícolas pelo art. 15 da Lei n. 5.889/1973, concernente à disposição de 2 (duas) horas da jornada de trabalho diária para a procura de novo emprego durante o prazo de fruição do aviso-prévio. Inseriu-se, nesse sentido, um parágrafo único ao art. 488 da Consolidação das Leis do Trabalho, lavrado nos seguintes termos:

> Art. 488 – O horário normal de trabalho do empregado, durante o prazo do aviso, e se a rescisão tiver sido promovida pelo empregador, será reduzido de 2 (duas) horas diárias, sem prejuízo do salário integral.
>
> Parágrafo único – É facultado ao empregado trabalhar sem a redução das 2 (duas) horas diárias previstas neste artigo, caso em que poderá faltar ao serviço, sem prejuízo do salário integral, por 1 (um) dia, na hipótese do inciso l, e por 7 (sete) dias corridos, na hipótese do inciso II do art. 487 desta Consolidação.

O segundo diploma (Lei n. 7.193/1983), por sua vez, inseriu um § 4º no art. 487 da Consolidação das Leis do Trabalho, a dispor que o aviso-prévio e sua eventual conversão em pecúnia também eram devidos na hipótese de despedida indireta, nos seguintes termos:

> Art. 487 – (...omissis...):
>
> (...)
>
> § 4º - É devido o aviso prévio na despedida indireta.

Por derradeiro, o último dos diplomas ora mencionados (Lei n. 10.218/2001) inseriu dois novos parágrafos no art. 487 da Consolidação das Leis do Trabalho, a determinarem a inserção das horas extras habitualmente pagas aos empregados e os eventuais reajustes obtidos pela categoria profissional em negociação coletiva na base de cálculo do aviso-prévio indenizado:

> Art. 487 – (...omissis...):
>
> (...)
>
> § 5º O valor das horas extraordinárias habituais integra o aviso prévio indenizado.
>
> § 6º O reajustamento salarial coletivo, determinado no curso do aviso prévio, beneficia o empregado pré-avisado da despedida, mesmo que tenha recebido antecipadamente os salários correspondentes ao período do aviso, que integra seu tempo de serviço para todos os efeitos legais.

Após as referidas alterações legislativas, o regime jurídico da matéria em apreço somente veio a sofrer reformulações ulteriores dez anos mais tarde, com a edição da Lei n. 12.506/2011, cujo teor estabeleceu, finalmente, mecanismos concretos para o cálculo do aviso-prévio, tendo por parâmetro a proporcionalidade entre este e os tempos de serviço desempenhados pelos trabalhadores no âmbito de um mesmo empregador.

O diploma legal em referência será objeto de item específico a ser desenvolvido nas linhas subsequentes, justamente no fito de proporcionar sua compreensão no contexto da regulamentação do aviso-prévio proporcional na Constituição Federal de 1988 e dos fundamentos axiológicos que pautaram a inserção do tema no texto da Carta Magna.

6

O Aviso-Prévio Proporcional e a Constituição Federal de 1988

No fito de ampliar o escopo de proteção do aviso-prévio, a Constituição Federal de 1988, em seu art. 7º, XXI, estabeleceu que os prazos referentes àquela garantia seriam proporcionais ao tempo de serviço, nos termos a serem definidos em lei ulterior. Tal diploma ordinário, como visto, somente foi editado após o decurso de 23 (vinte e três) anos, período no qual o Congresso Nacional permaneceu em mora.

Não obstante a regulamentação da garantia assegurada no art. 7º, XXI, da Constituição Federal por intermédio da Lei n. 12.506/2011, o diploma em referência não assegurou a proporcionalidade entre os prazos concernentes ao aviso-prévio e o tempo de serviço para aqueles trabalhadores a contarem com mais de vinte e um anos dedicados a um mesmo empregador, incorrendo, desse modo, na mesma tendência anti-isonômica a caracterizar as normas do direito comparado estudadas no tópico anterior.

De igual modo, a Lei n. 12.506/2011 não estendeu a contagem dos prazos de aviso-prévio para as frações temporais inferiores a 1 (um) ano, a despeito do expresso mandamento de proporcionalidade insculpido no art. 7º, XXI, da Constituição Federal, e tampouco regulamentou a aplicação de suas diretrizes para os obreiros demitidos anteriormente à sua entrada em vigor.

Vê-se portanto, desde já, que a regulamentação constante da Lei n. 12.506/2011 não logrou conferir concretização integral ao art. 7º, XXI, da Carta Magna, incorrendo, dessa forma, em omissão parcial, cuja colmatação deverá ser implementada, necessariamente, pelo Poder Judiciário, seja nos autos dos mandados de injunção ainda em tramitação no âmbito do Supremo Tribunal Federal, ou quando da análise de outras demandas a serem ajuizadas por entidades sindicais e/ou trabalhadores individualmente considerados.

Diante desse quadro, impõe-se a pesquisa e a exposição de elementos jurídicos aptos a trazer a lume os possíveis critérios a serem utilizados para a concretização plena e efetiva do direito ao aviso-prévio proporcional e os argumentos aptos a justificar a atuação do Poder Judiciário na colmatação, em concreto, das omissões subjacentes à Lei n. 12.506/2011 e da mora legislativa que ainda impede a fruição da garantia assegurada no art. 7º, XXI, da Constituição Federal por parte dos trabalhadores demitidos anteriormente à promulgação daquele diploma legal.

Nesse sentido, a fim de desvelar o conteúdo histórico-institucional do art. 7º, XXI, da Constituição Federal, serão revisitadas as discussões travadas na Assembleia Nacional Constituinte de 1987/1988 a respeito da matéria, bem como analisados os elementos axiológicos que perpassam o aviso-prévio proporcional e que integram de modo expresso o sistema de valores da Constituição Federal de 1988.

Posteriormente à análise dos projetos de lei apresentados ao Congresso Nacional no fito de regulamentar o aviso-prévio proporcional, demonstrar-se-á que a Constituição Federal e a nova dinâmica da separação dos poderes ali estabelecida conferiram um importante papel ao Poder Judiciário não só para concretizar os direitos fundamentais cuja fruição por parte dos cidadãos é obstada em decorrência de mora legislativa, como também para colmatar as omissões legislativas subjacentes aos diplomas infraconstitucionais.

Ato contínuo, passar-se-á à análise dos lapsos que perpassam a Lei n. 12.506/2011 mesmo após o julgamento dos Mandados de Injunção n. 943/DF, n. 1.010/DF, n. 1.074/DF e n. 1.090/DF pelo Supremo Tribunal Federal e das possibilidades de sua colmatação em concreto por parte do Poder Judiciário, levando-se em conta a recente jurisprudência firmada no âmbito da Suprema Corte e os cânones axiológicos existentes no ordenamento jurídico pátrio a permearem a interpretação e a aplicação dos dispositivos de Direito do Trabalho.

Por derradeiro, demonstrar-se-á que a solução a ser proposta para a colmatação das sobreditas omissões a fulminarem a Lei n. 12.506/2011 por parte do Poder Judiciário não importa na concessão de efeitos retroativos ao diploma legal em referência e na ofensa à coisa julgada, para além de não malferir o postulado da segurança jurídica, consagrado no art. 5º, *caput,* da Constituição Federal, servindo, pelo contrário, para concretizá-lo em plena harmonia com o princípio da proteção dos trabalhadores e, em especial, com o direito constante do art. 7º, XXI, da Constituição Federal.

6.1. DEBATES NA ASSEMBLEIA NACIONAL CONSTITUINTE

Os debates em torno dos direitos dos trabalhadores na Assembleia Nacional Constituinte de 1987/1988 foram pautados pelo confronto entre as propostas de cariz conservador defendidas pelo bloco majoritário, denominado "Centrão", formado pela base de apoio do Governo, e as ideias avançadas no plano social defendidas pela minoria progressista, formada, essencialmente, pelos partidos de esquerda, conforme destaca Adriano Pilatti:

Neste mesmo cenário, partidos de esquerda, cujas bancadas, isolada e conjuntamente, eram minoritárias na Assembleia, experimentaram intensa prática de atuação como bloco parlamentar: Partido Comunista Brasileiro (PCB), Partido Comunista do Brasil (PC do B), Partido Democrático Trabalhista (PDT), Partido Socialista Brasileiro (PSB), o Partido dos Trabalhadores (PT) e, a partir de junho de 1988, o Partido da Social Democracia Brasileira (PSDB). Em coalizão com a liderança do PMDB na Assembleia e a chamada "esquerda" da bancada majoritária, os partidos de esquerda formaram um bloco que se autodenominou "progressista" e constituiu maiorias pontuais que determinaram, em questões de alta relevância, a derrota de propostas de preferência do bloco "conservador" majoritário (...), bloco este cujos integrantes majoritariamente se reuniram, a partir de novembro de 1987, sob a autodenominação "Centrão". Mesmo nas derrotas, a coalizão "progressista" cobrou caro, elevando os custos das vitórias "conservadoras".[1]

Sob tais embates ideológicos, as discussões em torno das propostas referentes aos direitos fundamentais dos trabalhadores e à configuração da ordem econômica foram implementadas, primeiramente, no âmbito das "Comissões de Sistematização" e, depois, nos dois turnos de votação ocorridos no Plenário. Dentre as garantias sociais introduzidas na pauta de debates, foi inserida a proposição em torno da adoção, entre nós, do "aviso-prévio proporcional".

A primeira manifestação em torno da implementação do aviso-prévio proporcional no âmbito da Assembleia Nacional Constituinte partiu do Deputado Federal José Maria Eymael (PDC/SP) em 20 de agosto de 1987. Em sua fala, o parlamentar classificou a garantia em apreço como um mecanismo apto a promover a oneração das dispensas imotivadas e, de forma conexa, a proteção dos trabalhadores:

> O SR. JOSÉ MARIA EYMAEL (PDC-SP). Sr. Presidente, Srs. Constituintes de 1987, o Partido Democrata Cristão tem sistematicamente afirmado que, dentro de sua visão de uma sociedade solidária, não pode ser concebido o fato de que, como ocorre em nossa sociedade atual, todo o peso, toda a responsabilidade, quer do infortúnio econômico, quer da má gerência empresarial, recaia única e exclusivamente sobre os ombros do trabalhador, conforme a legislação atual, conforme o próprio preceito constitucional vigente. Assim sendo, Sr. Presidente, a posição da democracia cristã é no sentido de que o ônus da dispensa imotivada não mais permaneça na figura perversa que hoje temos, onde o desaguadouro deste infortúnio é o estuário paupérrimo dos direitos do trabalhador.
>
> Portanto, Sr. Presidente, apresentamos emenda propondo que naqueles casos de dispensa imotivada e (...) ao ocorrer este episódio, sejam assegu-

---

(1) PILATTI, Adriano. *A Constituinte de 1987-1988. Progressistas, Conservadores, Ordem Econômica e Regras do Jogo*. Rio de Janeiro: Lumen Juris/Editora PUC-Rio, 2008. p. 3-4.

rados ao trabalhador, no mínimo, além do Fundo de Garantia do Tempo de Serviço, dois direitos básicos a serem disciplinados através de legislação complementar. De um lado, uma indenização proporcional por tempo de serviço e, de outro lado, (...) a figura do aviso-prévio proporcional.

O aviso-prévio proporcional ao tempo de serviço, indiscutivelmente, trará à realidade das relações de emprego um traço inovador, porque será um poderoso indutor do processo de estabilização nas relações de emprego.[2]

Daí em diante, as discussões em torno do aviso-prévio proporcional passaram a ser travadas no bojo das propostas relativas à estabilidade no emprego e ao desincentivo às dispensas imotivadas. À medida que as propostas a versarem sobre direitos sociais dos trabalhadores foram ganhando força, os embates ideológicos entre as alas progressista e conservadora passaram a se intensificar.

Nesse contexto, nova manifestação do Deputado Federal José Maria Eymael (PDC/SP) em 13 de janeiro de 1988 foi formulada a respeito do tema, destacando-se, nesse particular, a preocupação do referido parlamentar com a possibilidade de supressão do aviso-prévio proporcional do projeto constitucional e a necessidade de se tratarem diferentemente os trabalhadores que contam, em seu favor, com mais tempo de serviço no âmbito de uma mesma empresa:

O SR. JOSÉ MARIA EYMAEL (PDC-SP).
(...)
Queremos, novamente, voltar ao assunto do aviso-prévio proporcional. Na semana que findou, desta tribuna, denunciávamos a nossa preocupação de que fosse rasgado, de que fosse retirado do texto constitucional este instituto que, hoje, já é festejado por todos os trabalhadores brasileiros, ou seja, a possibilidade do aviso-prévio proporcional que a lei estabeleceria em sua graduação, assim como já existe na França, na Itália, na Alemanha, na Suécia e em tantas outras democracias socialmente avançadas.

Confirmou-se, Sr. Presidente, a nossa preocupação; e hoje, os trabalhadores brasileiros já temem que se torne realidade a brusca retirada, o corte que foi feito, e no projeto constitucional que está circulando, apresentado pelos constituintes que compõem o Centrão, eliminou-se completamente a possibilidade do aviso-prévio proporcional; e lá está escrito, única e simplesmente, aviso-prévio, tirando o comando, tirando a norma, tirando o mandamento que estabelecia que este aviso-prévio deveria ser proporcional ao tempo de serviço, na forma da lei, o que é profundamente justo. Não se pode imaginar tratar da mesma forma um empregado que tem seis meses, oito me-

---

(2) BRASIL. ASSEMBLEIA NACIONAL CONSTITUINTE. *Anais*. v. 8. Brasília: Senado Federal, 1994. p. 4.676-4.677.

ses de casa e um trabalhador com oito, dez, quinze anos, que já se identificou e já incorporou a sua própria vida com a vida da empresa em que trabalha.[3]

Nota-se, na manifestação do referido parlamentar, uma nítida preocupação quanto à necessidade de os diferentes prazos de aviso-prévio serem efetivamente proporcionais ao tempo de serviço desempenhado pelos trabalhadores no âmbito de um mesmo empregador, de modo que este reflita de forma direta naqueles primeiros.

Nesse cenário de intensificação dos embates entre as alas progressista e conservadora a respeito da extensão dos direitos sociais, diversos setores organizados da sociedade tomaram parte nas discussões e contribuíram substancialmente para a formulação das propostas a respeito da questão em torno do regime da proteção do emprego a ser adotado pela nova Constituição, conforme ressaltou o Deputado Federal Paulo Paim (PT-RS) em manifestação datada de 6 de fevereiro de 1988:

O SR. PAULO PAIM (PT-RS). Sr. Presidente, Sras. E Srs. Constituintes, neste mês, no dia 1º de fevereiro de 1988, completamos um ano de trabalhos na Assembleia Nacional Constituinte.

A sociedade foi ouvida e participou da discussão nas escolas, nas igrejas, nos sindicatos, nas praças públicas, nos partidos, nas comissões temáticas, nas emendas populares, nos comícios; enfim, em todo o Brasil. Mesmo com os graves problemas conjunturais que prejudicaram sobremaneira a classe trabalhadora, houve um pulsar conjunto do povo acompanhando o ritmo dos trabalhos da Assembleia Nacional Constituinte.

A Comissão de Sistematização conseguiu, com felicidade, refletir este quadro, apontando para mudanças que vinham em benefício dos explorados e oprimidos.

Infelizmente surgiu o Centrão na contramão dos avanços alcançados, tentando impor uma Constituinte conservadora.

(...)

Nesse sentido, Srs. Constituintes, depois de ter realizado no último domingo, no meu Estado, o Rio Grande do Sul, uma reunião com cerca de 40 sindicatos ligados à CUT e à CGT, onde discutimos os pontos polêmicos que envolvem as questões relativas aos direitos dos trabalhadores, sentimo-nos à vontade para sentar à mesa de negociação.

É com o espírito desarmado e com propostas concretas que estamos dispostos a discutir com os parlamentares do "Centrão" e de outros grupos uma saída que assegure efetivamente conquistas reais para a classe trabalhadora:

(...)

---

(3) BRASIL. ASSEMBLEIA NACIONAL CONSTITUINTE. *Anais.* v. 11. Brasília: Senado Federal, 1994. p. 6.425-6.426.

Estabilidade:

Terá que ser o texto da Ordem Social ou da Sistematização, ou a emenda do PT.

"Emenda: 2PO1217-5

Luiz Inácio Lula da Silva-PT.

Dê-se nova redação ao inciso I, e respectivas alíneas, do art. 7º do Projeto de Constituição da Comissão de Sistematização:

Art. 7º.

(...)

I – garantia do direito ao trabalho mediante relação de emprego estável, ressalvados:

(...)

8. superveniência de fato econômico intransponível, técnico ou de infortúnio da empresa, sujeito a comprovação judicial, sob pena de reintegração ou indenização, a critério do empregado".

Esta indenização seria retroativa à data da origem da relação de emprego. Por outro lado, deve ser assegurado que todo contrato de trabalho findo a partir do primeiro dia do mês da instalação desta Assembleia Nacional Constituinte alcançará os benefícios instituídos aos trabalhadores pela nova Constituição.[4]

No entanto, em que pese a pressão popular pela aprovação das propostas progressistas em torno dos direitos dos trabalhadores, os representantes da ala conservadora na Assembleia Nacional Constituinte de 1987/1988 permaneciam no intuito de vetar a proibição quanto à despedida imotivada, insistindo na adoção de um sistema a prever a indenização compensatória calculada na base de um percentual a incidir sobre os depósitos existentes nas contas vinculadas ao Fundo de Garantia do Tempo de Serviço, conforme atestam as manifestações formuladas pela Deputada Federal Lídice da Mata (PC do B-BA), em 12 de fevereiro de 1988, e pelo Deputado Federal Amaury Müller (PDT-RS), em 24 de fevereiro de 1988:

A SRA. LÍDICE DA MATA (PC do B – BA).

(...)

Estamos discutindo a questão da estabilidade no emprego desde a Comissão de Sistematização. Os segmentos progressistas já cederam, já conseguiram chegar à formulação da proibição da despedida imotivada. Os empresários, no entanto, têm cedido muito pouco em qualquer questão. Saíram da

---

(4) BRASIL. ASSEMBLEIA NACIONAL CONSTITUINTE. Anais. v. 12. Brasília: Senado Federal, 1994. p. 7.031.

posição de indenização progressiva para outra ruim, inaceitável, a da possibilidade de 20 ou 30% de multa sobre o Fundo de Garantia.

(...)

Existirão questões de princípios de que não poderemos abrir mão, como o direito e a liberdade sindical, o direito de greve, a unicidade sindical, as 40 horas semanais e provavelmente a estabilidade no emprego como ponto central de toda essa discussão."[5]

(...)

O SR. AMAURY MÜLLER.

(...)

Pelo que ouço, o acordo que se trama, a negociação que está sendo urdida longe do burburinho das fábricas, da fome, dos bolsões de miséria que marcam desgraçadamente este País, não corresponde à vontade de uma das partes. Pretende-se retirar do texto constitucional um direito legítimo e sagrado do trabalhador, de ver assegurada a garantia no emprego. Não devemos permitir, pelo texto da Carta Magna, que continuem, como agora, as demissões imotivadas, atendendo apenas ao apetite voraz dos empresários, que querem multiplicar, através da mais-valia, o lucro sujo e pecaminoso em cima do trabalho suado e sacrificado do operário brasileiro.[6]

Encerrados os trabalhos nas comissões, passou-se à votação do projeto de Constituição em primeiro turno, ocasião em que se definiu o perfil dos direitos dos trabalhadores, consolidados no atual art. 7º e incisos da Carta Magna. O texto aprovado, para além de consagrar diversas reivindicações da ala progressista, condicionou a fruição plena de muitas dessas conquistas à regulamentação ulterior em sede de lei ordinária.

O balanço da votação das matérias trabalhistas no primeiro turno da Assembleia Nacional Constituinte, bem assim o clima político a permear as votações, foram bem descritos pelo Deputado Federal Salatiel Carvalho (PFL-PE) em sua manifestação de 2 de março de 1988:

O SR. SALATIEL CARVALHO (PFL-PE). Sr. Presidente, Srs. Constituintes, os trabalhos e as votações da semana passada, sem nenhuma dúvida, foram momentos dos mais significativos, da maior grandeza, e que terão singular brilho histórico neste processo de elaboração da nova Constituição.

Em inteligente demonstração de bom-senso, tolerância, respeito pela classe trabalhadora, sem, no entanto, desconhecer o valor e a importância da

---

(5) BRASIL. ASSEMBLEIA NACIONAL CONSTITUINTE. *Anais.* v. 13. Brasília: Senado Federal, 1994. p. 7.289

(6) *Ibidem*, p. 7.491

classe empresarial, esta Assembleia consagrou princípios capazes de garantir à nova Constituição o aspecto de modernidade indispensável às imposições do exercício da plenitude da justiça social.

(...)

Num balanço real do que foi aprovado, não é difícil concluir que os ganhos positivos estão do lado da classe trabalhadora. A prova maior desta constatação foram as conquistas de direitos até então inexistentes e que provocaram enérgicas reações por parte de representantes do empresariado brasileiro. Direitos como indenização progressiva, aviso-prévio proporcional ao tempo de serviço, jornada de trabalho de 44 horas, turno de 6 horas para trabalhos de revezamento, licença-gestante de 120 dias, salário de férias com 30% de adicional, hora extra com acréscimo mínimo de 5%, extensão de benefícios aos trabalhadores rurais e domésticos, dentre outras, realmente configuram expressivo avanço, prova de que o trabalhador brasileiro está sendo olhado com mais respeito.

É de considerar, Sr. Presidente, que o alcance destas importantes e merecidas conquistas deu-se sob intensa pressão dos conservadores, através da mobilização de suas forças, via articulação do grupo "Centrão", que inviabilizado em sua consistência, teve de recuar, incapaz de impedir a modernização e o avanço social da nossa futura Constituição.[7]

Mesmo com a aprovação do projeto da Constituição em primeiro turno, setores empresariais e parlamentares ligados ao "Centrão" não pouparam críticas públicas aos direitos trabalhistas assegurados naquele texto, em especial à indenização por despedida imotivada e ao aviso-prévio proporcionais ao tempo de serviço, e passaram a envidar esforços para minar tais garantias quando da votação em segundo turno, conforme atesta o relato do Deputado Federal Paulo Paim (PT-RS), formulado em 13 de abril de 1988:

O SR. PAULO PAIM (PT-RS).

(...)

Congelam os salários, mas não congelam os preços. A inflação corre solta, 20% ao mês, 600% ao ano. Parece que a meta é buscar a hiperinflação. Os juros são algo de criminoso. É uma agiotagem. O desemprego aumenta, o êxodo rural também, cada vez mais passamos a produzir menos alimentos *per capita*.

Aluguéis, colégios, prestações, tudo em OTN, e o salário congelado. Não bastasse isso, Sr. Presidente, temos ainda que assistir quase que diariamente,

---

(7) BRASIL. ASSEMBLEIA NACIONAL CONSTITUINTE. *Anais*. v. 14. Brasília: Senado Federal, 1994. p. 7.843

nos jornais, aos parlamentares identificados com o Centrão e aos empresários mais reacionários criticar os pequenos avanços que aconteceram nos direitos dos trabalhadores aqui na Assembleia Nacional Constituinte.

O *Correio Braziliense* aponta que o alvo são sete pontos:

1º) a indenização por despedida imotivada, proporcional ao tempo de serviço. Vejam a aberração e a falta de sensatez destes que defendem o fim dessa medida. É só pegarmos os jornais e as gravações de TV da época das votações e vermos que todos os líderes do Centrão, como também os seus gurus, os empresários, defendiam a indenização proporcional ao tempo de serviço, oferecendo, inclusive, um salário por ano trabalhado (...) o que é muito mais do que foi aprovado, que é 30% da lei atual do FGTS.

2º) Os empresários argumentavam que queriam era poder indenizar, poder demitir, não importaria o quanto custasse.

Por isso não procede a preocupação nem com o aviso prévio proporcional ao tempo de serviço, pois fica exatamente na proposta do Centrão.

(...)

Na verdade, Sr. Presidente, o Centrão e S/A querem criar um clima para que os trabalhadores não aperfeiçoem o texto no segundo turno.[8]

No entanto, em que pesem os esforços dos setores conservadores nesse sentido, os direitos trabalhistas consagrados em primeiro turno foram mantidos, salvo alterações pontuais, na redação final do texto constitucional aprovado na segunda rodada de discussões e votações, garantindo-se, no art. 7º, XXI, da Carta Magna, o aviso-prévio proporcional ao tempo de serviço a ser regulamentado por intermédio de lei ordinária.

Da análise dos debates levados a cabo na Assembleia Nacional Constituinte de 1987/88, tendo por objeto os direitos dos trabalhadores, observa-se a presença constante da preocupação com a proteção do trabalhador em face do desemprego e das vicissitudes econômicas, bem como a reafirmação da necessidade de promover sua tutela em face da preponderância econômica do empregador.

De forma ainda mais específica, as discussões voltaram-se, em grande medida, para a implementação de mecanismos destinados a refrear as dispensas imotivadas, principalmente daqueles trabalhadores a contarem com mais tempo de serviço dedicado a um mesmo empregador. É exatamente nesse contexto que se deu a inserção do direito ao aviso-prévio proporcional na Constituição Federal de 1988.

---

(8) BRASIL: ASSEMBLEIA NACIONAL CONSTITUINTE. *Anais*. v. 16. Brasília: Senado Federal, 1994. p. 9.355.

6.2. O ART. 7º, XXI, DA CONSTITUIÇÃO FEDERAL: CONTEÚDO INSTITUCIONAL E FORÇA NORMATIVA

Para além da análise dos debates levados a cabo na Assembleia Nacional Constituinte de 1987/88, a definição do sentido e do alcance do art. 7º, XXI, da Constituição Federal não prescinde da compreensão do referido dispositivo à luz dos princípios instituídos na própria Carta Magna, cujo conteúdo histórico-institucional perpassa todo o elenco dos direitos trabalhistas ali inscritos, para além de orientar a atividade econômica dos atores privados.

A Constituição Federal de 1988, já em seu artigo inaugural, contrapôs-se ao ordenamento autoritário por ela derrogado de modo a declarar expressamente que o Estado Democrático de Direito ali instituído tem por fundamentos a valorização da cidadania, da dignidade humana e do trabalho, de modo a denotar a primazia dos indivíduos e de suas necessidades em relação aos desígnios oficiais, nos seguintes termos:

> Art. 1º. A República Federativa do Brasil, formada pela união indissolúvel dos Estados e Municípios e do Distrito Federal, constitui-se em Estado Democrático de Direito e tem como fundamentos:
>
> I – a soberania;
>
> II – a cidadania;
>
> III – a dignidade da pessoa humana;
>
> IV – os valores sociais do trabalho e da livre-iniciativa;
>
> V – o pluralismo político.

Em consonância com tais fundamentos, a Carta Magna de 1988 consagrou, em seu art. 3º, como objetivos fundamentais a serem perseguidos pelo País – aí incluído os atores privados –, a construção de uma *"sociedade livre, justa e solidária"*, a garantia do *"desenvolvimento nacional"*, a erradicação da *"pobreza e marginalização"*, bem como a promoção do *"bem de todos"*.

Nesse contexto de promoção de virtudes solidárias, com destaque para a *"dignidade humana"* e a *"valorização do trabalho"*, a Constituição Federal de 1988 definiu em seu art. 7º um rol de garantias voltadas para a *"melhoria das condições sociais"* dos trabalhadores urbanos e rurais, a condicionarem a autonomia privada dos agentes econômicos nos aspectos pertinentes à organização e à disposição da mão de obra remunerada.

Ao encampar tal conjunto de garantias, a Constituição Federal de 1988 acabou por consagrar dentre seus primados axiológicos o princípio da *"proteção dos trabalhadores"*, cujo conteúdo histórico-institucional compreende, conforme exposto nos subcapítulos 2.1 e 2.2, a tutela dos obreiros nos aspectos pertinentes às condições de labor e de remuneração, bem como diante das vicissitudes a comprometerem a subsistência do vínculo empregatício, tendo em vista, justamente, a hipossuficiência daqueles em face do poderio econômico dos empregadores.

A presença do conteúdo histórico-institucional do princípio da proteção do trabalhador no programa do art. 7º e incisos da Constituição Federal é constatada por Arnaldo Süssekind ao comentar os fundamentos axiológicos do dispositivo em apreço:

> Além dos mencionados princípios gerais [do art. 1º e 3º da Constituição Federal], que guardam íntima relação com o Direito do Trabalho, princípios específicos desse ramo da enciclopédia jurídica podem ser aferidos, pelo processo de indução, do conjunto de normas adotadas pela Constituição a respeito dos direitos individuais e coletivos do trabalho. Alguns deles emanam, com nitidez, do texto constitucional.
>
> O *princípio da proteção do trabalhador* resulta das normas imperativas e, portanto, de ordem pública, que caracterizam a intervenção básica do Estado nas relações de trabalho, visando a opor obstáculos à autonomia da vontade. Essas regras cogentes formam a base do contrato de trabalho – uma linha divisória entre a vontade do Estado, manifestada pelos poderes competentes, e a dos contratantes. Estes podem complementar ou suplementar o mínimo de proteção legal.
>
> (...)
>
> A doutrina é uníssona ao acentuar que o *princípio protetor* é imanente a todo o Direito do Trabalho. (...) Ele "configura vigorosamente esse ramo especial do Direito e lhe confere, em todas as suas partes, uma tonalidade e peculiaridade singulares, em comparação com outras disciplinas jurídicas".
>
> (...)
>
> O *princípio da continuidade da relação de emprego*, o qual, embora não seja inflexível, posto que a Constituição de 1988 não consagrou a estabilidade absoluta do trabalhador no emprego, emana, inquestionavelmente, das normas sobre a indenização devida nas despedidas arbitrárias, independentemente do levantamento do FGTS (art. 7º, n. 1) e do aviso-prévio para a denúncia do contrato de trabalho, proporcional à antiguidade do empregado (art. 7º, n. XXI).[9]

Em reforço às diretrizes traçadas nos dispositivos inaugurais da Constituição Federal, o art. 170 da Carta Magna submeteu a ordem econômica àquelas mesmas finalidades humanísticas e sociais. Conforme já destacado no item 2.3, a análise das pautas estabelecidas no preceito em referência demonstra que o exercício da autonomia privada, da livre-iniciativa empresarial e do direito de propriedade encontra-se condicionado à observância da função social a ele conferida pelos princípios da ordem econômica, representados pela "*existência digna de todos*", pela

---

[9] SÜSSEKIND, Arnaldo. *Direito Constitucional do Trabalho*. 2. ed. Rio de Janeiro: Renovar, 2001. p. 66-69.

"redução das desigualdades sociais e regionais", pela *"defesa do consumidor e do meio ambiente"*, bem como pela *"busca do pleno emprego"*.

Nesse sentido, na parte em que consagra a justiça social e, especialmente, a busca do pleno emprego como condicionantes da autonomia privada, o art. 170 da Constituição Federal sinaliza de forma evidente que a atividade econômica dos particulares somente se afigura legítima quando desenvolvida de acordo com aquelas finalidades voltadas, em última instância, para a existência digna de todos os cidadãos, conforme assinala Eros Roberto Grau:

> A dignidade da pessoa humana comparece (...) na Constituição de 1988, duplamente: no art. 1º como princípio constitucionalmente conformador (...); no art. 170, *caput*, como princípio constitucional impositivo (...) ou diretriz (...) – ou, ainda, direi eu, como norma-objetivo.
>
> Nesta sua segunda consagração constitucional, a dignidade da pessoa humana assume a mais pronunciada relevância, visto comprometer todo o exercício da atividade econômica, em sentido amplo (...) com o programa de promoção da existência digna, de que, repito, todos devem gozar. Daí por que se encontram constitucionalmente empenhados na realização desse programa – dessa política pública maior – tanto o setor público quanto o setor privado. Logo, o exercício de qualquer parcela da atividade econômica de modo não adequado àquela promoção expressará violação do princípio duplamente contemplado na Constituição.[10]

No que diz respeito especificamente à organização dos fatores do trabalho por parte dos empregadores, o art. 170 e seus consectários, lidos em conjunto com o art. 7º e incisos da Constituição Federal, impõem ao Poder Público a implementação de medidas aptas a limitar a livre-iniciativa empresarial e a autonomia privada na gestão da mão de obra, de modo a resguardar a integridade física dos obreiros e os postos de trabalho, bem como de promover a redistribuição de renda por meio do labor.

Tendo em vista tal conteúdo institucional, a permear a totalidade dos direitos trabalhistas elencados no art. 7º da Constituição Federal, observa-se de plano que o aviso-prévio proporcional, consagrado no inciso XXI do dispositivo em referência, tem por intuito a proteção dos trabalhadores a contarem com maior tempo de serviço contra as despedidas imotivadas e em face do desemprego.

De fato, ao conceder um prazo mais elástico de aviso-prévio para aqueles obreiros detentores de longos anos dedicados a um mesmo empregador, o art. 7º, XXI, da Constituição Federal, para além de inibir as despedidas imotivadas, possibilita aos referidos trabalhadores um lapso maior para buscarem nova ocupação condizente com o padrão de vida adquirido e para planejarem, de modo mais

---

(10) GRAU, Eros Roberto. *A Ordem Econômica na Constituição de 1988*. 10. ed. São Paulo: Malheiros Editores, 2005. p. 173.

adequado, as iniciativas voltadas para a reformulação de sua vida profissional e pessoal, ampliando, com isso, a possibilidade de êxito em tal empreitada.

A inibição das despedidas imotivadas e a possibilidade de reinserção dos sobreditos obreiros no mercado de trabalho, promovidas pelo aviso-prévio proporcional, acabam por concretizar o objetivo da *"busca do pleno emprego"*, a condicionar a ordem econômica e a atividade empresarial. Não obstante, a concessão de prazos mais extensos para a busca de uma ocupação apta a assegurar o padrão econômico fruído pelos empregados demissionários atende plenamente ao postulado da *"proteção dos trabalhadores"* e, consequentemente, à *"dignidade humana"* e à promoção da *"justiça social"*, na medida em que busca assegurar-lhes a estabilidade econômica conquistada após longo tempo de serviço desempenhado junto a uma mesma empresa.

Sendo o aviso-prévio proporcional, portanto, um consectário do princípio constitucional declamado no art. 7º, *caput*, a reconhecer a *"proteção dos trabalhadores"*, bem como uma decorrência dos postulados que condicionam a atividade econômica privada a uma *"função social"*, vê-se, de forma cristalina, que o direito em referência tem por público-alvo os obreiros, não sendo aplicável aos empregadores.

De fato, não só o art. 7º, *caput*, da Constituição Federal é expresso em asseverar que o rol de garantias sociais ali elencadas abrange os trabalhadores, como também a origem histórica do princípio protetivo, a permear a totalidade dos direitos previstos no dispositivo em referência, denota que os institutos jurídicos voltados para a tutela das condições laborais têm como destinatários naturais e exclusivos os obreiros, conforme se infere do magistério de Mario de La Cueva:

> Entre os direitos econômicos da burguesia e os da classe trabalhadora se dão as diferenças que encontramos entre os direitos individuais do homem e os direitos sociais dos camponeses e dos trabalhadores, mas não é de todo inútil insistir em algumas das questões principais: se os primeiros se constituíram em um direito imposto ao Estado pelos proprietários para que se lhes fosse assegurada a exploração livre de suas riquezas e a exploração do trabalho, os segundos são um direito imposto pela classe trabalhadora à classe capitalista, *um direito de e para os trabalhadores*, segundo uma fórmula que propusemos. Essa característica *direito de uma classe social frente à outras* ressalta, mais que na organização sindical, na greve como instrumento de luta e pressão sobre o capital, na negociação e na contratação coletivas, e na natureza das condições de trabalho que servem para mitigar a exploração.[11]

---

(11) No original: "Entre los derechos económicos de la burguesia y los de la clase trabajadora se dan las diferencias que encontramos entre los derechos individuales del hombre y los derechos sociales de los campesinos y de los trabajadores, pero no es del todo inútil insistir en algunas de las cuestiones principales: si los primeros fueron un derecho impuesto al estado por los propietarios para que les asegurara la explotación libre de sus riquezas y la explotación del trabajo, los segundos son un derecho impuesto por la clase trabajadora a la clase capitalista, *un derecho de y para los trabajadores*, según una fórmula

Do exposto neste tópico, conclui-se que o aviso-prévio proporcional previsto no art. 7º, XXI, da Constituição Federal, por configurar decorrência direta do princípio da proteção dos trabalhadores, tem seu âmbito de abrangência limitado às rescisões dos contratos laborais promovidas unilateralmente pelos empregadores, não abarcando, portanto, as hipóteses em que a dissolução do vínculo empregatício se dá por iniciativa dos obreiros.

A presença dos componentes institucionais característicos do princípio protetivo na definição do aviso-prévio proporcional, somado ao primado interpretativo da eficácia máxima dos direitos fundamentais subjacente ao art. 5º, § 1º, da Constituição Federal, atesta que o Poder Público, ao promover a regulamentação daquele direito, deve agir em estrita consonância com os cânones axiológicos que lhe perpassam, conforme se infere do magistério de Ingo Wolfgang Sarlet e Gilmar Ferreira Mendes:

> O postulado da aplicabilidade imediata das normas de direitos fundamentais (art. 5º, § 1º, da CF) pode ser compreendido como um mandato de otimização de sua eficácia, pelo menos no sentido de impor aos poderes públicos a aplicação imediata dos direitos fundamentais, outorgando-lhes, nos termos desta aplicabilidade, a maior eficácia possível. [12]
>
> (...)
>
> Estreitamente vinculado ao princípio da forma normativa da Constituição, em relação ao qual configura um subprincípio, o cânone hermenêutico-constitucional da máxima efetividade orienta os aplicadores da Lei Maior para que interpretem as suas normas em ordem a otimizar-lhes a eficácia, sem alterar o seu conteúdo.
>
> De igual modo, veicula um apelo ao realizadores da Constituição para que em toda situação hermenêutica, sobretudo em sede de direitos fundamentais, procurem densificar os seus preceitos, sabidamente abertos e predispostos a interpretações expansivas.[13]

Note-se, a propósito, que o art. 7º, XXI, da Constituição Federal assevera textualmente que o "aviso-prévio" ali previsto deverá ser "*proporcional ao tempo de serviço*". Desse modo, para atender plenamente ao comando do referido dispositivo

---

que ya hemos propuesto. Esta *característica, derecho de una clase social frente a otra*, resalta, más que en la organización sindical, en la huelga, como instrumento de lucha y de presión sobre el capital, en la negociación y contractación colectivas, y en la naturaleza de las condiciones de trabajo que sirven para atemperar la explotación". DE LA CUEVA, Mario. *El Nuevo Derecho Mexicano Del Trabajo*. Tomo I. 22ª Edición. México: Porrúa, 2009. p. 89.

(12) SARLET, Ingo Wolfgang. *A Eficácia dos Direitos Fundamentais*. 3. ed. Porto Alegre: Livraria do Advogado, 2003. p. 343.

(13) MENDES, Gilmar Ferreira; COELHO, Inocêncio Mártires; BRANCO, Paulo Gustavo Gonet. *Curso de Direito Constitucional*. 2. ed. São Paulo: Saraiva, 2008. p. 118.

e para assegurar a máxima eficácia do direito fundamental ali consagrado, os intérpretes/aplicadores do artigo em apreço deverão, necessariamente, estabelecer uma correspondência efetiva entre os diferentes prazos de aviso-prévio e os tempos de serviço desempenhados pelos trabalhadores no âmbito de uma mesma empresa, justamente a fim de assegurar uma real proporcionalidade entre aqueles e estes.

Do contrário, não só se estará a adotar critérios inaptos para a tutela plena dos trabalhadores em função de seus respectivos tempos de serviço – ao arrepio do postulado da máxima eficácia –, como também se acabará por tratar de forma linear obreiros que se encontram em situações diferentes, por contarem com maiores ou menores períodos relativos a um mesmo contrato laboral, em sentido diametralmente oposto ao princípio da isonomia, consagrado no art. 5º, *caput*, da Constituição Federal, e que igualmente perpassa o conteúdo do art. 7º, XXI, da Carta Magna.[14]

Disso se infere que os critérios passíveis de serem empregados no cálculo dos diferentes prazos de aviso-prévio deverão adotar uma proporção aritmética entre as frações do tempo de serviço desempenhadas no âmbito de um mesmo empregador e o número de dias em que os empregados permanecerão em seus empregos anteriormente à rescisão dos contratos laborais, para assegurar, justamente, que os trabalhadores detentores de períodos mais ou menos extensos sejam tratados de maneira distinta, na exata medida do direito fundamental de que são titulares.

Nesse sentido, a proporção aritmética exigida pelo art. 7º, XXI, da Constituição Federal determina que os prazos de aviso-prévio serão progressivamente mais extensos à medida que o empregado for acrescendo a seu patrimônio individual maiores frações de tempo de serviço (p. ex. meses, semestres ou anos) dedicadas a um mesmo empregador.

Tais frações temporais, contudo, não podem ser extensas a ponto de romper a proporcionalidade aritmética ora referida, de modo a possibilitar que obreiros possuidores de diferentes períodos dedicados a um mesmo empregador sejam tratados de maneira idêntica, tal como ocorre no art. L-1.234-1 do "*Code du Travail*" francês, a conferir o aviso-prévio de 60 (sessenta) dias para todo e qualquer trabalhador cujo contrato de trabalho conte com mais de 2 (dois) anos.

Veja-se, a propósito, que o Supremo Tribunal Federal, por ocasião do julgamento do Recurso Extraordinário n. 197.917/SP, consagrou o entendimento de que os critérios de cálculo pautados pela proporcionalidade aritmética, nos moldes ora

---

(14) Sobre o princípio da isonomia consagrado no art. 5º, *caput*, da Constituição Federal, José Afonso da Silva, respaldado em Seabra Fagundes, assinala que:

"O princípio [da isonomia] significa, para o legislador (...) 'que, ao elaborar a lei, deve reger, com iguais disposições – os mesmos ônus e as mesmas vantangens – situações idênticas, e, reciprocamente, distinguir, na repartição de encargos e benefícios as situações que sejam entre si distintas, de sorte a quinhoá-las ou gravá-las em proporção às suas diversidades". SILVA, José Afonso da. *Curso de Direito Constitucional Positivo*. 15. ed. São Paulo: Malheiros Editores, 1998. p. 218.

propostos, atendem em maior medida ao postulado da isonomia, se comparados com as fórmulas pautadas pela concessão de uma mesma vantagem em idêntica medida a indivíduos ou instituições que se encontram em situação diferente.

No julgado em referência, o Supremo Tribunal Federal discutiu a validade da prática implementada pelos municípios brasileiros com menos de 1 (um) milhão de habitantes anteriormente à edição da Emenda Constitucional n. 58/2009 que, diante da ampla margem quantitativa prevista na redação originária do art. 29, IV, "d", da Carta Magna concernentes ao número de vereadores por município – a variar entre 9 (nove) e 21 (vinte e um) – optavam, em grande medida, por fixar o número de representantes no grau máximo, a despeito de sua diminuta população.

Ao apreciar o Recurso Extraordinário em apreço, o Supremo Tribunal Federal, capitaneado pelo voto do Ministro Maurício Correa, firmou o entendimento de que a prática implementada por aqueles municípios em suas leis orgânicas não só se afigurava desarrazoada, como também infligia o princípio da isonomia, pois municípios com população reduzida acabavam tendo a mesma quantidade de vereadores, ou até mais, do que outras localidades com número significativamente maior de habitantes:

RECURSO EXTRAORDINÁRIO. MUNICÍPIOS. CÂMARA DE VEREADORES. COMPOSIÇÃO. AUTONOMIA MUNICIPAL. LIMITES CONSTITUCIONAIS. NÚMERO DE VEREADORES PROPORCIONAL À POPULAÇÃO. CF, ARTIGO 29, IV. APLICAÇÃO DE CRITÉRIO ARITMÉTICO RÍGIDO. INVOCAÇÃO DOS PRINCÍPIOS DA ISONOMIA E DA RAZOABILIDADE. INCOMPATIBILIDADE ENTRE A POPULAÇÃO E O NÚMERO DE VEREADORES. INCONSTITUCIONALIDADE, *INCIDENTER TANTUM*, DA NORMA MUNICIPAL. EFEITOS PARA O FUTURO. SITUAÇÃO EXCEPCIONAL.

O artigo 29, inciso IV, da Constituição Federal exige que o número de Vereadores seja proporcional à população dos Municípios, observados os limites mínimos e máximos fixados pelas alíneas *a*, *b* e *c*. 2.

Deixar a critério do legislador municipal o estabelecimento da composição das Câmaras Municipais, com observância apenas dos limites máximos e mínimos do preceito (CF, artigo 29), é tornar sem sentido a previsão constitucional expressa da proporcionalidade.

Situação real e contemporânea em que Municípios menos populosos têm mais Vereadores do que outros com um número de habitantes várias vezes maior. Casos em que a falta de um parâmetro matemático rígido que delimite a ação dos legislativos Municipais implica evidente afronta ao postulado da isonomia.

Princípio da razoabilidade. Restrição legislativa. A aprovação de norma municipal que estabelece a composição da Câmara de Vereadores sem observância da relação cogente de proporção com a respectiva população configura excesso do poder de legislar, não encontrando eco no sistema constitucional vigente.

Parâmetro aritmético que atende ao comando expresso na Constituição Federal, sem que a proporcionalidade reclamada traduza qualquer afronta aos demais princípios constitucionais e nem resulte formas estranhas e distantes da realidade dos Municípios brasileiros. Atendimento aos postulados da moralidade, impessoalidade e economicidade dos atos administrativos (CF, artigo 37). 6. Fronteiras da autonomia municipal impostas pela própria Carta da República, que admite a proporcionalidade da representação política em face do número de habitantes. Orientação que se confirma e se reitera segundo o modelo de composição da Câmara dos Deputados e das Assembleias Legislativas (CF, artigos 27 e 45, § 1º). 7. Inconstitucionalidade, *incidenter tantun*, da lei local que fixou em 11 (onze) o número de Vereadores, dado que sua população de pouco mais de 2.600 habitantes somente comporta 09 representantes. 8. Efeitos. Princípio da segurança jurídica. Situação excepcional em que a declaração de nulidade, com seus normais efeitos *ex tunc*, resultaria grave ameaça a todo o sistema legislativo vigente. Prevalência do interesse público para assegurar, em caráter de exceção, efeitos para o futuro à declaração incidental de inconstitucionalidade. Recurso extraordinário conhecido e em parte provido.

(...)

VOTO.

O SR. MINISTRO MAURÍCIO CORREA.

(...)

Depois de muito refletir sobre a controvérsia, acabei por situar-me ao lado daqueles que buscam na proporcionalidade aritmética a mais lídima resposta à exigência constitucional, até porque não havia ainda meditado sobre qual das correntes seguiria, quando de minha passagem pelo TSE.

Tal reflexão funda-se primacialmente no pressuposto de que a Constituição não contém palavras ou expressões vazias, sem nenhum sentido. Daí por que, ao determinar que o *"número de Vereadores"* deve ser *"proporcional à população do Município"*, torna-se evidente que outra exegese não pode ser extraída do texto senão aquela que resulte nítida e expressivamente do seu próprio sentido.

Com efeito, deixando-se ao alvedrio do legislador municipal a fixação do número de Vereadores apenas pela relação *mínimo-máximo,* permitindo-se-lhe uma opção aleatória e subjetivamente baseada tão só na vontade de cada Câmara Legislativa – 9, 10, 11, 12..., 20 ou 21, como quiser – sem a observância da relação Vereador/População, pode tal opção significar tudo, menos a proporcionalidade constitucionalmente reclamada, exigência clara e manifestamente definida na oração *"número de Vereadores proporcional à população do município".*

(...)

Tal conclusão pode ser aferida pelos numerosos exemplos trazidos aos autos pelo Ministério Público Federal (...) que, em seu bem formulado parecer (fls. 235/238), teve o esmero de apresentar dados estatísticos dos Municípios paulistas situados na faixa da alínea "a" da mencionada disposição constitucional. Note-se que a partir da análise da situação de apenas um Estado da federação já é possível constatar o abuso cometido pelas Câmaras Municipais, em virtude da falta de critério único quanto à relação Vereador/Habitante, prática que tem sido tolerada pelo Brasil afora.

É o que ocorre, por exemplo, com os Municípios de União Paulista com 1.730 habitantes e Balbinos com 1.388, ambos com 11 vereadores, se comparados com Adamantina com população igual a 32.766, que tem 9 Vereadores. Veja-se outro absurdo: enquanto Sumaré com 168.058 habitantes tem 13 vereadores, São Manuel com 38.271 habitantes possui 21. Essa distinção é mais gritante quando se coteja este último a Guarulhos com 972.197 habitantes e idêntico número de Vereadores. Nesses casos, verifica-se que o número de representantes é inversamente proporcional à população.

Desponta cristalino o desrespeito ao postulado da isonomia à medida que o sistema adotado, se por um lado permite o tratamento desigual em situações desiguais, por outro o faz na razão inversa dessa diferenciação.[15]

Ao cabo do julgamento do Recurso Extraordinário n. 197.917/SP, o Supremo Tribunal Federal acabou por estabelecer parâmetros mais restritos entre a quantidade de habitantes dos municípios e o número de vereadores, que se afiguraram mais condizentes com o postulado isonômico na medida em que não mais permitiam a fixação de um número desproporcional de representantes dentro daquelas amplas margens da redação originária do art. 29, IV, "d", da Constituição Federal. Alguns anos mais tarde, a solução encontrada pelo Pretório Excelso no precedente em referência acabou servindo de base para a edição da Emenda Constitucional n. 56/2009, que alterou aquele dispositivo constitucional nesse particular.

Pelo mesmo motivo a permear o julgamento do Supremo Tribunal Federal quando do julgamento do Recurso Extraordinário n. 197.917/SP, pode-se afirmar que o estabelecimento de um limite máximo para a fixação dos diferentes prazos de aviso-prévio, nos termos do art. 1º, parágrafo único, da Lei n. 12.506/2011, não só vai de encontro ao mandato de *"proporcionalidade em relação ao tempo de serviço"* imposto pelo art. 7º, XXI, da Carta Magna, como também impede a fruição do direito fundamental ali consagrado em sua máxima eficácia, para além de malferir, ao fim e ao cabo, o postulado constitucional da isonomia em sua essência.[16]

---

(15) BRASIL. SUPREMO TRIBUNAL FEDERAL. RECURSO EXTRAORDINÁRIO N. 197.917/SP. RELATOR: Min. Maurício Correa. Plenário. DJ: 7.5.2004, p. 8.

(16) A propósito, em diversas outras ocasiões o Supremo Tribunal Federal consagrou o entendimento de que o postulado da isonomia positivado no art. 5º, *caput,* da Constituição Federal impõe

Por essa mesma razão, a desconsideração das frações temporais inferiores a 1 (um) ano no cálculo dos diferentes prazos de aviso-prévio, por parte da Lei n. 12.506/2011, vai de encontro ao postulado isonômico insculpido no art. 5º, *caput*, da Constituição Federal e à proporcionalidade exigida expressamente no texto do art. 7º, XXI, da Carta Magna, porquanto acaba por tratar de modo idêntico trabalhadores que contam com distintos tempos de serviço.

As considerações formuladas neste tópico sintetizam o conteúdo institucional e a força normativa a emanarem do art. 7º, XXI, da Constituição Federal, que vinculam expressamente o legislador ordinário, e mesmo o Poder Judiciário, na tarefa de promover a efetiva concretização do direito ao aviso-prévio proporcional, tal como exigido pela Carta Magna.

6.3. OS PROJETOS DE LEI A VERSAREM SOBRE O AVISO-PRÉVIO PROPORCIONAL E A MORA LEGISLATIVA

No intuito de concretizar o comando emanado do art. 7º, XXI, da Constituição Federal, diversos projetos de lei voltados para a regulamentação dos critérios de cálculo do aviso-prévio proporcional foram apresentados ao Congresso Nacional após a promulgação da Carta Magna de 1988.

A primeira proposição apresentada nesse sentido partiu da iniciativa do Senador Carlos Chiarelli, que, ao elaborar o Projeto de Lei n. 3.941/1989, propugnou pela concessão do aviso-prévio proporcional na base de 3 (três) dias por ano trabalhado além do piso de 30 (trinta) dias, observando-se um limite máximo de 60 (sessenta) dias.

Naquele mesmo ano de 1989, o Deputado Max Rosenmann apresentou o Projeto de Lei n. 112/1989, prevendo o prazo de aviso-prévio de 30 (trinta) dias, a ser acrescido de indenização calculada com base na maior remuneração do empregado demissionário e em função do tempo de serviço deste na empresa, observando-se a seguinte escala:

---

o tratamento diferenciado de situações diversas em sua essência, tal como ocorre, na espécie, com os trabalhadores detentores de distintos tempos de serviço em relação ao aviso-prévio. Veja-se, nesse sentido:

BRASIL. SUPREMO TRIBUNAL FEDERAL. AÇÃO DIRETA DE INCONSTITUCIONALIDADE N. 4.364/SC. RELATOR: Min. Dias Toffoli. Plenário. DJ: 13.5.2011.

BRASIL. SUPREMO TRIBUNAL FEDERAL. AÇÃO DIRETA DE INCONSTITUCIONALIDADE N. 2.649/DF. RELATORA: Min. Cármen Lúcia. Plenário. DJ: 16.10.2008.

BRASIL. SUPREMO TRIBUNAL FEDERAL. MANDADO DE SEGURANÇA N. 26.690/DF. RELATOR: Min. Eros Grau. Plenário. DJ: 18.12.2008.

BRASIL. SUPREMO TRIBUNAL FEDERAL. AGRAVO REGIMENTAL NO AGRAVO DE INSTRUMENTO N. 511.131/BA. RELATOR: Min. Sepúlveda Pertence. 1ª Turma. DJ: 15.4.2005. p. 7.

TEMPO DE SERVIÇO	INDENIZAÇÃO
5 (cinco) a 10 (dez) anos	1 (um) mês de remuneração
10 (dez) a 15 (quinze) anos	2 (dois) meses de remuneração
15 (quinze) a 20 (vinte) anos	3 (três) meses de remuneração
Mais de 20 (vinte) anos	4 (quatro) meses de remuneração

Alternativamente às proposições até então apresentadas, os Deputados Carlos Cardinal, Freire Júnior e Geovane Borges apresentaram três Projetos de Lei (n. 1.554/1989, n. 2.337/1989 e n. 2.466/1989), estabelecendo que o aviso-prévio proporcional de 30 (trinta) dias seria acrescido de 1 (um) mês por cada ano de serviço dedicado à empresa e de 2 (dois) meses por ano, caso a despedida fosse arbitrária ou destituída de justa causa.

As três proposições em referência diferiam em apenas um aspecto: enquanto nos Projetos de Lei n. 1.554/1989 e n. 2.337/1989 o valor mínimo do aviso-prévio indenizado correspondia ao salário percebido pelo empregado demissionário nos 30 (trinta) dias anteriores à comunicação, o Projeto de Lei n. 2.466/1989 estabelecia como piso a remuneração correspondente aos 60 (sessenta) dias que precederam o aviso-prévio.

Ainda no intuito de concretizar o art. 7º, XXI, da Constituição Federal, o Deputado Federal Adhemar de Barros Filho apresentou o Projeto de Lei n. 2.125/1989, vinculando, novamente, o aviso-prévio proporcional a uma indenização a ser paga em função do tempo de serviço dedicado pelo obreiro demissionário a uma mesma empresa, nos seguintes termos:

TEMPO DE SERVIÇO	INDENIZAÇÃO
1 (um) a 5 (cinco) anos	2 (dois) meses de remuneração
5 (cinco) a 10 (dez) anos	3 (três) meses de remuneração
10 (dez) a 20 (vinte) anos	4 (quatro) meses de remuneração
Mais de 20 (vinte) anos	5 (cinco) meses de remuneração

Em sentido diverso, a Deputada Federal Myriam Portella, ao apresentar o Projeto de Lei n. 2.943/1989, estabeleceu como parâmetro de cálculo para o aviso-prévio proporcional lapsos variáveis a serem conferidos aos obreiros demissionários em função do tempo de serviço desempenhado por esses últimos no âmbito de um mesmo empregador, observando-se a seguinte escala:

TEMPO DE SERVIÇO	AVISO-PRÉVIO
1(um) ano	30 (trinta) dias
1 (um) a 5 (cinco) anos	60 (sessenta) dias
5 (cinco) a 8 (oito) anos	120 (cento e vinte) dias
Mais de 8 (oito) anos	150 (cento e cinquenta) dias

Ainda segundo o Projeto de Lei n. 2.943/1989, a base de cálculo para a indenização do aviso-prévio corresponderia à maior remuneração percebida pelo empregado demissionário durante a vigência do contrato de trabalho.

Na mesma linha do PL n. 2.943/1989, o Deputado Federal Carlos Alberto Caó apresentou, ainda em 1989, o Projeto de Lei n. 3.497/1989, estabelecendo prazos para o aviso-prévio que variavam de 30 (trinta) a 90 (noventa) dias. Segundo a proposição em referência, os lapsos seriam calculados em dobro para os empregados demissionários que contassem com mais de 45 (quarenta e cinco) anos de idade:

EMPREGADO COM MENOS DE 45 (QUARENTA E CINCO) ANOS DE IDADE	
TEMPO DE SERVIÇO	AVISO-PRÉVIO
Menos de 1(um) ano	30 (trinta) dias
1 (um) a 3 (três) anos	45 (quarenta e cinco) dias
3 (três) a 5 (cinco) anos	60 (sessenta) dias
Mais de 5 (cinco) anos	90 (noventa) dias

EMPREGADO COM 45 (QUARENTA E CINCO) ANOS DE IDADE OU MAIS	
TEMPO DE SERVIÇO	AVISO-PRÉVIO
Menos de 1(um) ano	60 (sessenta) dias
1 (um) a 3 (três) anos	90 (noventa) dias
3 (três) a 5 (cinco) anos	120 (cento e vinte) dias
Mais de 5 (cinco) anos	180 (cento e oitenta) dias ·

A primeira leva de proposições formuladas no intuito de regulamentar o art. 7º, XXI, da Constituição Federal encerrou-se com a apresentação do Projeto de Lei n. 3.989/1989, de autoria do Deputado Federal José Maria Eymael que, a exemplo dos dois projetos anteriores, estabelecia faixas de prazo a variarem em função dos anos dedicados a um mesmo empregador, na seguinte proporção:

TEMPO DE SERVIÇO	AVISO-PRÉVIO
4 (quatro) anos	15 (quinze) dias por ano ou fração trabalhado
De 4 (quatro) a 8 (oito) anos	+ 10 (dez) dias por ano ou fração trabalhado para além dos dias já adquiridos
Mais de 8 (oito) anos	+ 5 (cinco) dias por ano ou fração trabalhado para além dos dias já adquiridos

Ainda segundo o Projeto de Lei n. 3.989/1989, a fração de ano a ser considerada para o cálculo do aviso-prévio proporcional corresponderia ao lapso de 6 (seis) meses ou mais, não havendo direito ao cômputo no ano derradeiro em que a permanência do empregado demissionário na empresa fosse inferior a 6 (seis) meses.

O Projeto de Lei n. 3.989/1989 inovou, outrossim, na medida em que estabeleceu critério para o cálculo do aviso-prévio proporcional devido pelos empregados na hipótese de rescisão unilateral do contrato de trabalho por iniciativa destes, com prazos diversos estabelecidos na seguinte escala:

TEMPO DE SERVIÇO	AVISO-PRÉVIO
2 (dois) anos	+ 15 (quinze) dias por ano ou fração trabalhado
De 2 (quatro) a 4 (quatro) anos	+ 5 (cinco) dias por ano ou fração trabalhado para além dos dias já adquiridos
Mais de 4 (quatro) anos	+ 2 (dois) dias por ano ou fração trabalhado para além dos dias já adquiridos

Após a apresentação do Projeto de Lei n. 3.989/1989, seriam necessários mais 18 (dezoito) anos a fim de que uma nova proposição voltada para a regulamentação do direito ao aviso-prévio proporcional assegurado no art. 7º, XXI, da Constituição Federal fosse formulada no âmbito do Congresso Nacional.

Tal lapso veio a ser rompido apenas em 2007, com a apresentação do Projeto de Lei n. 1.122/2007, de autoria do Deputado Federal Leo Vivas, cujo teor estabelecia um aviso-prévio de 30 (trinta) dias para os trabalhadores a contarem com 1 (um) ano de serviços prestados a um mesmo empregador, acrescidos de 1 (um) dia por ano adicional.

Dois anos depois, o Deputado Federal Cleber Verde apresentou o Projeto de Lei n. 4.989/2009, mantendo o prazo de 30 (trinta) dias de aviso-prévio para aqueles obreiros a contarem com 1 (um) ano de serviço na mesma empresa, acrescidos de 5 (cinco) dias por ano adicional de vigência do contrato de trabalho.

Por fim, no ano de 2011, o Deputado Federal Chico Alencar apresentou à Mesa da Câmara dos Deputados o Projeto de Lei n. 1.730/2011, fixando o aviso-prévio proporcional na base de 10 (dez) dias por ano adicional trabalhado, a se somarem àqueles 30 (trinta) dias adquiridos após o primeiro ano trabalhado no âmbito de um mesmo empregador.

Com a iminência da conclusão do julgamento dos Mandados de Injunção n. 943/DF, n. 1.010/DF, n. 1.074/DF e n. 1.090/DF pelo Supremo Tribunal Federal, o Congresso Nacional procedeu à aprovação sumária do Projeto de Lei do Senado n. 3.941/1989 que, após isso, seguiu para a sanção da Presidência da República, transformando-se, em seguida, na Lei n. 12.506, de 11 de outubro de 2011, de modo a encerrar, com isso, a mora legislativa a perdurar por 23 (vinte e três) anos concernente à regulamentação do direito assegurado no art. 7º, XXI, da Constituição Federal.

6.4. A LEI N. 12.506 DE 11 DE OUTUBRO DE 2011

Conforme visto no item anterior, a regulamentação da garantia assegurada aos trabalhadores no art. 7º, XXI, da Constituição Federal levou vinte e três anos para ser implementada, não obstante a apresentação de trinta e um projetos de lei voltados para a definição dos critérios para a fixação dos prazos de aviso-prévio proporcional ao tempo de serviço.

Ao contrário do que pode parecer à primeira vista, a norma advinda ao cabo do extenso período ora findo não foi resultado de embates parlamentares travados no Congresso Nacional ao longo daquele longo lapso temporal a respeito dos critérios que melhor viriam a concretizar o direito constitucional à proporcionalidade do aviso-prévio. Pelo contrário, sua aprovação em 2011 deu-se única e exclusivamente em razão da premência da regulamentação do tema por parte do órgão de cúpula do Poder Judiciário nos autos dos Mandados de Injunção n. 943/DF, n. 1.010/DF, n. 1.074/DF e n. 1.090/DF.

De fato – e conforme já ressaltado no item 1.1 –, os sobreditos Mandados de Injunção foram impetrados por 4 (quatro) empregados da Companhia Vale do Rio Doce S.A que contavam com extenso tempo de serviço dedicado àquela empresa quando da rescisão de seus respectivos contratos de trabalho e que foram contemplados com os mesmos 30 (trinta) dias de aviso-prévio concedidos à generalidade dos trabalhadores nos termos do art. 487 da CLT.

Ao darem início à análise dos feitos em referência na sessão plenária de 11 de junho de 2011, os ministros do Supremo Tribunal Federal convergiram em torno da utilização de parâmetros do direito estrangeiro para promover a aplicação concreta do art. 7º, XXI, da Constituição Federal enquanto o Congresso Nacional não editasse a regulamentação específica ali prevista. Tal solução só não foi implementada já àquela ocasião porquanto o Pretório Excelso entendeu por bem suspender o julgamento para meditar sobre a escolha do critério a ser utilizado.

Imediatamente após a sinalização emitida pelo Supremo Tribunal Federal nesse sentido, entidades representativas dos empregadores e dos trabalhadores, bem como os próprios parlamentares, mobilizaram-se no sentido de apressar o Congresso Nacional a promover, finalmente, a regulamentação do art. 7º, XXI, da Constituição Federal, antes que o Supremo Tribunal Federal o fizesse quando da retomada do julgamento dos Mandados de Injunção n. 943/DF, n. 1.010/DF, n. 1.074/DF e n. 1.090/DF, marcado para o segundo semestre do ano de 2011.

E assim, a Câmara dos Deputados inseriu na pauta de matérias a serem analisadas em 21 de setembro de 2011, de maneira sumária, o Projeto de Lei do Senado n. 3.941/89, que já havia sido avaliado por essa última casa legislativa há vinte e dois anos e encontrava-se obstruído desde 1995. Na referida data, a proposição em apreço foi efetivamente aprovada e, vinte dias depois, foi sancionada pela Presidência da República, transformando-se, então, na Lei n. 12.506/2011.

O texto da proposição, agora convertida em lei, estabelece de modo singelo que os trabalhadores que contarem com tempo de serviço superior a 1 (um) ano dedicado a um mesmo empregador farão jus ao cômputo de 3 (três) dias por ano adicional de vigência do contrato de trabalho, até o limite de 90 (noventa) dias, a coincidir com o vigésimo primeiro aniversário do vínculo empregatício, nos seguintes termos:

Art. 1º O aviso prévio, de que trata o Capítulo VI do Título IV da Consolidação das Leis do Trabalho, aprovada pelo Decreto-Lei n. 5.452, de 1º de maio de 1943, será concedido na proporção de 30 (trinta) dias aos empregados que contem até 1 (um) ano de serviço na mesma empresa.

Parágrafo único. Ao aviso prévio previsto neste artigo serão acrescidos 3 (três) dias por ano de serviço prestado na mesma empresa, até o máximo de 60 (sessenta) dias, perfazendo um total de até 90 (noventa) dias.

Art. 2º Esta Lei entra em vigor na data de sua publicação.

Em que pese a fixação de um parâmetro para o cálculo do aviso-prévio proporcional, a Lei n. 12.506/2011 não só deixou de atender a contento ao mandamento de *"proporcionalidade aritmética"* que subjaz ao art. 7º, XXI, da Constituição Federal, como também se quedou silente quanto à supressão dos efeitos causados pela mora legislativa recentemente expurgada sobre aqueles trabalhadores demitidos anteriormente à sua entrada em vigor.

Diante disso, faz-se mister averiguar, nas linhas subsequentes, em que medida a Lei n. 12.506/2011 permanece omissa quanto à plena concretização do mandamento constitucional insculpido no art. 7º, XXI, da Constituição Federal e de que maneira o Poder Judiciário encontra-se autorizado a colmatar o referido vácuo, cuja subsistência impede a plena fruição do direito ao aviso-prévio proporcional ao tempo de serviço por seus destinatários.

6.4.1. As omissões parciais subjacentes à Lei n. 12.506/2011

Quando um determinado dispositivo constitucional reconhece um direito fundamental a uma dada categoria de indivíduos e impõe ao legislador ordinário a fixação de condições objetivas para a fruição de tal garantia, o atendimento pleno a tal mandamento somente ocorrerá se a norma infraconstitucional observar estritamente o conteúdo da instituição jurídica reconhecida pelo texto magno e se promover mecanismos aptos a dotar seus destinatários de condições efetivas para o exercício em concreto daquela garantia.

Do contrário, quando o legislador ordinário promove a regulamentação daquele direito fundamental de modo a não abranger a totalidade de seu conteúdo institucional ou de modo a instituir mecanismos que não asseguram aos seus destinatários a totalidade das posições jurídicas vislumbradas no texto magno, diz-se que a concretização do dispositivo constitucional em apreço não ocorreu a contento, dando-se, pois, de forma incompleta.

Tem-se, em tal hipótese, o fenômeno da omissão parcial, caracterizada, justamente, pela atuação insatisfatória do legislador ordinário no que concerne à tarefa de promover a efetiva concretização dos dispositivos constitucionais, mormente no contexto daquelas cartas magnas compostas por dispositivos que impõem ao Estado programas de ação, conforme se infere do magistério de José Joaquim Gomes Canotilho:

> A doutrina alude, por vezes, à distinção entre *omissão em sentido formal* e *omissão em sentido material* e à distinção entre *omissões absolutas* e *omissões relativas*. Independentemente dos vários problemas suscitados por estas distinções, o conceito jurídico-constitucional de omissão é compatível com omissões legislativas parciais ou omissões relativas, isto é, omissões derivadas de os actos legislativos concretizadores de normas constitucionais favorecerem certos grupos ou situações, esquecendo outros grupos e outras situações que preenchem os mesmos pressupostos de facto. Esta concretização incompleta tanto pode resultar de uma intenção deliberada do legislador em conceder vantagens só a certos grupos ou contemplar certas situações (*exclusão expressa ou explícita*), violando o princípio da igualdade e cometendo uma <<inconstitucionalidade por acção>>, como derivar apenas de uma incompleta apreciação das situações de facto, mas sem que haja o propósito de arbitrária e unilateralmente se favorecerem só certos grupos ou situações (*incompletude regulativa*). Nesta última hipótese, haverá uma inconstitucionalidade por omissão e não por acção. Precisamente por isso, a *omissão legislativa* existe quando o legislador não cumpre ou cumpre incompletamente o dever constitucional de emanar normas destinadas a actuar as imposições legiferantes estabelecidas na Constituição.[17]

Sendo a Constituição Federal de 1988 uma carta marcada, justamente, pela presença de dispositivos programáticos a consagrarem inúmeros direitos de cunho social aos trabalhadores e aos indivíduos em situação fática de hipossuficiência, não é de se estranhar que a doutrina pátria dê especial atenção ao problema das omissões parciais no contexto brasileiro.[18]

---

(17) CANOTILHO, José Joaquim Gomes. *Direito Constitucional e Teoria da Constituição.* 7. ed. Coimbra: Almedina, 2003. p. 1.035-1.036.

(18) *Vide*, a propósito, os magistérios de Dirley da Cunha Júnior e Kildare Gonçalves de Carvalho:

"A omissão, para ser reconhecida como inconstitucional, deve guardar conexão com uma exigência constitucional de ação. Vale dizer, a Constituição determina uma atuação do poder público que simplesmente *não se realiza* ou *não se realiza a contento*. É precisamente neste aspecto (...) onde se identificam as duas modalidades de omissão inconstitucional conhecidas como: *omissão total* e *omissão parcial*. Será total, quando a indevida abstenção é integral, constituindo, pois, na absoluta falta de ação. Será parcial, quando o censurável silêncio transgressor do poder público ocorre somente em parte, ou seja, o poder público atua, mas de forma incompleta ou deficiente, sem atender fielmente aos termos exigidos pela

Nesse mesmo sentido, a jurisprudência consagrada no Supremo Tribunal Federal não só reconhece a possibilidade de incidência do legislador ordinário em omissão parcial, como também condena tal modalidade de concretização incompleta do texto constitucional por parte do poder público. Transcreve-se, a propósito, os arestos lavrados pelo Pretório Excelso por ocasião do julgamento das Ações Diretas de Inconstitucionalidade n. 1.439/DF, n. 1.442/DF e n. 1.458/DF, tendo por objeto a insuficiência dos diplomas fixadores do salário mínimo para o total atendimento das necessidades elencadas no art. 7º, IV, da Constituição Federal:

EMENTA: DESRESPEITO À CONSTITUIÇÃO – MODALIDADES DE COMPORTAMENTOS INCONSTITUCIONAIS DO PODER PÚBLICO.

O desrespeito à Constituição tanto pode ocorrer mediante ação estatal quanto mediante inércia governamental. A situação de inconstitucionalidade pode derivar de um comportamento ativo do Poder Público, que age ou edita normas em desacordo com o que dispõe a Constituição, ofendendo-lhe, assim, os preceitos e os princípios que nela se acham consignados. Essa conduta estatal, que importa em um *facere* (atuação positiva), gera a inconstitucionalidade por ação. – Se o Estado deixar de adotar as medidas necessárias à realização concreta dos preceitos da Constituição, em ordem a torná-los efetivos, operantes e exequíveis, abstendo-se, em consequência, de cumprir o dever de prestação que a Constituição lhe impôs, incidirá em violação negativa do texto constitucional. Desse *non facere* ou *non praestare*, resultará a inconstitucionalidade por omissão, que pode ser total, quando é nenhuma a providência adotada, ou parcial, quando é insuficiente a medida efetivada pelo Poder Público.

SALÁRIO MÍNIMO – SATISFAÇÃO DAS NECESSIDADES VITAIS BÁSICAS – GARANTIA DE PRESERVAÇÃO DE SEU PODER AQUISITIVO. – A cláusula constitucional inscrita no art. 7º, IV, da Carta Política – para além da proclamação da garantia social do salário mínimo – consubstancia verdadeira imposição legiferante, que, dirigida ao Poder Público, tem por finalidade vinculá-lo à efetivação de uma prestação positiva destinada (a) a satisfazer as necessidades essenciais do trabalhador e de sua família e (b) a preservar, mediante reajustes periódicos, o valor intrínseco dessa re-

---

Constituição". CUNHA JÚNIOR, Dirley da. *Controle Judicial das Omissões do Poder Público*. São Paulo: Saraiva, 2004. p. 122.

(...)

"A omissão inconstitucional, caracterizada pela inércia absoluta ou pela atuação insuficiente ou deficiente, pode ser classificada em modalidades ou espécies diversas, que são total e parcial.

A omissão inconstitucional diz-se total quando a ação devida do poder público deixa de existir. Nesse caso, no âmbito da omissão legislativa, o legislador não age; em face da convocação do constituinte para agir: manifesta-se o absoluto silêncio, a postura passiva.

A omissão constitucional parcial é aquela em que o silêncio do responsável pela prática do ato ocorre apenas em parte, é dizer, o poder público atua, mas de forma incompleta ou deficiente, deixando de atender com fidelidade aos termos exigidos pela Constituição.

Em suma: na inconstitucionalidade por omissão total, há a inércia completa do legislador, enquanto na parcial há apenas deficiência ou insuficiência da atividade legislativa." CARVALHO, Kildare Gonçalves de. *Direito Constitucional. Teoria do Estado e da Constituição. Direito Constitucional Positivo*. 14. ed. Belo Horizonte: Del Rey, 2008. p. 438-484.

muneração básica, conservando-lhe o poder aquisitivo. – O legislador constituinte brasileiro delineou, no preceito consubstanciado no art. 7º, IV, da Carta Política, um nítido programa social destinado a ser desenvolvido pelo Estado, mediante atividade legislativa vinculada. Ao dever de legislar imposto ao Poder Público – e de legislar com estrita observância dos parâmetros constitucionais de índole jurídico-social e de caráter econômico-financeiro (CF, art. 7º, IV) –, corresponde o direito público subjetivo do trabalhador a uma legislação que lhe assegure, efetivamente, as necessidades vitais básicas individuais e familiares e que lhe garanta a revisão periódica do valor salarial mínimo, em ordem a preservar, em caráter permanente, o poder aquisitivo desse piso remuneratório.

SALÁRIO MÍNIMO – VALOR INSUFICIENTE – SITUAÇÃO DE INCONSTITUCIONALIDADE POR OMISSÃO PARCIAL. – A insuficiência do valor correspondente ao salário mínimo, definido em importância que se revele incapaz de atender às necessidades vitais básicas do trabalhador e dos membros de sua família, configura um claro descumprimento, ainda que parcial, da Constituição da República, pois o legislador, em tal hipótese, longe de atuar como o sujeito concretizante do postulado constitucional que garante à classe trabalhadora um piso geral de remuneração (CF, art. 7º, IV), estará realizando, de modo imperfeito, o programa social assumido pelo Estado na ordem jurídica. – A omissão do Estado – que deixa de cumprir, em maior ou em menor extensão, a imposição ditada pelo texto constitucional – qualifica-se como comportamento revestido da maior gravidade político-jurídica, eis que, mediante inércia, o Poder Público também desrespeita a Constituição, também ofende direitos que nela se fundam e também impede, por ausência de medidas concretizadoras, a própria aplicabilidade dos postulados e princípios da Lei Fundamental. – As situações configuradoras de omissão inconstitucional – ainda que se cuide de omissão parcial, derivada da insuficiente concretização, pelo Poder Público, do conteúdo material da norma impositiva fundada na Carta Política, de que é destinatário – refletem comportamento estatal que deve ser repelido, pois a inércia do Estado qualifica-se, perigosamente, como um dos processos informais de mudança da Constituição, expondo-se, por isso mesmo, à censura do Poder Judiciário.[19]

(...)

EMENTA: AÇÃO DIRETA DE INCONSTITUCIONALIDADE. (...) IMPUGNAÇÃO À MEDIDA PROVISÓRIA QUE FIXA O NOVO VALOR DO SALÁRIO MÍNIMO – ALEGAÇÃO DE INCONSTITUCIONALIDADE EM FACE DA INSUFICIÊNCIA DESSE VALOR SALARIAL – REALIZAÇÃO INCOMPLETA DA DETERMINAÇÃO CONSTANTE DO ART. 7º, IV, DA CONSTITUIÇÃO DA REPÚBLICA – HIPÓTESE DE INCONSTITUCIONALIDADE POR OMISSÃO PARCIAL – IMPOSSIBILIDADE DE CONVERSÃO DA ADIN EM AÇÃO DIRETA DE INCONSTITUCIONALIDADE POR OMISSÃO – AÇÃO DIRETA DE QUE NÃO SE CONHECE, NO PONTO – MEDIDA PROVISÓRIA QUE SE CONVERTEU EM LEI – LEI DE CONVERSÃO POSTERIORMENTE REVOGADA POR OUTRO DIPLOMA LEGISLATIVO – PREJUDICIALIDADE DA AÇÃO DIRETA. FALTA DE LEGITIMIDADE ATIVA DAS CENTRAIS SINDICAIS PARA O AJUIZAMENTO DE AÇÃO DIRETA DE INCONSTITUCIONALIDADE.

(...)

---

(19) BRASIL. SUPREMO TRIBUNAL FEDERAL. MEDIDA CAUTELAR NA AÇÃO DIRETA DE INCONSTITUCIONALIDADE N. 1.439/DF. RELATOR: Min. Celso de Mello. Plenário. DJ: 30.5.2003. p. 28.

SALÁRIO MÍNIMO – VALOR INSUFICIENTE – SITUAÇÃO DE INCONSTITUCIONALIDADE POR OMISSÃO PARCIAL. – A insuficiência do valor correspondente ao salário mínimo – definido em importância que se revele incapaz de atender as necessidades vitais básicas do trabalhador e dos membros de sua família – configura um claro descumprimento, ainda que parcial, da Constituição da República, pois o legislador, em tal hipótese, longe de atuar como sujeito concretizante do postulado constitucional que garante à classe trabalhadora um piso geral de remuneração digna (CF, art. 7º, IV), estará realizando, de modo imperfeito, porque incompleto, o programa social assumido pelo Estado na ordem jurídica. – A omissão do Estado – que deixa de cumprir, em maior ou em menor extensão, a imposição ditada pelo texto constitucional – qualifica-se como comportamento revestido da maior gravidade político-jurídica, eis que, mediante inércia, o Poder Público também desrespeita a Constituição, também compromete a eficácia da declaração constitucional de direitos e também impede, por ausência de medidas concretizadoras, a própria aplicabilidade dos postulados e princípios da Lei Fundamental. – As situações configuradoras de omissão inconstitucional, ainda que se cuide de omissão parcial, refletem comportamento estatal que deve ser repelido, pois a inércia do Estado – além de gerar a erosão da própria consciência constitucional – qualifica-se, perigosamente, como um dos processos informais de mudança ilegítima da Constituição, expondo-se, por isso mesmo, à censura do Poder Judiciário.

(...)

O DESPREZO ESTATAL POR UMA CONSTITUIÇÃO DEMOCRÁTICA REVELA-SE INCOMPATÍVEL COM O SENTIMENTO CONSTITUCIONAL RESULTANTE DA VOLUNTÁRIA ADESÃO POPULAR À AUTORIDADE NORMATIVA DA LEI FUNDAMENTAL. – A violação negativa do texto constitucional, resultante da situação de inatividade do Poder Público – que deixa de cumprir ou se abstém de prestar o que lhe ordena a Lei Fundamental – representa, notadamente em tema de direitos e liberdades de segunda geração (direitos econômicos, sociais e culturais), um inaceitável processo de desrespeito à Constituição, o que deforma a vontade soberana do poder constituinte e que traduz conduta estatal incompatível com o valor ético-jurídico do sentimento constitucional, cuja prevalência, no âmbito da coletividade, revela-se fator capaz de atribuir, ao Estatuto Político, o necessário e indispensável coeficiente de legitimidade social.[20] (...)

EMENTA: DESRESPEITO À CONSTITUIÇÃO – MODALIDADES DE COMPORTAMENTOS INCONSTITUCIONAIS DO PODER PÚBLICO. – O desrespeito à Constituição tanto pode ocorrer mediante ação estatal quanto mediante inércia governamental. A situação de inconstitucionalidade pode derivar de um comportamento ativo do Poder Público, que age ou edita normas em desacordo com o que dispõe a Constituição, ofendendo-lhe, assim, os preceitos e os princípios que nela se acham consignados. Essa conduta estatal, que importa em um *facere* (atuação positiva), gera a inconstitucionalidade por ação. – Se o Estado deixar de adotar as medidas necessárias à realização concreta dos preceitos da Constituição, em ordem a torná-los efetivos, operantes e exequíveis, abstendo-se, em consequência, de cumprir o dever

---

(20) BRASIL. SUPREMO TRIBUNAL FEDERAL. AÇÃO DIRETA DE INCONSTITUCIONALIDADE N. 1.442/DF. RELATOR: Min. Celso de Mello. Plenário. DJ: 29.4.2005. p. 7.

de prestação que a Constituição lhe impôs, incidirá em violação negativa do texto constitucional. Desse *non facere* ou *non praestare*, resultará a inconstitucionalidade por omissão, que pode ser total, quando é nenhuma a providência adotada, ou parcial, quando é insuficiente a medida efetivada pelo Poder Público.

SALÁRIO MÍNIMO – SATISFAÇÃO DAS NECESSIDADES VITAIS BÁSICAS – GARANTIA DE PRESERVAÇÃO DE SEU PODER AQUISITIVO. – A cláusula constitucional inscrita no art. 7º, IV, da Carta Política – para além da proclamação da garantia social do salário mínimo – consubstancia verdadeira imposição legiferante, que, dirigida ao Poder Público, tem por finalidade vinculá-lo à efetivação de uma prestação positiva destinada (a) a satisfazer as necessidades essenciais do trabalhador e de sua família e (b) a preservar, mediante reajustes periódicos, o valor intrínseco dessa remuneração básica, conservando-lhe o poder aquisitivo. – O legislador constituinte brasileiro delineou, no preceito consubstanciado no art. 7º, IV, da Carta Política, um nítido programa social destinado a ser desenvolvido pelo Estado, mediante atividade legislativa vinculada. Ao dever de legislar imposto ao Poder Público – e de legislar com estrita observância dos parâmetros constitucionais de índole jurídico-social e de caráter econômico-financeiro (CF, art. 7º, IV) –, corresponde o direito público subjetivo do trabalhador a uma legislação que lhe assegure, efetivamente, as necessidades vitais básicas individuais e familiares e que lhe garanta a revisão periódica do valor salarial mínimo, em ordem a preservar, em caráter permanente, o poder aquisitivo desse piso remuneratório.

SALÁRIO MÍNIMO – VALOR INSUFICIENTE – SITUAÇÃO DE INCONSTITUCIONALIDADE POR OMISSÃO PARCIAL. – A insuficiência do valor correspondente ao salário mínimo, definido em importância que se revele incapaz de atender as necessidades vitais básicas do trabalhador e dos membros de sua família, configura um claro descumprimento, ainda que parcial, da Constituição da República, pois o legislador, em tal hipótese, longe de atuar como o sujeito concretizante do postulado constitucional que garante à classe trabalhadora um piso geral de remuneração (CF, art. 7º, IV), estará realizando, de modo imperfeito, o programa social assumido pelo Estado na ordem jurídica. – A omissão do Estado – que deixa de cumprir, em maior ou em menor extensão, a imposição ditada pelo texto constitucional – qualifica-se como comportamento revestido da maior gravidade político-jurídica, eis que, mediante inércia, o Poder Público também desrespeita a Constituição, também ofende direitos que nela se fundam e também impede, por ausência de medidas concretizadoras, a própria aplicabilidade dos postulados e princípios da Lei Fundamental. – As situações configuradoras de omissão inconstitucional – ainda que se cuide de omissão parcial, derivada da insuficiente concretização, pelo Poder Público, do conteúdo material da norma impositiva fundada na Carta Política, de que é destinatário – refletem comportamento estatal que deve ser repelido, pois a inércia do Estado qualifica-se, perigosamente, como um dos processos informais de mudança da Constituição, expondo-se, por isso mesmo, à censura do Poder Judiciário.[21]

---

(21) BRASIL. SUPREMO TRIBUNAL FEDERAL. MEDIDA CAUTELAR NA AÇÃO DIRETA DE INCONSTITUCIONALIDADE N. 1.458/DF. RELATOR: Min. Celso de Mello. Plenário. DJ: 20.9.1996. p. 34.531.

A análise da Lei n. 12.506/2011 à luz do conceito de "*omissão parcial*" reconhecido tanto na doutrina quanto na jurisprudência do Supremo Tribunal Federal indica de maneira cristalina que o diploma normativo em apreço, ao regulamentar o direito ao aviso-prévio proporcional ao tempo de serviço, o fez de maneira insuficiente para conferir a plena concretização do art. 7º, XXI, da Constituição Federal.

De fato, conforme ficou demonstrado no item 6.2, o conteúdo institucional subjacente ao art. 7º, XXI, da Constituição Federal pauta o cálculo do aviso-prévio ali previsto pela "*proporcionalidade aritmética*" que deverá existir entre os prazos para a rescisão dos vínculos empregatícios e o tempo de serviço dos trabalhadores desempenhados no âmbito de uma mesma empresa.

Quer isso dizer que os maiores ou menores tempos de serviço desempenhados pelos trabalhadores a um idêntico empregador deverão refletir, em exata proporção, nos prazos a serem conferidos aos trabalhadores a título de aviso-prévio efetivo ou indenizado, justamente no fito de evitar-se a concessão de tratamento idêntico a empregados detentores de situações jurídicas distintas.

No regime instituído pela Lei n. 12.506/2011, tal proporcionalidade aritmética exigida pelo art. 7º, XXI, da Constituição Federal não é observada, na medida em que o diploma legal em referência fixa linearmente em noventa dias o prazo de aviso-prévio a ser concedido aos trabalhadores que contarem mais de vinte e um anos de tempo de serviço dedicados a um mesmo empregador.[22]

Assim, a título exemplificativo, um trabalhador que completar vinte e um anos de contrato de trabalho com um mesmo empregador terá os mesmos noventa dias de aviso-prévio a serem conferidos a outro obreiro que detém trinta e cinco anos de tempo de serviço dedicado à empresa. Vê-se, portanto, que a limitação máxima consagrada na Lei n. 12.506/2011 acaba por possibilitar, em concreto, o tratamento equânime de situações pessoais nitidamente diferentes, em total desconformidade com o princípio da isonomia consagrado no art. 5º, *caput,* da Constituição Federal.

---

(22) *Vide*, nesse sentido, a crítica de Jorge Luiz Souto Maior:

"A Constituição é clara ao estipular que é direito dos trabalhadores o recebimento de um aviso-prévio proporcional ao tempo de serviço, sendo no mínimo de trinta dias. Ora, se um vínculo de emprego, como se sabe, já se forma com um dia trabalhado, e o aviso-prévio é, segundo prevê a Constituição, de, no mínimo, trinta dias, como dizer que o aumento desse prazo em três dias a cada novo ano trabalhado seja um critério proporcional? E, mais ainda, como pode ser proporcional ao tempo de serviço um aviso-prévio que resta limitado a noventa dias, desconsiderando, a partir daí, o próprio critério da vinculação ao tempo de serviço?

Até se poderia considerar válido o critério anual para o acréscimo do número de dias do aviso-prévio, mas esse aumento deveria ser, segundo prevê a Constituição, proporcional. Assim, se por um ano trabalhado o período do aviso é de trinta dias, para mais um ano, o aviso deveria ser, atendendo à proporcionalidade, de sessenta dias e assim por diante". MAIOR, Jorge Luiz Souto. *Aviso prévio desproporcional.* Disponível em: <http://www.migalhas.com.br/dePeso/16,MI161608,11049-Aviso+previo+desproporcional>. Acesso em: 3 dez. 2012.

A inobservância ao mandato de proporcionalidade aritmética presente no art. 7º, XXI, da Constituição Federal por parte da Lei n. 12.506/2011 se constata, outrossim, na medida em que esta não levou em consideração as parcelas temporais correspondentes às frações de anos desempenhadas pelos trabalhadores no âmbito de um mesmo empregador para o cálculo do aviso-prévio proporcional. Dito em outros termos, segundo o diploma legal em apreço, somente serão computados como tempo de serviço para fins da fruição do direito assegurado no art. 7º, XXI, da Constituição Federal os anos completos, desconsiderando-se os meses e os dias remanescentes eventualmente trabalhados.

Ao assim proceder, a Lei n. 12.506/2011 possibilitou, mais uma vez, o tratamento idêntico de trabalhadores que se encontram em situação distinta. Suponha-se, a título ilustrativo, que em uma determinada empresa um obreiro conte com um ano e onze meses de tempo de serviço, ao passo que outro reúna um ano e dois meses de serviços prestados àquele mesmo empregador.

Nos termos do diploma em apreço, os dois trabalhadores ora mencionados, muito embora contem com tempos de serviço distintos, serão contemplados com o mesmo prazo de aviso-prévio correspondente a trinta dias, pois o art. 1º da Lei n. 12.506/2011 condiciona a contagem dos três dias adicionais a título de aviso-prévio ao preenchimento integral de mais um ano de serviços dedicados à empresa, abstraindo as frações temporais inferiores, correspondentes aos meses e dias.

Tal lapso constante da Lei n. 12.506/2011 afigura-se ainda mais grave na medida em que possibilita a utilização, por parte dos empregadores, de artifícios voltados para promover a demissão de seus empregados antes do cômputo integral dos prazos necessários para a fruição do direito assegurado no art. 7º, XXI, da Constituição Federal, a fim de evitar, justamente, que estes logrem a obtenção daqueles 3 (três) dias adicionais de aviso-prévio a que farão jus a cada ano completado na empresa.

Vê-se, portanto, que a concretização efetiva do mandamento de proporcionalidade aritmética constante do art. 7º, XXI, da Constituição Federal por parte da Lei n. 12.506/2011 somente ocorreria se o diploma legal em apreço tivesse levado em conta para o cálculo do aviso-prévio tanto o tempo de serviço superior ao vigésimo primeiro ano de vigência do contrato de trabalho, quanto as frações inferiores ao ano, quais sejam, os meses e os dias.

No entanto, como a Lei n. 12.506/2011 limitou-se a conceder três dias de aviso-prévio por cada ano a exceder os primeiros doze meses de vigência do contrato de trabalho, até o máximo de noventa dias, sem atentar, outrossim, para a contagem isolada dos meses e dias, acabou ela por inobservar o mandamento de proporcionalidade aritmética constante do art. 7º, XXI, da Constituição Federal e, consequentemente, por incidir em inconstitucionalidade por omissão parcial.

6.4.2. A Nota Técnica n. 184/2012/CGRT/SRT/MTE

Posteriormente à promulgação da Lei n. 12.506/2011, mais precisamente no dia 7.5.2012, a Secretaria de Relações do Trabalho do Ministério do Trabalho e Emprego editou a Nota Técnica n. 184/2012, com vistas a orientar as Superintendências Regionais do Trabalho quando da homologação das rescisões de contratos de trabalho implementadas a partir da entrada em vigor do diploma legal em referência.

Em apertada síntese, a nota técnica editada pelo Ministério do Trabalho e Emprego tratou das questões em torno (i) da aplicação da Lei n. 12.506/2011 limitada aos empregados, (ii) da proporcionalidade do aviso-prévio em relação ao tempo de serviço, (iii) da projeção do aviso-prévio para todos os efeitos legais, (iv) da irretroatividade do diploma legal em apreço e (v) dos reflexos desse último no aviso-prévio indenizado e na jornada de trabalho.

No que se refere ao primeiro item, a orientação em referência reconheceu que a garantia concernente ao aviso-prévio proporcional é limitada aos empregados, em decorrência do princípio da proteção dos trabalhadores, consagrado no art. 7º, *caput,* da Constituição Federal. Quanto ao terceiro e ao quinto itens, a nota assentou, acertadamente, que a proporcionalidade prevista na Lei n. 12.506/2011 se projeta no tempo de serviço dos obreiros para todos os fins, em especial na fixação da indenização em caso de sua não concessão pelo empregador, sendo-lhe devida, outrossim, a redução de jornada prevista no art. 488 da CLT.

No entanto, ao estabelecer a proporcionalidade do aviso-prévio e sua aplicação no tempo, a Nota Técnica n. 184/2012/CGRT/SRT/MTE divergiu significativamente do entendimento formulado alhures, pois implementou, a nosso ver, uma exegese estrita que não guarda correspondência com o amplo escopo tuitivo do art. 7º, XXI, da Constituição e de suas diretrizes norteadoras, representadas, em grande medida, pelos princípios da proteção e do valor social do trabalho.

Nesse particular, a orientação ministerial assentou que a proporcionalidade do aviso-prévio, para além de ser limitada aos noventa dias consignados literalmente no texto da Lei n. 12.506/2011, não poderia ser fixada em parcelas temporais inferiores a três anos. Por tal exegese, tanto os períodos excedentes dos vinte e um anos de tempo de serviço a um mesmo empregador, quanto os dias e meses anteriores à obtenção daquele triênio legal não teriam qualquer reflexo no cômputo da garantia em apreço.[23]

---

(23) Assim dispõe a Nota Técnica n. 184/2012/CGRT/SRT/MTE sobre o tema:

"O aviso-prévio proporcional terá uma variação de 30 a 90 dias, conforme o tempo de serviço na empresa. Dessa forma, todos os empregados terão no mínimo 30 dias durante o primeiro ano trabalhado, somando a cada ano mais três dias, devendo ser considerada a projeção do aviso prévio para todos os efeitos. Assim, o acréscimo de que trata o parágrafo único da lei somente será computado a partir do momento em que se configure uma relação contratual que supere um ano na mesma empresa.

(...)

Oportuno ainda ressaltar que diante do disposto no parágrafo único do art. 1º da Lei em comento, pode nascer dúvida quanto à possibilidade de o acréscimo ao aviso-prévio ser concedido inferior a três dias (*sic*). Nessa hipótese, entende-se que tal compreensão não deve prosperar, uma vez que o regramento trazido pela lei não possibilitou tal hipótese)". BRASIL. MINISTÉRIO DO TRABALHO E EMPREGO. Nota Técnica n. 184/2012/CGRT/SRT/MTE. Disponível em: <http://portal.mte.gov.br/data/files/8A7C

A despeito do entendimento consagrado no âmbito do Ministério do Trabalho e Emprego nesse sentido, cumpre insistir, mais uma vez, que tal interpretação não guarda consonância com a proporcionalidade aritmética subjacente ao art. 7º, XXI, da Constituição Federal, cujo enunciado impõe, nos termos acima estudados, a correspondência efetiva entre os diferentes prazos de aviso-prévio e os tempos de serviço desempenhados pelos trabalhadores no âmbito de uma mesma empresa, sob pena de violação ao princípio da máxima efetividade dos direitos fundamentais (art. 5º, § 1º, da Constituição Federal) e ao postulado da isonomia (art. 5º, *caput*, da Carta Magna).

Quanto à aplicação da Lei n. 12.506/2011 no tempo, a Nota Técnica n. 184/2012/CGRT/SRT/MTE se posicionou pela irretroatividade do diploma legal em referência com arrimo nas teorias clássicas concernentes ao direito intertemporal, sem levar em conta a subsistência de mora legislativa a abarcar o período compreendido entre 1988 e 2011.[24]

Com efeito, ver-se-á mais adiante que as teses alusivas ao direito intertemporal (aplicação da lei no tempo nas hipóteses em que há uma sucessão de regimes jurídicos diversos) e à segurança jurídica não se aplicam à espécie, justamente porque a Constituição Federal estabeleceu em seu art. 7º, XXI, para o legislador ordinário o inequívoco dever concernente à concretização do aviso-prévio proporcional, e o próprio Supremo Tribunal Federal, já em 1989, havia declarado a mora do Poder Legislativo nesse sentido, reiterando tal entendimento em 2007.

Por essa singela razão, não se pode afirmar que a garantia do aviso-prévio proporcional concretizado nos termos da Lei n. 12.506/2011 somente terá aplicabilidade a partir da entrada em vigor dessa última, e muito menos que o postulado da segurança jurídica resguarda tal entendimento, mormente porque a mora legislativa inconstitucional a infligir o art. 7º, XXI, da Constituição Federal já era de amplo e inequívoco conhecimento não só do Poder Legislativo, como de toda a sociedade.

812D36A2800001375095B4C91529/Nota%20T%C3%A9cnica%20n%C2%BA%20184_2012_CGRT. pdf>. Acesso em 3 dez. 2012.

(24) Segundo a Nota Técnica n. 184/2012/CGRT/SRT/MTE:

"Temos no ordenamento jurídico o princípio do ato jurídico perfeito, insculpido no inciso XXXVI, do artigo 5º, da Constituição Federal de 1988. (...) Portanto, constitui ato jurídico perfeito o aviso prévio concedido na forma da lei aplicável à época da sua comunicação.

Também é princípio constitucional no Direito Brasileiro, o da legalidade, segundo qual (*sic*), '*ninguém será obrigado a fazer ou deixar de fazer alguma coisa senão em virtude de lei*', garantido no inciso II, do artigo 5º da Constituição Federal, motivo pelo qual ao conceder o aviso-prévio sob a vigência da lei anterior, o empregador não estava compelido a regramentos futuros ainda não vigentes.

Temos ainda, no ordenamento jurídico pátrio, o princípio *tempus regit actium*. Segundo este postulado, entende-se que a lei do tempo do ato jurídico é a que deve reger a relação estabelecida. Demais disso, é cediço que a lei não pode modificar uma situação já consolidada por lei anterior, salvo no caso de autorização expressa, o que não ocorre no presente caso". *Idem*.

Havendo, portanto, a mora legislativa subjacente à concretização do art. 7º, XXI, da Constituição Federal desde a promulgação desta sendo patente, outrossim, sua declaração pelo Pretório Excelso há mais de vinte e três anos, não há como justificar, à luz dos cânones que norteiam as cartas dirigentes, tal qual a brasileira, a irretroatividade da Lei n. 12.506/2011 para alcançar os trabalhadores que deixaram de fruir o aviso-prévio proporcional em decorrência da reiterada omissão do legislador.

Assim, uma vez que as orientações conferidas pelo Ministério do Trabalho e Emprego a respeito do cômputo do aviso-prévio em proporção ao tempo de serviço e da aplicação da Lei n. 12.506/2011 no tempo não atendem ao conteúdo institucional subjacente ao art. 7º, XXI, da Constituição Federal, não há como respaldar o teor da Nota Técnica n. 184/2012/CGRT/SRT/MTE nesse particular.

Por isso mesmo, acreditamos que os aspectos inerentes ao cômputo do aviso--prévio em sua proporcionalidade aritmética e à sua aplicação aos períodos compreendidos entre 5 de outubro de 1988 e 11 de outubro de 2011 devem ser ressalvados pelos trabalhadores quando da homologação das rescisões de seus contratos de trabalho, nos termos do art. 477, § 2º, da CLT e da Súmula n. 330 do Tribunal Superior do Trabalho.[25]

Há, aqui, questões subjacentes à Lei n. 12.506/2011 que se encontram em aberto, cuja resolução em definitivo dependerá da colmatação das omissões parciais a afetarem o referido diploma, seja por parte do Supremo Tribunal Federal por ocasião do julgamento definitivo dos mandados de injunção ainda pendentes de julgamento ou das demais instâncias do Poder Judiciário na análise dos casos concretos sob sua análise.

6.4.3. A Súmula n. 441 do Tribunal Superior do Trabalho

Em sintonia com a jurisprudência firmada no Supremo Tribunal Federal nos Mandados de Injunção n. 369/DF e n. 615/MA, a declararem, conforme visto, a mora legislativa no que concerne à regulamentação do art. 7º, XXI, da Constituição Federal, a 1ª Subseção de Dissídios Individuais do Tribunal Superior do Trabalho firmara, nos termos de sua Orientação Jurisprudencial n. 84, o entendimento de

---

(25) "Súmula n. 330. QUITAÇÃO. VALIDADE. A quitação passada pelo empregado, com assistência de entidade sindical de sua categoria, ao empregador, com observância dos requisitos exigidos nos parágrafos do art. 477 da CLT, tem eficácia liberatória em relação às parcelas expressamente consignadas no recibo, salvo se oposta ressalva expressa e especificada ao valor dado à parcela ou parcelas impugnadas.

I - A quitação não abrange parcelas não consignadas no recibo de quitação e, consequentemente, seus reflexos em outras parcelas, ainda que estas constem desse recibo.

II - Quanto a direitos que deveriam ter sido satisfeitos durante a vigência do contrato de trabalho, a quitação é válida em relação ao período expressamente consignado no recibo de quitação."

que a fruição do direito ao aviso-prévio proporcional estaria condicionada à futura edição de norma específica.[26]

Assim, com o advento da Lei n. 12.506/2011 que veio, finalmente, a regulamentar o sobredito dispositivo constitucional, a Justiça do Trabalho e, nesse diapasão, o próprio Tribunal Superior do Trabalho, foram instados a se manifestar sobre a aplicação dos critérios consagrados no novel diploma legal às lides em curso, a terem como objeto, em sua esmagadora maioria, a discussão em torno de verbas subjacentes a relações empregatícias já findas.

Nesse contexto, as turmas do Tribunal Superior do Trabalho, ao longo dos anos de 2011 e 2012, apreciaram uma série de recursos de revistas e de agravos de instrumento em que a questão foi ventilada, vindo a consagrar em tais precedentes o entendimento de que os princípios da irretroatividade da lei e do ato jurídico perfeito impediriam a aplicação dos novos critérios para o cálculo da proporcionalidade do aviso-prévio aos contratos de trabalho encerrados anteriormente à entrada em vigor da Lei n. 12.506/2011:

> PROPORCIONALIDADE DO AVISO-PRÉVIO COM BASE NO TEMPO DE SERVIÇO. AUSÊNCIA DE LEGISLAÇÃO REGULAMENTADORA. ORIENTAÇÃO JURISPRUDENCIAL 84 DA SBDI-1 DO TST.
>
> O Regional, ao condenar a Reclamada ao pagamento de aviso-prévio proporcional, na ausência de lei que regulamentasse tal instituto, previsto no art. 7º, XXI, da Constituição Federal, decidiu em desarmonia com o entendimento desta Corte, sedimentado na Orientação Jurisprudencial 84 da SBDI-1. Registre-se, porque oportuno que, em 11 de outubro de 2011, entrou em vigor a Lei n. 12.506/2011, a qual, suprimindo omissão legislativa, disciplina o aviso-prévio de que trata o Capítulo VI do Título IV da CLT, atendendo, assim, à disposição expressa no artigo 7º, XXI, da Constituição Federal, quanto ao direito à proporcionalidade. Entretanto, não há como se aplicar ao presente caso as disposições legais contidas no referido diploma legal, diante do princípio da irretroatividade das leis, albergado pelo nosso ordenamento jurídico, em respeito ao ato jurídico perfeito, o direito adquirido e à coisa julgada, conforme previsão expressa do artigo 5º, XXXVI, da Constituição Federal. Recurso de Revista conhecido e provido.[27]
>
> (...)
>
> AVISO-PRÉVIO PROPORCIONAL.
>
> Tendo em vista que a controvérsia foi solucionada em consonância com a OJ 84 da SDI-1 do TST, não se vislumbra violação do artigo 7º, XXI, da CF. Cumpre esclarecer que a Lei n. 12.506/2011, que disciplinou o aviso-prévio proporcional,

---

(26) Assim dispunha a Orientação Jurisprudencial n. 84, da SBDI 1:

"Aviso prévio proporcional. A proporcionalidade do aviso-prévio, com base no tempo de serviço, depende de legislação regulamentadora, posto que o art. 7º, inciso XXI, da CF/88 não é autoaplicável".

(27) BRASIL. TRIBUNAL SUPERIOR DO TRABALHO. RECURSO DE REVISTA N. 160100- -38.2005.5.04.0382. RELATOR: Min. Márcio Eurico Vitral Amaro. 8ª Turma. DJ: 19.12.2011.

não se aplica à hipótese dos autos, sob pena de ofensa ao princípio da irretroatividade da lei. Precedentes.[28]

(...)

AVISO-PRÉVIO PROPORCIONAL (OJ 84/SDI-I/TST).

A proporcionalidade do aviso-prévio, fixada pelo art. 7º, XXI, CF, segundo a jurisprudência dominante (OJ 84, SDI-1, TST), dependia de especificação normativa por lei federal. O advento da Lei n. 12.506/2011 supriu essa omissão legislativa, fixando a proporcionalidade como direito dos empregados (art.1º, Lei n. 12.506/2011), inclusive rurícolas, domésticos e terceirizados, a partir de um ano completo de serviço (art. 1º, citado), à base de três dias por ano de serviço prestado na mesma entidade empregadora (parágrafo único do art. 1º, citado) até o máximo de 60 dias de proporcionalidade, perfazendo um total de 90 dias. A proporcionalidade agregada pelo art. 7º, XXI, CF e Lei n. 12.506/2011 não prejudica a regência normativa do instituto do pré-aviso fixada pelos artigos 487 a 491 da CLT, que preservam plena efetividade. Contudo, tratando-se de vantagem econômica fixada pela lei nova, publicada em 13.10.2011, a proporcionalidade não pode ter efeito retroativo, em face da regra geral do efeito normativo estritamente imediato fixado pela Constituição para as leis do País (art. 5º, XXXVI, CF).[29]

(...)

AVISO-PRÉVIO PROPORCIONAL.

A Lei n. 12.506/11, publicada no DOU de 13.10.2011, ao dispor sobre o aviso-prévio proporcional, regulamentou o art. 7º, XXI, da Constituição Federal. Entretanto antes de 13 de outubro de 2011, os trabalhadores têm o direito apenas ao aviso prévio de 30 dias, em face da impossibilidade da aplicação retroativa do conteúdo da nova norma legal. Nesse sentido, aplica-se o entendimento da Orientação Jurisprudencial 84 da SBDI-1 do TST, preconizando que a proporcionalidade do aviso-prévio, com base no tempo de serviço, depende da legislação regulamentadora, visto que o art. 7º, inciso XXI, da CF/1988 não é autoaplicável. Apenas por meio de mandado de injunção poderia o STF, como sinalizou fazê-lo, regulamentar a matéria. Recurso de revista conhecido e provido.[30]

(...)

AVISO PRÉVIO PROPORCIONAL. REGULAMENTAÇÃO. AFRONTA AO ART. 7º, XXI, DA CONSTITUIÇÃO FEDERAL. NÃO CONFIGURADA.

Na forma da Orientação Jurisprudencial n. 84 da SBDI-1: "A proporcionalidade do aviso-prévio, com base no tempo de serviço, depende da legislação regulamentado-

---

(28) BRASIL. TRIBUNAL SUPERIOR DO TRABALHO. AGRAVO DE INSTRUMENTO NO RECURSO DE REVISTA N. 117400-03.2008.5.04.0201. RELATORA: Min. Dora Maria da Costa. 8ª Turma. DJ: 10.8.2012.

(29) BRASIL. TRIBUNAL SUPERIOR DO TRABALHO. RECURSO DE REVISTA N. 145200--46.2007.5.12.0030. RELATOR: Min. Mauricio Godinho Delgado. 6ª Turma. DJ: 2.12.2011.

(30) BRASIL. TRIBUNAL SUPERIOR DO TRABALHO. RECURSO DE REVISTA N. 64100--42.2006.5.04.0381. RELATOR: Min. Augusto César Leite de Carvalho. 6ª Turma. DJ: 10.8.2012.

ra, visto que o art. 7º, inc. XXI, da CF/1988 não é autoaplicável". Esse entendimento permanece firme para algumas situações. De fato, conquanto tenha sido editada a Lei n. 12.506, de 11 de outubro de 2011, regulamentando o aviso-prévio proporcional, não se pode conferir efeitos retroativos à referida espécie normativa, de forma a alcançar contrato de trabalho que já tenha sido extinto antes da sua entrada em vigor, sob pena de violação do ato jurídico perfeito. No caso dos autos, tendo sido o contrato de trabalho extinto em 20.02.2009, antes, portanto, da entrada em vigor da Lei n. 12.506/2011, não há como se deferir o aviso-prévio proporcional, visto que, antes da edição da lei, havia efetivamente a omissão legislativa que impedia a aplicação imediata da norma inserta no art. 7º, XXI, da Constituição Federal. Precedentes da Corte.[31]

(...)

AVISO-PRÉVIO PROPORCIONAL AO TEMPO DE SERVIÇO

O Reclamante insurge-se contra a decisão embargada que não conheceu do tema epigrafado com fundamento na OJ 84 da SBDI-1/TST.

Alega que o aviso-prévio proporcional já foi regulamentado por meio do parágrafo único do art. 1º da Lei n. 12.506/2011, publicada no DOU de 13.10.2011, portanto, antes do julgamento do seu recurso de revista.

Afirma que na medida em que laborou para a reclamada de 10.08.90 a 22.04.2003, faz jus à proporcionalidade postulada.

Vejamos.

Em relação ao presente tópico não assiste razão ao Reclamante, pois não existe contradição a ser sanada.

A Lei 12.506/2011 é inaplicável aos contratos de trabalho encerrados antes de sua vigência, como é o caso do Reclamante, por força dos artigos 5º, XXXVI, da CF e 6º, § 2º, da LINDB.[32]

(...)

AVISO-PRÉVIO PROPORCIONAL.

A proporcionalidade do aviso-prévio, fixada pelo art. 7º, XXI, CF, segundo a jurisprudência dominante (OJ 84, SDI-1, TST), dependia de especificação normativa por lei federal. O advento da Lei n. 12.506/2011 supriu essa omissão legislativa, fixando a proporcionalidade como direito dos empregados (art.1º, Lei n. 12.506/2011), inclusive rurícolas, domésticos e terceirizados, a partir de um ano completo de serviço (art. 1º, citado), à base de três dias por ano de serviço prestado na mesma entidade empregadora (parágrafo único do art. 1º, citado) até o máximo de 60 dias de proporcionalidade, perfazendo um total de 90 dias. A proporcionalidade agregada pelo art. 7º, XXI, CF e Lei n. 12.506/2011 não prejudica a regência normativa do instituto do

---

(31) BRASIL. TRIBUNAL SUPERIOR DO TRABALHO. RECURSO DE REVISTA N. 95600-58.2009.5.04.0014. RELATORA: Min. Maria de Assis Calsing. 4ª Turma. DJ: 11.5.2012.

(32) BRASIL. TRIBUNAL SUPERIOR DO TRABALHO. EEMBARGOS DE DIVERGÊNCIA NO RECURSO DE REVISTA N. 89000-70.2003.5.04.0001. RELATOR: Min. Horácio Raymundo de Senna Pires. 3ª Turma. DJ: 16.12.2011.

pré-aviso fixada pelos artigos 487 a 491 da CLT, que preservam plena efetividade. Contudo, tratando-se de vantagem econômica fixada pela lei nova, publicada em 13/10/2011, a proporcionalidade não pode ter efeito retroativo, em face da regra geral do efeito normativo estritamente imediato fixado pela Constituição para as leis do País (art. 5º, XXXVI, CF).[33]

Com a pacificação de tal entendimento na jurisprudência daqueles colegiados turmários editou-se, em 25.9.2012, a Súmula n. 441 do Tribunal Superior do Trabalho, a estabelecer, de modo singelo, que *"o direito ao aviso-prévio proporcional ao tempo de serviço somente é assegurado nas rescisões de contrato de trabalho ocorridas a partir da publicação da Lei n. 12.506, em 13 de outubro de 2011"*.

Há de se notar, entretanto, que os sete precedentes turmários a ensejarem a edição da Súmula n. 441 do Tribunal Superior do Trabalho abordaram a questão sob o prisma do direito intertemporal e da sucessão de regimes jurídicos, sem atentar em qualquer momento, mesmo nos votos, para a subsistência da mora legislativa a infligir o art. 7º, XXI, da Constituição Federal no período compreendido entre 1988 e 2011.

Dito em outros termos, analisou-se a questão sob a ilusória premissa de que anteriormente ao advento da Lei n. 12.506/2011 o aviso-prévio proporcional teria uma regulamentação diversa, de modo a justificar a utilização das clássicas teorias do direito intertemporal para a resolução daquelas controvérsias. No entanto, conforme se verá mais adiante, a garantia constitucional em referência permaneceu durante vinte e dois anos sem qualquer regulamentação, não havendo de se falar, portanto, em uma real sucessão de regimes jurídicos ocorrida em 13.10.2011 e muito menos na existência de posições jurídicas consolidadas sob a égide de um hipotético marco normativo revogado.

Em suma, com o advento da Lei n. 12.506/2011, a temática do aviso-prévio proporcional não passou a ter uma nova regulamentação em relação a um marco normativo anterior. De modo diverso, a partir do referido diploma legal, a garantia em apreço foi retirada, finalmente, do limbo jurídico em que se encontrava, estancando-se, dessa forma, a mora legislativa que há mais de duas décadas vinha impedindo a fruição do direito assegurado no art. 7º, XXI, da Constituição Federal.

No entanto, se tal omissão legislativa foi suprimida para os contratos de trabalho a se encerrarem a partir de 13 de outubro de 2011, a mora subsiste para aqueles obreiros que durante vinte e dois anos fariam jus, a teor do art. 7º, XXI, da Constituição Federal, à proporcionalidade do aviso-prévio em relação ao seu tempo de serviço contado em uma mesma empresa. Não havia, portanto, anteriormente à referida data, um regime jurídico diverso a assegurar posições jurídicas aos empregadores, nos moldes do direito intertemporal. O que existia naquele período

---

(33) BRASIL. TRIBUNAL SUPERIOR DO TRABALHO. RECURSO DE REVISTA N. 862-96.2010.5.04.0029. RELATOR: Min. Mauricio Godinho Delgado. 3ª Turma. DJ: 22.6.2012.

compreendido entre a promulgação da CF/88 e o advento da Lei n. 12.506/2011 era o inequívoco e antijurídico descumprimento de um mandato constitucional por parte do legislador ordinário cujos efeitos lesivos aos trabalhadores a edição do novel diploma normativo não foi capaz de sanar.

Por isso mesmo, pode-se dizer que a mora legislativa a abranger o retromencionado período ainda subsiste, cabendo ao Poder Judiciário supri-la nos casos concretos a serem apreciados oportunamente, tratando-se, pois, de uma questão ainda em aberto, conforme se discorrerá com maior profundidade no tópico subsequente.

O que se pode asseverar, a título de conclusão deste item, é que a premissa consagrada na Súmula n. 441 do Tribunal Superior do Trabalho para a questão concernente à aplicação da Lei n. 12.506/2011 no tempo não encontra respaldo na realidade subjacente à tormentosa regulamentação do art. 7º, XXI, da Constituição Federal. Ou, dito de modo mais específico, não é a partir das clássicas teorias do direito intertemporal que a problemática será solucionada, mas sim com suporte no conceito de mora legislativa e de sua aplicação em concreto pelo Poder Judiciário.

6.4.4. A decisão proferida pelo Supremo Tribunal Federal em fevereiro de 2013 no julgamento dos Mandados de Injunção n. 943/DF, n. 1.010/DF, n. 1.074/DF e n. 1.090/DF

Logo em sua primeira sessão do ano judiciário de 2013, o Supremo Tribunal Federal retomou o julgamento dos Mandados de Injunção n. 943/DF, n. 1.010/DSF, n. 1.074/DF e n. 1.090/DF, que fora suspenso em 11.6.2011 a fim de que se apresentasse, ulteriormente, uma solução para a supressão da lacuna normativa até então subjacente ao art. 7º, XXI, da Constituição Federal.

Na ocasião, o Plenário, capitaneado pelo voto do Ministro Gilmar Mendes, acatou a tese a propalar que a omissão subjacente àquele dispositivo constitucional seria sanada por intermédio da aplicação dos critérios carreados na Lei n. 12.506/2011 aos Mandados de Injunção ajuizados anteriormente à sua edição e que os eventuais processos futuros a versarem sobre a questão poderiam ser decididos monocraticamente na linha de tal posicionamento.

Dito em termos mais precisos, o Pretório Excelso assinalou, pura e simplesmente, que os trabalhadores partes nos Mandados de Injunção em tramitação naquela corte e nas futuras demandas sobre a matéria terão direito a acrescer três dias ao prazo de aviso-prévio por ano adicional trabalhado em uma mesma empresa, até o limite de noventa dias.

Não houve aqui, assim como não houve na Nota Técnica n. 184/2012/CGRT/SRT/MTE do Ministério do Trabalho e Emprego e nos julgados que fundamentaram a edição da Súmula n. 441 por parte do Tribunal Superior do Trabalho, qualquer menção acerca das omissões parciais ainda subjacentes à Lei n. 12.506/2011, referentes, como já visto, ao cômputo dos meses e dos dias no cálculo do aviso--prévio e à observância da diretriz da proporcionalidade nos vínculos empregatícios com duração superior a vinte e um anos.

Para além disso, é mister notar que a solução apresentada pelo Ministro Gilmar Mendes e acatada em plenário no dia 6.2.2013 tem sua aplicação limitada aos mandados de injunção que tramitavam no Supremo Tribunal Federal à ocasião da edição da Lei n. 12.506/2011 e às futuras ações de competência originária e recursos a terem por objeto a temática do aviso-prévio proporcional, não alcançando, segundo o voto condutor, as situações jurídicas já consolidadas anteriormente à promulgação do referido diploma.

Nesse particular, o voto condutor valeu-se das mesmas premissas que ensejaram a edição da Súmula n. 441 pelo Tribunal Superior do Trabalho, no sentido de que o postulado da segurança jurídica estaria a impedir que rescisões de vínculo empregatício ocorridas entre a promulgação da Constituição Federal de 1988 e a edição da Lei n. 12.506/2011 a caracterizarem, hipoteticamente, *"ato jurídico perfeito"*, *"direito adquirido"* ou mesmo *"coisa julgada"* pudessem ser desconfiguradas em decorrência da suplantação tardia daquela lacuna normativa a malferir o art. 7º, XXI, da Constituição Federal.

O entendimento formulado pelo Supremo Tribunal Federal por ocasião do julgamento dos Mandados de Injunção n. 943/DF, n. 1.010/DF, n. 1.074/DF e n. 1.090/DF foi assim sintetizado em seu Informativo n. 694, divulgado em fevereiro de 2013, bem como no voto do Ministro Gilmar Mendes, lavrado na sessão do dia 6.2.2013 e publicado em 2.5.2013:

Mandado de injunção e aviso-prévio – 2

Em conclusão, o Plenário determinou a aplicação dos critérios estabelecidos pela Lei n. 12.506/2011 – que normatizou o aviso-prévio proporcional ao tempo de serviço – a mandados de injunção, apreciados conjuntamente, em que alegada omissão legislativa dos Presidentes da República e do Congresso Nacional, ante a ausência de regulamentação do art. 7º, XXI, da CF ("Art. 7º São direitos dos trabalhadores urbanos e rurais, além de outros que visem à melhoria de sua condição social:... XXI – aviso-prévio proporcional ao tempo de serviço, sendo no mínimo de trinta dias, nos termos da lei") – v. Informativo 632. De início, destacou-se que a superveniência da lei não prejudicaria a continuidade de julgamento dos presentes mandados de injunção. Asseverou-se que, na espécie, a interrupção somente ocorrera para consolidar-se proposta de regulamentação provisória, a ser incluída na decisão da Corte, a qual já teria reconhecido a mora legislativa e julgado procedente o pleito. Em seguida, registrou-se que, a partir da valoração feita pelo legislador infraconstitucional, seria possível adotar-se, para expungir a omissão, não a norma regulamentadora posteriormente editada, mas parâmetros idênticos aos da referida lei, a fim de solucionar os casos em apreço. Nesse tocante, o Min. Marco Aurélio salientou a impossibilidade de incidência retroativa dessa norma. O Tribunal autorizou, ainda, que os Ministros decidissem monocraticamente situações idênticas. O Min. Marco Aurélio consignou que não deveria ser apregoado processo que não estivesse previamente agendado no sítio do STF na internet.[34]

(...)

Ocorre que a superveniência da lei regulamentadora do aviso-prévio proporcional, a qual entrou em vigor na data de sua publicação, não tem o condão de prejudicar a continuidade do julgamento deste mandado de injunção e dos demais apregoados conjuntamente, tendo em vista que, na assentada do dia 22.6.2011, o Plenário concordou em julgar procedentes os processos, apenas acolhendo o meu pedido de adiamento para a consolidação das sugestões recebidas e a apresentação de proposta regulamentadora que as pudesse conciliar.

Embora a omissão normativa tenha sido sanada a partir de 11.10.2011, data da publicação da Lei n. 12.506, esta Corte ainda precisa se manifestar sobre a situação dos trabalhadores cujos mandados de injunção tiveram o julgamento suspenso – como o impetrante da presente ação mandamental –, os quais pleitearam judicialmente a efetivação de um direito constitucional que estava esvaziado há cerca de 20 anos.

O aviso-prévio proporcional decorre de norma constitucional de forte densidade normativa (regra), que concede inequivocamente esse direito a determinados destinatários, entretanto sua fruição encontrava-se impedida pela falta de norma infraconstitucional regulamentadora.

Para dar efetividade a direitos constitucionais que estavam sendo sistematicamente esvaziados pela ausência de norma regulamentadora, nos últimos anos esta Corte se valeu da aplicação por analogia de leis sobre casos semelhantes.

No caso da imunidade de contribuição para a seguridade social em favor das entidades beneficentes de assistência social (art. 195, § 7º, da Constituição), o STF decidiu pela aplicação, por analogia, do art. 14 do CTN, referente aos requisitos necessários à isenção de impostos para entidades beneficentes.

Procedimento similar foi adotado no caso do direito de greve dos servidores públicos, no qual esta Corte decidiu pela aplicação analógica da lei de greve da iniciativa privada, naquilo em que é compatível.

Essa metodologia permite que o Supremo Tribunal Federal, a um só tempo, mantenha-se fiel à valoração feita pelo legislador e dê concretude a regras constitucionais que não prescindem da atuação do Legislativo para que haja fruição de direito.

Nos exemplos citados, a própria Constituição já decidira que os servidores públicos têm direito à greve e que as entidades beneficentes são imunes à incidência de contribuições para a seguridade social. Assim, as decisões desta Corte partiram da apreciação de situações semelhantes, sob o prisma da valoração do legislador infraconstitucional, para dar efetividade aos direitos constitucionalmente previstos, por meio da aplicação analógica da lei de greve da iniciativa privada e do art. 14 do Código Tributário Nacional.

---

(34) Disponível em: <http://www.stf.jus.br/arquivo/informativo/documento/informativo694.htm#Mandado%20de%20injun%C3%A7%C3%A3o%20e%20aviso%20pr%C3%A9vio%20-%202>. Acesso em: 22 jun. 2013.

No presente caso, não parecia possível a adoção dessa metodologia, em virtude da inexistência absoluta de parâmetro normativo semelhante no ordenamento jurídico brasileiro, assim como em razão da dificuldade de se escolherem balizas adequadas à proteção ao direito ao aviso-prévio proporcional. Balizas que devem ser economicamente viáveis, tendo em vista a situação dos empregadores e o equilíbrio e a estabilidade das relações trabalhistas.

Ocorre que a situação mudou após a edição da Lei n. 12.506/2011, a qual regulamentou a regra constitucional em exame e estabeleceu que trabalhadores têm direito a aviso-prévio na proporção de três dias para cada ano de trabalho, partindo-se do mínimo de 30, desde que efetivamente trabalhado um ano, até o máximo de 90 dias.

A superveniência deste ato normativo, todavia, não resolveu a situação dos trabalhadores que foram demitidos anteriormente à sua edição e cujos mandados de injunção impetrados nesta Corte tiveram o julgamento interrompido apenas para a consolidação da proposta de regulamentação provisória a ser apresentada no acórdão, a fim de dar efetividade à regra constitucional que concede direito a aviso-prévio proporcional ao tempo de serviço.

Note-se que a decisão que vou sugerir para o caso contempla trabalhadores demitidos antes do advento da Lei n. 12.506/2011, que impetraram seus respectivos mandados de injunção nesta Corte, os quais tiveram o julgamento interrompido apenas para que o relator pudesse apresentar proposta de regulamentação do aviso prévio proporcional a ser incluída na decisão do Plenário, que já adiantara a procedência dos *writs* apregoados.

Isso porque, por óbvio, aqueles demitidos após o advento da lei regulamentadora não se depararam com qualquer omissão normativa inconstitucional; por outro lado, não podem ser acobertados por esta decisão aqueles que, mesmo demitidos durante o período de vigência da referida omissão, não impetraram o devido mandado de injunção.

O advento da referida lei, entretanto, permite que a Corte adote posicionamento menos invasivo às competências do Congresso Nacional e perfeitamente cabível para o deslinde das ações mandamentais.

Ora, neste caso, parece-me possível que o Supremo Tribunal Federal sirva-se – tomando de empréstimo – dos padrões normativos da Lei n. 12.506/2011, os quais se mostraram adequados aos trabalhadores e empregadores e foram chancelados pelo Poder Legislativo, para aplicá-los aos mandados de injunção aqui impetrados e que tenham tido o julgamento iniciado antes do advento da referida lei regulamentadora.

Assim, partindo da valoração feita pelo legislador infraconstitucional, é possível aplicar não a norma regulamentadora que foi posteriormente editada para expungir a omissão inconstitucional que por mais de 20 anos ficou configurada, mas parâmetros idênticos aos da referida lei, para solucionar, em princípio, os casos que tiveram o julgamento interrompido em 22.06.2011 nesta Corte.

Registre-se, contudo, que, por segurança jurídica, não é possível exigir-se a aplicação dos parâmetros trazidos pela Lei n. 12.506/2011 para todas as situações jurídicas que se consolidaram entre a promulgação da Constituição e a edição da referida lei. Em primeiro lugar, a mora legislativa pressupõe certo lapso temporal de inação, o que não estaria configurado tão logo promulgada a Constituição, mas, além disso, muitas situações já se consolidaram de tal modo que a Constituição também lhes atribui proteção, a título de ato jurídico perfeito ou de coisa julgada.

Nesse contexto, a proposta que trago ao descortino do Plenário é de aplicação de parâmetros idênticos ao da Lei n. 12.506/2011 aos casos em exame, salientando que cuidam de impetração de mandado de injunção, anteriormente à edição da referida lei regulamentadora, e cujos julgamentos, muito embora iniciados, foram interrompidos para a apresentação, pelo relator, de proposta de regulamentação conciliatória a integrar a decisão pela procedência dos respectivos mandados de injunção, a qual fora adiantada pelo Plenário desta Corte em 22.06.2011.

É como voto.[35]

Vê-se, portanto, que o Supremo Tribunal Federal, capitaneado pelo voto do Ministro Gilmar Mendes, adotou solução a contemplar tão somente aqueles trabalhadores que no lapso compreendido entre 1988 e 2011 tinham ajuizado Mandado de Injunção com vistas à concretização da garantia assegurada no art. 7º, XXI, da Constituição Federal.

Sob tais premissas, para os demais obreiros que ajuizaram reclamações trabalhistas pleiteando o cômputo do aviso-prévio proporcional no âmbito da Justiça do Trabalho ou que simplesmente deixaram de requerer tal garantia em juízo entre 1988 e 2011, não haveria de se falar em *mora legislativa,* porquanto a declaração desta última dependeria – nos termos do voto proferido pelo Ministro Gilmar Mendes – do ajuizamento de Mandado de Injunção perante o Supremo Tribunal Federal.

No entanto, em que pese tal linha de entendimento, é de se indagar se realmente a mora constitucional, em sua essência, somente existiria após uma declaração *interpartes* em sede de Mandado de Injunção. Nesse sentido, não estaria tal enunciado a limitar sobremaneira os efeitos das decisões proferidas pelo Pretório Excelso em sede de controle difuso de constitucionalidade, em contradição com a tendência de aproximação entre os efeitos destas e aqueles julgados lavrados no âmbito do controle concentrado, a empolgar a doutrina constitucionalista contemporânea e a inspirar institutos como a *repercussão geral*?[36]

---

(35) BRASIL. SUPREMO TRIBUNAL FEDERAL. MANDADO DE INJUNÇÃO N. 943/DF. RELATOR: Min. Gilmar Mendes. Plenário. DJ: 30.4.2013.

(36) Curioso notar, nesse sentido, que Gilmar Mendes se vale dessa tendência para defender, doutrinariamente, a mudança de significado inerente à suspensão das decisões proferidas pelo Supremo Tribunal Federal em sede de controle difuso prevista no art. 52, X, da Constituição Federal. Nesse sentido, o autor propala que:

"A suspensão de execução da lei declarada inconstitucional teve seu significado normativo fortemente abalado com a ampliação do controle de normas na Constituição Federal de 1988.

(...)

De outro turno, o entendimento formulado pelo Supremo Tribunal Federal nos Mandados de Injunção n. 943/DF, n. 1.010/DF, n. 1.074/DF e n. 1.090/DF afigura-se amplamente questionável em face do princípio da isonomia, na parte em que procura estabelecer o ajuizamento de Mandado de Injunção como fator de *discrimen* para a utilização analógica ou não dos parâmetros da Lei n. 12.506/2011 naqueles casos em que a contagem do aviso-prévio proporcional foi denegada no período compreendido entre 1988 e 2011.

Há, além disso, dúvidas a serem esclarecidas sobre a própria compatibilidade conceitual da figura da *"mora legislativa"* e de seus consectários fáticos com os institutos clássicos do *"direito adquirido"*, do *"ato jurídico perfeito"* e da *"coisa julgada"*, cuja formulação se deu em um período histórico no qual as ideias de *"constituição dirigente"* e de direitos sociais a exigirem a concretização por parte do Poder Legislativo nem sequer eram cogitadas.

É justamente à luz de tais questionamentos que a decisão proferida nos Mandados de Injunção n. 943/DF, n. 1.010/DF, n. 1.074/DF e n. 1.090/DF será objeto de crítica nas linhas seguintes.

6.4.5. A subsistência da mora legislativa no período compreendido entre a promulgação da Constituição Federal de 1988 e a aprovação da Lei n. 12.506/2011. Inaplicabilidade dos conceitos de *"direito adquirido e ato jurídico perfeito"*

Para além dos lapsos inconstitucionais apontados alhures, a Lei n. 12.506/2011 quedou-se omissa quanto à sua incidência em relação aos trabalhadores demitidos

---

Tal fato fortalece a impressão de que, com a introdução desse sistema de controle abstrato de normas, com ampla legitimação e, particularmente, a outorga do direito de propositura a diferentes órgãos da sociedade, pretendeu o constituinte reforçar o controle abstrato de normas no ordenamento jurídico brasileiro como peculiar instrumento de correção do sistema geral incidente.

Não é menos certo, por outro lado, que a ampla legitimação conferida ao controle abstrato, com a inevitável possibilidade de se submeter qualquer questão constitucional ao Supremo Tribunal Federal, operou uma mudança substancial – ainda que não desejada – no modelo de controle de constitucionalidade até então vigente no Brasil.

(...)

A Constituição de 1988 reduziu o significado do controle de constitucionalidade incidental ou difuso, ao ampliar, de forma marcante, a legitimação para propositura da ação direta de constitucionalidade (CF. art. 103), permitindo que, praticamente, todas as controvérsias constitucionais relevantes sejam submetidas ao Supremo Tribunal Federal mediante processo de controle abstrato de normas.

(...)

Portanto, parece quase intuitivo que, ao ampliar, de forma significativa, o círculo de entes e órgãos legitimados a provocar o Supremo Tribunal Federal, no processo de controle abstrato de normas, acabou o constituinte por restringir, de maneira radical, a amplitude do controle difuso de constitucionalidade". MENDES, Gilmar Ferreira. *Direitos Fundamentais e Controle de Constitucionalidade*. 3. ed. São Paulo: Saraiva, 2004. p. 266-271.

sem justa causa no período compreendido entre a promulgação da Constituição Federal de 5 de outubro de 1988 e a edição do referido diploma legal, em 11 de outubro de 2011.

Tal vicissitude ocasionou debates na imprensa e nos meios jurídicos acerca da possibilidade de aplicação retroativa da Lei n. 12.506/2011. De um lado, entidades obreiras suscitaram a viabilidade quanto ao ajuizamento de reclamações trabalhistas tendo por objeto o cômputo do aviso-prévio proporcional ao tempo de serviço dos empregados demitidos sem justa causa no período compreendido entre 1988 e 2011 e, de outro, empresas e organizações representativas de seus interesses aventaram a inconstitucionalidade de tal empreitada, por suposta afronta aos postulados do ato jurídico perfeito, do direito adquirido e da coisa julgada consagrados no art. 5º, XXXVI, da Constituição Federal.[37]

Em que pesem, contudo, as posições versadas em um sentido e em outro, a discussão em torno do cômputo do aviso-prévio proporcional ao tempo de serviço para os trabalhadores demitidos anteriormente à edição da Lei n. 12.506/2011 não desafia a aplicação dos princípios clássicos de direito intertemporal, a propalarem a tutela dos atos jurídicos consumados sob a égide de um determinado regime jurídico em face de uma nova normativa posterior a ele.

Trata-se, ao revés, de hipótese que se enquadra em melhor medida no conceito de *"mora legislativa"*, porquanto, anteriormente ao advento da Lei n. 12.506/2011, inexistia um regime jurídico a versar, em um sentido ou em outro, sobre o cômputo do aviso-prévio em razão do tempo de serviço, senão apenas um comando constitucional que impunha ao legislador ordinário, sem êxito até então, a edição de diploma a conter tal mecanismo que, desde sua gênese, deveria observar a proporcionalidade aritmética entre os respectivos prazos e os lapsos temporais dedicados a um mesmo empregador.

Com efeito, o fenômeno da *"mora legislativa"* é característico das constituições dirigentes que, tal qual a brasileira, têm por objetivo organizar o Estado e condicionar a sociedade em torno de valores democráticos e inclusivos. No fito de promover a concretização de tais pautas axiológicas, as cartas dessa natureza impõem ao legislador ordinário o dever de editar normas complementares tendo por conteúdo os mecanismos necessários para propiciar aos cidadãos a fruição dos direitos assegurados em caráter programático no texto magno.

---

(37) Com efeito, no início do ano de 2012, divulgaram-se amplamente nos meios jurídicos as decisões proferidas por magistrados de primeira instância da Justiça do Trabalho de São Paulo Capital no sentido de aplicar a Lei n. 12.506/2011 a contratos de trabalho encerrados anteriormente à sua entrada em vigor.
Em que pese tal entendimento, a orientação que acabou prevalecendo foi aquela consolidada na Nota Técnica n. 184/2012/CGRT/SRT/MTE, do Ministério do Trabalho e Emprego, bem como na Súmula n. 441, do Tribunal Superior do Trabalho, a determinarem a aplicação do aviso-prévio proporcional tão somente para as relações empregatícias iniciadas durante a vigência do sobredito diploma legal.
Os referidos enunciados serão analisados, mais especificamente, nos tópicos subsequentes.

Ocorre, contudo, que o legislador ordinário, muitas vezes, permanece inerte no que concerne à edição dos mecanismos concretos necessários para a realização dos objetivos estabelecidos em termos genéricos nas constituições dirigentes. Tem-se aí, exatamente, o fenômeno da "mora legislativa", a redundar em um descumprimento das tarefas delimitadas no texto magno justamente por aqueles que deveriam realizá-las em caráter primário.

A mora legislativa, segundo Canotilho, tem caráter permanente, pois surge no momento em que o legislador ordinário deixa a descoberto as imposições constitucionais ou quando deixa de promover o constante aperfeiçoamento dos mecanismos infraconstitucionais voltados para a consecução dos objetivos maiores da ordem jurídica, mormente quando a realidade aponta para sua defasagem, conforme se infere das passagens em que o doutrinador lusitano aborda a temática em referência:

> Respondendo aos problemas concretos de positividade, normalização e legitimidade das tarefas estaduais, a lei fundamental aproxima-se dum *plano*, em que a *realidade* se assume como *tarefa* tendente à transformação do *mundo ambiente* que limita os cidadãos. Deste modo, a definição, a nível constitucional, de tarefas económicas e sociais do Estado, corresponde ao novo *paradigma* da constituição dirigente.
>
> (...)
>
> Em muitos preceitos constitucionais que contêm <<normas programáticas>> (determinações dos fins dos Estado ou definição de tarefas estaduais) é possível detectar uma imposição, expressa ou implicitamente concludente, no sentido de o legislador concretizar os <<grandes fins>> constitucionais. (...) Estas normas são todas directivas materiais constitucionais e assumem relevo de uma tripla forma: (1) como imposições, vinculando o legislador, de forma permanente, à sua realização; (2) como directivas materiais, vinculando positivamente os órgãos concretizadores; (3) como limites negativos, justificando a possibilidade de censura em relação aos actos que a contrariam.
>
> (...)
>
> A estar correcta a caracterização proposta, deduz-se que as imposições constitucionais vinculam juridicamente o legislador em três dos momentos essenciais da actividade legiferante: (1) o legislador deve realizar os preceitos constitucionais impositivos, isto é, o *se* do acto legislativo não fica na sua <<liberdade de conformação>>; (2) o legislador deve regular, concretizando, as matérias que na lei fundamental são objecto de imposição legislativa (*o quê* da legiferação); (3) o legislador deve legislar de acordo com as directivas materiais contidas nas imposições legiferantes e noutros preceitos constitucionais para os quais elas remetem, expressa ou implicitamente (o *como* da legislação). Como se vê, o que caracteriza a específica vinculatividade das imposições constitucionais não é o facto de existir aqui uma simples discri-

cionariedade legislativa por contraposição à liberdade de conformação; não é a existência de uma <<ordem de legislar em prazos estipulados>>; não é a possibilidade de <<execução judicial>> das imposições; não é a natureza da execução dos actos legislativos, concretizadores das normas impositivas. É assim: (1) a existência de uma ordem material permanente e concreta dirigida essencialmente ao legislador, no sentido de este emanar os actos legislativos concretizadores; (2) o dever de o legislador regular positivamente as matérias contidas nas imposições; (3) o dever de o legislador <<actuar>> os preceitos impositivos, segundo as diretivas materiais neles formuladas.[38]

No caso do art. 7º, XXI, da Constituição Federal, a mora legislativa teve início já em 1988 e perdurou, em parte, até a concretização de certos aspectos de tal garantia quando da recente edição da Lei n. 12.506/2011. Nesse longo interregno, os trabalhadores demitidos anteriormente à edição do diploma legal em apreço não tiveram direito à contagem dos prazos de aviso-prévio em proporção ao tempo de serviço desempenhado no âmbito de um mesmo empregador, tal como imposto por aquele dispositivo constitucional.

Pode-se afirmar, portanto, que entre 5 de outubro de 1988 e 11 de outubro de 2011 – durante 23 (vinte e três) anos e 6 (seis) dias, portanto –, o Congresso Nacional permaneceu em mora no que concerne à concretização do direito à contagem do aviso-prévio proporcional ao tempo de serviço. Justamente por tal razão, o legislador ordinário remanesce imbuído do dever de assegurar aos trabalhadores demitidos anteriormente à edição da Lei n. 12.506/2011 a garantia prevista no art. 7º, XXI, da Constituição Federal.

A veracidade de tal assertiva se constata sobremaneira, tendo em vista que já em 19 de agosto de 1992, o Supremo Tribunal Federal atestou, por ocasião do julgamento do Mandado de Injunção n. 369/DF, que o Poder Legislativo encontrava-se em mora quanto à regulamentação do direito ao aviso-prévio proporcional e que tal omissão atentava contra a Constituição Federal, conforme se infere da ementa do referido julgado, bem como do voto condutor, proferido, à ocasião, pelo Ministro Néri da Silveira, então relator:

> MANDADO DE INJUNÇÃO. ARTIGO 7º – XXI – DA CONSTITUIÇÃO. AVISO-PRÉVIO PROPORCIONAL AO TEMPO DE SERVIÇO. SITUAÇÃO DE MORA DO LEGISLADOR ORDINÁRIO NA ATIVIDADE DE REGULAMENTAR O AVISO-PRÉVIO, COMO PREVISTO NO ARTIGO 7º – XXI – DA CONSTITUIÇÃO. (...) MANDADO DE INJUNÇÃO PARCIALMENTE DEFERIDO, COM O RECONHECIMENTO DA MORA DO CONGRESSO NACIONAL
> (...)

---

(38) CANOTILHO, José Joaquim Gomes. *Constituição Dirigente e Vinculação do Legislador*. p. 169-316.

O SR. MINISTRO NÉRI DA SILVEIRA (RELATOR):

(...)

Não é possível deixar de reconhecer a existência de mora do Congresso Nacional, no elaborar a norma necessária ao exercício do direito previsto no art. 7º, XXI, da Constituição, certo que a Carta Política é de 1988. Há projetos de lei tramitando na Câmara dos Deputados (...). Até a presente data, todavia, não se concluiu a elaboração da norma indispensável ao exercício do direito previsto na Constituição, sendo do Congresso Nacional tal dever quanto à criação da regra geral.

O mandado de injunção é, assim, procedente, quanto ao Congresso Nacional, pela omissão verificada na lei. Julgo, no particular, procedente o mandado de injunção, assinando ao Congresso Nacional o prazo de seis meses para que a lei se elabore.

(...)

Julgo, assim, procedente, em parte, o mandado de injunção, para reconhecer existente a omissão do Congresso Nacional na elaboração da norma regulamentadora do art. 7º, XXI, da Constituição, dando-lhe ciência dessa situação e assinando-lhe o prazo de seis meses para a elaboração da lei prevista na Constituição.[39]

Nesse mesmo sentido, o Supremo Tribunal Federal reafirmou, em 2007, por ocasião do julgamento do Mandado de Injunção n. 615/MA, que o Congresso Nacional encontrava-se em mora no que concerne à regulamentação do art. 7º, XXI, da Constituição Federal, nos seguintes termos:

> EMENTA: Mandado de injunção: ausência de regulamentação do direito ao aviso-prévio proporcional previsto no art. 7º, XXI, da Constituição da República. Mora legislativa: critério objetivo de sua verificação: procedência, para declarar a mora e comunicar a decisão ao Congresso Nacional para que a supra.[40]

Uma vez constatada a subsistência do dever do Congresso Nacional de proceder à concretização do art. 7º, XXI, da Constituição Federal também para os empregados demitidos anteriormente a 11 de outubro de 2011, importa reafirmar, de modo mais detalhado, que a supressão de tal mora legislativa não se confunde com a aplicação retroativa da Lei n. 12.506/2011 e tampouco desafia a incidência do preceito insculpido no art. 5º, XXXVI, da Carta Magna, a resguardar a integralidade dos atos jurídicos perfeccionados sob a vigência de um determinado regime.

---

(39) BRASIL. SUPREMO TRIBUNAL FEDERAL. MANDADO DE INJUNÇÃO N. 369/DF. RELATOR: Min. Néri da Silveira. Plenário. DJ: 26.2.1993.

(40) BRASIL. SUPREMO TRIBUNAL FEDERAL. MANDADO DE INJUNÇÃO N. 615/MA. RELATOR: Min. Sepúlveda Pertence. Plenário. DJ: 20.4.2007.

Com efeito, as teorias de direito intertemporal elaboradas principalmente na virada do século XIX para o século XX, a consagrarem as noções jurídicas de "irretroatividade", "ato jurídico perfeito" e "direito adquirido", têm por pano de fundo as constituições liberais que eram caracterizadas pela singeleza na definição das liberdades individuais, no estabelecimento da organização do Estado e na divisão das competências.

Nesse contexto, as constituições de então não estabeleciam objetivos axiológicos para o Estado e para a sociedade, nos moldes das cartas dirigentes, e, consequentemente, não impunham tarefas aos órgãos infraconstitucionais com vistas à concretização de tais pautas. Sob tal paradigma, a definição em torno da regulamentação ou não de uma ampla gama de matérias concernentes aos direitos dos cidadãos e de seu conteúdo encontrava-se inserida, em maior medida, no âmbito de discricionariedade do legislador ordinário, que podia estabelecer o respectivo regime jurídico segundo seus próprios parâmetros de conveniência e oportunidade.

Justamente por tal razão, os doutrinadores talhados no período em referência, bem como os legisladores e aplicadores do direito, preocuparam-se sobremaneira com a questão atinente à sucessão de regimes jurídicos no tempo, tratando de estabelecer teorias e diretrizes normativas voltadas para o resguardo das situações consolidadas sob a vigência de uma determinada norma em face de regras supervenientes que viessem a alterar essa última. A fim de ilustrar tal afirmação, traz-se à colação o magistério clássico de Reynaldo Porchat, Carlos Maximiliano e Clóvis Beviláqua sobre o tema:

> A efficacia e o império da lei têm um determinado limite de tempo, que é fixado pelo momento inicial da sua publicação e pelo momento final de sua abrogação. Dentro nesse espaço de tempo, são regulados pela lei vigente todos os actos que nelle se realisam produzindo relações jurídicas. Mas. Quando uma lei é abrogada por uma outra lei, acontece geralmente que certos actos que foram praticados no dominio da primeira, produzem consequencias ou effeitos que se projectam pelo tempo posterior à abrogação, e vão effectivar-se ou tornar-se exigíveis quando já se acha em vigor a nova lei revogatória.
>
> E se é verdade que a autoridade da lei cessa quando é ella abrogada, parece, á primeira vista, que não póde mais ser invocada para regular quaesquer relações de direito, uma vez que pela publicação de uma nova lei começou esta a exercer plenamente a sua autoridade.
>
> Entretanto o direito permitte que, mesmo dentro no período de tempo em que domina a lei nova, seja invocada a lei antiga para reger certos actos que nasceram sob o seu imperio, e que ainda não se acham de todo consummados, bem como as consequencias e os effeitos resultantes desses mesmos actos.[41]

---

(41) PORCHAT, Reynaldo. *Op. cit.*, p. 3-4.

O DIREITO INTERTEMPORAL compreende a aplicação sucessiva das normas atinentes às diferentes ordens jurídicas, tanto às civis, como às penais, processuais, constitucionais ou administrativas.

Não trata apenas do Direito Brasileiro; traça preceitos gerais, bem orientados e de cunho político, tendentes a resolver questões de aplicação, *no tempo,* de quaisquer leis, nacionais ou estrangeiras. O Direito Intertemporal indica ao Juiz qual o sistema jurídico sôbre o qual êle deve basear a sua decisão.

Em verdade, o mais comum é o conflito de leis, *no espaço,* a coexistência de normas positivas precedentes de fontes diversas; em qualquer hipótese, ocorre por vêzes uma sucessão, o possível confronto entre antigos e novos ditames: rege o primeiro caso o Direito Internacional Privado; o segundo, o Direito Transitório ou Intertemporal.

O Direito Interporal fixa o alcance do império de duas normas que se seguem reciprocamente. Em suma: tem por objeto determinar os limites do domínio de cada uma dentre duas disposições jurídicas consecutivas sôbre o mesmo assunto. Regula a aplicação da lei no tempo, o que, em tôdas as épocas, se considerou como um dos problemas sérios, árduos e dos mais complexos da ciência do Direito.[42]

(...)

As leis, desde o momento em que se tornam obrigatórias, põem-se em conflito com as que, anteriormente, gregulavam a matéria, de que elas se ocupam, regulando-a por outro modo. É o conflito de leis no tempo, que se resolve pelo princípio da não retroatividade e pelas regras do direito intertemporal.

O princípio da não retroatividade das normas legislativas, que tem sido um dos pontos mais obscurecidos pela discussão jurídica, afirma, simplesmente, não que a lei se referirá, exclusivamente, a atos futuros, o que equivaleria apenas a mostrar o acordo existente entre a lógica e a legislação, mas que as conseqüências dos atos realizados no domínio da lei anterior não devem ser atraídas para o império da lei nova, exceto se estiverem em oposição manifesta aos princípios e regras estabelecidas pela nova ordem jurídica.

Os preceitos do direito intertemporal ou transitório são regras estabelecidas pelo legislador ou criadas pela ciência, para conciliar a aplicação da nova lei com as conseqüências da lei anterior.[43]

Na seara legislativa, a Lei de Introdução ao Código Civil (Decreto-Lei n. 4.657, de 4 de setembro de 1942), estabeleceu em seus artigos 2º e 6º, §§ 1º e 2º, as regras

---

(42) SANTOS, Carlos Maximiliano Pereira dos. *Direito Intertemporal ou Teoria da Retroatividade das Leis.* Rio de Janeiro: Freitas Bastos, 1946. p. 7-8.

(43) BEVILÁQUA, Clóvis. *Teoria Geral do Direito Civil.* 2. ed. Rio de Janeiro: Editora Rio, 1980. p. 25.

voltadas para a sucessão de regimes jurídicos no tempo e para o resguardo das situações consolidadas sob a vigência das normas revogadas, nos seguintes termos:

> Art. 2º Não se destinando à vigência temporária, a lei terá vigor até que outra a modifique ou revogue.
>
> § 1º A lei posterior revoga a anterior quando expressamente o declare, quando seja com ela incompatível ou quando regule inteiramente a matéria de que tratava a lei anterior.
>
> § 2º A lei nova, que estabeleça disposições gerais ou especiais a par das já existentes, não revoga nem modifica a lei anterior.
>
> § 3º Salvo disposição em contrário, a lei revogada não se restaura por ter a lei revogadora perdido a vigência.
>
> (...)
>
> Art. 6º A Lei em vigor terá efeito imediato e geral, respeitados o ato jurídico perfeito, o direito adquirido e a coisa julgada.
>
> § 1º Reputa-se ato jurídico perfeito o já consumado segundo a lei vigente ao tempo em que se efetuou.
>
> § 2º Consideram-se adquiridos assim os direitos que o seu titular, ou alguém por êle, possa exercer, como aquêles cujo começo do exercício tenha têrmo pré-fixo, ou condição pré-estabelecida inalterável, a arbítrio de outrem.

Vê-se, portanto, que as teorias voltadas para o direito intertemporal têm por objeto único e exclusivo a disciplina das situações jurídicas em face da sucessão de regimes jurídicos versados em normas de idêntica hierarquia. Não foram elas pensadas para explicar as questões concernentes à concretização no tempo dos objetivos programáticos e dos direitos sociais consagrados nas constituições dirigentes por parte do Poder Legislativo, mesmo porque tais diretrizes axiológicas não se faziam presentes nas cartas de cunho liberal, não havendo espaço, consequentemente, para a formulação da noção de "mora legislativa".

O conceito de "mora legislativa", conforme já visto alhures, surgiu com o advento das constituições programáticas que, para além de definirem objetivos a serem alcançados pelo Estado e pela sociedade, estabeleceram um amplo catálogo de direitos sociais cujos mecanismos de fruição por parte dos cidadãos seriam pormenorizados por intermédio da atividade do legislador ordinário.

Tal esquema programático consagrado nas cartas dirigentes da segunda metade do século XX integra a essência da Constituição brasileira de 1988, que em seus artigos iniciais impôs ao Estado a consecução de objetivos voltados, dentre outros temas, para a redução das desigualdades regionais, para a eliminação da pobreza e para a construção de uma sociedade justa e igualitária e, ao longo de seu texto, conferiu à generalidade dos cidadãos uma série de direitos sociais e ao legislador ordinário, em contrapartida, deveres concretos voltados para a implementação prática daquele programa.

A fruição daqueles direitos sociais consagrados nas constituições dirigentes – tal como a brasileira de 1988 –, ao contrário das clássicas liberdades individuais, não se bastava, tal como nessas últimas, com a singela abstenção por parte do Estado em relação à intervenção na esfera de autonomia privada dos cidadãos. Pelo contrário, sua concretização efetiva passou a exigir, primordialmente, a atuação do poder público nesse sentido, seja por intermédio da atuação do Poder Legislativo, ou por meio de seus órgãos executores. (44)

Assim, com o advento dos direitos sociais e com a delimitação de objetivos programáticos nas constituições dirigentes, a intromissão do poder público em direção às liberdades individuais deixou de ser a única forma de violação ao texto da Carta Magna. A partir de então, o Estado passou a descumprir a Lei Maior também quando se manteve omisso no que concerne à implementação daquelas garantias a exigirem sua atuação prática, conforme assinala Luís Roberto Barroso em relação ao diagnóstico do fenômeno na Constituição brasileira de 1988:

> A constituição (...) é um corpo de normas jurídicas, ou seja, compõe-se de preceitos obrigatórios que organizam o poder político e regram a conduta,

---

(44) Nesse sentido, Víctor Abramovich e Christian Courtis assinalam que:

"A estrutura dos direitos civis e políticos pode ser caracterizada como um complexo de obrigações negativas e positivas por parte do Estado: obrigação de abster-se de atuar em certos âmbitos e de realizar uma série de funções, com vistas a garantir o gozo da autonomia individual e impedir sua afetação por outros particulares. Ante a coincidência histórica desta série de funções positivas com a definição do Estado liberal moderno, a caracterização dos direitos civis e políticos tende a 'naturalizar' esta atividade estatal e a enfatizar os limites de sua atuação.

A partir desta perspectiva, as diferenças entre direitos civis e políticos e direitos econômicos, sociais e culturais são diferenças de grau, mais do que diferenças substanciais. Se reconhece que a faceta mais visível dos direitos econômicos, sociais e culturais são as obrigações de fazer e é por isso que às vezes são eles denominados 'direitos-prestação' (...) Em suma, os direitos econômicos, sociais e culturais também podem ser caracterizados como um complexo de obrigações positivas e negativas por parte do Estado, ainda que, nesse caso, as obrigações positivas revistam-se de uma importância simbólica maior para identificá-los".

No original: "La estructura de los derechos civiles y políticos puede ser caracterizada como un complejo de obligaciones negativas y positivas de parte del Estado: obligación de abstenerse de actuar em ciertos ámbitos y de realizar una serie de funcciones, a efectos de garantizar el goce de la autonomia individual e impedir su afectación por otros particulares. Dada la coincidencia histórica de esta série de funcciones positivas con la definición del Estado liberal moderno, la caracterización de los derechos civiles y políticos tiende a <<naturalizar>> esta actividad estatal, y a poner énfasis sobre los limites de su actuación.

(...)

Em suma, los derechos económicos, sociales y culturales también pueden ser caracterizados como um complejo de obligaciones positivas y negativas por parte del Estado, aunque en este caso las obligaciones positivas revistan una importancia simbolica mayor para identificarlos." ABRAMOVICH, Víctor; COURTIS, Christian. *Los derechos sociales como derechos exigibles*. Segunda edición. Madrid: Trotta, 2004. p. 24-25.

tanto dos órgãos estatais quanto dos cidadãos. Vulnera-se a imperatividade de uma norma de direito quer quando se faz aquilo que ela proíbe, quer quando se deixa de fazer o que ela determina. Vale dizer: a Constituição é suscetível de descumprimento tanto por ação, como por omissão.

(...)

Diversos são os casos tipificadores de *inconstitucionalidade por omissão*, merecendo destaque dentre eles: (a) a omissão do órgão legislativo em editar lei integradora de um comando constitucional; (b) a omissão dos poderes constituídos na prática de atos impostos pela Lei maior; (c) a omissão do Poder Executivo caracterizada pela não expedição de regulamentos de execução das leis.

(...)

[A omissão inconstitucional] se configura com o descumprimento de um mandamento constitucional no sentido de que atue positivamente, criando uma norma legal. A inconstitucionalidade resultará, portanto, de um comportamento contrastante com uma obrigação jurídica de conteúdo positivo.

Normalmente, o legislador tem a *faculdade* – e não o dever – e legislar. Insere-se no âmbito próprio de sua discricionariedade a decisão acerca da edição ou não de uma norma jurídica. De regra, sua inércia não caracterizará um comportamento inconstitucional. Todavia, nos casos em que a Lei maior impõe ao órgão legislativo o dever de editar norma reguladora da atuação de determinado preceito constitucional, sua abstenção será ilegítima e configurará um caso de inconstitucionalidade por omissão.

A exemplo das anteriores, a Constituição de 1988 prevê, em diversos dispositivos, a edição de leis integradoras da eficácia de seus comandos. Vejam-se alguns exemplos:

2. "A pequena propriedade rural, assim definida em lei, desde que trabalhada pela família, não será objeto de penhora para pagamento de débitos decorrentes de sua atividade produtiva, dispondo a lei sobre os meios de financiar o seu desenvolvimento" (art. 5º, XXVI);

3. "São direitos dos trabalhadores...além de outros...participação nos lucros, ou resultados, desvinculada da remuneração, e, excepcionalmente, participação na gestão da empresa, conforme definido em lei" (art. 7º e inc. XI);

4. "Os ganhos habituais do empregado, a qualquer título, serão incorporados ao salário para efeito de contribuição previdenciária e conseqüente repercussão em benefícios, nos casos e na forma da lei" (art. 201, § 11).

Todas estas normas são atributivas de direitos aos jurisdicionados, cabendo ao legislador ordinário regulamentá-las.

(...)

Em todos os exemplos apresentados, a Constituição impõe ao legislador uma atuação. Não são normas que preveem um fim a ser alcançado, deixando aos órgãos estatais o juízo da conveniência, oportunidade e conteúdo das condutas a seguir. Definitivamente não.[45]

Diante disso, observa-se de forma ainda mais evidente que as teorias voltadas para a explicação da intertemporalidade do direito, pautadas pelo estudo da sucessão de leis de igual hierarquia no tempo, não servem para explicar o fenômeno da mora legislativa, caracterizado, de seu turno, pelo descumprimento de um dever expressamente imposto ao legislador ordinário por normas constitucionais de cunho dirigente.

De fato, as teorias do direito intertemporal – e, por conseguinte, as noções de "ato jurídico perfeito" e "direito adquirido" – pressupõem a existência de um regime jurídico anterior editado pelo legislador competente no exercício pleno de sua conveniência e oportunidade e definido em um determinado diploma, seguido da substituição de tal regime jurídico por outro oriundo daquela mesma fonte e situado no mesmo grau de hierarquia.

A mora legislativa, de seu turno, pressupõe não a existência de um regime jurídico anterior a regular o tema em um determinado sentido, mas uma imposição, no texto da Carta Magna, dirigida ao legislador ordinário para que este proceda à edição do diploma normativo necessário para assegurar aos destinatários de um dado direito de cunho social sua plena fruição.

Em suma, na primeira hipótese (direito intertemporal), a sucessão de regimes jurídicos no tempo impõe a manutenção das situações fáticas consolidadas sob a égide da norma revogada. Na segunda hipótese (mora legislativa), não há de se cogitar tal imposição, simplesmente porque inexistia um regime jurídico anterior à norma editada pelo legislador ordinário, senão apenas um dever constitucional que foi finalmente cumprido por este e que investiu, pela primeira vez, os destinatários da respectiva garantia na possibilidade de a exercerem de modo parcial ou total.

Dito em outros termos, com o advento do diploma normativo exigido pela Carta Magna, não há uma troca de regimes jurídicos, mas simplesmente a concretização total ou parcial de um mandamento superior dirigido ao legislador ordinário. Nesse caso, a edição pura e simples da norma concretizadora, via de regra, supre o comando constitucional para o futuro, mas não elimina a mora que remanesceu até o momento de seu advento e que impediu, justamente por isso, a fruição de um direito de ordem constitucional no passado.

É exatamente isso que ocorre com a concretização do direito assegurado no art. 7º, XXI, da Constituição Federal por intermédio da Lei n. 12.506/2011, após

---

(45) BARROSO, Luís Roberto. *O Direito Constitucional e a Efetividade de suas normas. Limites e possibilidades da Constituição Brasileira*. 8. ed. Rio de Janeiro: Renovar, 2006. p. 153-159.

23 (vinte e três) anos de mora do Congresso Nacional no que concerne à definição dos parâmetros necessários para o cálculo individualizado do aviso-prévio proporcional ao tempo de serviço.

De fato, anteriormente ao advento da Lei n. 12.506/2011, inexistia no ordenamento pátrio um regime jurídico voltado para a fruição do aviso-prévio proporcional ao tempo de serviço, senão apenas um mandamento constitucional destinado ao legislador ordinário para que o fizesse. Nesse longo interregno, os trabalhadores demitidos sem justa causa não puderam usufruir o direito expressamente assegurado no texto do art. 7º, XXI, da Constituição Federal porquanto a garantia em referência não se encontrava regulamentada, ou seja, justamente porque o regime jurídico ali exigido não se fazia presente até então.

Vê-se, portanto, que a regulamentação do aviso-prévio proporcional, nos termos da Lei n. 12.506/2011, teve o condão de assegurar a fruição da referida garantia apenas para as demissões sem justa causa implementadas a partir de sua edição, ou seja, em 11.10.2011. Para os empregados cujos vínculos empregatícios foram rompidos no interregno compreendido entre 1988 e 2011, a inércia do Congresso Nacional no que tange à concretização do art. 7º, XXI, da Constituição Federal impediu-lhes de exercer o direito ali estabelecido e não foi sanada pelo novel diploma legal.

Por isso mesmo, pode-se afirmar, seguramente, que a mora legislativa a impedir o gozo do direito assegurado ao aviso-prévio proporcional ao tempo de serviço no período compreendido entre 5 de outubro de 1988 e 11 de outubro de 2011 não foi sanada com a edição da Lei n. 12.506/2011. Há, portanto, a necessidade de que tal omissão venha a ser colmatada pelo Poder Judiciário, seja nos autos dos Mandados de Injunção ainda em tramitação no âmbito do Supremo Tribunal Federal, ou em outras demandas a serem propostas pelos trabalhadores individualmente considerados ou por suas entidades representativas.

6.4.6. A inexistência de coisa julgada a obstar a utilização da Lei n. 12.506/2011 como parâmetro para a colmatação da mora legislativa subjacente ao art. 7º, XXI, da Constituição Federal

Conforme visto alhures, o Supremo Tribunal Federal, ao concluir o julgamento dos Mandados de Injunção n. 943/DF, n. 1.010/DF, n. 1.074/DF e n. 1.090/DF, restringiu a utilização dos parâmetros de cálculo positivados na Lei n. 12.506/2011 às dispensas sem justa causa a serem consolidadas no futuro e às demissões que suscitaram, no passado, o ajuizamento de outros mandados de injunção, para além daqueles três precedentes.

Dentre os principais fundamentos a sustentarem a decisão proferida pelo Pretório Excelso em fevereiro de 2013, destaca-se a alegada intangibilidade da coisa julgada produzida nas reclamações trabalhistas ajuizadas anteriormente à edição da Lei n. 12.406/2011, cujas decisões teriam reconhecido de maneira definitiva e inalterável a inexistência do direito à contagem proporcional do aviso-prévio em relação ao tempo de serviço, haja vista a inexistência, naquela época, de previsão em lei para tanto.

Ao se valer do conceito de "coisa julgada" subjacente ao art. 5º, XXXVI, da Constituição Federal como óbice para a utilização dos critérios de proporcionalidade da Lei n. 12.406/2011 naquelas situações pretéritas em que o referido direito foi rechaçado em juízo por inexistência, até então, de lei específica, o Supremo Tribunal Federal acabou por gerar mais dúvidas do que a proporcionar esclarecimentos sobre as espinhosas questões subjacentes aos Mandados de Injunção n. 943/DF, n. 1.010/DF, n. 1.074/DF e n. 1.090/DF, principalmente no que diz respeito à colmatação da mora legislativa que ainda subjaz no período compreendido entre 1988 e 2011.

De fato, seria o conceito clássico de "coisa julgada" subjacente ao art. 5º, XXXV, da Constituição Federal compatível com as situações peculiares de *mora legislativa*, a exemplo daquela que impediu a concretização do art. 7º, XXI, da Carta Magna por mais de 23 (vinte e três) anos? De outro turno, teria uma decisão judicial fundamentada na inexistência de lei exigida pela Constituição Federal (e, portanto, em uma omissão inconstitucional) o condão de impedir *ad æternum* a fruição daqueles direitos que, por inércia do legislador, não contavam com previsão específica na ocasião do trânsito em julgado?

A resposta a tais indagações, antes de depender de uma visão solipsista do que seja a *coisa julgada* e da "ponderação" entre tal noção subjetiva e outros valores escolhidos descriteriosamente pelo intérprete, segundo a fórmula muito propalada nos dias atuais (adequação – necessidade – proporcionalidade em sentido estrito), não prescinde da análise cautelosa do conteúdo histórico-institucional do postulado da *coisa julgada* subjacente ao art. 5º, XXXVI, da Constituição Federal em cotejo com o conteúdo objetivo que anima o conceito de *mora legislativa*, igualmente reconhecido pela Carta Magna em seus artigos 5º, LXXI, e 103, § 2º.[46]

---

(46) Nesse particular, em reforço ao que foi dito, convém trazer à colação o alerta e as reflexões formuladas por Lenio Luiz Streck em sua obra "*O que é isto – decido conforme minha consciência?*":

"A pergunta que se põe é: onde ficam a tradição, a coerência e a integridade do direito? Cada decisão parte (ou estabelece) um 'grau zero de sentido'? (...) O interpretacionismo, em todas as suas formas, desconsidera o caráter antecipador da compreensão e o elemento de formação dos projetos de mundo, que não são determinados por uma querência individual, mas estão ligados por um *a priori* histórico compartilhado. (...)

Vale dizer: aquilo que é dito (mostrado) na linguagem lógico-conceitual que aparece no discurso *apofântico*, é apenas a superfície de algo que já foi compreendido num nível de profundidade que é *hermenêutico*. Daí que, para a hermenêutica, é comum a afirmação de que o *dito* sempre carrega consigo o *não dito*, sendo que a tarefa do hermeneuta é dar conta, não daquilo que já foi mostrado pelo discurso (*logos*) apofântico, mas sim daquilo que permanece retido – como possibilidade – no discurso (*logos*) hermenêutico.
(...)

Ou, dito em outros termos, cabe verificar se o postulado da *coisa julgada* – que é uma noção vaga, mas nem por isso destituída de um conteúdo histórico-institucional – tem aplicabilidade em uma situação concreta a envolver nítida mora legislativa, cuja subsistência por décadas impediu a fruição, em concreto, do direito constitucional ao aviso-prévio proporcional.

Com efeito, nem a *coisa julgada* e tampouco a *mora legislativa* são conjuntos vazios de significado a ponto de ensejar a utilização da discricionariedade judicial para seu preenchimento nos casos concretos, com definições subjetivas. Possuem eles, ao revés, um conteúdo linguístico construído ao longo do tempo no âmbito das comunidades hermenêuticas, que, analisado à luz das situações específicas, definirão quais os preceitos legais aplicáveis e qual a solução correta a ser tomada, a fim de manter a coerência do ordenamento jurídico.

Sendo assim, já vimos que a *mora legislativa* é um conceito especificamente relacionado às chamadas *constituições programáticas*, que, tal como a Carta brasileira de 1988, impõe ao legislador o dever de concretizar garantias de cunho prestacional estabelecidas de maneira embrionária em seus dispositivos. Viu-se, outrossim, que a sucessiva inércia do Poder Legislativo em regulamentar tais postulados gera, para seus respectivos destinatários, a frustração de expectativas legítimas quanto à formulação das normas necessárias à fruição daqueles direitos e que, no caso específico do aviso-prévio proporcional, tal situação de omissão contrária à Lei Maior subsiste para aqueles trabalhadores despedidos imotivadamente entre 1988 e 2011.

Já a *coisa julgada*, por sua vez, é um instituto jurídico de origem bem mais remota se comparado à *mora legislativa* e que, mesmo levando-se em consideração sua definição moderna, plasmada nas lições dos grandes expoentes processualistas dos séculos XIX e XX (*vg*: Savigny, Chiovenda, Carnelutti, Liebman etc.), parte de pressupostos contextuais e teóricos significativamente diversos daqueles que deram forma àquele segundo conceito, não servindo, por essa razão, para reger as situações concretas a envolverem o descumprimento de mandamentos constitucionais pelo legislador ordinário, ou seja, as chamadas *omissões inconstitucionais*.

A decisão não pode ser 'o produto de um *conjunto de imperscrutáveis valorações subjetivas*', subtraídas de qualquer critério reconhecível ou controle intersubjetivo. (...) No direito constitucional, essa perspectiva é perceptível pela utilização descriteriosa dos princípios, transformados em 'álibis persuasivos', fortalecendo-se, uma vez mais, o protagonismo judicial (nas suas diversas roupagens, como o decisionismo, o ativismo etc.). O uso da ponderação é também nesse ramo do direito outro sintoma de uma espécie de 'constitucionalismo da efetividade', pelo qual o mesmo 'princípio' é utilizado para sustentação de teses antitéticas. (...) Como se sabe, através do 'sopesamento entre fins e meios' (a assim denominada 'ponderação'), é possível chegar às mais diversas respostas, ou seja, casos idênticos acabam recebendo decisões diferentes, tudo sob o manto da 'ponderação' e de suas decorrências". STRECK, Lenio Luiz. *O que é isto – decido conforme minha consciência?* 2. ed. Porto Alegre: Livraria do Advogado, 2010. p. 27-51.

De fato, fazendo abstração da noção clássica advinda do direito romano, sintetizada no brocardo *bis de eadem re ne sit actio,* bem como de sua recepção no direito medieval e, posteriormente, no período dos "glosadores" e "pós-glosadores", o conceito contemporâneo de *coisa julgada* começou a ser plasmado no século XIX – sob o marco do paradigma liberal, portanto –, quando Friedrich Karl Von Savigny editou seu *Sistema de Direito Romano Atual,* classificado por Celso Neves como *"um verdadeiro divisor, entre a antiga e a nova teoria"* a respeito do tema.[47]

Savigny, de forma pioneira, delineou os conceitos *formal* e *substancial* da coisa julgada, identificando aquele primeiro com o fato de ser ela um pronunciamento que retira sua força cogente da autoridade do magistrado e este último com a natureza mesma do conteúdo da decisão. Em seu sentido material, segundo o doutrinador germânico, a *res judicata* poderia ser ora absolutória ora condenatória – em ações pessoais ou reais –, de modo a impor ao réu a implementação de uma obrigação de fazer ou de não fazer (no caso das ações pessoais) ou o reconhecimento de uma relação jurídica controvertida em torno de um bem, com a consequente imposição de uma ação ou omissão à parte demandada (no caso das ações reais).[48]

Da estrutura formulada por Savigny em seu *Sistema,* infere-se sem maiores dificuldades que os direitos pessoais ou reais passíveis de serem reconhecidos ou rejeitados nos processos de então não poderiam ser outros senão aqueles de cunho individual positivados nas Constituições liberais e nos códigos civis dos séculos XVIII e XIX, pela simples razão de que o ordenamento jurídico da época não contemplava as garantias a demandarem prestações advindas do Estado ou, conforme seria definido mais tarde, os *direitos sociais* especificamente voltados para os segmentos mais vulneráveis da sociedade (vg: mulheres, trabalhadores, menores, incapazes etc.).

O sujeito de direitos imaginado naquela quadra histórica, a configurar o "destinatário-padrão" do processo, era, basicamente, o homem (não o gênero, mas a espécie do sexo masculino), livre, proprietário, pai de família e plenamente capaz de gerenciar seu patrimônio e de negociar em condições presumidas de igualdade com seus pares.

Ademais, sob a égide de tal paradigma, a estrutura-padrão das relações jurídicas a serem discutidas no bojo dos processos fundava-se no clássico binômio *direito objetivo/direito subjetivo,* a apontar, segundo a acepção de Rudolf von Ihering, para a existência de um conjunto de normas positivadas (*direito objetivo*) que facultaria a alguém ora o exercício de uma pretensão jurídica em relação a outrem (*direito subjetivo*), ora o exercício unilateral de um poder, independentemente da vontade ou do interesse de sua contraparte (*direito potestativo*).[49]

---

(47) NEVES, Celso. *Coisa Julgada Civil.* São Paulo: Revista dos Tribunais, 1971. p. 107.
(48) *Ibidem,* p. 111-112.
(49) IHERING, Rudolf von. Trad.: CRETELLA, Agnes; CRETELLA JUNIOR, José. *A luta pelo direito.* 6. ed. São Paulo: Revista dos Tribunais, 2010.

Ocorre, todavia, que, sob o paradigma liberal e sob a égide do positivismo jurídico, o *direito objetivo* compreendia apenas – como não poderia ser diferente naquela quadra histórica – as garantias clássicas de cunho individual (*vg*: liberdade, igualdade formal, propriedade, segurança, etc.) e seus consectários legislativos plasmados nos códigos civis e nas normas esparsas (p. ex: as condições de exercício pleno da personalidade, os institutos pertinentes à posse e à propriedade, as relações familiares, o regime sucessório, etc.). Nem sequer implicitamente admitir-se-ia que os aplicadores do *direito objetivo* pudessem buscar soluções diversas daquelas já estabelecidas no sistema, mesmo naqueles casos excepcionais em que a teoria positivista admitia a existência de lacunas normativas e a possibilidade do juiz valer-se do chamado "juízo de equidade".[50]

Nesse sentido, a ideologia em voga no referido período via na lei – e, em última análise, no *direito objetivo* – a expressão plena da vontade geral, legitimada, em sua essência, por ter origem no *locus* onde se encontram reunidos os representantes dos cidadãos, qual seja, o parlamento. Em tal contexto, não é difícil antever que o Poder Legislativo detinha a preponderância em relação aos demais ramos do Estado, sendo dele a prerrogativa para inovar no mundo jurídico, de modo a limitar as liberdades titularizadas pelos indivíduos.

Ainda sobre a ideia de direito potestativo, Giuseppe Lumia assevera que "a esse poder corresponde, do lado passivo, uma sujeição: o destinatário da manifestação de vontade de quem exerce um direito potestativo não pode senão suportar-lhe os efeitos, sem nada poder fazer para esconjurá-los". LUMIA, Giuseppe. Trad.: AGOSTINETTI, Denise. *Elementos de Teoria e Ideologia do Direito*. São Paulo: Martins Fontes, 2003. p. 114.

(50) É o que ressalta Norberto Bobbio:

"A doutrina juspositivista das fontes assume os movimentos da (...) existência de ordenamentos jurídicos complexos e hierarquizados, e sustenta que a fonte predominante, quer dizer, a fonte que se encontra no plano hierárquico mais alto, é a lei, visto que ela é a manifestação direta do poder soberano do Estado e que os outros fatos ou atos produtores das normas são aprenas fontes subordinadas. (...) O poder legislativo ordinário aparece como o poder delegado para emanar normas segundo as diretrizes da constituição; a mesma relação de delegação pode-se ver entre o poder legislativo ordinário e o poder judiciário; este último pode ser considerado o poder delegado para disciplinar os casos concretos, dando execução às diretrizes gerais contidas na lei.

(...)

Com base nos princípios do positivismo jurídico que foram acolhidos pelo ordenamento jurídico dos Estados modernos, o juiz não pode com uma sentença própria, ab-rogar a lei, assim como não o pode o costume. O Poder Judiciário, portanto, não é uma fonte principal (ou fonte de qualificação) do direito. Isto não exclui, entretanto, que o juiz seja em qualquer caso uma fonte subordinada, mais precisamente uma fonte *delegada*. Isto acontece quando ele pronuncia um *juízo de equidade,* a saber, um juízo que não aplica normas jurídicas positivas (legislativas e, podemos até acrescentar, consuetudinárias) preexistentes. (...) Ao prolatar o juízo de equidade, o juiz se configura como fonte subordinada, porque ele pode emitir um tal juízo somente se e na medida em que é autorizado pela lei e, de qualquer maneira, nunca em contraste com as disposições da lei. Isso acontece quando o legislador se encontra diante de certas situações que ele reputa impossíveis ou inoportunas disciplinar com normas gerais, solicitando a sua regulamentação ao poder judiciário". BOBBIO, Norberto. Trad.: PUGLIESI, Márcio; BINI, Edson; RODRIGUES, Carlos E. *O Positivismo Jurídico. Lições de filosofia do direito*. São Paulo: Ícone, 2006. p. 164-172.

Ao Poder Executivo, nessa concepção, incumbia a implementação prática das determinações previstas na lei, enquanto o Poder Judiciário, de seu turno, tinha por função a dicção das normas aprovadas pelo parlamento nas controvérsias em concreto postas à sua apreciação, a ser realizada por intermédio de um processo lógico-dedutivo pautado pela subsunção da hipótese fática à letra da norma escrita, sem que lhe fosse possibilitado, como regra geral, implementar soluções diversas, sob pena de subversão à concepção liberal de democracia e de separação dos poderes, conforme preceituou Jean Cruet em crítica formulada já em fins do século XIX:

> O receio de ver o juiz invadir as attribuições do legislador, e contradizer a lei sob pretexto de a interpretar, chegou em França a uma verdadeira obsessão.
>
> (...)
>
> Contra a magistratura reorganizada, a Revolução franceza, persistindo numa mesma inquietação, estabeleceu nitidamente o princípio de que só ao legislador pertencia dar às difficuldades levantadas pela interpretação dos textos legislativos, uma solução definitiva.
>
> (...)
>
> O direito é lei escripta...Os artigos do Codigo são outros tantos theoremas de que se trata de demonstrar a ligação e de tirar as consequencias. O jurista puro é um geômetra; a educação puramente jurídica é puramente dialetica. O grande trabalho do magistrado ou do advogado é desembrulhar os fios dos pleitos e ligar os seus elementos a tal ou qual das regras estabelecidas pela lei. É a resolução de um problema.
>
> Esta concepção mathematica da interpretação das leis, infinitamente seductora pela simplicidade apparente de seu mecanismo e pelo carater logicamente infallivel das suas soluções, permite ao juiz sumir-se inteiramente atrás da vontade do legislador. Corresponde assim a uma preoccupação essencial do regimen democrático; Montesquieu escrevera no livro VI do Espirito das Leis: – 'No governo republicano, é da natureza da Constituição que os juízes sigam a letra da lei.'[51]

Tal estrutura de apreciação e aplicação do direito idealizada pelos próceres do paradigma liberal e do positivismo jurídico permaneceu a influenciar a doutrina processualista que, após as pioneiras definições de Savigny, continuou a se debruçar sobre o estudo dos institutos peculiares do direito instrumental (v.g: ação, processo, sentença, coisa julgada etc.) e de sua reconhecida autonomia em relação

---

(51) CRUET, Jean. *A Vida do Direito e a Inutilidade das Leis*. Lisboa: Editorial Ibero-Americana, 1939. p. 41-42.

ao direito substantivo, principalmente após a polêmica doutrinária a envolver os juristas alemães Windscheid e Mutter em fins do século XIX.[52]

Pois bem. Resolvida tal controvérsia no sentido de admitir-se a autonomia do direito de ação em relação ao direito substantivo, superando-se, finalmente, o vetusto sistema da *actio* romana, aqueles elementos tipicamente instrumentais passaram a ser estudados e compreendidos em um ramo jurídico peculiar: o *direito processual*, destinado à sistematização dos institutos processuais e das relações das partes e das autoridades no curso das lides.

Muito embora tal reconhecimento, somado à visão exageradamente científica e metodológica do direito processual principalmente nas primeiras décadas do século XX, tenha fomentado uma visão em certa medida formalista, fetichista e ensimesmada do processo, as doutrinas mais esclarecidas e os modernos códigos trataram de corrigir tais excessos, passando a compreendê-lo como um instrumento destinado a uma finalidade, qual seja, a aplicação em concreto do direito substancial.

É exatamente nesse sentido que Liebman virá a classificar o *processo* como um meio destinado à proteção dos direitos dos indivíduos (e não como um fim em si mesmo) e que Couture o definirá como um mecanismo para a solução de conflitos entre particulares por intermédio de um julgamento que, ao fim e ao cabo, formará a coisa julgada, de modo a pacificar definitivamente uma determinada relação controvertida.[53]

---

(52) *Vide*, a propósito: COUTURE, Eduardo. *Fundamentos del Derecho Procesal Civil*. 4ª. Edición. Montevideo: Editorial Bde F, 2005. p. 52-65.

(53) *Ibidem*, p. 99.
Sobre a relação entre processo e direito substancial, Liebman destaca que:
"As relações entre pessoas apresentam-se na forma de direitos e obrigações de uns perante outros e o processo é apenas o conjunto de meios destinados à proteção dos direitos. Mas o aparelho jurisdicional estatal assumiu tamanha imponência e uma autonomia tão destacada que não pode ser simplesmente encoberto pelas dobras do direito privado. A ordem jurídica, portanto, constitui-se de dois sistemas de normas distintos e coordenados, que se integram e se complementam reciprocamente: *o das relações jurídicas substanciais,* representadas pelos direitos e correspondentes obrigações, segundo as várias situações em que as pessoas venham a se encontrar, e o *do processo*, que fornece os meios jurídicos para tutelar os direitos e atuar o seu sistema. (...) Sem o processo, o direito ficaria abandonado unicamente à boa vontade dos homens e correria frequentemente o risco de permanecer inobservado; e o processo, sem o direito, seria um mecanismo fadado a girar no vazio, sem conteúdo e sem finalidade". LIEBMAN, Enrico Tullio. Trad.: DINAMARCO, Cândido Rangel. *Manual de Direito Processual Civil*. v. I. 3. ed. São Paulo: Malheiros Editores, 2005. p. 197.
E Couture, de seu turno, observa que:
"A primeira de todas as contepções sobre a natureza do processo deve ser, portanto, uma concepção eminentemente privada: o direito serve ao indivíduo e tende a satisfazer suas aspirações. Se o indivíduo não puder contar com a segurança de que existe na ordem do direito um instrumento idôneo para dar--lhe razão quando a possui e fazer-lhe justiça qualdo lhe falta, sua fé no direito terá desaparecido.
(...)

E nesse contexto, a *coisa julgada* passou a ser compreendida como a declaração judicial em torno da titularidade ou não de um direito por alguém, com arrimo no ordenamento jurídico, não mais passível de reforma pelos meios processuais. Dito em outros termos, a formação da *res judicata* pressupõe que a parte possua um *direito subjetivo* ou um *direito potestativo* respaldado pelo *direito objetivo*, a ter como correspondência, no outro polo, ora um dever jurídico de fazer ou não fazer algo, ora um dever de suportar uma alteração em sua esfera jurídica. É ela portanto, ainda na atualidade, caudatária daqueles estratagemas idealizados inicialmente por Ihering.[54]

Por isso mesmo, pode-se afirmar que só haverá *coisa julgada* quando uma determinada decisão não mais passível de revisão impõe uma condenação, absolve alguém de uma prestação ou declara a existência ou a inexistência de uma determinada situação jurídica com esteio em um ordenamento jurídico preexistente.

O Estado não tem no processo um interesse superior à soma dos interesses individuais. O que ocorre é que o processo serve ao direito como um instrumento de criação vivificante, como uma constante renovação das soluções históricas forjadas no passado. O direito se realiza cada dia na jurisprudência. Satisfeito o interesse individual, remanesce ainda um abundante resíduo de interesses coletivos que terminaram por satisfeitos".

No original: "La primera de todas las concepciones sobre la naturaleza del proceso debe ser, pues, una concepción eminentemente privada: El derecho sirve al individuo, y tiende a satisfacer sus aspiraciones. Si el individuo no tuviera la seguridad de que existe en el orden del derecho un instrumento idoneo para darle razón cuando la tiene y hacerle justicia cuando le falta, su fe en el derecho habría desaparecido. (...)

El Estado no tiene en el proceso un interes superior a la suma de los intereses individuales. Lo que ocurre es que el proceso sirve al derecho como un instrumento de creación vivificante, como una constante renovación de las soluciones históricas forjadas en el pasado. El derecho se realiza cada dia en la jurisprudencia. Satisfecho el interes individual, queda todavia un abundante resíduo de intereses no individuales que han quedado satisfechos". COUTURE, Eduardo. *Op. cit.*, p. 118-120.

(54) Veja-se, a esse respeito, o que salienta Celso Neves:
"Interessado na realização do *direito objetivo*, o Estado chamou a si a tarefa de solucionar os conflitos de interêsses que denunciam resistência à disciplina pela qual se preestabelece a sua composição. Se a conduta das partes não se coaduna, originária e diretamente, com o modêlo legal, a solução do conflito fica na dependência da atuação secundária e substitutiva do órgão jurisdicional, imediatamente voltada para a realização do *direito objetivo,* por cuja dimensão se dá a satisfação do *direito subjetivo* do litigante que tenha razão. A coisa julgada é resultado dessa operação pela qual o Estado, atreito às raias do direito que incidiu e deve ser aplicado, qualifica uma relação jurídica que, de *res deducta* passa a ser *res iudicata*. (...) O fundamento jurídico da coisa julgada há de ser um fundamento legal. Se não estiver na lei, não está neste mundo, não há coisa julgada.
(...)
Ao realizar a aplicação da lei ao fato, o juiz define o comando concreto que regula o caso controvertido. Exauridos os meios que o processo põe à disposição dos litigantes, para garantir que a decisão seja exata, adquire ela a autoridade de coisa julgada, tornando-se legalmente indiscutível". NEVES, Celso. *Op. cit.*, p. 431-452.

Ou, dito em outros termos, o instituto da *res judicata,* por ser umbilicalmente relacionado às concepções clássicas a caracterizarem as relações jurídicas entre os indivíduos e a rechaçarem o protagonismo por parte do Poder Judiciário, pressupõe a existência de um *direito objetivo* que servirá como o fundamento de validade formal do comando judicial, pois é ele que estará sendo aplicado, em última medida, no caso concreto.

Tal conceito de *coisa julgada,* caudatário das noções clássicas a caracterizarem a *relação jurídica* entre credor e devedor acerca de um *direito subjetivo* amparado por um *direito objetivo* e a *relação processual* entre autor e réu, encontra-se entronizado no Código de Processo Civil brasileiro. Nesse sentido, a legislação adjetiva pátria, em seus artigos 3º e 4º, ao definir os institutos da *legitimidade* e do *interesse processual* pressupõe a existência de uma relação de direito material entre partes que condicionará o direito de ação desde seu nascedouro e que servirá de molde para a prolação da sentença, nos termos dos artigos 459 e 460, e para a formação da *res judicata,* a teor dos artigos 468 e 472.[55]

Não por outra razão, Liebman, ao definir a coisa julgada como uma *qualidade* da sentença, classifica-a como um instituto de direito público, cujos efeitos vinculam o próprio legislador que, em deparando com decisões judiciais trânsitas fundamentadas no ordenamento jurídico vigente à época de sua prolação, não poderá alterar o marco regulatório a ponto de desconstituir tais comandos judiciais esteados no *direito objetivo* existente quando de sua prolação. Pode-se afirmar, portanto, que o debate em torno da extensão do instituto da *res judicata* ao Poder Legislativo pressupõe, assim como o *direito adquirido* e o *ato jurídico perfeito,* uma

---

(55) "Art. 3º. Para propor ou contestar ação é necessário ter interesse e legitimidade."

"Art. 4º. O interesse do autor pode limiter-se à declaração:

I – da existência ou da inexistêmncia de relação jurídica;

II – da autenticidade ou falsidade de documento."

(...)

"Art. 459. O juiz proferirá a sentença, acolhendo ou rejeitando, no todo ou em parte, o pedido formulado pelo autor.; Nos casos de extinção do processo sem julgamento do mérito, o juiz decidirá de forma concisa.

Parágrafo único. Quando o autor tiver formulado pedido certo, é vedado ao juiz proferir sentença ilíquida."

"Art. 460. É defeso ao juiz proferir sentença, a favor do autor, de natureza diversa da pedida, bem como condenar o réu em quantidade superior ou em objeto diverso do que lhe foi demandado.

Parágrafo único. A sentença deve ser certa, ainda quando decida relação jurídica condicional."

(...)

"Art. 468. A sentença, que julgar total ou parcialmente a lide, tem força de lei nos limites da lide e das questões decididas."

(...)

"Art. 472. A sentença faz coisa julgada às partes entre as quais é dada, não beneficiando, nem prejudicando terceiros. Nas causas relativas ao estado de pessoa, se houverem sido citados no processo em litisconsórcio necessário, todos os interessados, a sentença produz coisa julgada em relação a terceiros."

sucessão de regimes jurídicos sobre determinado tema, naqueles mesmos moldes de "*direito intertemporal*" explanados alhures.[56]

Diante de tal constatação, ressai evidenciado o motivo pelo qual a Constituição Federal de 1988, ao estabelecer os cânones relativos ao direito intertemporal, pôs, lado a lado, aqueles três institutos, de modo a preconizar que "*a lei não prejudicará o direito adquirido, o ato jurídico perfeito e a coisa julgada*". E, nesse diapasão, como não poderia ser diferente, os debates travados ao longo do tempo no âmbito do Supremo Tribunal Federal acerca da eficácia da *res judicata* perante o legislador sempre ocorreram no contexto de uma sucessão de determinados regimes jurídicos, conforme atesta a transcrição de alguns precedentes:

SERVIDOR PÚBLICO DO ESTADO DE SÃO PAULO. NATUREZA JURÍDICA DO VÍNCULO. REGIME CELETISTA RECONHECIDO: COISA JULGADA MATERIAL. SE JÁ NA VIGÊNCIA DA LEI N. 500/74, DO ESTADO DE SÃO PAULO, VEIO A SER, POR DECISÃO TRANSITADA EM JULGADO, RECONHECIDO O VÍNCULO

---

(56) Convém transcrever, nesse sentido, a seguinte passagem de Liebman a respeito do tema:

"A eficácia de uma sentença não pode por si só impedir o juiz posterior, investido também ele da plenitude dos poderes exercidos pelo juiz que prolatou a sentença, de reexaminar o caso decidido e julgá-lo de modo diferente. Somente uma razão de utilidade política e social – o que já foi lembrado – intervém para evitar essa possibilidade, tornando o *comando* imutável quando o processo tenha chegado à sua conclusão, com a preclusão dos recursos contra a sentença nele pronunciada.

Nisso consiste, pois, a autoridade da coisa julgada, que se pode definir, com precisão, como a imutabilidade do comando emergente de uma sentença. Não se identifica ela simplesmente com a *definitividade* e intangibilidade do ato que pronuncia o *comando*; é, pelo contrário, uma qualidade, mais intensa e mais profunda, que reveste o ato também em seu conteúdo e torna assim imutáveis, além do ato em sua existência formal, os efeitos, quaisquer que sejam, do próprio ato.

A eficácia natural da sentença, com a aquisição dessa ulterior qualidade, acha-se, então, intensificada e potencializada, porque se afirma como única e imutável formulação da vontade do Estado de regular concretamente o caso decidido. E essa imutabilidade característica do *comando*, nos limites em que disciplinada pela lei, opera, não já em face de determinadas pessoas, mas em face de todos os que no âmbito do ordenamento jurídico têm institucionalmente o mister de estabelecer, de interpretar ou de aplicar a vontade do Estado, não se excluindo o próprio legislador, que não poderá por isso mesmo mudar a normação concreta da relação, a qual vem a ser restabelecida para sempre pela autoridade da coisa julgada.

Não se quer dizer com isso, naturalmente, que a lei não possa de modo expresso modificar o direito também para as relações já decididas com sentença passada em julgado; pode a lei certamente fazer também isso, mas uma disposição sua em tal sentido teria a significação de uma ab-rogação implícita na medida correspondente – da norma que sancionou o princípio da autoridade da *coisa julgada*. Isto é, uma lei nova pode excepcionalmente e com norma expressa ter, não só eficácia retroativa, mas também aplicação às relações já decididas nas sentenças passadas em julgado; isso, porém, não significa um grau maior de retroatividade, e, sim, antes, uma abolição parcial da autoridade da coisa julgada acerca das mesmas sentenças, cujo *comando*, perdendo o atributo da imutabilidade, cairia em face das novas regras dispostas pela lei para as relações já decididas.

Por isso, o instituto da coisa julgada pertence ao direito público e, mais precisamente, ao direito constitucional". LIEBMAN, Enrico Tullio. Trad.: BUZAID, Alfredo; AIRES, Benvindo. *Eficácia e autoridade da sentença e outros escritos sobre a coisa julgada*. 4. ed. Rio de Janeiro: Forense, 2006. p. 51-52.

TRABALHISTA DO SERVIDOR, SENDO QUE O ESTADO, NA OCASIÃO, SEQUER DISCUTIU SOBRE SER DE NATUREZA CELETISTA O VÍNCULO EXISTENTE, INCABÍVEL, AGORA, PRETENDER O ESTADO QUE SE TENHA COMO SENDO TAL SERVIDOR SUBMETIDO NO REGIME DA LEI ESTADUAL N. 500/74.[57]

(...)

VENCIMENTOS. RECONHECIMENTO DE IGUALDADE PELA JUSTIÇA. LEI SURGIDA A AÇÃO. A EFICÁCIA DA COISA JULGADA.

(...)

Os recorridos, baseados no art. 40 da Lei Orgânica do Distrito Federal, propuseram ação, alegando que, por terem as mesmas atribuições e responsabilidades do Departamento de Rendas e Licenças, deveriam perceber os mesmos vencimentos. (...) Porém, enquanto se discutiam essas mesmas atribuições, surgiram os decretos atribuindo aos funcionários do Departamento de Rendas e Licenças, atribuições específicas, desaparecendo, com isso, a identidade de atribuições. Reconhecida por decisão judicial, a igualdade pleiteada, não podia ser reconhecido para os recorridos os comandos dos decretos citados que visavam justamente elidir a coisa julgada.

(...)

A tese da Procuradoria-Geral está certa, mas não se aplica ao caso em apreço, uma vez que, no caso, a lei vem ferir uma situação jurídica perfeita a coisa julgada.[58]

(...)

EMBARGOS DE DECLARAÇÃO RECEBIDOS EM PARTE, PARA CORRIGIR A EMENTA DO ACÓRDÃO, NOS SEGUINTES TERMOS: "COISA JULGADA RECONHECENDO DIREITOS TRABALHISTAS A SERVIDORES PÚBLICOS: NÃO ESTENDE SEUS EFEITOS A PERÍODO POSTERIOR À EDIÇÃO DE LEI MODIFICADORA DO REGIME JURÍDICO DOS MESMOS SERVIDORES, PORQUE NÃO TEM CONDÃO DE IMPEDIR O ADVENTO DE LEI NOVA QUE ALTERE TAL REGIME. RECURSO EXTRAORDINÁRIO SUSCETÍVEL DE CONHECIMENTO E PROVIMENTO". (FLS. 1.858).[59]

(...)

COISA JULGADA PRODUZIDA POR SENTENÇA TRABALHISTA NÃO OBSTA A ALTERAÇÃO, POR LEI ESTADUAL POSTERIOR (LEI PAULISTA N. 500-74), DO REGIME JURÍDICO A QUE ESTA SUJEITO O SERVIDOR. COMPETÊNCIA DA JUSTIÇA COMUM PARA JULGAMENTO DAS QUESTÕES DAÍ DECORRENTES. CONTRARIEDADE DO ART. 106 DA CONSTITUIÇÃO FEDERAL. RECURSO EXTRAORDINÁRIO PROVIDO.[60]

---

(57) BRASIL. SUPREMO TRIBUNAL FEDERAL. RECURSO EXTRAORDINÁRIO N. 113.801/SP. RELATOR: Min. Aldir Passarinho. 2ª Turma. DJ: 30.9.1988.

(58) BRASIL. SUPREMO TRIBUNAL FEDERAL. RECURSO EXTRAORDINÁRIO N. 36.426/DF. RELATOR: Min. Cândido Motta. 1ª Turma. DJ: 14.8.1958.

(59) BRASIL. SUPREMO TRIBUNAL FEDERAL. EMBARGOS DE DECLARAÇÃO NO RECURSO EXTRAORDINÁRIO N. 115.024/SP. RELATOR: Min. Djaci Falcão. 2ª Turma. DJ: 24.2.1989.

(60) BRASIL. SUPREMO TRIBUNAL FEDERAL. RECURSO EXTRAORDINÁRIO N. 110.869/SP. RELATOR: Min. Octavio Gallotti. 1ª Turma. DJ: 24.10.1986.

E mesmo naquelas hipóteses em que o Supremo Tribunal Federal se debruçou sobre a questão a envolver a eficácia ou não da coisa julgada proferida com base em dispositivo legal conflitante com a Carta Magna – a chamada *coisa julgada inconstitucional* –, pressupôs-se o advento, em um determinado momento, de um regime jurídico a versar sobre determinada matéria, pairando as dúvidas, justamente, sobre a subsistência ou não das decisões judiciais transitadas em julgado com arrimo em tais preceitos infraconstitucionais conflitantes com a Lei Maior, senão, veja-se:

> A sentença de mérito transitada em julgado só pode ser desconstituída mediante ajuizamento de específica ação autônoma de impugnação (ação rescisória) que haja sido proposta na fluência do prazo decadencial previsto em lei, pois, com o exaurimento de referido lapso temporal, estar-se-á diante da coisa soberanamente julgada, insuscetível de ulterior modificação, ainda que o ato sentencial encontre fundamento em legislação que, em momento posterior, tenha sido declarada inconstitucional pelo STF, quer em sede de controle abstrato, quer no âmbito de fiscalização incidental de constitucionalidade.
>
> A superveniência de decisão do STF, declaratória de inconstitucionalidade de diploma normativo utilizado como fundamento do título judicial questionado, ainda que impregnada de eficácia *ex tunc* – como sucede, ordinariamente, com os julgamentos proferidos em sede de fiscalização concentrada (*RTJ* 87/758 – *RTJ* 164/506-509 – *RTJ* 201/765) –, não se revela apta, só por si, a desconstituir a autoridade da coisa julgada, que traduz, em nosso sistema jurídico, limite insuperável à força retroativa resultante dos pronunciamentos que emanam, *in abstracto*, da Suprema Corte.[61]

Tendo em mente, portanto, as características históricas a configurarem objetivamente o instituto da coisa julgada subjacente ao art. 5º, XXXVI, da Constituição Federal, retomam-se as indagações formuladas no início deste tópico, a saber: (i) o estratagema clássico a envolver a *res judicata* e seus consectários aplica-se às situações de mora legislativa? e (ii) nesse desiderato, uma decisão que denega determinado direito sob o fundamento de inexistência, no ordenamento jurídico, da norma de direito objetivo necessária à fruição de garantia prevista em abstrato na Constituição é capaz de fazer coisa julgada nos moldes ora indicados?

A resposta a ambas as indagações só pode ser, a nosso ver, negativa. De fato, o cotejo entre os elementos objetivos que configuram o instituto da *coisa julgada* subjacente ao art. 5º, XXVI, da Carta Magna e aqueles que conferem identidade à figura específica da *mora legislativa* – fenômeno reconhecido pela Constituição Federal em seus artigos 5º, LXXI, e 103, § 2º, – denota de modo claro que as situações a envolverem a omissão inconstitucional do legislador quando da regulação de

---

(61) BRASIL. SUPREMO TRIBUNAL FEDERAL. RECURSO EXTRAORDINÁRIO N. 592.912/RS. RELATOR: Min. Celso de Mello. 2ª Turma. DJ: 22.11.2012.

determinado direito de cunho social, tal como é o caso do aviso-prévio proporcional, não integram os pressupostos fáticos e teóricos que caracterizam a *res judicata*.

De fato, quando se está diante de uma situação a envolver mora legislativa, não se pode cogitar na existência de um *direito subjetivo* ou de um *direito potestativo* a uma determinada prestação ou abstenção por parte de outrem e muito menos de um *direito objetivo* que dê respaldo a tal pretensão, segundo os moldes clássicos pensados originariamente por Ihering e desenvolvidos por Lumia.

Ao revés, diante de uma garantia prevista na norma constitucional a depender de ulterior concretização legislativa para sua fruição, o que se tem é <u>um direito subjetivo à concretização de tal garantia da maneira que melhor atenda às diretrizes insculpidas na Carta Magna</u>, conforme se infere da leitura de seu art. 5º, § 1º. No outro polo, o que falta é, justamente, o *direito objetivo* a servir de fundamento para a pretensão da parte, razão pela qual se pode afirmar que há, nessas hipóteses, um verdadeiro <u>*mandado de objetivização* cujo destinatário é o legislador ordinário e cuja imposição consiste, justamente, na edição do marco normativo formal e substancial exigido pela Constituição Federal</u>:[62]

---

(62) Veja-se, nesse sentido, o escólio de Jorge Hage sobre o tema:

"Essa concepção clássica e restritiva de direito subjetivo – que se funda em concepções do século passado e do início deste, (...) não mais explica a realidade nem responde às necessidades atuais do Direito Constitucional, sobretudo por força das modificações materiais que sofreram as Constituições em seu conteúdo normativo, desde as primeiras décadas deste século.

É que agora fica difícil sustentar-se a 'inexigibilidade' de um direito subjetivo à 'legislação'(...), quando, ante as chamadas 'prestações positivas' do Estado, se torna mais patente que a omissão dessa norma infraconstitucional é impeditiva do exercício de um direito já concedido (já conferido ao cidadão) pela Constituição. Logo se estará, com tal omissão, inequivocamente ofendendo um direito, e tal ofensa ao direito, a toda evidência, não pode deixar de ser reconhecida como questão também jurídica (e não somente 'política') a merecer, assim, a correspondente tutela jurisdicional.

(...)

Se assim é (...) a construção constitucional dos direitos fundamentais não se faz apenas a partir do reconhecimento de direitos subjetivos públicos aos indivíduos, sejam eles de liberdade (poder de defesa) ou de prestação (poder de ação), senão também mediante o estabelecimento de deveres públicos – que superam a noção subjetiva de 'direito-obrigação' – e privados, isto é, com a garantia de determinadas instituições ou a imposição de determinados mandatos que o Legislador tem de concretizar. Sendo assim, é perfeitamente compreensível que a intervenção legislativa seja condição de efetividade dos direitos fundamentais e que daí se tenha que deduzir o dever (do Legislador) de regulá-los, em nome desses direitos.

(...)

Se tem aqui como aceita a posição que reconhece a existência de um 'direito à legislação', ante a omissão inconstitucional do legislador ordinário. (...) Não se cuida aí de um direito genérico e abstrato à emanação de normas jurídicas, mas sim de que existe para o Legislador um dever específico de legislar sobre determinada matéria, quando a Constituição expressamente o prevê, após conceder um direito novo, investindo, portanto, o cidadão em duas espécies de direitos: o direito subjetivo material de que se trate, e o direito subjetivo público (procedimental, se se quiser) à regulamentação legal". HAGE, Jorge. *Omissão inconstitucional e direito subjetivo*. Brasília: Brasília Jurídica, 1999. p.46-70.

Sucessão de regimes (art. 5º, XXXVI, da CF)	Mora legislativa (art. 5º, LXXI, e art. 103, § 2º, da CF)
Direito objetivo (existência de regime jurídico a estabelecer direitos e obrigações)	Lacuna normativa (ausência de regulamentação infraconstitucional)
Direito subjetivo/direito potestativo	Mandado de objetivização

Sendo assim, afigura-se absolutamente inadequado dizer que a parte a quem se opõe a realização de um direito carente de regulamentação infraconstitucional, como no caso do aviso-prévio proporcional, possui, em face de tal situação a denotar mora inconstitucional, o *direito subjetivo* a que sua contraparte não seja contemplada, em algum momento, com aquela garantia ainda não concretizada.

Nesse mesmo sentido, não é correto afirmar que o *direito objetivo* garante tal "pretensão" àquele que seria obrigado a assegurar a outrem tal garantia carente de regulamentação se porventura esta última já existisse. De fato, se a omissão inconstitucional é uma lacuna normativa, ela não pode, por evidente, integrar o que se concebe classicamente como *direito objetivo* e, justamente por tal razão, não tem o condão de assegurar a nenhum sujeito de direitos qualquer posição jurídica exigível de sua contraparte.

Do contrário, estar-se-ia a afirmar que uma *omissão legislativa* – que, por definição própria, é um espaço vazio, um nada, uma lacuna atentatória à própria Constituição – poderia gerar expectativas jurídicas a alguém e, o que é pior, teria o condão de servir como fundamento objetivo para uma dada pretensão. Ora, a mora normativa é justamente a falta de uma norma concretizadora imprescindível para a definição das posições jurídicas titularizadas pelas partes, não servindo ela, por essa singela razão, como marco regulatório para uma determinada relação jurídica!

Por conseguinte, se a mora legislativa não integra o *direito objetivo* na acepção clássica do termo, não pode o Poder Judiciário dela se valer para absolver alguém de determinada prestação em caráter irrevogável ou para declarar, em absoluto e *ad aeternum*, a inexistência de determinada garantia constitucional por seu titular, diante da inobservância de tal "mandado de objetivação" por parte do legislador. O máximo que se pode admitir, nesse sentido, é que a sentença venha a condicionar o exercício de tal direito à sua regulamentação futura, sem glosar de antemão tal possibilidade.

Se a mora legislativa fosse capaz de produzir a *coisa julgada* contemplada no art. 5º, XXXVI, da Carta Magna, a regulamentação de uma determinada garantia constitucional já nasceria incapaz de concretizar todas aquelas hipóteses do mundo fático para as quais foi ela destinada. Em situação extrema, se todos aqueles a quem se opõem os direitos carentes de normatização lograssem decisões judiciais a declararem, em absoluto e *ad aeternum*, a impossibilidade de fruição daquela garantia carente de normatização, o próprio direito fundamental em questão acabaria relegado à inocuidade.

Importa recordar, ademais, que, nas situações a denotarem *mora legislativa,* não se tem, por evidente, aquela sucessão de marcos normativos no tempo que justifica, no plano objetivo e conceitual, a extensão dos efeitos da coisa julgada ao legislador. Ora, conforme já visto, as omissões inconstitucionais não podem ser consideradas um *regime jurídico* de alguma matéria na acepção técnica do termo, pois são elas caracterizadas justamente pela ausência da regulamentação necessária à concretização de um determinado tema de relevância constitucional.

Por isso mesmo, quando uma diretriz constitucional abstrata é concretizada pelo legislador ordinário, não se tem uma sucessão temporal de regimes jurídicos, tal como ocorrido naquelas hipóteses tratadas na jurisprudência do Supremo Tribunal Federal acima transcrita. O que há, em tais situações, é o nascimento ou a inauguração de um marco regulatório que sucede exatamente aquele nada jurídico existente antes de seu advento.

Ou seja, anteriormente a tal regime jurídico concretizador, não se podia cogitar a existência de um marco regulatório (ou seja, de um *direito objetivo*), a regular uma matéria constitucional de determinada forma. Por essa razão, esse limbo normativo que até então permaneceu a exigir a ação legislativa não reúne as condições necessárias para fazer com que se integre ao patrimônio jurídico de alguém um determinado *direito adquirido* ou que se realize um *ato jurídico perfeito*.

Tendo em vista, portanto, que a mora legislativa pressupõe, justamente, a inexistência de um *direito objetivo* a assegurar a alguém um *direito subjetivo* e que o advento da regulação até então faltante não configura uma sucessão de regimes jurídicos, resta evidente que os elementos constitutivos da noção de *coisa julgada* a constar do art. 5º, XXVI, da Constituição Federal não se aplicam às situações de mora legislativa.

Por isso mesmo, pode-se dizer que as decisões judiciais que denegam a fruição de um determinado direito fundamental carente de regulamentação trazem em seu âmago, implicitamente, uma espécie de cláusula *rebus sic stantibus,* a preconizar que a impossibilidade de concessão da garantia pleiteada em juízo só perdurará até o momento em que a norma concretizadora for editada pelo Poder Legislativo. A partir daí, a parte beneficiária da colmatação de tal lacuna passará a fazer jus ao direito até então em estado de latência, independentemente do trânsito em julgado ou não daquele provimento jurisdicional.

Dadas as devidas proporções e peculiaridades, seria uma construção lógica similar ao que ocorre com a coisa julgada naquelas ações em que a declaração judicial a respeito da veracidade de um determinado fato não encontrará condições de subsistir quando a inexistência deste for constatada em momento ulterior, a teor do que preconiza o art. 469, II, do Código de Processo Civil. Sendo assim, uma decisão judicial de cunho declaratório a respeito de um dado fático só subsistirá enquanto sua procedência for presumida, residindo, nisso mesmo, a cláusula *rebus sic stantibus* nela implícita.⁽⁶³⁾

No caso das sentenças a declararem a inexistência de um determinado direito em face da mora constitucional, a cláusula *rebus sic stantibus* ora mencionada indicará que tal situação declarada como verídica pelo provimento jurisdicional só substirá enquanto a garantia constitucional em referência não for concretizada. Advindo a regulamentação, o pano de fundo fático e jurídico a contextualizar tais decisões não mais existirá, razão pela qual seus preceitos igualmente não mais terão o condão de impedir a fruição do direito até então obstado pela mora legislativa.

---

(63) Nesse particular, vale transcrever o clássico magistério de Ovídio Batista acerca do confronto entre a coisa julgada nas ações declaratórias e os dados advindos da realidade:

"O fato inexistente efetivamente não se torna existente porque o juiz o tenha posto como fundamento de sua sentença, nem o ocorrido de certo modo se transforma, quando o juiz dele se valha transformado, contrariamente ao que verdadeiro ele fora. Não tem o juiz, na verdade, aquele poder que a doutrina medieval lhe atribuía, como virtude da sentença, segundo a qual a coisa julgada transformava o branco em negro e fazia do quadrado redondo. (*res iudicata facit de albo negrum, originem creat, aequat quadrata rotundis, naturalia sanginis vincula et falsum verum mutat.*)" SILVA, Ovídio Batista da. *Curso de Processo Civil.* vol. I. Porto Alegre: Sergio Antônio Fabris, 1987. p. 155.

Por essas mesmas razões, o Supremo Tribunal Federal, quando do julgamento do Recurso Extraordinário n. 363.889/DF, reconheceu que a coisa julgada produzida em ação de investigação de paternidade a apontar a falta de provas quanto ao vínculo parental não constituiria óbice para o ajuizamento de nova demanda fundada em exame de DNA a apontar, de forma inequívoca, para a existência da paternidade denegada no primeiro julgado:

'EMENTA RECURSO EXTRAORDINÁRIO. DIREITO PROCESSUAL CIVIL E CONSTITUCIONAL. REPERCUSSÃO GERAL RECONHECIDA. AÇÃO DE INVESTIGAÇÃO DE PATERNIDADE DECLARADA EXTINTA, COM FUNDAMENTO EM COISA JULGADA, EM RAZÃO DA EXISTÊNCIA DE ANTERIOR DEMANDA EM QUE NÃO FOI POSSÍVEL A REALIZAÇÃO DE EXAME DE DNA, POR SER O AUTOR BENEFICIÁRIO DA JUSTIÇA GRATUITA E POR NÃO TER O ESTADO PROVIDENCIADO A SUA REALIZAÇÃO. REPROPOSITURA DA AÇÃO. POSSIBILIDADE, EM RESPEITO À PREVALÊNCIA DO DIREITO FUNDAMENTAL À BUSCA DA IDENTIDADE GENÉTICA DO SER, COMO EMANAÇÃO DE SEU DIREITO DE PERSONALIDADE.

(...)

Deve ser relativizada a coisa julgada estabelecida em ações de investigação de paternidade em que não foi possível determinar-se a efetiva existência de vínculo genético a unir as partes, em decorrência da não realização do exame de DNA, meio de prova que pode fornecer segurança quase absoluta quanto à existência de tal vínculo.

Não devem ser impostos óbices de natureza processual ao exercício do direito fundamental à busca da identidade genética, como natural emanação do direito de personalidade de um ser, de forma a tornar-se igualmente efetivo o direito à igualdade entre os filhos, inclusive de qualificações, bem assim o princípio da paternidade responsável.

Hipótese em que não há disputa de paternidade de cunho biológico, em confronto com outra, de cunho afetivo. Busca-se o reconhecimento de paternidade com relação à pessoa identificada". BRASIL. SUPREMO TRIBUNAL FEDERAL. RECURSO EXTRAORDINÁRIO N. 363.889/DF. RELATOR: Min. Dias Toffoli. Plenário. DJ: 16.12.2011.

No caso do aviso-prévio proporcional, previsto no art. 7º, XXI, da Constituição Federal, é exatamente isso que sucede. Se entre 1988 e 2001 a garantia em referência não havia sido concretizada pelo legislador infraconstitucional, não poderia o Poder Judiciário declarar, durante tal lapso temporal, em caráter absoluto e irreversível, que a parte postulante jamais faria jus àquela contagem diferenciada do tempo de serviço prestado a uma mesma empresa e muito menos que sua contraparte teria o *direito subjetivo* a não proceder ao cômputo de tal período para fins de aviso-prévio.

Com o advento da Lei n. 12.506/2011, todos os trabalhadores destinatários da garantia insculpida no art. 7º, XXI, da Constituição Federal – inclusive aqueles que a tiveram denegada por decisão judicial não mais passível de reforma – passaram a fazer jus à contagem proporcional do tempo de serviço prestado a uma mesma empresa, para fins de aviso-prévio, conquanto seus vínculos empregatícios tenham sido extintos a partir de 5.10.1988.

Importante ressaltar aqui, novamente, que, para os trabalhadores com vínculos empregatícios rescindidos entre 1988 e 2001, não se estaria a promover a aplicação retroativa da Lei n. 12.506/2011, de modo a fazer com que tal norma rescindisse a hipotética coisa julgada produzida anteriormente, ou mesmo maculasse aludidos *direitos adquiridos* ou *atos jurídicos perfeitos*. Em tais hipóteses, estar-se-ia, conforme já ressaltado oportunamente, a utilizar os parâmetros do novel diploma legal como mecanismo de suplantação da mora legislativa ainda subsistente, tal como reconheceu o próprio Supremo Tribunal Federal na sessão de 6.2.2013, para aqueles obreiros que ajuizaram mandados de injunção dentro daquele lapso de vinte e três anos.

De igual modo, o cotejo ora formulado entre os elementos que formam os conceitos de *coisa julgada* e *mora legislativa* incorporados pela Constituição Federal de 1988 atestam a inaplicabilidade daquele primeiro instituto jurídico às hipóteses em que o direito ao aviso-prévio proporcional deixou de ser reconhecido em concreto pelo Poder Judiciário com arrimo na inexistência de norma concretizadora do art. 7º, XXI, da Carta Magna, ao contrário do que preconizou o Supremo Tribunal Federal na decisão proferida em fevereiro de 2013, nos Mandados de Injunção n. 943/DF, n. 1.010/DF, n. 1.074/DF e n. 1.090/DF.

Pode-se até afirmar, a título argumentativo, que a utilização dos parâmetros da Lei n. 12.506/2011 para a colmatação das omissões inconstitucionais ainda subjacentes a ela colocaria supostamente em risco o primado da segurança jurídica, com assento constitucional no art. 5º, *caput*, da Carta Magna, mas não asseverar que o instituto jurídico da *coisa julgada*, cujo conteúdo histórico-objetivo é bem peculiar, aplicar-se-ia a uma situação que denota típica mora legislativa e que, por isso mesmo, nunca integrou o espectro de incidência da *res judicata*.

As alegações relativas às hipotéticas violações ao primado da segurança jurídica serão objetos de um tópico específico a ser desenvolvido mais adiante.

6.4.7. A decisão do STF nos Mandados de Injunção n. 943/DF, n. 1.010/DF, n. 1.074/DF e n. 1.090/DF e o princípio da isonomia

Nos termos do voto vencedor proferido pelo Ministro Gilmar Mendes quando da finalização do julgamento dos Mandados de Injunção n. 943/DF, n. 1.010/DF, n. 1.074/DF e n. 1.090/DF, o critério de aplicabilidade dos parâmetros insculpidos na Lei n. 12.506/2011 para as situações anteriores à sua edição foi fixado na existência pretérita de mandado de injunção impetrado por parte dos interessados perante o Supremo Tribunal Federal, tendo por objeto a suplantação da omissão subjacente à concretização do art. 7º, XXI, da Constituição Federal.

Assim, aqueles trabalhadores que propuseram as sobreditas ações no período compreendido entre outubro de 1988 e setembro de 2011 fariam jus ao recálculo de seus respectivos avisos-prévios, de acordo com a metodologia fixada na Lei n. 12.506/2011 que, nesse caso, seria utilizada como parâmetro para a suplantação da mora a subsistir no período em referência.

Em contrapartida, os trabalhadores que ajuizaram reclamações trabalhistas convencionais no âmbito da Justiça do Trabalho entre 1988 e 2011 pleiteando a condenação de suas respectivas empresas ao cômputo do aviso-prévio proporcional ou que simplesmente não propuseram qualquer demanda até o presente momento nesse sentido não fariam jus à aplicação dos parâmetros definidos na Lei n. 12.506/2011 para poderem fruir, finalmente, a garantia prevista há mais de 23 (vinte e três) anos no art. 7º, XXI, da Constituição Federal.

Dito em outros termos, segundo o entendimento consagrado no Supremo Tribunal Federal, todos os trabalhadores indistintamente afetados pela mora legislativa em questão poderiam, naturalmente, ter ingressado com demandas a buscarem a contagem proporcional do aviso-prévio entre 1988 e 2011 e seus reflexos pecuniários, como consectário evidente do princípio do livre acesso ao Poder Judiciário. No entanto, apenas aqueles que optaram por um certo tipo de ação (no caso, o mandado de injunção) seriam contemplados com a aplicação dos critérios formulados na Lei n. 12.506/2011 aos seus casos específicos.

O entendimento acatado pelo Supremo Tribunal Federal nesse particular quando da conclusão do julgamento dos Mandados de Injunção n. 943/DF, n. 1.010/DF, n. 1.074/DF e n. 1.090/DF suscita, de pronto, dúvidas quanto à sua adequação ao postulado da isonomia, consagrado expressamente no art. 5º, *caput,* da Constituição Federal, cujo enunciado demanda ao Poder Público – aí incluído o Judiciário – o tratamento igualitário das situações que guardam identidade entre si e a existência de fatores jurídicos que justifiquem certas discriminações.

Seria, portanto, a distinção entre a impetração de mandado de injunção e a propositura de reclamação trabalhista para fins de utilização dos parâmetros consagrados na Lei n. 11.506/2011 no cálculo do aviso-prévio proporcional respaldada pelo princípio da isonomia? Haveria entre aqueles trabalhadores que optaram por um ou outro meio de impugnação judicial da omissão subjacente ao art. 7º, XXI, da

Constituição Federal, ou que simplesmente deixaram de ajuizar qualquer medida entre 1988 e 2011, diferenças substanciais significativamente relevantes a ponto de justificar a exclusão estabelecida pelo Supremo Tribunal Federal no acórdão dos Mandados de Injunção n. 943/DF, n. 1.010/DF, n. 1.074/DF e n. 1.090/DF?

Anteriormente ao enfrentamento direto de tais indagações, cumpre recordar que o postulado isonômico consagrado na Carta Magna rechaça toda e qualquer espécie de distinção estabelecida sem arrimo em fundamentos razoáveis. Desse modo, discriminações fortuitas implementadas pelo legislador ordinário, pelo constituinte derivado ou mesmo pelo Poder Judiciário no exercício do controle das omissões legislativas não encontrarão condições de subsistência no regime instituído pelo art. 5º, *caput,* da Constituição Federal.

E, sob o paradigma do Estado Democrático de Direito assumido expressamente pela Constituição Federal em seu artigo inicial, o critério apto a definir a validade dos fatores de discriminação adotados pela legislação em geral e pelo Poder Judiciário consistirá no atendimento aos princípios estruturais e nos direitos fundamentais dos cidadãos arrolados na Carta Magna.

Desse modo, as diferenciações implementadas pelo legislador ou pelo Poder Judiciário serão válidas em face do princípio da igualdade conquanto promovam a concretização dos princípios e garantias fundamentais consagrados na Constituição Federal, tal como ocorre com a precedência assegurada pelo art. 100, § 1º, da Carta Magna à satisfação dos créditos de natureza alimentícia e com a preferência concedida às cooperativas de garimpeiros para a exploração de lavras minerais, nos termos do art. 174, § 4º, da Lei Maior.

Do contrário, se a distinção estabelecida não guardar respaldo nos elementos estruturais a formarem a base axiológica da Carta Magna, ter-se-á notória situação de arbítrio legislativo incompatível com o postulado isonômico.[64]

---

(64) *Vide,* nesse sentido, o magistério de Canotilho e de Celso Antônio Bandeira de Mello sobre o tema:

"Ser igual perante a lei não significa apenas aplicação igual da lei. A lei, ela própria, deve tratar por igual todos os cidadãos. O princípio da igualdade dirige-se ao próprio legislador, vinculando-o à criação de um direito igual para todos os cidadãos. Mas o que significa <<criação de direito igual>>? A aproximação a este difícil problema pode fazer-se da seguinte forma.

O princípio da igualdade, no sentido de igualdade na própria lei, é um postulado de racionalidade prática: para todos os indivíduos com as mesmas características devem prever-se, através da lei, iguais situações ou resultados jurídicos.

(...)

A fórmula <<o igual deve ser tratado igualmente e o desigual desigualmente>> não contém o critério material de um juízo de valor sobre a relação de igualdade (ou desigualdade). A questão da igualdade justa pode colocar-se nestes termos: o que é que nos leva a afirmar que uma lei trata dois indivíduos de uma forma igualmente justa? Qual o critério de valoração para a relação de igualdade?

Uma possível resposta, sufragada em algumas sentenças do Tribunal Constitucional, reconduz-se à proibição geral do arbítrio: existe observância da igualdade quando indivíduos ou situações iguais não

Formuladas tais observações, é de se perquirir, finalmente, se o critério de diferenciação estabelecido pelo Supremo Tribunal Federal quando do julgamento dos Mandados de Injunção n. 943/DF, n. 1.010/DF, n. 1.074/DF e n. 1.090/DF, a discriminar trabalhadores pelo ajuizamento de um ou de outro tipo de ação ou mesmo por sua inércia no período compreendido entre a promulgação da Constituição Federal de 1988 e a edição da Lei n. 12.506/2011, encontra respaldo no postulado da isonomia.

Nesse sentido, é mister constatar que a mora legislativa a obstar a concretização do art. 7º, XXI, da Constituição Federal nos vinte e três anos compreendidos entre 1988 e 2011 atingiu, de igual modo, todos aqueles trabalhadores que contavam com tempo de serviço maior do que um ano em uma mesma empresa e tiveram seus contratos de trabalho rescindidos durante o referido lapso temporal. Em todos os casos enquadráveis nessa premissa, o empregado deixou de fruir o direito

---

são arbitrariamente (proibição do arbítrio) tratados como desiguais. Por outras palavras: o princípio da igualdade é violado quando a desigualdade de tratamento surge como arbitrária.
(...)
Existe uma violação arbitrária da igualdade jurídica quando a disciplina jurídica não se basear num (i) fundamento sério; (ii) não tiver um sentido legítimo; (iii) estabelecer diferenciação jurídica sem um fundamento razoável. (...) O princípio da igualdade não proíbe, pois, que a lei estabeleça distinções. Proíbe, isso sim, o arbítrio; ou seja, proíbe as diferenciações de tratamento sem fundamento material bastante, que o mesmo é dizer sem qualquer justificação razoável, segundo critérios de valor objectivo constitucionalmente relevantes". CANOTILHO, José Joaquim Gomes. *Direito Constitucional e Teoria da Constituição*, p. 426-429.
(...)
"Para que um discrímen legal seja convivente com a isonomia, consoante visto até agora, impende que concorram quatro elementos:

a) que a desequiparação não atinja de modo atual e absoluto, um só indivíduo;

b) que as situações ou pessoas desequiparadas pela regra de direito sejam efetivamente distintas entre si, vale dizer, possuam características, traços, nelas residentes, diferenciados;

c) que exista, em abstrato, uma correlação lógica entre os fatores diferenciais existentes e a distinção de regime jurídico em função deles, estabelecida pela norma jurídica;

d) que, *in concreto*, o vínculo de correlação suprarreferido seja pertinente em função dos interesses constitucionalmente protegidos, isto é, resulte em diferenciação de tratamento jurídico fundada em razão valiosa – ao lume do texto constitucional – para o bem público.

O último elemento encarece a circunstância de que não é qualquer diferença, conquanto real e logicamente explicável, que possui suficiência para discriminações legais. Não basta, pois, poder-se estabelecer racionalmente um nexo entre a diferença e um consequente tratamento diferenciado. Requer-se, demais disso, que o vínculo demonstrável seja constitucionalmente pertinente. É dizer: as vantagens calçadas em alguma peculiaridade distintiva hão de ser conferidas prestigiando situações conotadas positivamente ou, quando menos, compatíveis com os interesses acolhidos no sistema constitucional.

Reversamente, não podem ser colocadas em desvantagem pela lei situações a que o sistema constitucional empresta conotação positiva.

Deveras, a lei não pode atribuir efeitos valorativos, ou depreciativos, a critério especificador, em desconformidade ou contradição com os valores transfundidos no sistema constitucional ou nos padrões ético-sociais acolhidos neste ordenamento". MELLO, Celso Antônio Bandeira de. *Conteúdo Jurídico do Princípio da Igualdade*. 3. ed. 13. tir. São Paulo: Malheiros Editores, 2005. p. 41-42.

ao aviso-prévio proporcional exclusivamente em decorrência da inércia do Poder Legislativo no que concerne à regulamentação da garantia em apreço.

Diante de tal situação de mora legislativa que atingiu de modo uniforme todo o grupo de trabalhadores ora destacado, alguns obreiros optaram por pleitear a contagem proporcional do aviso-prévio e seus efeitos pecuniários pela via da reclamação trabalhista ajuizada no âmbito da Justiça do Trabalho em face de seus empregadores, ao passo que outros postularam tal pretensão por intermédio de mandado de injunção impetrado em face do Poder Legislativo e um terceiro grupo simplesmente não demandou o Poder Judiciário em um sentido ou em outro.

O fato é que, independentemente do mecanismo de provocação judicial utilizado pelos trabalhadores em referência, ou de sua inércia nos 23 (vinte e três) anos que mediaram a promulgação da Carta Magna e a edição da Lei n. 12.506/2011, todos aqueles obreiros que deixaram de gozar o aviso-prévio proporcional foram afetados em maior ou menor medida pela mora legislativa a impedir, por mais de duas décadas, a concretização prática do art. 7º, XXI, da Constituição Federal.

Tanto aqueles trabalhadores que impetraram mandado de injunção perante o Supremo Tribunal Federal entre 1988 e 2011, quanto aqueles obreiros que ajuizaram reclamação trabalhista no âmbito da Justiça do Trabalho de primeira instância valeram-se do direito constitucional de acesso ao Poder Judiciário consagrado no art. 5º, XXXV, da Carta Magna no intuito de fazer valer, em concreto, o direito ao aviso-prévio proporcional assegurado em termos genéricos no art. 7º, XXI, da Lei Maior, sem tê-lo, contudo, conseguido.

E, nesse mesmo sentido, os trabalhadores que faziam jus à contagem proporcional do aviso-prévio durante o sobredito lapso temporal e não ingressaram com demandas judiciais acabaram igualmente afetados pela mora legislativa a tolher a eficácia plena do art. 7º, XXI, da Constituição Federal, pois a inexistência de norma infraconstitucional destinada à concretização da garantia em referência impediu-lhes de fruí-la em concreto, quando da rescisão de seus vínculos empregatícios.

É importante ressaltar que mesmo aqueles obreiros que ajuizaram mandados de injunção perante o Supremo Tribunal Federal entre 1988 e 2011 e que tiveram suas pretensões acatadas pelo Pretório Excelso não lograram obter, no plano fático, a contagem proporcional do aviso-prévio em relação ao tempo de serviço. Isso ocorreu porque durante a maior parte desses 23 (vinte e três) anos, o posicionamento da instância judicial máxima do País em relação ao conteúdo decisório dos mandados de injunção apontou para a singela comunicação da mora legislativa ao Congresso Nacional, sem a imposição, em concreto, de medidas voltadas para a colmatação das lacunas normativas em questão.[65]

---

(65) Tal posicionamento restritivo por parte do Supremo Tribunal Federal só veio a ser revertido em meados de 2007 quando do julgamento dos mandados de injunção a terem por objeto a regulamentação do art. 37, VII, e o direito de greve dos servidores públicos, conforme ver-se-á com maior profundidade adiante.

Diante de tais constatações, observa-se de plano que a impetração de mandado de injunção com vistas à colmatação da lacuna normativa a comprometer a aplicação prática do art. 7º, XXI, da Constituição Federal naqueles 23 (vinte e três) anos é um fator neutro em relação à mora legislativa que afetou de maneira uniforme todos aqueles trabalhadores que entre 1988 e 2011 trabalharam por mais de 1 (um) ano em uma determinada empresa e tiveram seus contratos de trabalho rescindidos sem a contagem proporcional do prazo de aviso-prévio.

E sendo a impetração de mandado de injunção um fator neutro em relação à referida mora legislativa – ou seja, um elemento que nada interferiu em sua incidência ou em sua debelação –, não pode ela ser utilizada quer pelo legislador ordinário ou pelo Supremo Tribunal Federal como um critério de discriminação, sob pena de afronta ao primado da igualdade insculpido no art. 5º, *caput*, da Constituição Federal.[66]

Nem se diga, em sentido contrário do que ora se assevera, que as reclamações trabalhistas seriam medidas inaptas para promover a concretização caso a caso do art. 7º, XXI, da Constituição Federal anteriormente ao advento da Lei n. 12.506/2011 e que só o mandado de injunção poderia fazê-lo. Com efeito, sob o atual paradigma da separação de poderes, subjacente ao art. 2º da Carta Magna, o Poder Judiciário como um todo (e não apenas as instâncias competentes para o julgamento dos mandados de injunção) tem não apenas a prerrogativa, senão o dever constitucional, de declarar a mora legislativa e colmatá-la em concreto, conforme se verá com maior profundidade no tópico seguinte deste estudo.

---

(66) Nesse ponto específico, Celso Antônio Bandeira de Mello esclarece que:

"É inadmissível, perante a isonomia, discriminar pessoas ou situações ou coisas (o que resulta, em última instância, na discriminação de pessoas) mediante traço diferencial que não seja nelas mesmas residentes. Por isso, são incabíveis regimes diferentes determinados em vista de fator alheio a elas; quer-se dizer: que não seja extraído delas mesmas.

Em outras palavras: um fator neutro em relação às situações, coisas ou pessoas diferenciadas é inidôneo para distingui-las. Então, não pode ser deferido aos magistrados ou aos advogados ou aos médicos que habitam em determinada região do País – só por isto – um tratamento mais favorável ou mais desfavorável juridicamente.

(...)

É agredida a igualdade quando o fator diferencial adotado para qualificar os atingidos pela regra não guarda relação de pertinência lógica com a inclusão ou exclusão no benefício deferido ou com a inserção ou arredamento do gravame imposto.

Cabe, por isso mesmo, quanto a este aspecto, concluir: o critério especificador escolhido pela lei, a fim de circunscrever os atingidos por uma situação jurídica – a dizer: o fator de discriminação – pode ser qualquer elemento radicado neles; todavia, necessita, inarredavelmente, guardar relação de pertinência lógica com a diferenciação que dele resulta. Em outras palavras: a discriminação não pode ser gratuita ou fortuita. Impende que exista uma adequação racional entre o tratamento diferenciado construído e a razão diferencial que serviu de supedâneo. Segue-se que, se o fator diferencial não guardar conexão lógica com a disparidade de tratamentos jurídicos dispensados, a distinção estabelecida afronta o princípio da isonomia".

Também não há de se asseverar que a coisa julgada produzida nas reclamações trabalhistas a denegarem o direito ao cômputo do aviso-prévio proporcional serviria como fator de discrímen válido para a utilização dos critérios estabelecidos na Lei n. 12.506/2011 como mecanismo de suplantação da mora legislativa a subsistir entre 1988 e 2011. Conforme visto alhures, tais decisões não transitaram em julgado, estando aberta, a partir de 2011, a possibilidade de ajuizamento de novas ações individuais a pleitearem o recálculo do aviso-prévio proporcional indenizado devido durante aqueles 23 (vinte e três) anos.

Do que foi até então exposto, constata-se, em síntese, que a sistemática implementada pelo Supremo Tribunal Federal em 6.2.2013 vai de encontro ao princípio constitucional da isonomia, porquanto a singela impetração de mandado de injunção não é motivo apto, por si só, a autorizar a formulação de critérios distintos para a utilização dos critérios da Lei n. 12.506/2001 com vistas à colmatação da mora legislativa a impedir a concretização do direito ao aviso-prévio proporcional entre 1988 e 2011.

Ao revés, e de acordo com a ordem valorativa consagrada no Estado Democrático de Direito delineado nos Títulos I e II da Constituição Federal, a distinção em testilha somente seria válida se porventura tivesse por supedâneo os princípios basilares da República e os direitos fundamentais em vistas à sua concretização.

Para tanto, seria necessário que os argumentos a justificar tal distinção o fizessem em função das condições pertinentes à pessoa dos trabalhadores ou à natureza dos créditos remanescentes, cujas especificidades, analisadas à luz dos princípios e direitos fundamentais consignados na Carta Magna, demandassem tratamento diferenciado em relação à generalidade dos obreiros atingidos pela referida mora legislativa entre 1988 e 2011, e não apenas em razão de critérios de ordem meramente pragmática.

6.5. O PAPEL DO PODER JUDICIÁRIO NA CONCRETIZAÇÃO DO ART. 7º, XXI, DA CONSTITUIÇÃO FEDERAL. PROPOSTA DE CRITÉRIOS PARA A COLMATAÇÃO DAS OMISSÕES SUBJACENTES À LEI N. 12.506/2011 E PARA A SUPRESSÃO DA MORA LEGISLATIVA A ABRANGER O PERÍODO COMPREENDIDO ENTRE 1988 E 2011

Sob o paradigma liberal, a predominar nos sistemas jurídicos da família romano-germânica no fim do século XVIII e durante grande parte do século XIX, a atuação do Estado e o papel do direito na organização da sociedade eram delimitados de forma estrita pela teoria clássica da separação de poderes, concebida por Montesquieu.

Nessa concepção, pautada, como visto, pelas ideias do *laissez faire* e da "*mão invisível do mercado*", o papel do Estado definido nas Constituições liberais limitava-se à organização de suas próprias estruturas e à implementação das medidas tendentes a possibilitar aos cidadãos a plena fruição daquelas garantias que, tal como a propriedade, a livre-iniciativa, a liberdade e a autonomia privada, eram tidas por inatas à totalidade dos indivíduos que, por essa razão, eram considerados formalmente iguais.

No período em referência, a concretização dos direitos previstos nas constituições liberais por parte do Poder Público não representava problema digno de nota, pois as garantias de cunho individual constantes das referidas cartas limitavam-se a exigir do Estado a implementação de posturas negativas, pautadas pelo dever de abstenção quanto à interferência na esfera de liberdades titularizada pelos cidadãos.

Todavia, a partir do momento em que os dogmas liberais passaram a ser questionados ante sua incapacidade para lidar com as questões advindas das desigualdades econômica e social provocadas pela livre ação dos mercados e pelo consequente comprometimento da coesão social, as constituições do final do século XIX e do início do século XX passaram a inserir em seu rol de direitos fundamentais reivindicações históricas dos grupos hipossuficientes a exigirem, para a sua implementação, a postura ativa do Estado.

Com a inserção desses novos direitos nas cartas constitucionais, o Poder Público deixou de se pautar por uma postura eminentemente contemplativa em relação aos eventos protagonizados pelos atores privados, passando a chamar para si o dever de intervir, efetivamente, no sentido de buscar a eliminação daquelas desigualdades fáticas, por meio da implementação de mecanismos concretos voltados para a promoção da educação, da saúde, da segurança, da moradia, do trabalho, entre outros. Passou-se, desse modo, à vigência de um novo paradigma: o Estado Social.

No paradigma do Estado Social, os dispositivos concernentes aos direitos fundamentais passaram a estabelecer programas a serem cumpridos pelos órgãos estatais em vistas à concretização daquelas garantias, que demandam, por sua natureza, a edição de regulamentação por parte do Poder Legislativo e de medidas de concretização a serem adotadas pelo Poder Executivo, conforme destaca José Joaquim Gomes Canotilho:

> Se o problema do conhecimento e instauração de uma <<boa ordem>> se situa sempre no horizonte cambiante das <<situações históricas>> a *ordenação intencional da sociedade, constitucionalmente aceite tende a ser uma resposta de normalização e legitimidade às exigências específicas do político numa sociedade em certo momento histórico.*
>
> Respondendo aos problemas concretos de positividade, normalização e legitimidade das tarefas estaduais, a lei fundamental aproxima-se dum *plano*, em que a *realidade* se assume como *tarefa* tendente à transformação do *mundo ambiente* que limita os cidadãos. Deste modo, a definição, a nível constitucional, de tarefas económicas e sociais do Estado, corresponde ao novo *paradigma* da constituição dirigente.
>
> (...)

Do conjunto normativo-constitucional se deduz que a concretização das *imposições constitucionais* não é só uma tarefa de legislação, mas também uma *tarefa constitucional* de *direcção política*. Em face da constituição se apurará o conceito normativo de *direcção política* e o alcance da vinculação constitucional da política. (...) A tarefa de direcção política recorta-se como tarefa global de planificação, fixação e execução dos fins constitucionalmente normativizados. A execução-actualização dos preceitos constitucionais dirigentes é mais do que *acto de legislação;* é um *processo complexo de regulação* que através de leis e regulamentos, de actos de planeamento, de linhas políticas e instruções, e na forma de iniciativa, programação, coordenação e integração, exige a participação activa de vários órgãos constitucionais.[67]

Surgiu, então, o problema das omissões inconstitucionais, caracterizadas pela inércia dos Poderes Públicos em fornecer concretude àqueles programas constitucionais destinados à consecução dos objetivos sociais do Estado. Tem-se, como talvez a mais grave modalidade do fenômeno ora descrito, a mora legislativa, a ocorrer quando o parlamento simplesmente se abstém de editar as normas necessárias para a fruição das garantias a demandarem a ação oficial, ou quando concretiza tais mandamentos de modo incompleto, o que redunda na ineficácia total ou parcial de comandos expressos contidos nas cartas magnas.

Diante de tal situação, os sistemas jurídicos viram-se na contingência de elaborar uma nova concepção para o princípio clássico da *"separação dos poderes"*, de modo a não só adequá-lo ao paradigma do Estado Social que permeia as modernas declarações de direitos, como também a promover formas mais eficazes de assegurar o equilíbrio entre os ramos judiciário, legislativo e executivo diante das omissões inconstitucionais totais ou parciais, principalmente quando as moras em referência têm por causa motivos políticos alheios ao conteúdo das garantias constitucionais em estado de latência induzida.

Trata-se, portanto, de uma concepção apta a reforçar o sistema de *"checks and balances"*, no sentido de ampliar as possibilidades de controle recíproco entre os três poderes quando um desses ramos deixa de cumprir seu papel institucional, mantendo-se inerte.

No que concerne especificamente à atuação do Poder Judiciário nesse novo contexto, o princípio da separação harmônica dos poderes, erigido à condição de pedra angular das constituições liberais no século XVIII, está hoje a propalar não a autorrestrição ilimitada daquele ramo estatal diante das conformações políticas entabuladas pelo legislador, mas sim, e pelo contrário, sua atuação efetiva em fulminar essas últimas quando tendentes a suprimir direitos fundamentais assegurados constitucionalmente aos cidadãos, seja pela anulação das leis e atos inconstitucionais, ou

---

(67) CANOTILHO, José Joaquim Gomes. *Op. cit.,* p. 168-179.

pela colmatação das omissões legislativas atentatórias ao espírito da Carta Magna, conforme bem asseveram Nuno Piçarra e Luís Roberto Barroso:

> No Estado de Direito do século XX a ideia de controlo, fiscalização e também coordenação recíprocos tornou-se o centro de gravidade do princípio da separação dos poderes.
>
> (...)
>
> Dentre os vários tipos de controlo interorgânico ou intraestadual avultam os controlos jurisdicionais, quer da legalidade da administração quer da constitucionalidade da legislação, evidenciando a <<ascenção>> nítida do poder judicial que é, por isso, hoje a contraimagem do <<pouvoir en quelque façon nul>> preconizado por Montesquieu, onde ele se chegou a pretender institucionalizar. (...) A partir da ideia de um controlo do poder pelo poder, tem-se mesmo considerado que a função jurisdicional, tal como actualmente se configura, constitui o contrapoder da função legislativa enquanto instrumento da função política.
>
> (...)
>
> Porque a natureza da lei é política mas também jurídica, porque a sua componente política pode sobrepor-se à sua componente jurídica e pode postergar os valores jurídico-constitucionais fundamentais, ela convoca "ipso facto" no Estado de Direito – em que, pela disposição das coisas o poder limita o poder – um freio e um contrapeso, ou seja, um poder destinado a garantir na lei esses valores.
>
> Ora, o poder mais adequado e idóneo para isso é o poder judicial, cuja função se caracteriza e deve caracterizar-se, justamente, pela sua natureza exclusivamente jurídica, despida de qualquer compromisso ou intenção política conjuntural, visando apenas à salvaguarda e à actualização daqueles valores.[68]
>
> (...)
>
> No tocante à legitimidade desta atuação criativa do Poder Judiciário, inexiste qualquer razão para infirmá-la. (...) De mais a mais, a própria ideia de soberania do órgão legislativo ordinário está superada desde 1803, quando a Suprema Corte norte-americana, apreciando o célebre caso Marbury versos Madison, formulou a teoria da *judicial review*, pela qual se reconheceu competência ao Judiciário para invalidar os atos legislativos contrastantes com a Constituição.
>
> Volvendo-se a um enfoque de cunho positivo, deve-se assinalar que é o próprio poder constituinte que outorga ao Judiciário, usualmente, a autori-

---

(68) PIÇARRA, Nuno. *A Separação dos Poderes como Doutrina e Princípio Constitucional. Um Contributo para o Estudo das Suas Origens e Evolução*. Coimbra: Coimbra Editora, 1989. p. 258-260.

dade de intérprete qualificado da Constituição e das normas jurídicas, com competência para fazê-las atuar concretamente. Por assim ser, a ele devem ser reconhecidos poderes explícitos que consubstanciam meios idôneos e efetivos para realizar os direitos e os fins delineados na Lei maior.

É possível concluir, ante o exposto, que ao Judiciário cabe sempre fazer prevalecer a Constituição, quer suprimindo os atos normativos com ela incompatíveis, quer suprindo as omissões legislativas que embaraçam sua efetivação.[69]

Tal concepção em torno do princípio da separação harmônica dos poderes foi plenamente incorporada pela Constituição Federal de 1988, porquanto esta não só declinou expressamente em seus artigos inaugurais e ao longo de seus títulos os princípios que configuram o paradigma do Estado Social e que demandam a atuação positiva do Poder Público no sentido de superação das desigualdades fáticas, como também adotou mecanismos destinados a debelar as omissões dos poderes executivo e legislativo na concretização de tais diretrizes.

Veja-se, a propósito, que o legislador constituinte originário foi expresso em asseverar no art. 5º, § 1º, da Carta Magna que "*as normas definidoras dos direitos e garantias fundamentais têm aplicação imediata*", definindo, outrossim, nos artigos 5º, LXXI, e 103, § 2º, dois remédios jurídicos destinados a combater as omissões do Poder Legislativo cuja subsistência esteja impedindo a fruição das referidas garantias, quais sejam, o Mandado de Injunção e a Ação Declaratória de Inconstitucionalidade por Omissão, descritos pelos dispositivos em referência nos seguintes termos:

Art. 5º Todos são iguais perante a lei, sem distinção de qualquer natureza, garantindo-se aos brasileiros e aos estrangeiros residentes no País a inviolabilidade do direito à vida, à liberdade, à igualdade, à segurança e à propriedade, nos termos seguintes:
(...)
LXXI – conceder-se-á mandado de injunção sempre que a falta de norma regulamentadora torne inviável o exercício dos direitos e liberdades constitucionais e das prerrogativas inerentes à nacionalidade, à soberania e à cidadania. (Destacou-se)
(...)
Art. 103. Podem propor a ação direta de inconstitucionalidade e a ação declaratória de constitucionalidade:
(...)
§ 2º – Declarada a inconstitucionalidade por omissão de medida para tornar efetiva norma constitucional, será dada ciência ao Poder competente para a adoção das providências necessárias e, em se tratando de órgão administrativo, para fazê-lo em trinta dias.

---

(69) BARROSO, Luís Roberto. *Op. cit.*, p. 163-164.

Disso se infere, de maneira palmar, que a leitura do art. 2º da Constituição Federal em conjunto com os artigos 5º, LXXI, § 1º, e 103, § 2º, aponta para a adoção, entre nós, da concepção a propalar a separação de poderes e os mecanismos de "freios e contrapesos" no contexto do Estado Social. Nesse contexto, a atuação do Poder Judiciário – e a do Supremo Tribunal Federal, em especial – no sentido de colmatar lacunas advindas de mora legislativa inconstitucional em sede de Mandado de Injunção e Ação Direta de Inconstitucionalidade, afigura-se plenamente legítima, conforme bem assevera Flávia Piovesan ao analisar os dispositivos da Carta Magna em testilha:

> A Carta de 1988, além de introduzir estes mecanismos de controle, priorizando a busca em assegurar ampla efetividade aos preceitos constitucionais, acabou também por consagrar princípio constitucional inédito na história brasileira. Trata-se do princípio da aplicabilidade imediata das normas definidoras dos direitos e garantias fundamentais, previsto no art. 5º, § 1º, da Constituição de 1988.
>
> Em face do sistema constitucional de 1988, os instrumentos da ação direta de inconstitucionalidade por omissão e do mandado de injunção hão de ser interpretados à luz deste princípio constitucional, que objetiva a aplicabilidade imediata das normas definidoras dos direitos e garantias fundamentais.
>
> (...)
>
> A partir do princípio da aplicabilidade imediata das normas definidoras de direitos e garantias fundamentais, toda e qualquer norma definidora de direitos e garantias fundamentais há de alcançar aplicação imediata e, neste sentido, devem se orientar os poderes públicos. Vale dizer, cabe aos Poderes Públicos conferir eficácia máxima e imediata a todo e qualquer preceito constitucional definidor de direito e garantia fundamental.
>
> (...)
>
> Neste sentido, compete ao legislador, como destinatário das normas consagradoras de direitos e garantias fundamentais: a) proceder em tempo razoável útil à sua concretização, sempre que esta seja necessária para assegurar a exequibilidade de normas, sob pena de inconstitucionalidade por omissão; b) mover-se no âmbito desses direitos, sendo-lhe vedado que, a pretexto da concretização de direitos por via legal, opere uma redução da força normativa imediata dessas normas, trocando-a pela força normativa da lei; c) não emanar preceitos formal ou materialmente incompatíveis com essas normas.
>
> Por sua vez, aos órgãos jurisdicionais compete: a) interpretar os conceitos constitucionais consagradores de direitos fundamentais, na sua aplicação em casos concretos, de acordo com o princípio da efetividade ótima e b) densificar os preceitos constitucionais consagradores de direitos fun-

damentais de forma a possibilitar a sua aplicação imediata, nos casos de ausência de leis concretizadoras.

(...)

Não há dúvida de que o sucesso do mandado de injunção requer uma leitura renovada do princípio da separação dos poderes. (...) O princípio da separação dos poderes deve, pois, ser compreendido à luz da sistemática de "freios e contrapesos", ou *checks and balances*, em que um órgão do Poder há de ser fiscalizado e controlado por um órgão de outro poder.

(...)

Logo, é sob este prisma que deve ser interpretado o mandado de injunção, na medida em que nele a omissão do órgão legislativo é contida e controlada pelo órgão judiciário. Isto é, somente a partir da conjugação do princípio da prevalência da Constituição com o princípio do controle mútuo entre os poderes é que se faz possível alcançar a compreensão do novo instituto.

Esta perspectiva permite visualizar no mandado de injunção um instrumento que traduz possibilidades reais de eficácia da Constituição, a depender, especialmente, do grau de responsabilização do Poder Judiciário, na tarefa de conferir concretização ao princípio da aplicabilidade imediata das normas definidoras dos direitos e garantias fundamentais, controlando a discricionariedade dos Poderes Públicos.

(...)

Em suma, o sucesso do mandado de injunção, o sucesso do Estado de Bem-Estar Social cunhado pela Constituição, o sucesso da concretização efetiva dos direitos e garantias fundamentais e, em uma só palavra, o sucesso da própria "Constituição" estão em muito condicionados à adoção do procedimento interpretativo de legitimação.[70]

Sendo assim, quando o Poder Judiciário e, mais especificamente, o Supremo Tribunal Federal agem no sentido de colmatar omissões inconstitucionais totais ou parciais, não estão eles a violar o princípio da separação dos poderes. Pelo contrário, ao assim procederem, os órgãos jurisdicionais atuam no sentido de concretizá-lo, harmonizando uma situação gerada por um desequilíbrio advindo da mora do Congresso Nacional em regulamentar direitos fundamentais assegurados expressamente na Carta Magna, pois afinal, conforme atesta Saul Tourinho Leal, "*os freios e contrapesos existem exatamente para que os arroubos de parlamentares afastados dos seus representantes não sejam capazes de desconstruir o arranjo democrático.*"[71] (Destacou-se)

---

(70) PIOVESAN, Flávia. *Proteção Judicial contra Omissões Legislativas*. 2. ed. São Paulo: Revista dos Tribunais, 2003. p. 105-173.

(71) LEAL, Saul Tourinho. *Altivismo ou Altivez? O Outro Lado do Supremo Tribunal Federal*. Belo Horizonte: Editora Fórum, 2010. p. 135.

Pois bem. Uma vez consagrado o princípio da separação dos poderes em sua concepção compatível com os desígnios do Estado Social no texto da Constituição Federal de 1988, o Supremo Tribunal Federal logo foi instado a se manifestar sobre situações de mora legislativa advindas do Congresso Nacional cuja subsistência impedia a fruição de direitos fundamentais por parte de seus destinatários.

Já nos primeiros anos de vigência da Constituição Federal, o Pretório Excelso viria a apontar o caminho atualmente seguido pela corte no julgamento dos Mandados de Injunção, no sentido de colmatar as omissões inconstitucionais por intermédio da aplicação analógica de dispositivos existentes no ordenamento jurídico que, por guardarem similitude de sentido com a situação lacunosa, bem servem para regulamentar o direito em latência até a edição da norma específica pelo Congresso Nacional.

De fato, e conforme já visto no item 4, o Supremo Tribunal Federal assim procedeu quando do julgamento da Questão de Ordem no Mandado de Injunção n. 107/DF, ao assentar que as regras procedimentais concernentes ao Mandado de Segurança, previstas na Lei n. 1.533, de 31.12.1951, aplicar-se-iam às ações previstas no art. 5º, LXXI, da Constituição Federal, até que o Congresso Nacional viesse a editar diploma específico voltado para o processamento do remédio ali previsto.[72]

Em outras situações, contudo, o Supremo Tribunal Federal inclinou-se no sentido de declarar a autoaplicabilidade dos direitos garantidos aos cidadãos pela Carta Magna, cuja fruição encontrava-se obstada pela mora legislativa. Assim ocorreu no julgamento do Mandado de Injunção n. 283/DF, quando o Pretório Excelso, capitaneado pelo voto do Ministro Sepúlveda Pertence, conferiu prazo ao Congresso Nacional para regulamentar o direito à reparação pecuniária a título de anistia, nos termos do art. 8º do ADCT, cujo decurso concederia aos beneficiários daquela garantia o direito de socorrer-se do Poder Judiciário no fito de obter a condenação da União ao pagamento da referida compensação.[73]

---

(72) BRASIL. SUPREMO TRIBUNAL FEDERAL. QUESTÃO DE ORDEM NO MANDADO DE INJUNÇÃO N. 107/DF. RELATOR: Min. José Carlos Moreira Alves. Plenário. DJ: 21.9.1990. p. 9.782.

(73) "Mandado de injunção: mora legislativa na edição da lei necessária ao gozo do direito à reparação econômica contra a União, outorgado pelo art. 8º, par. 3º, ADCT: deferimento parcial, com estabelecimento de prazo para a purgação da mora e, caso subsista a lacuna, facultando o titular do direito obstado a obter, em juízo, contra a União, sentença líquida de indenização por perdas e danos.

(...)

A norma constitucional invocada (ADCT, art. 8º, par. 3º (...) vencido o prazo nela previsto, legitima o beneficiário da reparação mandada conceder a impetrar mandado de injunção, dada a existência, no caso, de um direito subjetivo constitucional de exercício obstado pela omissão legislativa denunciada.

Se o sujeito passivo do direito constitucional obstado e a entidade estatal a qual igualmente se deva imputar a mora legislativa que obsta ao seu exercício, e dado ao Judiciário, ao deferir a injunção, somar, aos seus efeitos mandamentais típicos, o provimento necessário a acautelar o interessado contra a eventualidade de não se ultimar o processo legislativo, no prazo razoável que fixar, de modo a facultar-lhe, quanto possível, a satisfação provisória do seu direito. Premissas, de que resultam, na espécie, o deferimento do mandado de injunção para: a) declarar em mora o legislador com relação a ordem de

Nesse mesmo sentido, o Pretório Excelso, por ocasião do julgamento do <u>Mandado de Injunção n. 232/RJ</u>, de relatoria do Ministro Moreira Alves, julgou procedente o pleito do impetrante, de modo a conferir prazo de 6 (seis) meses ao Congresso Nacional para proceder à regulamentação do art. 195, § 7º, da Constituição Federal, que, uma vez decorrido *in albis,* tornaria possível a imediata fruição do direito à imunidade tributária ali previsto por parte do interessado.[74]

No entanto, em que pese o teor dos referidos julgados, a tendência a prevalecer no âmbito do Supremo Tribunal Federal nas duas últimas décadas apontou para o intuito de combater as omissões inconstitucionais por meio da comunicação ao Congresso Nacional a respeito da mora e da fixação de um prazo, sem o estabelecimento de sanções, na hipótese de subsistência da lacuna normativa. Tal técnica judiciária, adotada em sede de Mandado de Injunção, foi alcunhada de "apelo ao legislador".[75]

No que concerne especificamente ao aviso-prévio proporcional, o Supremo Tribunal Federal teve a oportunidade de reconhecer em 1992 e 2007, conforme visto no item anterior, a mora do Congresso Nacional na regulamentação do art. 7º, XXI, da Carta Magna, por ocasião do julgamento dos Mandados de Injunção n. 369/DF e n. 615/MA. Àquela ocasião, contudo, o Pretório Excelso limitou-se a declarar a mora do Poder Legislativo, em linha com a técnica do "apelo ao legislador".

---

legislar contida no art. 8º, par. 3º, ADCT, comunicando-o ao Congresso Nacional e a Presidência da República; b) assinar o prazo de 45 dias, mais 15 dias para a sanção presidencial, a fim de que se ultime o processo legislativo da lei reclamada; c) se ultrapassado o prazo acima, sem que esteja promulgada a lei, reconhecer ao impetrante a faculdade de obter, contra a União, pela via processual adequada, sentença líquida de condenação a reparação constitucional devida, pelas perdas e danos que se arbitrem." BRASIL: SUPREMO TRIBUNAL FEDERAL. MANDADO DE INJUNÇÃO N. 283/DF. RELATOR: Min. Sepúlveda Pertence. Plenário. DJ: 14.11.1991. p. 16.355.

(74) "Mandado de injunção. – Legitimidade ativa da requerente para impetrar mandado de injunção por falta de regulamentação do disposto no par. 7º do artigo 195 da Constituição Federal. – Ocorrência, no caso, em face do disposto no artigo 59 do ADCT, de mora, por parte do Congresso, na regulamentação daquele preceito constitucional. Mandado de injunção conhecido, em parte, e, nessa parte, deferido para declarar-se o estado de mora em que se encontra o Congresso Nacional, a fim de que, no prazo de seis meses, adote ele as providências legislativas que se impõem para o cumprimento da obrigação de legislar decorrente do artigo 195, par. 7., da Constituição, sob pena de, vencido esse prazo sem que essa obrigação se cumpra, passar o requerente a gozar da imunidade requerida". BRASIL. SUPREMO TRIBUNAL FEDERAL. MANDADO DE INJUNÇÃO N. 232/RJ. RELATOR: Min. José Carlos Moreira Alves. Plenário. DJ: 27.3.1992.

(75) Veja-se, como expoentes da técnica do "apelo ao legislador":
BRASIL. SUPREMO TRIBUNAL FEDERAL. MANDADO DE INJUNÇÃO N. 20/DF. RELATOR: Min. Celso de Mello. Plenário. DJ: 22.11.1996.
BRASIL. SUPREMO TRIBUNAL FEDERAL. MANDADO DE INJUNÇÃO N. 611/SP. RELATOR: Min. Sydney Sanches. Plenário. DJ: 29.11.2002.
BRASIL. SUPREMO TRIBUNAL FEDERAL. MANDADO DE INJUNÇÃO N. 515/TO. RELATOR: Min. Ilmar Galvão. Plenário. DJ: 2.8.2001.

A técnica do "apelo ao legislador", cuja ineficiência tornara-se patente após duas décadas de aplicação, conforme reconhecido expressamente pelos ministros do Supremo Tribunal Federal, veio a ser substituída pela atual sistemática a partir do julgamento conjunto dos Mandados de Injunção n. 670/ES, n. 708/PB e n. 712/PA, tendo por objeto a fruição do direito à greve por parte dos servidores públicos, assegurado no art. 7º, VII, da Constituição Federal.

Naquele julgamento, o Supremo Tribunal Federal reconheceu efetivamente a mora do Congresso Nacional no que tange à regulamentação do art. 7º, VII, da Carta Magna e, em vez de limitar-se a comunicá-la àquela casa, determinou a aplicação subsidiária da lei de greve dos trabalhadores do setor privado (Lei n. 7.783/89) aos movimentos paredistas perpetrados por servidores públicos, até a edição de norma específica por parte do Poder Legislativo da União.

Posteriormente, o Supremo Tribunal Federal manteve-se coerente com a tendência à aplicação de normas análogas a situações de lacunas legislativas inconstitucionais e, quando do julgamento do Mandado de Injunção n. 758/DF, determinou que o direito à contagem especial do tempo de serviço dos servidores públicos em atividades insalubres, assegurado no art. 40, § 4º, da Constituição Federal, seria regido pelos critérios estabelecidos no Regime Geral de Previdência Social para os trabalhadores do setor privado (Lei n. 8.213/1991), até a edição de lei específica por parte do Congresso Nacional.

Tal linha de entendimento – a atender plenamente ao sentido do princípio da separação dos poderes no contexto do Estado Social consagrado pela Constituição Federal de 1988 – veio a ser reafirmada pelo Supremo Tribunal Federal quando do início do julgamento dos Mandados de Injunção n. 943/DF, n. 1.010/DF, n. 1.074/DF e n. 1.090/DF, que têm por objeto, como visto, a mora legislativa de vinte e dois anos concernente à regulamentação do direito ao aviso-prévio proporcional ao tempo de serviço.

Reconheceu-se, na sessão plenária de 11.6.2011, que a mora legislativa apontada pelos impetrantes efetivamente subsistia até aquele momento e que sua colmatação demandaria o estabelecimento de critérios objetivos para o cálculo do aviso-prévio proporcional assegurado no art. 7º, XXI, da Constituição Federal. No decorrer da sessão, os ministros chegaram a cogitar algumas soluções compatíveis com a tendência firmada nos Mandados de Injunção n. 670/ES, n. 708/PB, n. 712/PA e n. 758/DF, sem, contudo, chegarem a um consenso, o que ensejou a suspensão do julgamento.

Tão logo aventada a possibilidade de tal solução por parte do Supremo Tribunal Federal, a Câmara dos Deputados procedeu à imediata reinserção em pauta do PLS n. 3.941/89, de autoria do Senador Carlos Chiarelli e, em 21.9.2011, aprovou o texto da proposição em referência, fixando o direito à contagem do aviso-prévio na proporção de três dias por ano, até o limite de noventa dias ao cabo de vinte e um anos. Com a ulterior transformação do projeto na Lei n. 12.506/2011, passou-se a discutir a hipotética perda de objeto dos Mandados de Injunção n. 943/DF, n. 1.010/DF, n. 1.074/DF e n. 1.090/DF, bem como dos processos com idêntico objeto.

Não obstante a promulgação da Lei n. 12.506/2011, esta se quedou omissa, conforme visto alhures, não só quanto ao cômputo do aviso-prévio proporcional em relação àquelas frações temporais inferiores ao ano (meses e dias) e em relação aos períodos de tempo de serviço superiores a vinte e um anos dedicados a um mesmo empregador, como também quanto à mora legislativa que ainda persiste em relação aos trabalhadores demitidos sem justa causa no período compreendido entre 5 de outubro de 1988 e 11 de outubro de 2011.

Diante de tal situação, faz-se mister perquirir, à luz dos princípios e das diretrizes axiológicas que subjazem ao art. 7º, XXI, da Constituição Federal, quais seriam os critérios a serem utilizados pelo Poder Judiciário para promover a colmatação das sobreditas omissões que ainda subjazem à Lei n. 12.506/2011, sem abdicar do entendimento recentemente consolidado pelo Supremo Tribunal Federal, a apontar, como visto, para a aplicação subsidiária, na espécie, de diplomas que guardam similitude de sentido com a matéria atingida pela mora legislativa.

Anteriormente à perquirição em concreto de tais critérios, cumpre reiterar que tal tarefa deverá se pautar, necessariamente, pelo conteúdo dos princípios e diretrizes declinados expressamente na Constituição Federal, a apontarem, como já destacado, para a "*proteção do trabalhador*" e para a conformação da livre-iniciativa empresarial à "*justiça social*" e à "*busca do pleno emprego*".

Dito de forma mais precisa, dever-se-á selecionar, dentre os critérios interpretativos passíveis de serem utilizados para a colmatação das omissões subjacentes à Lei n. 12.506/2011 e para a regulamentação do direito ao aviso-prévio proporcional titularizado pelos obreiros demitidos anteriormente à entrada em vigor do diploma legal em referência, aqueles que atendam, na maior medida possível, aos desígnios constitucionais em torno da proteção do trabalhador, da solidariedade social e da tutela do emprego, conforme se infere do magistério de Américo Plá Rodriguez a respeito da interpretação e da aplicação dos cânones do direito laboral:

> Se o legislador se propôs a estabelecer por meio da lei um sistema de proteção do trabalhador, o intérprete desse direito deve colocar-se na mesma orientação do legislador, buscando cumprir o mesmo propósito. Sob este aspecto, o princípio não aparece como estranho aos critérios que se aplicam em qualquer ramo do direito, nos quais o intérprete deve sempre atuar em consonância com a intenção do legislador. E num plano mais concreto (…) o Direito do Trabalho, embora não tenha provavelmente produzido métodos típicos de interpretação, tem sido e continua sendo o que dirige certo movimento interpretativo tendente a introduzir ou aprofundar no Direito Positivo

a ideia da solidariedade social. Trata-se daquela tendência geral que propende a igualar cada vez mais as condições da luta pelo direito em que se encontra o economicamente débil com as do homem opulento e a atenuar os rigores excessivos do direito individual, considerando-se o interesse social.[76]

Tal assertiva ganha ainda mais força tendo em vista o comando emanado do art. 5º da Lei de Introdução ao Código Civil (Decreto-Lei n. 4.657, de 4 de setembro de 1942), que, ao formular os cânones a orientarem a interpretação dos dispositivos do ordenamento jurídico pátrio, estabeleceu que, *"na aplicação da lei, o juiz atenderá aos fins sociais a que ela se dirige e às exigências do bem comum"*.

Ora, se os mecanismos consagrados na Constituição Federal de 1988 viabilizam cristalinamente a colmatação de omissões inconstitucionais por parte do Supremo Tribunal Federal e pelo Poder Judiciário em geral, não restam dúvidas de que a supressão da mora legislativa e a fixação dos critérios para tanto deverão pautar-se pelos fins sociais que subjazem ao direito fundamental carente de regulamentação, tal como ocorre na aplicação das leis existentes a que faz menção o art. 5º da Lei de Introdução ao Código Civil.

E os fins sociais que perpassam o art. 7º, XXI, da Constituição Federal são justamente aqueles que inspiraram o surgimento do Direito do Trabalho, bem assim a interferência do Estado na ordem econômica e que justificam a subsistência de tais pautas nos ordenamentos jurídicos democráticos. Desse modo, se tais cânones têm dentre seus propósitos a *"proteção do trabalhador"*, é essa finalidade que deverá nortear o Poder Judiciário na colmatação das omissões ainda subjacentes à Lei n. 12.506/2011 e na concretização do direito ao aviso-prévio proporcional para os trabalhadores demitidos entre 1988 e 2011.

Para além disso, a definição de tais critérios deverá ser matizada, irrefragavelmente, pelo mandato constante do próprio art. 7º, XXI, da Constituição Federal compreendido à luz do postulado da máxima eficácia dos direitos fundamentais (art. 5º, § 1º, da Carta Magna), a exigir, como visto, que os prazos concernentes ao aviso-prévio proporcional deverão guardar uma correlação efetiva com o tempo de serviço desempenhado pelos trabalhadores no âmbito de um mesmo empregador, conforme ressaltado no item 6.2.

No que concerne à mora legislativa que ainda persiste em relação aos trabalhadores demitidos no período compreendido entre 1988 e 2011, a solução a ser adotada pelo Poder Judiciário deverá, necessariamente, seguir a linha estabelecida pelo Supremo Tribunal Federal nos Mandados de Injunção n. 670/ES, n. 708/PB, n. 712/PA e n. 758/DF, a versarem, conforme visto, sobre as lacunas normativas concernentes ao exercício dos direitos de greve e de contagem especial do tempo de serviço para fins de aposentadoria por parte dos servidores públicos, tal como

---

(76) RODRIGUEZ, Américo Plá. *Op. cit.*, p. 86.

aventado pelo próprio Pretório Excelso quando do início do julgamento dos Mandados de Injunção n. 943/DF, n. 1.010/DF, n. 1.074/DF e n. 1.090/DF, na sessão de 11 de junho de 2011.

Nesse sentido, o parâmetro legislativo a ser utilizado pelo Poder Judiciário com vistas a assegurar a fruição do direito ao aviso-prévio proporcional por parte dos sobreditos trabalhadores faz-se representado, justamente, pela Lei n. 12.506/2011, cujo art. 1º veio a estabelecer, para o futuro, a correlação entre aquela garantia e o tempo de serviço na proporção de 3 (três) dias para cada ano de labor dedicado a uma mesma empresa.

Com a aplicação subsidiária da Lei n. 12.506/2011 a tais hipóteses pretéritas, os trabalhadores demitidos sem justa causa nos vinte e três anos que antecederam a edição do diploma legal em referência farão jus ao gozo do aviso-prévio proporcional ao tempo de serviço dentro dos mesmos prazos ali estabelecidos para o futuro, ou seja, na razão de três dias para cada ano laboral dedicado à mesma empresa.

Ao assim proceder, o Poder Judiciário não estará aplicando a Lei n. 12.506/2011 de forma retroativa, senão apenas utilizando suas diretrizes originalmente destinadas às demissões sem justa causa operacionalizadas após sua entrada em vigor, para a regulamentação do direito ao aviso-prévio proporcional ao tempo de serviço a que fazem jus os trabalhadores cujos vínculos laborais foram rescindidos entre 1988 e 2011 e, consequentemente, para a supressão da mora legislativa que ainda subsiste nesse particular.

Dito em outros termos, a solução ora aventada, antes de redundar na aplicação retroativa pura e simples da Lei n. 12.506/2011, nada mais significa do que o reconhecimento judicial da subsistência da mora legislativa concernente à regulamentação do art. 7º, XXI, da Constituição Federal para os trabalhadores demitidos entre 1988 e 2011 e a utilização daquele diploma legal como parâmetro para a fruição de tal direito por parte dos obreiros em referência, nos mesmos moldes implementados pelo Supremo Tribunal Federal quando do julgamento dos Mandados de Injunção n. 670/ES, n. 708/PB, n. 712/PA e n. 758/DF.

Ou seja, a edição da Lei n. 12.506/2011, ao estabelecer os parâmetros de cálculo para o aviso-prévio proporcional ao tempo de serviço, veio a suprir a sobredita mora legislativa tão somente para o futuro. Para os trabalhadores demitidos sem justa causa no interregno compreendido entre 5 de outubro de 1988 e 11 de outubro de 2011, a inconstitucionalidade por inação normativa suscitada nos autos dos Mandados de Injunção n. 943/DF, n. 1.010/DF, n. 1.074/DF e n. 1.090/DF ainda subsiste.

No que concerne especificamente às demais omissões que ainda subjazem à Lei n. 12.506/2011, importa recordar que o art. 7º, XXI, da Constituição Federal impõe ao legislador ordinário a observância estrita ao mandamento de "proporcionalidade aritmética", a apontar, conforme trabalhado no item 6.2, para a necessidade de que o tempo de serviço prestado por um empregador no âmbito de uma mesma empresa reflita diretamente nos prazos de aviso-prévio.

Justamente por tal razão, o Poder Judiciário, ao promover a colmatação das sobreditas omissões, deverá adotar mecanismos voltados para assegurar aos trabalhadores o cômputo do tempo de serviço excedente aos vinte e um anos estabelecidos como limite máximo na Lei n. 12.506/2001, bem como daquelas frações temporais inferiores ao ano, quais sejam, os dias e os meses, sob pena de malferimento não só ao próprio art. 7º, XXI, da Constituição Federal, como também ao postulado isonômico.

Nesse sentido, a progressão dos prazos de aviso-prévio deverá, necessariamente, ultrapassar aqueles noventa dias mencionados expressamente no art. 1º da Lei n. 12.506/2011, para os trabalhadores que contarem com mais de 21 (vinte e um) anos de tempo de serviço dedicados a um mesmo empregador, observando-se, para tanto, a seguinte proporção:

TEMPO DE SERVIÇO	PRAZO DE AVISO-PRÉVIO
1 (um) ano	30 (trinta) dias
2 (dois) anos	33 (trinta e três) dias
3 (três) anos	36 (trinta e seis) dias
4 (quatro) anos	39 (trinta e nove) dias
5 (cinco) anos	42 (quarenta e dois) dias
6 (seis) anos	45 (quarenta e cinco) dias
7 (sete) anos	48 (quarenta e oito) dias
8 (oito) anos	51 (cinquenta e um) dias
9 (nove) anos	54 (cinquenta e quatro) dias
10 (dez) anos	57 (cinquenta e sete) dias
11 (onze) anos	60 (sessenta) dias
12 (doze) anos	63 (sessenta e três) dias
13 (treze) anos	66 (sessenta e seis) dias
14 (catorze) anos	69 (sessenta e nove) dias
15 (quinze) anos	72 (setenta e dois) dias
16 (dezesseis) anos	75 (setenta e cinco) dias
17 (dezessete) anos	78 (setenta e oito) dias
18 (dezoito) anos	81 (oitenta e um) dias
19 (dezenove) anos	84 (oitenta e quatro) dias
20 (vinte) anos	87 (oitenta e sete) dias
21 (vinte e um) anos	90 (noventa) dias
22 (vinte e dois) anos	93 (noventa e três) dias
23 (vinte e três) anos	96 (noventa e seis) dias
24 (vinte e quatro) anos	99 (noventa e nove) dias
E assim sucessivamente.	

De igual modo, a colmatação das omissões ora apontadas pelo Poder Judiciário deverá levar em conta para o cálculo do aviso-prévio em razão do tempo de serviço os meses e os dias efetivamente trabalhados no âmbito de uma mesma empresa, e não apenas os anos completados. Do contrário, estar-se-á a malferir o mandamento de proporcionalidade aritmética constante do art. 7º, XXI, da Constituição Federal, na medida em que as referidas frações não contarão para o cômputo preciso da garantia ali consagrada, em afronta última ao próprio postulado isonômico, a exigir que empregados investidos em situações distintas sejam tratados diferentemente.

Para tanto, a proporção aritmética a ser observada para o cálculo dos meses e dos dias a integrarem o cômputo dos prazos de aviso-prévio deverá ser a mesma estabelecida no art. 1º da Lei n. 12.506/2011, qual seja, de três dias para cada ano, ou trezentos e sessenta e cinco dias trabalhados para o mesmo empregador.

A fim de ilustrar tal assertiva, considere-se a situação ilustrativa de um empregado que foi demitido após trabalhar por dois anos e duzentos dias no âmbito de uma mesma empresa. Nesse caso hipotético, a proporção legal aplicável àqueles duzentos dias, calculável após a aplicação de simples "regra de três", corresponderá a 1,64 (um inteiro e sessenta e quatro centésimos) de dia que, por sua vez, se traduzirá em um dia e quinze horas, aproximadamente, conforme atesta o esquema representativo do cálculo ora formulado:

TEMPO DE SERVIÇO (EM DIAS)	PRAZO DE AVISO-PRÉVIO
365 dias (1 ano)	3 dias
200 (duzentos) dias	X

Após a "regra de três": X = 1,64 dia, que corresponde a, aproximadamente, 1 (um) dia e 15 (quinze) horas.

Aplicando-se a proporção aritmética ora formulada ao exemplo mencionado acima, o trabalhador em questão fará jus a um prazo de aviso-prévio proporcional de trinta e quatro dias e quinze horas, após ter se dedicado àquela mesma empresa durante dois anos e duzentos dias. Nessa hipótese, o direito em referência terá correlação precisa com o tempo de serviço, de modo a atender com plenitude ao comando emanado dos artigos 7º, XXI, e 5º, *caput*, da Constituição Federal.

A solução ora aventada para a colmatação das omissões parciais subjacentes à Lei n. 12.506/2011 no que se refere à extensão do direito ao aviso-prévio proporcional para os trabalhadores com mais de vinte e um anos de tempo de serviço e à contagem das frações temporais inferiores ao ano encontra pleno respaldo na jurisprudência do Supremo Tribunal Federal.

Em hipóteses que guardam certo grau de similaridade com a presente, o Supremo Tribunal Federal tem colmatado as omissões parciais da legislação ordinária por intermédio da extensão do regime jurídico nela estabelecido para as situações que, por força de um mandamento constitucional expresso ou implícito, deveriam ter sido contempladas com a mesma solução normativa.

Nesse sentido, o Pretório Excelso, já em 1990, determinou, por ocasião do julgamento do Mandado de Injunção n. 58/DF, a extensão de regime de vencimentos para servidores que, muito embora não tenham sido contemplados de forma expressa, deveriam ter integrado normativa, sob pena de afronta ao princípio da isonomia. Transcreve-se, por oportuno, a ementa referente ao julgado em apreço:

> MANDADO DE INJUNÇÃO – PRETENDIDA MAJORAÇÃO DE VENCIMENTOS DEVIDOS A SERVIDOR PÚBLICO (INCRA/MIRAD) – ALTERAÇÃO DE LEI JÁ EXISTENTE – PRINCÍPIO DA ISONOMIA – POSTULADO INSUSCETÍVEL DE REGULAMENTAÇÃO NORMATIVA – INOCORRÊNCIA DE SITUAÇÃO DE LACUNA TÉCNICA – A QUESTÃO DA EXCLUSÃO DE BENEFÍCIO COM OFENSA AO PRINCÍPIO DA ISONOMIA – MANDADO DE INJUNÇÃO NÃO CONHECIDO.
>
> O princípio da isonomia, que se reveste de autoaplicabilidade, não é – enquanto postulado fundamental de nossa ordem político-jurídica – suscetível de regulamentação ou de complementação normativa. Esse princípio – cuja observância vincula, incondicionalmente, todas as manifestações do Poder Público – deve ser considerado, em sua precípua função de obstar discriminações e de extinguir privilégios (RDA 55/114), sob duplo aspecto: (a) o da igualdade na lei e (b) o da igualdade perante a lei. A igualdade na lei – que opera numa fase de generalidade puramente abstrata – constitui exigência destinada ao legislador que, no processo de sua formação, nela não poderá incluir fatores de discriminação, responsáveis pela ruptura da ordem isonômica. A igualdade perante a lei, contudo, pressupondo lei já elaborada, traduz imposição destinada aos demais poderes estatais, que, na aplicação da norma legal, não poderão subordiná-la a critérios que ensejem tratamento seletivo ou discriminatório. A eventual inobservância desse postulado pelo legislador imporá ao ato estatal por ele elaborado e produzido a eiva de inconstitucionalidade. Refoge ao âmbito de finalidade do mandado de injunção corrigir eventual inconstitucionalidade que infirme a validade de ato em vigor. Impõe-se refletir, no entanto, em tema de omissão parcial, sobre as possíveis soluções jurídicas que a questão da exclusão de benefício, com ofensa ao princípio da isonomia, tem sugerido no plano do direito comparado: (a) extensão dos benefícios ou vantagens as categorias ou grupos inconstitucionalmente deles excluídos; (b) supressão dos benefícios ou vantagens que foram indevidamente concedidos a terceiros; (c) reconhecimento da existência de uma situação ainda constitucional (situação constitucional imperfeita), ensejando-se ao Poder Público a edição, em tempo razoável, de lei restabelecedora do dever de integral obediência ao princípio da igualdade, sob pena de progressiva inconstitucionalização do ato estatal existente, porém insuficiente e incompleto.[77]

---

(77) BRASIL. SUPREMO TRIBUNAL FEDERAL. MANDADO DE INJUNÇÃO N. 58/DF. RELATOR: Min. Carlos Velloso. Plenário. DJ: 19.4.1991. p. 4.580.

Alguns anos depois, mais precisamente em 19.2.1997, quando do julgamento do Recurso Ordinário em Mandado de Segurança n. 22.307/DF, o Supremo Tribunal Federal reiterou tal posicionamento, ao discutir a constitucionalidade da Lei n. 8.622/1993, na parte em que concedia o reajuste de 28,86% (vinte e oito inteiros e oitenta e seis décimos) a título de revisão geral para determinadas categorias do serviço público e excluía outros grupos de tal benefício. Ao apreciar o pleito formulado pelos impetrantes, o Pretório Excelso concedeu a ordem requerida, sob o argumento de que a referida omissão parcial violara o princípio da isonomia e que, por tal razão, os servidores sonegados fariam jus à revisão de seus vencimentos/proventos/pensões naquele percentual:

RECURSO ORDINÁRIO – PRAZO – MANDADO DE SEGURANÇA – SUPREMO TRIBUNAL FEDERAL.

O silêncio da legislação sobre o prazo referente ao recurso ordinário contra decisões denegatórias de segurança, ou a estas equivalentes, como é o caso da que tenha implicado a extinção do processo sem julgamento do mérito – mandado de segurança n. 21.112-1/PR (AGRG), relatado pelo Ministro Celso de Mello, perante o Plenário, cujo acórdão foi publicado no Diário da Justiça de 29 de junho de 1990, à página 6.220 – é conducente à aplicação analógica do artigo 33 da Lei n. 8.038/90. A oportunidade do citado recurso submete-se à dilação de quinze dias.

REVISÃO DE VENCIMENTOS – ISONOMIA.

A revisão geral de remuneração dos servidores públicos, sem distinção de índices entre servidores públicos civis e militares, far-se-á sempre na mesma data – inciso X – sendo irredutíveis, sob o ângulo não simplesmente da forma (valor nominal), mas real (poder aquisitivo) os vencimentos dos servidores públicos civis e militares – inciso XV, ambos do artigo 37 da Constituição Federal.

(...)

O EXMO. SR. MINISTRO MARCO AURÉLIO (RELATOR):

(...)

Senhor Presidente, sob pena de caminhar-se para verdadeiro paradoxo, fulminando-se princípio tão caro às sociedades que se dizem democráticas, como é o da isonomia, não vejo como adotar óptica diversa em relação ao pessoal civil do Executivo Federal, já que o militar foi contemplado. (...) Houve revisão geral de vencimentos, deixando-se de fora os servidores civis. Apanhada esta deficiência e em face da autoaplicabilidade do preceito constitucional, Legislativo, inclusive o Tribunal de Contas da União, Judiciário e Ministério Público, cujos servidores integram o próprio Executivo, determinaram a inclusão do reajuste nas folhas de pagamento, tendo como data-base janeiro de 1993.

(...)

O EXMO. SR. MINISTRO MAURÍCIO CORRÊA:

(...)

Traduzindo o que ocorreu, pode-se dizer que a Lei n. 8.622/93 ao conceder o reajuste de 100% (cem por cento) para os servidores civis e militares da União, condicionou em seu artigo 4º que enviaria ao Congresso Nacional projeto de lei especificando os critérios para o reposicionamento dos servidores civis nas respectivas tabelas e a adequação dos postos, graduações e soldos dos servidores militares, tendo em vista as tabelas constantes dos Anexos I, II, III, IV e V da referida lei; todavia, na verdade o que se deu é que autorizou – note-se bem, autorizou na mesma revisão –, um percentual para os militares e para um pequeno segmento dos servidores civis, que implicou em uma discriminação, com relação a esses, de 28,86%.[78]

Vê-se, portanto, que a colmatação das omissões parciais subjacentes à Lei n. 12.506/2011 por parte do Poder Judiciário, nos moldes ora indicados, não só é recomendável à luz dos postulados constitucionais aplicáveis à temática do aviso-prévio proporcional ao tempo de serviço, como também encontra pleno respaldo na jurisprudência do Supremo Tribunal Federal.

Por isso mesmo, os trabalhadores individualmente considerados demitidos entre 5 de outubro de 1988 e 11 de outubro de 2011 encontram-se revestidos da possibilidade de ajuizarem reclamações trabalhistas tendo por objeto o reconhecimento do direito assegurado nos moldes da Lei n. 12.506/2011 e o cômputo dos prazos ali previstos em seus avisos-prévios concedidos ou indenizados.

Nesse mesmo sentido, os trabalhadores demitidos posteriormente à edição da Lei n. 12.506/2011 poderiam, a depender da situação, postular em sede de reclamação trabalhista tanto a extensão da progressão aritmética de três dias por ano trabalhado para os tempos de serviço superiores a vinte e um anos, quanto o cômputo dos meses e dias no cálculo do aviso-prévio proporcional.

A abordagem acerca dos mecanismos instrumentais aptos a ensejarem o reconhecimento do direito em referência para os sobreditos trabalhadores não pode prescindir, contudo, da formulação de considerações sobre a contagem dos prazos prescricionais em tais hipóteses, mormente porque a questão vem sendo amplamente discutida não só nos meios jurídicos, como também na imprensa.

Com efeito, o instituto jurídico da prescrição, em sua acepção técnica, é concebido como a perda da exigibilidade de um direito por intermédio de seu titular, em razão da inação deste combinada com o decurso de tempo. Com base em tal conceito, a contagem dos lapsos prescricionais somente terá início, evidentemente, quando a posição subjetiva do indivíduo em questão passar a ser exigível por intermédio de uma *actio nata*, ou seja, quando reunir condições para ser exercida diante de sua contraparte, conforme se infere do magistério clássico de Câmara Leal:

> Se a inércia é a causa eficiente da prescrição, esta não pode ter por objeto imediato o direito, porque o direito, em si, não sofre prescrição pela inércia de seu titular. O direito, uma vez adquirido, entra, como faculdade

---

(78) BRASIL. SUPREMO TRIBUNAL FEDERAL. RECURSO ORDINÁRIO NO MANDADO DE SEGURANÇA N. 22.307/DF. RELATOR: Min. Marco Aurélio. Plenário. DJ: 13.6.1997. p. 26.722.

de agir (*facultas agendi*), para o domínio da vontade de seu titular, de modo que o seu não uso, ou não exercício, é apenas uma modalidade externa dessa vontade, perfeitamente compatível com sua conservação. E essa potencialidade, em que se mantém pela falta de exercício, só poderá sofrer algum risco e vir a atrofiar-se se, contra a possibilidade de seu exercício a todo momento, se opuser alguém, procurando embaraçá-lo ou impedi-lo, por meio de ameaça ou violação. É, então, que surge uma situação antijurídica, perturbadora da estabilidade do direito, para cuja remoção foi instituída a ação, como custódia tutelar. É contra esta inércia do titular, diante da perturbação sofrida pelo seu direito, deixando de protegê-lo, ante a ameaça ou violação, por meio da ação, que a prescrição se dirige, porque há um interêsse social de ordem pública em que essa situação de incerteza e instabilidade não se prolongue indefinidamente.

(...)

Diante de tão clara elucidação, teremos que reconhecer que a prescrição só pode ter por objeto a ação, e não o direito, pôsto que êste sofra também os seus efeitos, porque ela, extinguindo a ação, o torna inoperante.

(...)

Sem exigibilidade do direito, quando ameaçado ou violado, ou não satisfeita a sua obrigação correlata, não há ação a ser exercitada; e sem o nascimento desta, pela necessidade de garantia e proteção ao direito, não pode haver prescrição, porque esta tem por condição primária a existência da ação.

Assim como a morte humana é um processo lento que se inicia com o começo da vida (...) assim a prescrição, que é a morte da ação, se inicia com o nascimento desta. Desde que o titular do direito pode exigi-lo ou defendê-lo, judicialmente, pondo em movimento a ação que o assegura, desde êsse instante começa a correr a prescrição desta, até se consumar pelo tempo, se a inércia do titular se prolongar, continuamente, durante todo o período ou prazo fixado pela lei como limite ao exercício da ação. [79]

No caso do aviso-prévio proporcional ao tempo de serviço previsto em termos genéricos no art. 7º, XXI, da Carta Magna, a exigibilidade de tal direito por parte de seus destinatários permaneceu obstada até a edição da Lei n. 12.506/2011, seja porque o Congresso Nacional não tinha regulamentado, até então, o dispositivo constitucional em apreço, ou porque o Supremo Tribunal Federal não havia estabelecido, quando do julgamento dos Mandados de Injunção n. 369/DF e n. 615/MA, os critérios para a fruição da garantia ali estabelecida, limitando-se a intimar o Poder Legislativo a proceder nesse sentido, na linha da técnica do "apelo ao legislador".

---

(79) LEAL, Antônio Luís da Câmara. *Da prescrição e da decadência. Teoria Geral do Direito Civil*. 2. ed. Rio de Janeiro: Forense, 1959. p. 24-26.

Diante disso, observa-se sem maiores dificuldades que os trabalhadores demitidos nos vinte e três anos anteriores ao advento da Lei n. 12.506/2011 não reuniam as condições necessárias para pleitear o direito ao aviso-prévio proporcional ao tempo de serviço, haja vista a carência absoluta de regulamentação do art. 7º, XXI, da Constituição Federal. Somente com o advento do referido diploma legal, em 11 de outubro de 2011, é que o requisito da "exigibilidade", a caracterizar o instituto da prescrição, surgiu para aqueles obreiros.

Por essa singela razão, os prazos prescricionais concernentes ao ajuizamento das demandas individuais e coletivas tendo por objeto o reconhecimento do direito ao aviso-prévio proporcional dos trabalhadores demitidos sem justa causa no período compreendido entre 1988 e 2011 somente se iniciarão a partir de 11 de outubro de 2011, quando do advento da Lei n. 12.506/2011.

Ressalte-se, por oportuno, que a solução em tela foi expressamente reconhecida pelo Poder Judiciário, com arrimo nas mesmas razões ora apresentadas, quando do julgamento das reclamações trabalhistas a versarem sobre o cômputo dos expurgos inflacionários das contas vinculadas ao Fundo de Garantia do Tempo de Serviço (FGTS) no cálculo das indenizações por demissão sem justa causa operacionalizadas anteriormente ao advento da Lei Complementar n. 110, de 29 de junho de 2001.[80]

A tempo, a Lei Complementar n. 110/2001 reconheceu o direito dos titulares das contas vinculadas ao FGTS à correção monetária dos valores ali depositados na proporção das perdas verificadas quando da edição dos planos econômicos das décadas de 1980 e 1990. Justamente porque a exigibilidade dos referidos expurgos

---

(80) O art. 4º da Lei Complementar n. 110/2001 autorizou a Caixa Econômica Federal a depositar nas contas vinculadas ao FGTS os valores correspondentes aos expurgos inflacionários verificados por ocasião dos planos econômicos que se sucederam entre 1988 e 1990, desde que os respectivos titulares firmassem acordos nesse sentido com aquela empresa pública.

Tal preceito significou o reconhecimento em torno do direito aos referidos créditos por parte do legislador ordinário.

Transcreve-se, por oportuno, o dispositivo em apreço:

"Art. 4º Fica a Caixa Econômica Federal autorizada a creditar nas contas vinculadas do FGTS, a expensas do próprio Fundo, o complemento de atualização monetária resultante da aplicação, cumulativa, dos percentuais de dezesseis inteiros e sessenta e quatro centésimos por cento e de quarenta e quatro inteiros e oito décimos por cento, sobre os saldos das contas mantidas, respectivamente, no período de 1º de dezembro de 1988 a 28 de fevereiro de 1989 e durante o mês de abril de 1990, desde que:

I – o titular da conta vinculada firme o Termo de Adesão de que trata esta Lei Complementar;

II – até o sexagésimo terceiro mês a partir da data de publicação desta Lei Complementar, estejam em vigor as contribuições sociais de que tratam os arts. 1º e 2º; e

III – a partir do sexagésimo quarto mês da publicação desta Lei Complementar, permaneça em vigor a contribuição social de que trata o art. 1º.

Parágrafo único. O disposto nos arts. 9º, II, e 22, § 2º, da Lei n. 8.036, de 11 de maio de 1990, não se aplica, em qualquer hipótese, como decorrência da efetivação do crédito de complemento de atualização monetária de que trata o *caput* deste artigo".

surgiu apenas com o advento do diploma em testilha, o Poder Judiciário reconheceu tal vicissitude (ocorrida em 29 de junho de 2001) como o marco inicial do prazo prescricional correspondente ao ajuizamento das reclamações trabalhistas a objetivarem o reflexo de tais valores nas indenizações pretéritas por demissão sem justa causa pagas aos trabalhadores.

A reiteração de tal posicionamento no âmbito das cortes trabalhistas levou a 1ª Subseção de Dissídios Individuais do Tribunal Superior do Trabalho a editar a Orientação Jurisprudencial n. 344, cujo teor vincula expressamente o marco inicial do prazo de prescrição para o ajuizamento das sobreditas ações ao advento da Lei Complementar n. 110/2001, nos seguintes termos:

> OJ-SDI1-344 FGTS. MULTA DE 40%. DIFERENÇAS DECORRENTES DOS EXPURGOS INFLACIONÁRIOS. PRESCRIÇÃO. TERMO INICIAL. Res. 175/2011, DEJT divulgado em 27, 30 e 31.05.2011.
>
> O termo inicial do prazo prescricional para o empregado pleitear em juízo diferenças da multa do FGTS, decorrentes dos expurgos inflacionários, deu-se com a vigência da Lei Complementar n. 110, em 30.06.01, salvo comprovado trânsito em julgado de decisão proferida em ação proposta anteriormente na Justiça Federal, que reconheça o direito à atualização do saldo da conta vinculada.

Vê-se, portanto, que o prazo prescricional de dois anos previsto no art. 7º, XXIX, da Constituição Federal deve ter por marco inicial, no caso das demandas a versarem sobre a fruição do direito ao aviso-prévio proporcional ao tempo de serviço por parte dos trabalhadores demitidos sem justa causa nos últimos vinte e três anos, a data de 11 de outubro de 2011, quando foi promulgada a Lei n. 12.506/2011.

Diante de todo o exposto, observa-se de plano que o papel do Poder Judiciário concernente à colmatação de omissões legislativas não só encontra amparo no princípio da separação de poderes consagrado no art. 2º da Constituição Federal, como também atende plenamente ao substrato axiológico que perpassa a Carta Magna de 1988, a caracterizar a República Federativa do Brasil como um Estado Social.

Por essa razão, o Poder Judiciário encontra-se autorizado pelos sobreditos princípios constitucionais a decidir as demandas levadas ao seu conhecimento por intermédio da colmatação das omissões totais ou parciais do Poder Legislativo que estejam em flagrante desacordo com os mandamentos emanados da Constituição Federal.

De modo idêntico, o Poder Judiciário encontra-se igualmente autorizado a reconhecer a mora legislativa nos casos concretos postos à sua análise e a proceder à aplicação subsidiária de normas concretas do ordenamento jurídico que guardam pertinência com o direito fundamental cuja fruição por parte de seus destinatários encontra-se obstado em função da inação oficial.

Sendo assim, as soluções ora propostas em torno da extensão da contagem do aviso-prévio proporcional para os trabalhadores demitidos sem justa causa no período compreendido entre 1988 e 2011 e em torno da colmatação das omissões que ainda subjazem à Lei n. 12.506/2011 não só logram a concretização plena do art. 7º, XXI, da Constituição Federal, como também permitem ao Poder Judiciário em geral e ao Supremo Tribunal Federal, em particular, manter-se coerente com a linha de entendimento adotada a partir do julgamento dos Mandados de Injunção n. 670/ES, n. 708/PB e n. 712/PA.

6.6. A CONCORDÂNCIA PRÁTICA ENTRE A REGULAMENTAÇÃO PLENA DO ART. 7º, XXI, DA CONSTITUIÇÃO FEDERAL E O PRINCÍPIO DA SEGURANÇA JURÍDICA (ART. 5º, *CAPUT*, DA CARTA MAGNA)

Tão logo levado a público o posicionamento do Supremo Tribunal Federal firmado no julgamento dos Mandados de Injunção n. 943/DF, n. 1.010/DF, n. 1.074/DF e n. 1.090/DF na sessão plenária de 11.6.2011, diversas entidades representativas do setor empresarial manifestaram-se, nos meios de comunicação, de forma contrária à regulamentação do art. 7º, XXI, da Constituição Federal e à fixação de critérios para a concessão do aviso-prévio proporcional por intermédio do órgão de cúpula do Poder Judiciário.

Para além do clássico argumento em torno do malferimento ao postulado da separação dos poderes, as entidades em referência argumentaram, em sucessivas oportunidades, que a regulamentação imediata do art. 7º, XXI, da Constituição Federal por parte do Supremo Tribunal Federal, na forma proposta em 11.6.2011, violaria o princípio da segurança jurídica, insculpido no art. 5º, *caput*, da Constituição Federal.

Nesse sentido, alegam os partidários de tal entendimento que a decisão que viria a ser proferida pelo Supremo Tribunal Federal naquela ocasião teria o condão de surpreender o empresariado de forma abrupta com a fixação de critérios para o cálculo do aviso-prévio proporcional, os quais não só aumentariam significativamente o custo da mão de obra, como também gerariam considerável passivo a ser custeado pelos empregadores.

Em complemento a tais assertivas, as entidades empresariais alegaram que o posicionamento indicado pelo Pretório Excelso nos Mandados de Injunção n. 943/DF, n. 1.010/DF, n. 1.074/DF e n. 1.090/DF teria frustrado as expectativas do setor em torno da necessidade de regulamentação do aviso-prévio proporcional por lei ordinária, tal como exigido no art. 7º, XXI, da Constituição Federal, carreando--lhes, com isso, ônus financeiro supostamente inesperado.

Em parcial acatamento a tais críticas, a Câmara dos Deputados antecipou-se em relação ao Supremo Tribunal Federal e, em 21.9.2011, procedeu à aprovação do Projeto de Lei do Senado n. 3.941/89 que, conforme visto alhures, fixou o direito ao aviso-prévio proporcional na razão de três dias por ano adicional trabalhado no âmbito de um mesmo empregador, até o limite de noventa dias, sem levar em consideração os trabalhadores demitidos nos vinte e três anos anteriores à sua edição, bem como os obreiros a contarem com tempo de serviço superior a vinte e um anos e sem computar em tal cálculo os dias e os meses.

Diante do contexto a permear a aprovação do PLS n. 3.941/1989 e a ulterior promulgação da Lei n. 11.506/2008, pode-se afirmar com segurança que uma eventual sinalização por parte do Poder Judiciário em torno da colmatação das sobreditas omissões normativas nos moldes apontados no item anterior ressuscitaria aquelas mesmas reclamações pautadas pela hipotética inadequação de tal solução aos postulados da separação dos poderes e da segurança jurídica.

Em que pesem as possíveis queixas a serem formuladas nesse sentido, importa ressaltar, anteriormente à sua refutação, que o princípio da segurança jurídica não se interpreta de modo isolado. Ao revés, o sentido do primado em referência no caso em análise deve ser perquirido em conjunto com os demais princípios aplicáveis à questão a envolver a concretização plena do art. 7º, XXI, da Constituição Federal, que, na espécie, são representados pelos postulados da proteção dos trabalhadores e pelos objetivos retromencionados que fundamentam e condicionam a ordem econômica.

Dito em outros termos, as premissas outrora formuladas pelas entidades patronais e que serão, certamente, renovadas na espécie partem do pressuposto de que o postulado da segurança jurídica teria absoluta preponderância no caso em apreço, o que redundaria, em última medida, no sacrifício total da força normativa emanada do art. 7º, XXI, da Constituição Federal e dos princípios que o permeiam, em nome daquele primado.

Trata-se, portanto, de uma visão completamente refratária ao postulado interpretativo da "concordância prática" a preconizar, em apertada síntese, que o caso em apreciação pelo Poder Judiciário, a envolver a aplicação de dispositivos constitucionais, deve ser resolvido à luz do conjunto das normas da Carta Magna incidentes à hipótese em concreto, buscando-se, sempre, o sentido unitário (total) e não meramente segmentário (isolado), do texto da Lei Maior, conforme bem asseveram Inocêncio Mártires Coelho e José Joaquim Gomes Canotilho:

> O princípio da harmonização ou concordância prática consiste, essencialmente, numa recomendação para que o aplicador das normas constitucionais, em se deparando com situações de concordância entre bens constitucionalmente protegidos, adote a solução que otimize a realização de todos eles, mas ao mesmo tempo não acarrete a negação de nenhum. [81]

(...)

---

(81) COELHO, Inocêncio Mártires. *Interpretação Constitucional*. 2. ed. Porto Alegre: Sergio Antônio Fabris Editor, 2003. p. 131.

Os princípios estruturantes têm, cada um *de per si*, um conteúdo específico, uma <<marca distintiva>>: o princípio democrático não é a mesma coisa que Estado de Direito, assim como o princípio republicano não se confunde nem com um nem com outro. Todavia, estes princípios actuam imbricadamente, completando-se, limitando-se e condicionando-se de forma recíproca.

(...)

As relações de complementaridade e condicionamento e imbricação entre os princípios estruturantes explicam o sentido da especificidade e concordância prática: a especificidade (conteúdo, extensão e alcance) própria de cada princípio não exige o sacrifício unilateral de um princípio em relação aos outros, antes aponta para uma tarefa de harmonização, de forma a obter--se a máxima eficácia de todos eles.[82]

Visto, portanto, que o princípio da concordância prática não confere respaldo às críticas em referência, cumpre perquirir, na sequência deste item, qual seria o significado do postulado da segurança jurídica diante das nuanças do caso ora analisado e em que medida o referido postulado se harmoniza, em concreto, com o comando do art. 7º, XXI, da Constituição Federal e com os princípios que o perpassam.

Nesse sentido, faz-se necessário, primeiramente, definir em que medida as diretrizes emanadas do princípio da segurança jurídica tutelam as pretensões expressadas pelas entidades patronais. Em outras palavras, trata-se de averiguar se os empresários e seus órgãos de representação coletiva possuem uma expectativa legítima em torno da inaplicabilidade da norma prevista no art. 7º, XXI, da Constituição Federal e da subsistência das omissões a perpassarem a Lei n. 12.506/2001.

Pois bem. O princípio da segurança jurídica, positivado no art. 5º, *caput*, da Constituição Federal, na vertente que envolve a tutela das expectativas dos cidadãos em face das alterações legislativas e jurisprudenciais capazes de afetar posições jurídicas legitimamente titularizadas por eles, encontra expressão no corolário da "proteção da confiança".[83]

Desse modo, para saber se a solução aventada neste trabalho para a colmatação das sobreditas omissões normativas e da supressão da mora legislativa que ainda perpassa a Lei n. 12.506/2001 tem o condão de lesionar o direito à segurança jurídica titularizado pelos empresários, é mister verificar se os requisitos a caracterizarem o postulado da "proteção à confiança" conferem respaldo às suas

---

(82) CANOTILHO, Joaquim José Gomes. *Direito Constitucional e Teoria da Constituição*, p. 1.185-1.187.

(83) Nas palavras de Hartmut Maurer:

"O princípio da proteção à confiança parte da perspectiva do cidadão. Ele exige que sua confiança na existência de regulações estatais e na segurança de atuação estatal, às quais suas esperanças e disposições se referem, seja considerada". MAURER, Hartmut. Trad.: HECK, Luís Afonso. *Contributos para o Direito do Estado*. Porto Alegre: Livraria do Advogado, 2007. p. 60-61.

pretensões em torno da repulsa à regulamentação de todos os aspectos pertinentes ao art. 7º, XXI, da Constituição Federal.

Dito em termos mais precisos, trata-se de formular, na espécie, as seguintes indagações: (1) Houve uma posição oficial, exarada pelas autoridades públicas, apta a gerar uma expectativa legítima por parte dos empresários em torno da latência indeterminada do direito assegurado no art. 7º, XXI, da Constituição Federal em sua plenitude? (2) Os empresários poderiam esperar, de boa-fé, que a garantia do aviso-prévio proporcional permanecesse sem regulamentação plena por mais de vinte e dois anos e que os trabalhadores demitidos nesse período ficassem alijados de tal direito?

A análise das vicissitudes fáticas ocorridas nesse longo lapso temporal atesta que a mesma resposta negativa se impõe para as duas perguntas acima formuladas. Com efeito, desde os primeiros anos de vigência da Constituição Federal de 1988, o Supremo Tribunal Federal havia se manifestado de forma preclara no sentido de que o Mandado de Injunção poderia ser impetrado independentemente de regulamentação por lei ordinária e que a mora do Congresso Nacional concernente à concretização de direitos fundamentais se reputaria inconstitucional.[84]

Nessa linha de entendimento – e conforme já visto alhures –, o Supremo Tribunal Federal, já em 19 de agosto de 1992 – há vinte e um anos, portanto –, atestou, por ocasião do julgamento do Mandado de Injunção n. 369/DF, que o Poder Legislativo encontrava-se em mora quanto à regulamentação do direito ao aviso--prévio proporcional e que tal omissão atentava contra a Constituição Federal.

Vê-se, diante disso, que o empresariado pátrio, já em 1992, podia inferir com clareza meridiana não só do julgamento do Mandado de Injunção n. 369/DF, como dos demais arestos proferidos pelo Supremo Tribunal Federal em sentido idêntico, que a mora na regulamentação do art. 7º, XXI, da Constituição Federal afigurava--se, desde já, inconstitucional, não sendo lídimo, portanto, supor que a subsistência de tal situação por mais tempo afigurava-se razoável e passível de gerar expectativas.

Tal certeza veio a ser reafirmada pelo Supremo Tribunal Federal em 2007, quando do julgamento do Mandado de Injunção n. 615/MA, em que a mora do Congresso Nacional no que concerne à regulamentação do art. 7º, XXI, da Constituição Federal foi novamente decretada.

---

(84) Nesse sentido:

BRASIL. SUPREMO TRIBUNAL FEDERAL. MANDADO DE INJUNÇÃO N. 232/RJ. RELATOR: Min. José Carlos Moreira Alves. Plenário. DJ: 27.3.1992.

BRASIL. SUPREMO TRIBUNAL FEDERAL. MANDADO DE INJUNÇÃO N. 361/RJ. RELATOR: Min. Sepúlveda Pertence. Plenário: DJ: 17.6.1994.

BRASIL. SUPREMO TRIBUNAL DEFERAL. MANDADO DE INJUNÇÃO N. 20/DF. RELATOR: Min. Celso de Mello. Plenário. DJ: 22.11.1996. p. 45.690.

Nem se diga que a Orientação Jurisprudencial n. 84 da Primeira Subseção de Dissídios Individuais do Tribunal Superior do Trabalho, cujo teor nega autoaplicabilidade ao art. 7º, XXI, da Constituição Federal, teria pacificado a questão em torno da hipotética inexistência do direito à fruição imediata do aviso-prévio proporcional, de modo a gerar no empresariado e em suas entidades representativas a legítima expectativa quanto à subsistência de tal estado de coisas até a regulamentação da matéria pelo Congresso Nacional.

De fato, não há como respaldar tal assertiva, porquanto o Tribunal Superior do Trabalho não detém, dentre suas competências, a prerrogativa de conferir, em última e definitiva instância, a interpretação acerca dos dispositivos constitucionais, razão pela qual não se poderia esperar, legitimamente, que o entendimento firmado na sobredita Orientação Jurisprudencial prevalecesse sobre qualquer outra posição firmada ulteriormente pelo Supremo Tribunal Federal em torno do sentido e do alcance do art. 7º, XXI, da Carta Magna.

E como se isso já não bastasse, o órgão competente para tanto – qual seja, o Supremo Tribunal Federal –, já vinha decidindo, há muito, que as omissões legislativas a impedir a fruição de direitos fundamentais afigurava-se inconstitucional e, de forma ainda mais específica, que a carência de regulamentação do art. 7º, XXI, da Carta Magna enquadrava-se nessa situação, de modo que o Congresso Nacional encontrava-se em mora com o dever de concretizar a garantia do aviso-prévio proporcional.

Nem há de se argumentar, de outro turno, que a adoção das soluções propostas no item anterior com vistas à colmatação das omissões subjacentes à Lei n. 12.506/2008 e à supressão da mora legislativa a afetar os trabalhadores demitidos sem justa causa entre 1988 e 2011 por parte do Poder Judiciário estaria a configurar situação de ineditismo ou mesmo de mudança abrupta na jurisprudência, cujo advento teria o condão de surpreender abruptamente o empresariado.

No que concerne à colmatação das omissões normativas, importa reiterar que o órgão de cúpula do Poder Judiciário – qual seja, o Supremo Tribunal Federal – vêm, há pelo menos vinte e um anos, reconhecendo a possibilidade de que aqueles lapsos normativos sejam supridos pela extensão das garantias previstas em um determinado regime jurídico por cidadãos que não foram por ele contemplados, muito embora deveriam tê-lo sido. Tal solução veio a ser efetivamente adotada pelo Pretório Excelso quando do julgamento do Mandado de Segurança n. 58/DF e do Recurso Ordinário no Mandado de Segurança n. 22.307/DF.

Quanto à supressão da mora legislativa por intermédio da utilização de legislação já existente no ordenamento jurídico como parâmetro para a fruição dos direitos sonegados pelo Congresso Nacional a determinados indivíduos, importa ressaltar que o Supremo Tribunal Federal vem, igualmente, utilizando tal solução de forma reiterada há pelo menos quatro anos, conforme observado no julgamento dos Mandados de Injunção n. 670/ES, n. 708/PB, n. 712/PA e n. 858/DF, já mencionados nos tópicos anteriores.

Vê-se, diante disso, que o empresariado brasileiro e suas entidades representativas possuíam plenas condições de antever a eminente regulamentação do direito ao aviso-prévio proporcional ao tempo de serviço em todas as suas nuanças protetivas, seja porque o Supremo Tribunal Federal havia, já em 1992, declarado a mora do Congresso Nacional em torno da regulamentação do art. 7º, XXI, da Constituição Federal, ou porque a jurisprudência firmada nos tribunais superiores já vem há muito consagrando as soluções ora aventadas.

Ainda que se considerem inovadoras as soluções ora vislumbradas – <u>o que se admite apenas a título meramente argumentativo</u> –, os empresários e suas entidades representativas não poderiam esperar, de boa-fé, que a mora do Congresso Nacional quanto à regulamentação do art. 7º, XXI, da Carta Magna prevalecesse indefinidamente.

Ao revés, a boa-fé objetiva não só impunha – como ainda impõe – aos empresários, na espécie, a adoção de postura apta a presumir que o direito ao aviso--prévio proporcional deve ser regulamentado em sua plenitude o quanto antes pelo Congresso Nacional, tendo em vista que o art. 7º, XXI, da Constituição Federal estabelece de forma preclara uma garantia fundamental e determina ao Poder Legislativo um comando inequívoco voltado para a sua concretização.

Por essa mesma razão, não poderia o empresariado supor que os empregados demitidos sem justa causa ao longo dos vinte e três anos em que o art. 7º, XXI, da Constituição Federal permaneceu sem qualquer regulamentação não fariam jus ao cômputo dos prazos de aviso-prévio proporcional nos moldes que viessem a ser definidos na futura legislação.

Do contrário, em prevalecendo a posição das entidades empresariais, estar-se--á a permitir que se considere como lícita uma expectativa notoriamente adversa ao teor do art. 5º, § 1º, da Constituição Federal, a determinar a aplicabilidade imediata dos direitos fundamentais, e ao próprio espírito da Carta Magna, pautado pela busca de uma sociedade "livre, justa e solidária", pela "dignidade humana" e, finalmente, pelo "valor social do trabalho".

Do exposto até então, observa-se de plano que os empresários e suas entidades representativas carecem de uma posição subjetiva digna de ser tutelada pelo princípio da "proteção da confiança" e, consequentemente, respaldada pelo valor da boa-fé objetiva. Por essa razão, não há como suscitar, em seu favor, o princípio da segurança jurídica para afastar a regulamentação do art. 7º, XXI, da Constituição Federal em todos os seus aspectos por parte do Poder Judiciário, nos moldes ora defendidos, conforme se infere do magistério de Hartmut Maurer e Valter Schuenquener de Araújo:

> Proteção à confiança significa, aqui, proteção da confiança do cidadão na existência e persistência de decisões estatais e outras condutas estatais; ela torna-se então atual, quando o estado, por conta do cidadão, quer desviar de suas decisões até agora ou de sua linha até agora. Em conformidade com isso,

na base do princípio da proteção à confiança está uma sucessão de três graus, ou seja, primeiro, um fundamento de confiança criado pelo estado ou, em todo o caso, por ele aprovado, segundo, uma conduta de confiança do cidadão digna de proteção referente a isso, e, terceiro, um desvio do estado, que decepciona a confiança do cidadão, do fundamento de confiança.

(...)

A proteção à confiança (...) não intervém, quando a confiança do cidadão na existência da regulação antiga não era digna de proteção, especialmente porque ele devia contar com uma regulação nova retroativa.[85]

(...)

Para que possa ser empregado, o princípio da proteção da confiança exige um comportamento ou ato estatal capaz de criar uma expectativa legítima no seu destinatário. Essa primeira condição diz respeito, portanto, à necessidade de existência de uma *base da confiança*. (*Existenz einer Vertrauensgrundlage*). Trata-se do comportamento, omissão ou ato normativo estatal (...) que origina a confiança. É o que vai servir para introduzir a confiança na mente dos particulares.

A base da confiança é, em linhas gerais, a medida estatal que atinge o particular. Independentemente da forma adotada, a manifestação de vontade do Estado é imprescindível para a existência de uma confiança digna de tutela.

(...)

Quanto à clareza da atuação estatal, merece ser destacado que ela será extremamente relevante para formar a base da confiança. O cidadão apenas será titular de uma legítima expectativa se a manifestação do Estado não for confusa nem duvidosa. (...) As promessas estatais somente geram um direito subjetivo, caso tenham sido exteriorizadas de modo firme, preciso e concreto.

(...)

Sem a presença da boa-fé objetiva (*guter Glauben*), o princípio da proteção à confiança não pode ser invocado. Nem mesmo o decurso do tempo poderá justificar a manutenção do ato com vício, uma vez que o conhecimento da ilegalidade ou da inconstitucionalidade é fator suficiente para caracterizar a má-fé do particular. Pouco importará quem tenha afastado as eventuais dúvidas quanto à ilicitude do ato. Se o particular tinha condições efetivas de prever o elevado risco de modificação de sua posição jurídica em razão de um vício do ato, sua expectativa não será legítima. Da mesma

---

[85] MAURER, Hartmut. *Op. cit.*, p. 65-79.

maneira, o particular que faltar com o seu dever geral de cautela (*Sorgfaltspflicht*) no reconhecimento da ilicitude deve ficar equiparado àquele que tinha conhecimento do vício.[86]

Nesse mesmo sentido, a jurisprudência iterativa do Supremo Tribunal Federal vem ressaltando que a expectativa legítima dos particulares em relação à subsistência de um ato ou situação implementada pelo Estado, fundada na boa-fé objetiva, é requisito essencial para a materialização do primado da proteção da confiança que subjaz ao princípio da segurança jurídica. Transcreve-se, a título exemplificativo, o aresto lavrado por ocasião do Mandado de Segurança n. 22.357/DF:

> EMENTA: Mandado de Segurança. Acórdão do Tribunal de Contas da União. Prestação de Contas da Empresa Brasileira de Infraestrutura Aeroportuária – INFRAERO. Emprego Público. Regularização de admissões. Contratações realizadas em conformidade com a legislação vigente à época. Admissões realizadas por processo seletivo sem concurso público, validadas por decisão administrativa e acórdão anterior do TCU. Transcurso de mais de dez anos desde a concessão da liminar no mandado de segurança. Obrigatoriedade da observância do princípio da segurança jurídica enquanto subprincípio do Estado de Direito. Necessidade de estabilidade das situações criadas administrativamente. Princípio da confiança como elemento do princípio da segurança jurídica. Presença de um componente de ética jurídica e sua aplicação nas relações jurídicas de direito público. Concurso de circunstâncias específicas e excepcionais que revelam: a boa-fé dos impetrantes; a realização de processo seletivo rigoroso; a observância do regulamento da Infraero, vigente à época da realização do processo seletivo; a existência de controvérsia, à época das contratações, quanto à exigência, nos termos do art. 37 da Constituição, de concurso público no âmbito das empresas públicas e sociedades de economia mista. Circunstâncias que, aliadas ao longo período de tempo transcorrido, afastam a alegada nulidade das contratações dos impetrantes.[87]

Uma vez constatada a inexistência de expectativa legítima do empresariado pátrio e de suas entidades representativas no que concerne à subsistência da mora legislativa a afetar o art. 7º, XXI, da Constituição Federal em relação aos trabalhadores demitidos anteriormente à edição da Lei n. 12.506/2011 e no que concerne à subsistência das omissões parciais a afetarem o diploma legal em referência, cumpre verificar como seria implementada, no caso em testilha, a concordância prática entre o princípio da segurança jurídica (art. 5º, *caput*, da Constituição Federal), de um lado, e o primado da proteção do trabalhador (art. 7º, *caput*, da Carta Magna) e a própria regra do aviso-prévio proporcional, do outro.

---

(86) ARAÚJO, Valter Shuenquener de. *O Princípio da Proteção da Confiança*. Niterói: Impetus, 2009. p. 83-91.

(87) BRASIL. SUPREMO TRIBUNAL FEDERAL. MANDADO DE SEGURANÇA N. 22.357/DF. RELATOR: Min. Gilmar Mendes. Plenário. DJ: 5.11.2004.

Nesse sentido, cumpre ressaltar, de pronto, que a adoção da alternativa proposta no item anterior – a apontar para a aplicação subsidiária dos critérios da Lei n. 12.506/2011 para os trabalhadores demitidos sem justa causa nos vinte e três anos anteriores à sua promulgação e para a supressão das omissões que ainda perpassam o referido diploma legal – logra conciliar plenamente os postulados em apreço.

Com efeito, o postulado constitucional da segurança jurídica restaria observado na medida em que, a partir de agora, os empresários e os trabalhadores teriam um parâmetro objetivo para calcular o aviso-prévio proporcional ao tempo de serviço ou a indenização devidos em cada situação específica, não só em relação aos atuais empregados, como também aos futuros e àqueles que, em função da mora legislativa, não puderam fruir, no passado, a garantia em referência, ao mesmo tempo em que a regra constante do art. 7º, XXI, da Constituição Federal seria plenamente atendida.

Paralelamente a isso, o reconhecimento em torno da data de edição da Lei n. 12.506, de 11 de outubro de 2011, como marco inicial do prazo de prescrição para o ajuizamento das ações individuais ou coletivas a versarem sobre o aviso-prévio proporcional ao tempo de serviço permitiria tanto aos trabalhadores, quanto aos empregadores, a visualização precisa do lapso temporal necessário para que o direito em apreço pudesse vir a ser pleiteado no âmbito do Poder Judiciário, eliminando, portanto, as incertezas ainda pendentes sobre a temática.

Ou seja, antes de malferir o primado da segurança jurídica, a solução ora proposta acaba por concretizá-lo em plena harmonia com o direito assegurado no art. 7º, XXI, da Carta Magna, eis que se estará a estabelecer, finalmente, um marco claro e bem definido para a estipulação do aviso-prévio proporcional, em sentido diametralmente oposto à situação de incerteza que perdurou nos últimos 23 (vinte e três) anos.

Nisso reside, exatamente, a concordância prática entre os dispositivos constitucionais em testilha, atendendo-se à reclamada necessidade de segurança e certeza por parte do empresariado quanto à clareza e à objetividade do ordenamento jurídico, ao mesmo tempo em que se deixará de sonegar à generalidade dos trabalhadores – tanto àqueles demitidos anteriormente à edição da Lei n. 12.506/2011, quanto aos que tiverem seu contrato rescindido após 11 de outubro de 2011 – o direito constitucional ao aviso-prévio proporcional ao tempo de serviço.

7

A Contagem do Aviso-Prévio Proporcional após a Decisão do STF de 6.2.2013: Entre Segurança Jurídica, Coerência e Integridade

Com o advento da decisão proferida pelo Supremo Tribunal Federal nos autos dos Mandados de Injunção n. 943/DF, n. 1.010/DF, n. 1.074/DF e n. 1.090/DF, em fevereiro de 2013, a limitar sobremaneira a utilização dos critérios constantes da Lei n. 12.506/2011 para as situações concretas verificadas nos vinte e três anos anteriores à promulgação do referido diploma legal, é natural que se indague a respeito das possibilidades práticas de aplicação das soluções propostas nos capítulos anteriores por parte do Poder Judiciário.

Nesse mesmo sentido, pode-se perfeitamente indagar qual a utilidade prática de tais elucubrações se o prazo prescricional de dois anos aplicável às reclamações trabalhistas nos termos propostos no item 6.5, a ter como marco inicial a data de publicação da Lei n. 12.506, de 11.10.2011 (art. 7º, XXVIII, da Constituição Federal), já se esgotou no transcurso do segundo semestre de 2013.

Enfim, pretende-se averiguar neste item se há espaço para que o Poder Judiciário promova a efetiva concretização do art. 7º, XXI, da Constituição Federal, segundo os parâmetros aqui indicados, dentro dos limites inerentes ao próprio ordenamento pátrio e tendo em vista, outrossim, os óbices advindos da decisão proferida pela mais alta corte pátria quando do julgamento dos Mandados de Injunção n. 943/DF, n. 1.010/DF, n. 1.074/DF e n. 1.090/DF em fevereiro de 2013 e, naturalmente, o cabedal de instrumentos jurídicos disponíveis para tal intento.

De fato, a reforma da sobredita decisão nos próprios autos daqueles mandados de injunção afigura-se demasiado dificultosa, haja vista não só a conclusão de seu julgamento de mérito, como também os estritos lindes do único recurso cabível na espécie, quais sejam, os embargos de declaração, oponíveis apenas com vistas à suplantação de omissões, contradições e obscuridades e inviáveis, a princípio, para promover a concessão de efeitos modificativos aos julgados recorridos.[88]

No entanto, nada obsta que a questão em torno das omissões parciais não sanadas pela Lei n. 12.506/2011 seja novamente submetida ao escrutínio do Poder Judiciário e, em especial, do Supremo Tribunal Federal, seja no âmbito do controle difuso, ou no bojo do controle concentrado de constitucionalidade. Nesse sentido, a propositura de Ação Direta de Inconstitucionalidade em face daquele diploma legal afigura-se plenamente cabível e eficaz para suplantar a mora legislativa que ainda subsiste em relação às matérias discorridas nos capítulos anteriores do presente estudo, desde que manejada de acordo com os requisitos de legitimidade exigidos pelo art. 103 da Constituição Federal.

Com efeito, as omissões inconstitucionais (totais e parciais) não só integram o objeto das ações diretas de inconstitucionalidade, a teor do art. 103, § 2º, da Carta Magna, como também vêm sendo efetivamente suplantadas pelo Supremo Tribunal Federal quando este depara com diplomas legais que, a pretexto de concretizar dispositivos da Constituição Federal, o fazem de maneira incompleta e insuficiente, conforme demonstrado alhures, ao se realizar menção às decisões proferidas pelo Pretório Excelso por ocasião do julgamento das ADIs 1.439/DF, 1.442/DF e 1.458/DF.

Não há impedimentos, portanto, para que a Lei n. 12.506/2011, demasiado tímida na concretização da garantia consagrada no art. 7º, XXI, da Constituição Federal, venha a ser questionada em sede de controle concentrado de constitucionalidade, por não ter estabelecido critérios de proporcionalidade aritmética, aptos a levarem em conta os meses e os dias no cálculo do aviso-prévio proporcional, por não ter estendido seus critérios de proporcionalidade para aqueles empregados a contarem com mais de vinte anos de tempo de serviço dedicado a uma mesma empresa e, principalmente, por ter se omitido quanto à sua incidência retroativa às situações consolidadas nos longos vinte e três anos que antecederam sua tardia promulgação.

No âmbito do controle difuso de constitucionalidade, mantém-se íntegra a possibilidade de impetração de novos mandados de injunção individuais e coletivos perante o Supremo Tribunal Federal com vistas à colmatação das lacunas normativas que ainda perpassam a Lei n. 12.506/2011. Nesse particular, há de se ressaltar que a decisão proferida pelo Pretório Excelso em 6.2.2013, nos autos dos Mandados de Injunção n. 943/DF, n. 1.010/DF, n. 1.074/DF e n. 1.090/DF, não possui efeito vinculante e nem tampouco eficácia *erga omnes*, pois, conforme

---

(88) Registre-se, a propósito, que as partes dos Mandados de Injunção n. 943/DF, n. 1.010/DF, n. 1.074/DF e n. 1.090/DF opuseram, efetivamente, embargos de declaração cuja apreciação por parte do Pretório Excelso ainda se encontra pendente.

Os referidos recursos foram opostos, respectivamente, em 20.5.2013, 7.5.2013, 15.5.2013 e 29.4.2013.

assentado expressamente pela Corte Suprema no Mandado de Injunção n. 721/DF, "*tratando-se [o mandado de injunção] de processo subjetivo, a decisão possui eficácia considerada a relação jurídica nele revelada*".[89]

Sendo assim, subsiste, pelo menos em abstrato, a possibilidade de que o Supremo Tribunal Federal, ao tomar conhecimento de novos mandados de injunção a versarem a questão, proceda à alteração do posicionamento lavrado quando do julgamento dos Mandados de Injunção n. 943/DF, n. 1.010/DF, n. 1.074/DF e n. 1.090/DF e estabeleça concretamente, naqueles eventuais novos casos, os mecanismos de cômputo do aviso-prévio proporcional nos moldes ora indicados, segundo critérios de proporcionalidade aritmética. A questão, nesse particular, será objeto de análise pormenorizada, mais adiante.

Há, ainda, a possibilidade de que a questão em torno da aplicação da Lei n. 12.506/2011 venha a ser discutida no bojo das reclamações trabalhistas ajuizadas entre 11.10.2011 e 11.10.2013, valendo-se do entendimento a propalar que o início do prazo prescricional coincidiu, na espécie, com a data de publicação daquele diploma legal.

Nesse ponto específico, não há como desprezar o volume de demandas propostas em tal lapso temporal, mormente nos meses que sucederam o advento da Lei n. 12.506/2011, quando vários sindicatos profissionais, bem como trabalhadores individualmente considerados, ajuizaram reclamações trabalhistas cuja quantidade se estima em milhares. Tais processos podem vir a gerar, no futuro, recursos de revista e recursos extraordinários que terão o condão de submeter a questão, novamente, ao escrutínio do Tribunal Superior do Trabalho e do Supremo Tribunal Federal.

Não obstante a existência de instrumentos aptos a reabrir a discussão em torno da matéria no ordenamento jurídico pátrio, a análise da situação constituída posteriormente ao julgamento dos Mandados de Injunção n. 943/DF, n. 1.010/DF, n. 1.074/DF e n. 1.090/DF se afiguraria perfunctória sem uma avaliação a respeito das possibilidades práticas de reformulação – ou mesmo de aperfeiçoamento – do entendimento extremamente restritivo, a nosso ver, firmado em fevereiro de 2013 no âmbito do Supremo Tribunal Federal.

Nesse diapasão, a primeira questão a ser enfrentada diz respeito a um dado histórico muito prezado pelo Poder Judiciário desde as origens da teoria da separação dos poderes e do constitucionalismo moderno, a saber: a exigência de estabilidade e de certeza quanto ao teor das decisões judiciais, no afã de evitar que o alvedrio dos juízes, e não a "letra da lei", seja o fator determinante para que questões tidas por idênticas sejam julgadas de forma distinta. Se no sistema romano-germânico

---

(89) BRASIL. SUPREMO TRIBUNAL FEDERAL. MANDADO DE INJUNÇÃO N. 721/DF. RELATOR: Min. Marco Aurélio. Plenário. DJ: 30.11.2007.

tal ideário foi compreendido no conceito clássico de "segurança jurídica", no direito anglo-saxão, ele se fez representado pelo brocardo *stare decisis*.⁽⁹⁰⁾

No entanto, tal ideia, muito embora importante inclusive nos dias de hoje, não deve ser erigida como óbice intransponível para que entendimentos jurisprudenciais sejam revistos diante de novas situações não vislumbradas ou apreciadas quando do *leading case*, ou mesmo em face de novos argumentos que não foram discutidos naquela ocasião, mormente porque tanto a concepção clássica a apregoar a universalidade e a infalibilidade dos códigos, quanto o ideário positivista a propalar o fechamento do direito em si mesmo não mais fornecem respostas satisfatórias no atual contexto de complexidade a circundar o sistema jurídico.⁽⁹¹⁾

---

(90) Sobre o conceito de *stare decisis*, Oliver P. Field assinala que:

"A doutrina do precedente, ou *stare decisis*, é aquela a apregoar que a corte deveria se sentir vinculada a proceder à aplicação das regras da maneira que elas foram aplicadas nos casos concretos anteriores, salvo se as fontes daquelas regras ou as regras mesmas sofreram alterações, ou as condições nas quais elas operaram foram significativamente alteradas, de modo que uma decisão diferente deveria ser obtida.

(…)

A ideia por detrás da doutrina do precedente é aquela concernente à estabilidade, tal como ocorre com a coisa julgada, sendo, no entanto, mais genérica no caso do *stare decisis*. Ambas as doutrinas são fundadas em uma política pública a favorecer a estabilidade no âmago do sistema judicial".

No original: "The doctrine of precedent, or stare decisis, has it that the court *should* feel bound to apply the rules as they were applied in the earlier case unless the sources of those rules or the rules themselves have changed, or the conditions in which they operated have altered, só much that a different decision should be reached.

(…)

The idea underlying the doctrine of precedent is that of the stability, just as in that of the res adjudicata, but is more generalized in stare decisis. Both these doctrines are founded upon a public policy favoring stability in the legal system". FIELD, Oliver P. *The effect of an unconstitutional statute*. New York: Da Capo Press, 1971. p. 151.

(91) Tal preocupação é exposta por Jorge Amaury Maia Nunes nos seguintes termos:

"Não pode o cidadão ficar a mercê do justo pessoal do magistrado. Seu direito é o de que o magistrado revele a decisão que ele supõe já estar contida na norma jurídica. Não há negar, entretanto, que em última análise o magistrado prolator da decisão final é o árbitro da certeza do direito, razão mais que suficiente para que a doutrina coloque em dúvida a higidez de seu proceder. Deveras, o poder do juiz de criar e dizer o direito para o caso concreto, em última instância, é potencialmente perigoso e desde há muito vem sendo questionado em sede de doutrina, mercê de todos os aspectos em certo sentido incontroláveis que concorrem para a formação da decisão judicial.

(…)

A idade do ouro da certeza do Direito, feita de lógica, de uma lógica binária, dominada pelo princípio da não contradição e do terceiro excluído, coincide com o predomínio da jurisprudência dos conceitos, na suposição de que qualquer situação poderia ser subsumida nas regras de direito existentes; daí que toda incerteza seria afastada. Na idade do ferro da certeza do direito, em que a sociedade hoje se encontra, a certeza foi substituída pela incerteza, pela dúvida, atingida pela era 'pós-moderna que designa, precisamente, o fim das ilusões'.

(…)

Não se trata aqui de relegar as ideias de "segurança jurídica" e de "estabilidade" a um segundo plano, mas de conferir-lhes um significado mais condizente com o atual estágio do direito, em que não só se reconhecem aos princípios conteúdos institucionais derivados de sua evolução histórica, como também se lhes confere um papel central na resolução das controvérsias a serem sanadas em concreto pelos operadores jurídicos.

Nesse diapasão, a noção de "segurança jurídica" consagrada no art. 5º, *caput*, da Constituição Federal, em vez de ser formada apenas pela ideia clássica de manutenção dos posicionamentos tradicionalmente consagrados no âmbito do Poder Judiciário, passa a agregar em seu núcleo conceitual as ideias de "coerência" e de "integridade", no sentido trabalhado por Ronald Dworkin no Capítulo 4 de seu *Taking Rights Seriously*, a propalar a existência de uma cadeia vinculante de sentidos formada pelos elementos históricos que inspiraram, no passado, a superveniência dos princípios e regras e pelos significados a eles agregados pelos operadores do direito na resolução dos diversos casos concretos apresentados ao longo do tempo.[92]

Hoje (...) tanto faz que se trate de ordenamentos jurídicos de tradição romano-germânica (de direito codificado) ou do sistema de *common law*, o entendimento é o mesmo. A previsibilidade da decisão judicial passa por momentos de angústia e incerteza. O entendimento de que o juiz deveria ser apenas a boca que pronuncia as palavras da lei foi substituído por outros em que a liberdade da aplicação da lei pelo magistrado é ampla, seja em obediência à hermenêutica clássica, seja em atenção à teoria da argumentação, seja em atenção à escola do Direito Alternativo". NUNES, Jorge Amaury Maia. *Segurança jurídica e súmula vinculante*. São Paulo: Saraiva, 2010. p. 94-96.

A despeito da posição expressada pelo autor, acreditamos que as ideias de "coerência" e "integridade" formuladas por Dworkin podem auxiliar sobremaneira na compreensão do sistema jurídico na atualidade, em superação ao fetiche codificação, caracterizado pela pretensão de acobertar, com dispositivos abstratos, toda e qualquer situação constatável no mundo dos fatos.

(92) Segundo Dworkin:

"O direito como integridade (...) tem início no presente e leva em consideração o passado apenas e na medida em que o foco contemporâneo exige. Ele não pretende recapturar, mesmo para o direito do presente, os ideais ou propósitos práticos dos políticos que primeiramente o criaram. Ele pretende, ao revés, justificar o que eles [os políticos] fizeram, e até mesmo o que eles disseram, em uma história abrangente contada à luz do contexto do presente, ou seja, uma história com um apelo complexo: o de que a prática do presente pode ser organizada e justificada por princípios suficientemente atrativos para promover um futuro honroso.

(...)

O direito como integridade requer dos juízes que eles assumam, da melhor maneira possível, que o direito é estruturado em um conjunto coerente de princípios que traduzem as ideias de justiça, equidade e devido processo legal, que requer daqueles juízes que os leve em consideração nos novos casos concretos que lhes são submetidos, de modo que cada situação pessoal é equânime e justa segundo os mesmos padrões principiológicos. Tal estilo de aplicação do direito respeita a ambição que a integridade assume, a ambição de ser uma comunidade de princípios. (...) O direito como integridade, então, requer dos juízes que eles testem suas interpretações de alguma parte da grande rede de estruturas políticas e de decisões de sua comunidade, indagando se essas interpretações poderiam vir a formar parte de uma teoria coerente sobre aquela rede como um todo.

(...)

Desse modo, serão "coerentes" e "íntegras", no sentido dworkiniano do termo, as decisões judiciais que lograrem desvelar o sentido e o alcance dos princípios e regras aplicáveis aos casos concretos, por meio da "reconstrução" daquelas normas à luz das peculiaridades das situações surgidas no contexto cambiante da realidade fática. Com isso, assegura-se, ao mesmo tempo, a observância do conteúdo histórico-institucional dos postulados a integrarem o ordenamento jurídico, sem descuidar das vicissitudes contemporâneas e futuras que desafiam e desafiarão sua incidência nos novos casos, de modo a garantir, ao fim e ao cabo, a própria "evolução coerente" do direito.

À medida que as novas soluções forem admitidas no seio do sistema jurídico, por se mostrarem coerentes com este, seus enunciados serão agregados ao conteúdo institucional dos princípios e passarão, ao lado daquelas pautas já existentes, a servir como diretrizes vinculantes dos intérpretes/aplicadores quando da resolução dos futuros casos concretos. Desse modo, o conjunto de princípios se manterá, ao mesmo tempo, íntegro e aberto a novas definições.

Em suma, no contexto de uma ordem jurídica circundada por uma realidade cada vez mais complexa e desafiadora, o conceito de "segurança jurídica" – ou *fairness* na acepção dworkiniana – não pode significar outra coisa senão o mandamento de observância à "coerência" e à "integridade", nos termos ora apontados. Sendo assim, antes de zelar pela cristalização estagnativa dos entendimentos jurisprudenciais, a "segurança jurídica" deve ser compreendida como o mandamento de vivificação constante do sentido inerente aos princípios, das regras e

---

Os juízes que aceitam o ideal interpretativo da integridade decidem os casos difíceis tentando encontrar, em um conjunto coerente de princípios concernentes aos direitos e deveres dos indivíduos, a melhor interpretação construtiva das estruturas políticas e jurídicas de sua comunidade".

No original: "Law as integrity (...) begins in the present and pursues the past only so far as and in the way its contemporary focus dictates. It does not aim to recapture, even for the present law, the ideals os practical purposes of the politicians who first created it. It aims rather to justify what they did (sometimes including, as we shall see, what they said) in a overall story worth telling now, a story with a complex claim: that present practice can be organized by and justified in principles sufficiently attractive to provide an honorable future.

(...)

Law as integrity asks judge to assume, so far as this is possible, that the law is structured by a coherent set of principles about justice and fairness and procedural due process, and it asks them to enforce these in the fresh cases that comes before them, so that each person's situation is fair and just according to the same standards. That style of adjudication respects the ambition integrity assumes, the ambition to be a community of principles. (...) Law as integrity, then, requires a judge to test his interpretation of any part of the great network of political structure and decisions of his community by asking whether it could form part of a coherent theory justifying the network as a whole.

(...)

Judges who accepts the interpretative ideal of integrity decide hard cases by trying to find, in some coherent set of principles about people's rights and duties, the best constructive interpretation of the political structure and legal doctrine of their community". DWORKIN, Ronald. *Law's Empire*. Cambridge: Bellknap Harvard, 1986. p. 227-255.

das próprias decisões anteriores à luz dos casos concretos advindos desse mundo fático cada vez mais cambiente, conforme asseveram Menelick de Carvalho Netto e Guilherme Scotti:

> A teoria jurídica de Ronald Dworkin busca superar os desafios e as perspectivas colocadas pelas teorias *hermenêuticas, realistas e positivistas*. Dworkin se propõe a lidar com o direito de uma perspectiva deontológica – a pressupor a *possibilidade* e a *necessidade* da fundamentação das decisões em termos de *correção normativa* –, atribuindo ao ordenamento jurídico a dupla tarefa de garantir simultaneamente os requisitos de *segurança jurídica (fairness* e *due process* – respeito aos procedimentos e às regras preestabelecidas) e de *justiça* (correção normativa substantiva, tendo-se em vista o *conteúdo moral* dos direitos fundamentais democraticamente positivados).
>
> (...)
> Concebendo o ordenamento jurídico como composto fundamentalmente por *princípios,* que estruturalmente não buscam esgotar de forma autorreferencial suas possibilidades de aplicação, Dworkin busca *no interior do próprio direito* as respostas para questões supostamente apontadoras de 'lacunas' no ordenamento (ausência de regramento específico). O recurso à história institucional e ao pano de fundo compartilhado de sentidos também se faz necessário mas, ao contrário da *hermenêutica,* esse arcabouço não deve ser apreendido como tradição *inescapável,* já que a própria atribuição de conteúdo moral (abstrato e universal) aos direitos fundamentais positivados oferece uma perspectiva crítica – um crivo de validade – para a consideração das tradições e da possibilidade de sua recepção para a solução de casos atuais."[93]

A questão em torno da "coerência" e da "integridade" do ordenamento jurídico *versus* a observância irrestrita e cristalizada de enunciados jurisprudenciais pretéritos (ou, *stare decisis,* na concepção da *common law)* perpassou o entendimento formulado pela Suprema Corte Norte-Americana no caso *State Oil Co. vs. Khan* em 1997. Discutiu-se naquele julgado, em apertada síntese, se a norma formulada no precedente *Albrecht v. Herald Co.,* de 1968 – cujo teor invalidou de *per se* todo e qualquer arranjo comercial implementado pelos fornecedores de produtos no sentido de estabelecerem, para seus revendedores, um preço máximo de venda no varejo – admitiria exceções em casos concretos cujas nuanças não poderiam ser previstas originalmente naquela ocasião e muito menos quando da lavratura da lei antitruste norte-americana *(Sherman Act),* de 1890.

Nessa oportunidade, a Suprema Corte norte-americana pontificou que o mandamento de observância à *common law* por parte dos juízes, presente originalmente

---

(93) CARVALHO NETTO, Menelick de; SCOTTI, Guilherme. *Os direitos fundamentais e a (in)certeza do direito.* Belo Horizonte: Editora Fórum, 2011. p. 69-70.

no *Sherman Act,* antes de representar a repetição mecânica dos precedentes jurisprudenciais e das razões a ensejarem o advento daquele diploma legal no século XIX, quer significar, para muito além disso, a observância ao próprio sistema jurídico norte-americano e a seus enunciados que, por serem formados por uma textura aberta, admitem em seu âmago novas acepções conceituais, desde que estas sejam "coerentes" e "íntegras", no sentido ora exposto:

> Não obstante aquilo que o Juiz Posner apropriadamente descreveu como sendo as "enfermidades e as bases cada vez mais vacilantes" subjacentes ao caso *Albrecht* (...) ainda remanesce a indagação a perquirir se o caso *Albrecht* merece ser respeitado sob a doutrina do *stare decisis.*
>
> (...)
>
> Nós costumamos nos mover em direção a possíveis mudanças de entendimentos com extrema cautela, pois o *stare decisis* reflete um julgamento político a propalar que em muitas questões é mais importante que o entendimento formulado em torno de um comando legal seja reafirmado em concreto do que seja ele reinstalado. (...) Assim se prefere porque tal opção promove o desenvolvimento dos princípios de forma imparcial, previsível e consistente, para além de promover a observância às decisões judiciais e de contribuir para a integridade atual e conhecida do processo judicial. (...) Esta Corte expressou sua relutância em sobrepor decisões a envolverem a interpretação de normas (...) e tem reconhecido que as preocupações concernentes ao *stare decisis* têm como alvo os casos paradigmáticos a envolverem direitos reais e contratuais. (...) Ambas as preocupações em questão são relevantes neste caso.
>
> No entanto, o *stare decisis* não constitui um comando inexorável. Na seara do direito antitruste, há um interesse em choque, muito bem representado nas decisões provenientes desta Corte que o reconheceram e o adaptaram às circunstâncias cambiantes em face das lições advindas de sua experiência acumulada. Assim, a presunção geral de que as mudanças legislativas devem ser deixadas ao Congresso possui menos força no que diz respeito ao *"Sherman Act"*, haja vista que o Congresso espera que a Corte confira forma àquela norma em função do amplo mandato que possui para forjar a tradição do *"common law".*
>
> (...)
>
> Como nós já havíamos explicado, o termo "restrição de comércio" utilizado no § 1º [do *"Sherman Act"*] invoca a *"common law"* em si mesma, e não apenas o conteúdo estático que o direito conferiu àquele termo em 1890. (...) Muito embora nós não tenhamos assumido que as realidades econômicas subjacentes às decisões precedentes tenham mudado, ou de que as percepções judiciais acerca daquelas realidades tenham incidido em erro, nós notamos que diferentes tipos de acordo podem vir a restringir o comércio em

circunstâncias e períodos de tempo variáveis e que, por tal razão, não faria sentido transformar um simples termo como "restrição de comércio" em um estatuto esquizofrênico, cuja razoabilidade estaria ligada sempre a uma presunção de ilegalidade a permanecer fixada para todo sempre, independentemente das novas circunstâncias e dos novos conhecimentos.

(...)

Embora a regra fixada no caso *Albrecht* tenha permanecido eficaz por algum tempo, a análise que devemos implementar deve considerar o efeito das legislações antitruste sobre distribuição vertical de restrições no atual contexto da economia norte-americana. (...) E agora que nós estamos confrontando os fundamentos fixados no caso *Albrecht* diretamente, nós entendemos que suas concepções basilares encontram-se gravemente prejudicadas.

(...)

Ao sobrepujar o entendimento fixado no caso *Albrecht*, nós não estamos, é claro, estabelecendo que toda e qualquer fixação vertical do preço máximo, tal como ocorre na maioria dos acordos comerciais sujeitos à legislação antitruste, deveriam ser apreciados segundo a razoabilidade. No nosso entendimento, a análise a ser implementada sob tal "regra de razoabilidade" deverá efetivamente identificar [e distinguir] aquelas situações em que a fixação vertical de um preço máximo configura conduta atentatória à livre concorrência.[94]

---

(94) No original:

"Despite what Chief Judge Posner aptly described as *Albrecht*'s "infirmities, [and] its increasingly wobbly, moth-eaten foundations," (...), there remains the question whether *Albrecht* deserves continuing respect under the doctrine of *stare decisis*.

(...)

We approach the reconsideration of decisions of this Court with the utmost caution. *Stare decisis* reflects "a policy judgment that 'in most matters it is more important that the applicable rule of law be settled than that it be settled right.' " (...). It "is the preferred course because it promotes the evenhanded, predictable, and consistent development of legal principles, fosters reliance on judicial decisions, and contributes to the actual and perceived integrity of the judicial process." (...) This Court has expressed its reluctance to overrule decisions involving statutory interpretation, (...)and has acknowledged that *stare decisis* concerns are at their acme in cases involving property and contract rights, (...) Both of those concerns are arguably relevant in this case.

But "[s]*tare decisis* is not an inexorable command." In the area of antitrust law, there is a competing interest, well-represented in this Court's decisions, in recognizing and adapting to changed circumstances and the lessons of accumulated experience. Thus, the general presumption that legislative changes should be left to Congress has less force with respect to the Sherman Act in light of the accepted view that Congress "expected the courts to give shape to the statute's broad mandate by drawing on common-law tradition." (...) As we have explained, the term "restraint of trade," as used in §1, also "invokes the common law itself, and not merely the static content that the common law had assigned to the term in 1890. (...)

Although we do not "lightly assume that the economic realities underlying earlier decisions have changed, or that earlier judicial perceptions of those realities were in error," we have noted that "different

Entre nós, muito embora o Supremo Tribunal Federal nunca tenha levado em consideração expressamente os conceitos de "coerência" e "integridade" para a formulação de suas decisões, houve ocasiões em que a corte procedeu à revisão de sua jurisprudência após implementar uma análise mais detida a respeito dos componentes histórico-institucionais das normas constantes da Constituição Federal, sob óticas até então inéditas.

Como exemplo de tal situação, tem-se o julgamento da Ação Direta de Inconstitucionalidade n. 3.772/DF, de 2008, em que o Supremo Tribunal Federal modificou o entendimento consagrado em sua Súmula n. 726, passando a encampar a tese de que a aposentadoria especial dos docentes, prevista no art. 40, § 5º, da Constituição Federal, não se limitava aos professores em efetivo exercício em sala de aula, mas a todos aqueles que desempenham função de magistério em sentido amplo, a compreender, igualmente, os diretores, coordenadores e assessores pedagógicos dos estabelecimentos escolares.[95]

---

sorts of agreements" may amount to restraints of trade "in varying times and circumstances," and "[i]t would make no sense to create out of the single term 'restraint of trade' a chronologically schizoid statute, in which a 'rule of reason' evolves with new circumstances and new wisdom, but a line of *per se* illegality remains forever fixed where it was."
(...)
Although the rule of *Albrecht* has been in effect for some time, the inquiry we must undertake requires considering " 'the effect of the antitrust laws upon vertical distributional restraints in the American economy today.' (...) Now that we confront *Albrecht* directly, we find its conceptual foundations gravely weakened.
In overruling *Albrecht*, we of course do not hold that all vertical maximum price fixing is *per se* lawful. Instead, vertical maximum price fixing, like the majority of commercial arrangements subject to the antitrust laws, should be evaluated under the rule of reason. In our view, rule-of-reason analysis will effectively identify those situations in which vertical maximum price fixing amounts to anticompetitive conduct". ESTADOS UNIDOS DA AMÉRICA. STATE OIL CO. v. KHAN (96-871). 93 F.3d 1358. Disponível em: <http://www.law.cornell.edu/supct/html/96-871.ZO.html>.
(95) "SÚMULA 726:
PARA EFEITO DE APOSENTADORIA ESPECIAL DE PROFESSORES, NÃO SE COMPUTA O TEMPO DE SERVIÇO PRESTADO FORA DA SALA DE AULA."
(...)
"EMENTA: AÇÃO DIRETA DE INCONSTITUCIONALIDADE MANEJADA CONTRA O ART. 1º DA LEI FEDERAL 11.301/2006, QUE ACRESCENTOU O § 2º AO ART. 67 DA LEI 9.394/1996. CARREIRA DE MAGISTÉRIO. APOSENTADORIA ESPECIAL PARA OS EXERCENTES DE FUNÇÕES DE DIREÇÃO, COORDENAÇÃO E ASSESSORAMENTO PEDAGÓGICO. ALEGADA OFENSA AOS ARTS. 40, § 5º, E 201, § 8º, DA CONSTITUIÇÃO FEDERAL. INOCORRÊNCIA. AÇÃO JULGADA PARCIALMENTE PROCEDENTE, COM INTERPRETAÇÃO CONFORME.
I – A função de magistério não se circunscreve apenas ao trabalho em sala de aula, abrangendo também a preparação de aulas, a correção de provas, o atendimento aos pais e alunos, a coordenação e o assessoramento pedagógico e, ainda, a direção de unidade escolar.
II – As funções de direção, coordenação e assessoramento pedagógico integram a carreira do magistério, desde que exercidos, em estabelecimentos de ensino básico, por professores de carreira, excluídos os

Nos votos condutores do julgado em referência, os Ministros Ricardo Lewandowski e Cézar Peluso levantaram uma série de elementos fáticos até então desconhecidos por parte do Pretório Excelso (ou, pelo menos, não abordados anteriormente), a demonstrarem que os cargos de direção, de coordenação e de assessoramento pedagógico dos estabelecimentos de ensino integram, na maioria das unidades federativas pátrias, o ápice da carreira docente e que, por tal razão, a distinção implementada até então pela Súmula n. 726 acabava por carrear prejuízos àqueles professores em vias de ascensão funcional, de modo a desincentivar a assunção de tais funções por eles, haja vista a perspectiva de perda da contagem especial de tempo de serviço.

Tais elementos levantados nas manifestações dos ministros Lewandowski e Peluso acabaram por reavivar na situação concreta o conteúdo histórico-institucional subjacente ao princípio da valorização do magistério – positivado no art. 205, V, da Constituição Federal – e, ao fim e ao cabo, ao próprio princípio da eficiência administrativa, consagrado no art. 37, *caput*, da Carta Magna, de modo a colaborar, ainda que de modo não intencional, para a "coerência" e para a "integridade" do sistema jurídico pátrio.[96]

---

especialistas em educação, fazendo jus aqueles que as desempenham ao regime especial de aposentadoria estabelecido nos arts. 40, § 5º, e 201, § 8º, da Constituição Federal.
III – Ação direta julgada parcialmente procedente, com interpretação conforme, nos termos supra."
BRASIL. SUPREMO TRIBUNAL FEDERAL. AÇÃO DIRETA DE INCONSTITUCIONALIDADE N. 3.772/DF. RELATOR: Min. Carlos Ayres Britto. Plenário. DJ: 27.3.2009.
(96) "O SENHOR MINISTRO RICARDO LEWANDOWSKI – Senhor Presidente, vou pedir vênia ao eminente Relator e também à Ministra Cármen Lúcia para julgar improcedente esta ADI, ou talvez, na sugestão que já foi formulada pelos colegas, dar uma interpretação conforme.
Primeiro: eu entendo, e todos aqueles que já participaram – e todos nós aqui, sem dúvida alguma, o fizemos – de atividades docentes sabem perfeitamente que a atividade docente não se limita à sala de aula, mas à preparação das aulas, correção de provas, atendimento de alunos, preparação de material.
(...)
O SENHOR MINISTRO RICARDO LEWANDOWSKI – Inclusive, em muitos Estados, como no Estado de São Paulo, a carreira de magistério compreende a ascensão aos cargos de direção das escolas. A pessoa ingressa na carreira de professor e pode, em se qualificando, atingir o grau máximo da carreira, que é exatamente a de diretor de escola.
(...)
O SENHOR MINISTRO CEZAR PELUSO – Eu não consigo entender como a Constituição privilegiaria o secundário em dano do principal. Uma carreira de magistério sem direção é anarquia, é impossibilidade de exercício. Aquele que dá condições de efetividade ou irregularidade no exercício não é contemplado. (...) Nós estamos partindo do pressuposto (...) de que a Constituição atribui aos professores um benefício particular quanto à aposentadoria, porque – e talvez seja essa a explicação de usarem guarda-pó – trabalham de sol a sol, com enxada na mão!... Os trabalhadores rurais, do ponto de vista de desgaste físico, sofrem muito mais do que qualquer professor. E por que esses profissionais não recebem da Constituição o mesmo tipo de benefício? Porque não se trata de valorizar o desgaste físico e psicológico, mas de valorizar uma função importante, como diz o art. 205, de uma atividade que faz parte da dignidade humana, porque é condição necessária para o desenvolvimento das virtualidades da pessoa. Isto é, uma pessoa que não receba educação não se desenvolve como pessoa e, portanto, não

Formuladas tais observações, é chegada a hora de indagar se, na situação ora apreciada, a envolver a contagem do aviso-prévio proporcional segundo as diretrizes constantes da decisão proferida nos Mandados de Injunção n. 943/DF, n. 1.010/DF, n. 1.074/DF e n. 1.090/DF em 6.2.2013, há espaço para o Poder Judiciário e, mais especificamente, ao Supremo Tribunal Federal, procederem a uma reanálise daquele entendimento, de modo a conferir o grau de efetividade exigido pelo art. 7º, XXI, da Constituição Federal.

Nesse sentido, acreditamos que o primeiro elemento a ser investigado por parte daqueles operadores jurídicos que pretenderem provocar o giro jurisprudencial ora proposto diz respeito, justamente, ao conteúdo histórico-institucional do art. 7º, XXI, da Constituição Federal. Viu-se, a propósito, nos capítulos anteriores, que o direito ao aviso-prévio proporcional, no contexto sistemático da Carta Magna, consiste em um corolário do princípio da proteção do trabalhador que, de seu turno, tem por fundamentos axiológicos a promoção do equilíbrio de forças entre os atores das relações laborais e a limitação da autonomia privada e da livre-iniciativa empresarial por intermédio da regulamentação das condições de trabalho e de remuneração, bem assim da definição das formas de proteção do emprego e da subsistência econômica dos obreiros.

O advento histórico de tal postulado coincide com o momento em que o Estado passou a atuar de maneira mais incisiva no sentido de arrefecer os desequilíbrios inerentes à sociedade capitalista, de modo a conferir maior atenção à figura da empresa, uma vez que as atividades destas é que possibilitam a subsistência da maior parte da população, em especial daqueles que dependem de sua força de trabalho, para além de viabilizar a arrecadação dos tributos necessários para o desempenho das tarefas governamentais e para o custeio do sistema de seguridade social.

Concebeu-se, em razão disso, a ideia de "função social da empresa", pautada pela assertiva de que a fruição dos direitos à propriedade, à autonomia privada e à livre-iniciativa por parte dos empresários somente se afigura legítima enquanto apta a gerar benefícios para a coletividade, concretizados na geração de empregos e na distribuição de renda, sem os quais o crescimento econômico e as atividades desempenhadas pelo Estado restarão comprometidos, em prejuízo último à coesão social e à própria dignidade humana, sendo esta, justamente, a finalidade coletiva

---

adquire toda a dignidade a que tem direito, e a educação, portanto, é, nesse nível, tão importante que quem se dedique a ela como professor recebe do ordenamento jurídico um benefício correspondente.
O SENHOR MINISTRO RICARDO LEWANDOWSKI – Aliás, há um comando expresso do art. 206, V, que diz o seguinte:
'Art. 206. O ensino será ministrado com base nos seguintes princípios:
(...)
V – valorização dos profissionais do ensino...'
(...)
Temos que dar uma interpretação ampliativa." *Idem.*

a servir de fundamento axiológico para a subsistência das normas do Direito do Trabalho que restringem a dispensa sem justa causa.

E, justamente, como concretizações do princípio protetivo e da função social da empresa nos ordenamentos jurídicos, têm-se as medidas voltadas para o combate ao desemprego, tais como a vedação às dispensas imotivadas, a previsão de indenizações por tempo de serviço em caso de despedida por razões não disciplinares, a restrição às demissões coletivas, a instituição de mecanismos de poupança forçada, a exemplo do FGTS, e o estabelecimento do "aviso-prévio".

Nesse contexto de proteção ao emprego e de tutela contra as despedidas imotivadas, o instituto do "aviso-prévio" foi concebido como um mecanismo apto a possibilitar a reorganização da vida pessoal dos obreiros por intermédio da concessão de um razoável lapso temporal anterior à cessação absoluta das obrigações decorrentes do contrato de trabalho, no qual poderão eles buscar sua recolocação no mercado de trabalho.

E para que tal proteção seja mais eficaz e, ainda, no intuito de conferir uma maior concretização aos postulados da proteção do trabalhador e da busca do pleno emprego, diversos ordenamentos jurídicos, dentre eles o brasileiro, conceberam a figura do "aviso-prévio proporcional ao tempo de serviço", a fim de que o prazo de antecedência da referida comunicação seja adequado à situação pessoal de cada empregado, possibilitando-lhes, com isso, dispor do lapso necessário para lograrem nova ocupação e para manterem seu padrão de vida, tendo-se em conta as circunstâncias individuais a que se encontram premidos.

Nesse sentido, a inibição das despedidas imotivadas e a possibilidade de reinserção dos sobreditos obreiros no mercado de trabalho, promovidas pelo aviso-prévio proporcional, acabam por concretizar o objetivo da "busca do pleno emprego" (art. 170, VII, da CF), a condicionar a ordem econômica e a atividade empresarial. Não obstante, a concessão de prazos mais extensos para a busca de uma ocupação apta a assegurar o padrão econômico fruído pelos empregados demissionários atende plenamente ao postulado da "proteção dos trabalhadores" e, consequentemente, à "dignidade humana" e à promoção da "justiça social", na medida em que busca assegurar-lhes a estabilidade econômica conquistada após longo tempo de serviço desempenhado junto a uma mesma empresa.

Não por outra razão, o art. 7º, XXI, da Constituição Federal determinou de forma expressa que os diferentes prazos de aviso-prévio deverão ser "proporcionais ao tempo de serviço", estabelecendo, dessa forma, uma correlação precisa entre aqueles e esse último. Logo, a máxima eficácia do direito fundamental assegurado no referido dispositivo somente poderá ser obtida por intermédio da adoção de uma proporção aritmética entre as frações do tempo de serviço desempenhadas no âmbito de um mesmo empregador e o número de dias a serem concedidos a título de aviso-prévio, para assegurar, justamente, que os trabalhadores detentores de períodos mais ou menos extensos sejam tratados de maneira distinta, na exata medida da garantia de que são titulares, de modo a atender ao postulado isonômico.

Tal ideia de proporção aritmética tangenciada pelo postulado isonômico encontra, como já visto, plena ressonância na jurisprudência do Supremo Tribunal Federal, que se valeu do conceito quando do julgamento do Recurso Extraordinário n. 197.917/SP a fim de estabelecer parâmetros mais restritos para a fixação do número de vereadores, tendo em vista a observância da relação entre a população dos municípios e a quantidade de parlamentares.

Vê-se, portanto, que a reconstrução ora proposta em torno do sentido e do alcance do art. 7º, XXI, da Constituição Federal afigura-se plenamente coerente não só com o conteúdo histórico-institucional a permear o dispositivo em referência, como também com a própria jurisprudência firmada no âmbito do Supremo Tribunal Federal acerca da questão a envolver a aplicação em concreto do postulado isonômico e a colmatação em concreto das situações suscitadas em mandados de injunção.

É, justamente, por tal razão que cremos haver espaço para a superação do entendimento restritivo formulado pelo Supremo Tribunal Federal quando do julgamento dos Mandados de Injunção n. 943/DF, n. 1.010/DF, n. 1.074/DF e n. 1.090/DF em 6.2.2013. Para tanto, é necessário que o Poder Judiciário adote uma postura voltada para a busca da reconstrução do sentido inerente ao art. 7º, XXI, à luz das vicissitudes subjacentes aos casos concretos postos à sua análise, sempre no fito de vivificar nas situações práticas o conteúdo histórico-institucional do referido dispositivo e de assegurar, ao fim e ao cabo, a "coerência" e a "integridade" que devem permear o ordenamento jurídico.

Em suma, acreditamos que a segurança jurídica inerente à aplicação das normas e dos precedentes é plenamente atendida não quando o Poder Judiciário se recusa a promover uma releitura de suas decisões em nome de uma consolidação estagnativa da jurisprudência, mas sim quando se mostra coerente com os conteúdos históricos-institucionais dos princípios e regras a formarem o ordenamento jurídico e quando zela pela integridade do sistema, no sentido indicado alhures.

É por isso que o postulado da segurança jurídica, antes de impedir a revisão do entendimento formulado quando do julgamento dos Mandados de Injunção n. 943/DF, n. 1.010/DF, n. 1.074/DF e n. 1.090/DF, aponta para sua superação, a fim de que seja alcançada uma decisão mais condizente com o sentido histórico e atual dos princípios e regras aplicáveis à contagem do aviso-prévio proporcional em um contexto de colmatação de mora legislativa.

8

Conclusões

As assertivas formuladas ao longo deste estudo permitem que sejam sintetizadas as seguintes conclusões:

Por essa razão, garantias como a proteção dos obreiros em face das dispensas arbitrárias (inciso I), a participação nos lucros, resultados e na gestão da empresa (inciso XI), o aviso-prévio proporcional (inciso XXI), o adicional de penosidade (inciso XXIII) e a proteção contra a automação (art. XXVII) permanecem latentes até os presentes dias, à espera de regulamentação infraconstitucional.

1ª) A existência de direitos sociais a demandarem regulamentação futura no bojo da Constituição Federal de 1988, tais como as garantias trabalhistas concernentes à proteção dos obreiros em face das dispensas arbitrárias (art. 7º, inciso I), a participação nos lucros, resultados e na gestão da empresa (art. 7º, inciso XI), o aviso-prévio proporcional (art. 7º, inciso XXI), o adicional de penosidade (art. 7º, inciso XXIII) e a proteção contra a automação (art. 7º, art. XXVII), não significa, para o legislador ordinário, a concessão de uma total discricionariedade no tocante à escolha da forma e, principalmente, do momento de concretizar as garantias latentes no texto constitucional, representando, ao revés, um verdadeiro *mandado de concretização* destinado ao Poder Legislativo, a compreender a obrigação de regulamentar aqueles direitos da forma a promover a melhor e mais plena observância ao texto constitucional, especialmente no que concerne à "proteção social" exigida pelo art. 7º, *caput*, da Carta Magna em relação aos trabalhadores.

2ª) Diante da mora legislativa em matéria trabalhista, o Poder Judiciário encontra-se apto, pela própria Constituição Federal, a colmatar as situações em que a fruição de um determinado direito é obstada pela inexistência de norma concretizadora. Nesse desiderato, o Poder Judiciário deverá, necessariamente, vislumbrar os institutos jurídicos passíveis de incidência em concreto não apenas como "direitos fundamentais", mas também como "princípios", aqui compreendidos em sua acepção neoconstitucionalista, ou seja, como normas dotadas de conteúdos deontológicos por si só vinculantes, e não como elementos de aplicação subsidiária a serem invocados na ausência de regras específicas ou como diretrizes programáticas a serem conceituadas e concretizadas exclusivamente pela ação discricionária dos legisladores ordinários.

3ª) No que concerne especificamente ao aviso-prévio proporcional, a "busca do pleno emprego" prevista expressamente no art. 170, VIII, da Constituição Federal lida em conjunto com as diretrizes conexas da "proteção dos trabalhadores", da "justiça social", da "dignidade humana" e da "valorização do labor", impõe ao Estado, para além do fomento à atividade empresarial, a implementação de medidas legislativas tendentes a desestimular as dispensas sem justa causa e a assegurar, na maior medida possível, a estabilidade dos obreiros em seus empregos.

4ª) Nesse sentido, a inibição das despedidas imotivadas e a possibilidade de reinserção dos sobreditos obreiros no mercado de trabalho, promovidas pelo aviso-prévio proporcional, acabam por concretizar o objetivo da "busca do pleno emprego", a condicionar a ordem econômica e a atividade empresarial. Não obstante, a concessão de prazos mais extensos para a busca de uma ocupação apta a assegurar o padrão econômico fruído pelos empregados demissionários atende plenamente ao postulado da "proteção dos trabalhadores" e, consequentemente, à "dignidade humana" e à promoção da "justiça social", na medida em que busca assegurar-lhes a estabilidade econômica conquistada após longo tempo de serviço desempenhado junto a uma mesma empresa.

5ª) Justamente por tal razão, o art. 7º, XXI, da Constituição Federal determinou de forma expressa que os diferentes prazos de aviso-prévio deverão ser "proporcionais ao tempo de serviço", estabelecendo, dessa forma, uma correlação precisa entre aqueles e este.

6ª) Assim, a máxima eficácia do direito fundamental assegurado no referido dispositivo somente poderá ser obtida por intermédio da adoção de uma proporção aritmética entre as frações do tempo de serviço desempenhadas no âmbito de um mesmo empregador e o número de dias a serem concedidos a título de aviso-prévio, para assegurar, justamente, que os trabalhadores detentores de períodos mais ou menos extensos sejam tratados de maneira distinta, na exata medida da garantia de que são titulares, de modo a atender ao postulado isonômico.

7ª) Sendo o aviso-prévio proporcional um consectário do princípio constitucional declamado no art. 7º, *caput*, a reconhecer a "proteção dos trabalhadores", bem como uma decorrência dos postulados que condicionam a atividade econômica privada a uma "função social", tem-se, por evidente, que os obreiros constituem o público-alvo do direito em referência, não sendo aplicável aos empregadores.

8ª) Ao conceder o aviso-prévio na razão de três dias por ano trabalhado, até o limite de noventa dias e ao não estender o referido direito aos trabalhadores demitidos sem justa causa entre 5 de outubro de 1988 e 11 de outubro de 2011, a Lei n. 12.506/2011 não logrou concretizar de modo pleno o mandamento constante do art. 7º, XXI, da Constituição Federal, a apontar, como visto, para a necessidade de que os prazos de aviso-prévio a serem fixados em lei ordinária reflitam com exatidão o período desempenhado pelo empregado no âmbito de uma mesma empresa, em uma relação de "proporcionalidade aritmética". Tal lapso, para além disso, possibilita o tratamento idêntico de trabalhadores que detêm distintos tempos de serviço, em afronta última ao princípio da isonomia, consagrado no art. 5º, *caput*, da Constituição Federal. Pode-se afirmar, portanto, que a mora legislativa a impedir a plena fruição da garantia assegurada no art. 7º, XXI, da Constituição Federal ainda subsiste para os referidos empregados.

9ª) E não obstante o entendimento firmado pelo Supremo Tribunal Federal ao concluir o julgamento dos Mandados de Injunção n. 943/DF, n. 1.010/DF, n. 1.074/DF e n. 1.090/DF na sessão de 13.2.2006, a aplicação analógica da Lei n. 12.506/2011 aos contratos de trabalho findos anteriormente à entrada em vigor do referido diploma legal não malfere os postulados do "*ato jurídico perfeito*", do "*direito adquirido*" ou mesmo da "*coisa julgada*", haja vista a inaplicabilidade de tais conceitos nas situações a denotarem mora legislativa.

10ª) De fato, diante de uma garantia prevista na norma constitucional a depender de ulterior concretização legislativa para sua fruição, o que se tem é <u>um direito subjetivo à concretização de tal garantia da maneira que melhor atenda às diretrizes insculpidas na Carta Magna</u>. No outro polo, o que falta é, justamente, o *direito objetivo* a servir de fundamento para a pretensão da parte, razão pela qual se pode afirmar que há nessas hipóteses um verdadeiro <u>*mandado de objetivização* cujo destinatário é o legislador ordinário e cuja imposição consiste, justamente, na edição do marco normativo formal e substancial exigido pela Constituição Federal</u>.

11ª) A mora legislativa a obstar a concretização do art. 7º, XXI, da Constituição Federal entre 1988 e 2011 atingiu, igualmente, todos aqueles trabalhadores que contavam com tempo de serviço maior do que um ano em uma mesma empresa e tiveram seus contratos de trabalho rescindidos durante o referido lapso temporal. Em todos os casos enquadráveis nessa premissa, o empregado deixou de fruir o direito ao aviso-prévio proporcional exclusivamente em decorrência da inércia do Poder Legislativo no que concerne à regulamentação da garantia em apreço.

12ª) Por isso mesmo, todos aqueles obreiros que deixaram de gozar o aviso-prévio proporcional foram afetados em maior ou menor medida pela mora legislativa a impedir, por mais de duas décadas, a concretização prática do art. 7º, XXI, da Constituição Federal. Sendo assim, não há como distinguir entre os trabalhadores que ingressaram ou não com mandados de injunção perante o Supremo Tribunal Federal entre 1988 e 2011 para fins de aplicação analógica da Lei n. 12.506/2011, tal como o fez a Corte Suprema na sessão de 6.2.2013.

13ª) A despeito da promulgação da Lei n. 12.506/2011, da orientação recentemente consagrada na Nota Técnica 184/2012/CGRT/SRT/MTE e na Súmula n. 441 do Tribunal Superior do Trabalho, bem como da decisão proferida pelo Supremo Tribunal Federal quando do julgamento dos Mandados de Injunção n. 943/DF, n. 1.010/DF, n. 1.074/DF e n. 1.090/DF, insiste-se no entendimento de que ainda subjazem omissões legislativas ao art. 7º, XXI, da Constituição Federal, mormente no que concerne à situação dos trabalhadores demitidos nos últimos vinte e três anos.

14ª) Diante disso, o Poder Judiciário encontra-se autorizado, pelo princípio da separação harmônica dos poderes lido em conjunto com os artigos 5º, LXXI, e 103, § 2º, da Constituição Federal e com o princípio da *"máxima eficácia dos direitos fundamentais"* (art. 5º, § 1º, da Carta Magna), a colmatar as referidas lacunas, a fim de possibilitar aos trabalhadores a fruição imediata e plena da garantia ao aviso-prévio proporcional ao tempo de serviço.

15ª) Assim, segundo a linha de entendimento firmada no âmbito do próprio Supremo Tribunal Federal em sede de mandado de injunção, na hipótese a envolver as omissões subjacentes à Lei n. 12.506/2011, o Poder Judiciário encontra-se autorizado a estender o direito ao aviso-prévio proporcional para aqueles trabalhadores que contam com mais de 21 (vinte e um) anos de tempo de serviço dedicado a uma mesma empresa, bem como a computar, no cálculo do referido direito, os lapsos temporais inferiores ao ano, quais sejam, os meses e os dias.

16ª) No que concerne à mora legislativa a afetar os trabalhadores demitidos sem justa causa no período compreendido entre 1988 e 2011, o Poder Judiciário encontra-se autorizado a valer-se, subsidiariamente, dos parâmetros de cálculo previstos na Lei n. 12.506/2011 para o cálculo de seus respectivos avisos-prévios, até que o Congresso Nacional venha a suprimir tal lacuna que ainda impede a plena concretização do direito assegurado no art. 7º, XXI, da Constituição Federal por parte dos referidos obreiros.

17ª) A colmatação das omissões legislativas subjacentes à Lei n. 12.506/2011, nos moldes ora apontados, pode ser operacionalizada por intermédio da proposição de Ação Direta de Inconstitucionalidade por omissão junto ao Supremo Tribunal Federal, a teor do art. 103, § 2º, da Constituição Federal, pelas confederações sindicais devidamente legitimadas, ou por intermédio do ajuizamento de Mandado de Injunção no âmbito do Pretório Excelso, seja pelas entidades representativas dos titulares do direito ao aviso-prévio proporcional ao tempo de serviço, ou pelos próprios trabalhadores individualmente considerados, com arrimo no art. 5º, LXXI, da Carta Magna.

18ª) Nesse mesmo sentido, o resguardo dos direitos suprimidos pelas lacunas subjacentes à Lei n. 12.506/2011 pode ser obtido por intermédio de reclamações trabalhistas propostas no âmbito da Justiça do Trabalho de primeira instância, tanto pelos sindicatos representativos dos trabalhadores, no bojo da substituição processual ampla assegurada pelo art. 8º, III, da Constituição Federal, quanto pelos próprios obreiros diretamente interessados.

19ª) O prazo prescricional referente à contagem do aviso-prévio proporcional ao tempo de serviço terá como marco inicial a edição da Lei n. 11.506/2011, pois foi com o advento do referido diploma que surgiu a exigibilidade, por parte dos trabalhadores, quanto àquele direito outrora assegurado em termos genéricos pelo art. 7º, XXI, da Constituição Federal, em termos análogos à linha de entendimento consagrada pela SBDI 1 do Tribunal Superior do Trabalho em sua Orientação Jurisprudencial n. 344.

20ª) A adoção das soluções ora propostas por parte do Poder Judiciário não malfere o postulado da segurança jurídica, pois o empresariado brasileiro e suas entidades representativas não só tinham pleno conhecimento em torno da mora legislativa a impedir a fruição do direito ao aviso-prévio proporcional por parte dos trabalhadores demitidos anteriormente ao advento da Lei n. 12.506/2011, como também possuíam condições de antever a possibilidade de que os órgãos judiciais viessem a colmatar a referida lacuna, haja vista a jurisprudência consagrada no âmbito do Supremo Tribunal Federal ao longo dos últimos vinte anos.

21ª) Por via de consequência, os empresários e suas entidades representativas carecem de uma posição subjetiva digna de ser tutelada pelos princípios da "proteção da confiança" e da "boa-fé objetiva", não havendo como suscitar, em seu favor, o princípio da segurança jurídica para afastar a regulamentação plena do art. 7º, XXI, da Constituição Federal por parte do Poder Judiciário.

22ª) A adoção da solução ora proposta para a colmatação da lacuna em referência logra plenamente a concordância prática entre o princípio da segurança jurídica e o direito ao aviso-prévio proporcional, pois, a partir de agora, os empresários e os trabalhadores terão um parâmetro objetivo para calcular os prazos e as indenizações devidas em cada situação específica, ao mesmo tempo em que a norma constante do art. 7º, XXI, da Constituição Federal será plenamente atendida.

23ª) Para além disso, a adoção de tal solução afigura-se plenamente coerente não só com o conteúdo histórico-institucional a permear o dispositivo em referência, como também com a própria jurisprudência firmada no âmbito do Supremo Tribunal Federal acerca das questões a envolverem a aplicação em concreto do postulado isonômico e a colmatação em concreto das situações suscitadas em mandados de injunção a denotarem mora legislativa.

9

Referências Bibliográficas

9.1. LIVROS E ARTIGOS

ABRAMOVICH, Víctor; COURTIS, Christian. *Los derechos sociales como derechos exigibles*. Segunda edicción. Madrid: Trotta, 2004.

ANDRADE, José Carlos Vieira de. *Os Direitos Fundamentais na Constituição Portuguesa de 1976*. 3. ed. Coimbra: Almedina, 2004.

ARAÚJO, Valter Shuenquener de. *O Princípio da Proteção da Confiança*. Niterói: Impetus, 2009.

BARBAGELATA, Héctor-Hugo. *Curso sobre la Evolución del Pensamiento Juslaboralista*. Montevideo: Fundación de Cultura Universitaria, 2009.

BARBOSA, Rui. A Questão Social e Política no Brasil. In: LACERDA, Virgínia Côrtes de. *Rui Barbosa. Escritos e Discursos Seletos*. Rio de Janeiro: Companhia Aguilar, 1966.

BARROSO, Luís Roberto. *O Direito Constitucional e a Efetividade de suas normas. Limites e possibilidades da Constituição Brasileira*. 8. ed. Rio de Janeiro: Renovar, 2006.

BEVILÁQUA, Clóvis. *Teoria Geral do Direito Civil*. 2. ed. Rio de Janeiro: Editora Rio, 1980.

BOBBIO, Norberto. Trad.: PUGLIESI, Márcio; BINI, Edson; RODRIGUES, Carlos E. *O Positivismo Jurídico. Lições de filosofia do direito*. São Paulo: Ícone, 2006.

BÖCKENFÖRDE, Ernst Wolfgang. Trad.: SERRANO, Rafael de Agapito. *Estudios sobre el Estado de Derecho y la Democracia*. Madrid: Trotta, 2000.

BRASIL. ASSEMBLEIA NACIONAL CONSTITUINTE. *Anais*. v. 8. Brasília: Senado Federal, 1994.

_____. *Anais*. v. 11. Brasília: Senado Federal, 1994.

_____. *Anais*. v. 12. Brasília: Senado Federal, 1994.

_____. *Anais*. v. 13. Brasília: Senado Federal, 1994.

_____. *Anais*. v. 14. Brasília: Senado Federal, 1994.

_____. *Anais*. v. 16. Brasília: Senado Federal, 1994.

CANOTILHO, José Joaquim Gomes. *Constituição Dirigente e Vinculação do Legislador.* 2. ed. Coimbra: Coimbra Editora, 2001.

_____. *Direito Constitucional e Teoria da Constituição.* 7. ed. Coimbra: Almedina, 2003.

CARVALHO, Kildare Gonçalves de. *Direito Constitucional. Teoria do Estado e da Constituição. Direito Constitucional Positivo.* 14. ed. Belo Horizonte: Del Rey, 2008.

CARVALHO NETTO, Menelick de; SCOTTI, Guilherme. *Os direitos fundamentais e a (in)certeza do direito.* Belo Horizonte: Editora Fórum, 2011.

CAVALCANTE, João Barbalho Uchôa. *Constituição Federal Brasileira (1891).* Edição Fac-Similar. Brasília: Senado Federal, 2002.

CAZZETTA, Giovanni. Trad.: ÁLVAREZ, Clara. *Estado, juristas y trabajo. Itinerarios del Derecho Del Trabajo em El siglo XX.* Madrid: Marcial Pons, 2010.

CESARINO JÚNIOR, A. F. *Direito Social Brasileiro.* v. 2. São Paulo: Saraiva, 1970.

COELHO, Inocêncio Mártires. *Interpretação Constitucional.* 2. ed. Porto Alegre: Sergio Antônio Fabris Editor, 2003.

COMPARATO, Fábio Konder. *A Afirmação Histórica dos Direitos Humanos.* 3. ed. São Paulo: Saraiva, 2003.

COUTURE, Eduardo. *Fundamentos del Derecho Procesal Civil.* 4ta. Edición. Montevideo: Editorial Bde F, 2005.

CRUET, Jean. *A Vida do Direito e a Inutilidade das Leis.* Lisboa: Editorial Ibero-Americana, 1939.

CUNHA JÚNIOR, Dirley da. *Controle Judicial das Omissões do Poder Público.* São Paulo: Saraiva, 2004.

DÄUBLER, Wolfgang. Trad.: KELLER, Alfred. *Direito do Trabalho e Sociedade na Alemanha.* São Paulo: LTr/Fundação Friedrich Ebert/ILDES, 1997.

DE LA CUEVA, Mario. *El Nuevo Derecho Mexicano Del Trabajo.* Tomo I. 21ª Edición. México: Porrúa, 2007.

DELGADO, Mauricio Godinho. *Curso de Direito do Trabalho.* 4. ed. São Paulo: LTr, 2005.

DWORKIN, Ronald. *Taking Rights Seriously.* Cambridge: Harvard University Press, 1978.

_____. *Law's Empire.* Cambridge: Bellknap Harvard, 1986.

FACHIN, Luiz Edson. Constituição e Relações Privadas: Questões de Efetividade no Tríplice Vértice entre o Texto e o Contexto. In: OLIVEIRA NETO, Francisco José Rodrigues de; et alii. *Constituição e Estado Social. Os obstáculos à concretização da Constituição.* Coimbra/São Paulo: Coimbra Editora/Revista dos Tribunais, 2008.

FELICIANO, Guilherme Guimarães. *Curso crítico de direito do trabalho. Teoria geral do direito do trabalho.* São Paulo: Saraiva, 2013.

FIELD, Oliver P. *The effect of an unconstitutional statute.* New York: Da Capo Press, 1971.

FIORAVANTI, Maurizio. Trad.: NEIRA, Manuel Martínez. *Los Derechos Fundamentales. Apuntes de Historia de las Constituciones.* 4ª Edición. Madrid: Trotta, 2003.

GARCIA-PELAYO, Manuel. *Las Transformaciones del Estado Contemporáneo*. 2ª Edición, 11ª reimpresión. Madrid: Alianza Editorial, 2005.

GRAU, Eros Roberto. *A Ordem Econômica na Constituição de 1988*. 10. ed. São Paulo: Malheiros Editores, 2005.

GRIMM, Dieter. Trad.: BURGOS, Raúl Sanz; SIMÓN, José Luis Muñoz de Baena. *Constitucionalismo y Derechos Fundamentales*. Madrid: Trotta, 2006.

HAGE, Jorge. *Omissão inconstitucional e direito subjetivo*. Brasília: Brasília Jurídica, 1999.

HAURIOU, Maurice. Trad.: CASTILLO, Carlos Ruiz del. *Principios de Derecho Público y Constitucional*. Granada: Editorial Comares, 2003.

HEPPLE, Bob. Factors influencing the making and transformation of Labour Law in Europe. In: DAVIDOV, Guy; LANGILLE, Brian. *The idea of labour law*. Oxford: Oxford University Press, 2013.

IHERING, Rudolf von. Trad.: CRETELLA, Agnes; CRETELLA JUNIOR, José. *A luta pelo direito*. 6. ed. São Paulo: Revista dos Tribunais, 2010.

JEAMMAUD, Antoine; LYON-CAEN, Antoine. In: JEAMMAUD, Antoine; LYON-CAEN, Antoine. *Droit du Travail, Démocratie et Crise en Europe Ocidentale et en Amérique*. Arles: Actes Sud, 1986.

LEAL, Antônio Luís da Câmara. *Da prescrição e da decadência. Teoria Geral do Direito Civil*. 2. ed. Rio de Janeiro: Forense, 1959.

LEAL, Saul Tourinho. *Altivismo ou Altivez? O Outro Lado do Supremo Tribunal Federal*. Belo Horizonte: Editora Fórum, 2010.

LIEBMAN, Enrico Tullio.Trad.: DINAMARCO, Cândido Rangel. *Manual de Direito Processual Civil*. v. I. 3. ed. São Paulo: Malheiros Editores, 2005.

_____.Trad.: BUZAID, Alfredo; AIRES, Benvindo. *Eficácia e autoridade da sentença e outros escritos sobre a coisa julgada*. 4. ed. Rio de Janeiro: Forense, 2006.

LOPES, Ana Frazão de Azevedo. *Empresa e Propriedade. Função Social e Abuso de Poder Econômico*. São Paulo: Quartier Latin, 2006.

LOPEZ, Manuel Carlos Palomeque. Trad.: MOREIRA, António. *Direito do Trabalho e Ideologia*. Coimbra: Almedina, 2001.

LOUREIRO, Lourenço Trigo de. *Instituições de Direito Civil Brasileiro*. v. II. Edição fac-similar. Brasília: Senado Federal, 2004.

LUMIA, Giuseppe. Trad.: AGOSTINETTI, Denise. *Elementos de Teoria e Ideologia do Direito*. São Paulo: Martins Fontes, 2003.

LYON-CAEN, Gérard; PÉLISSIER, Jean; SUPIOT, Alain. *Droit du Travail*. 19ª édition. Paris: Dalloz, 1998.

MAIOR, Jorge Luiz Souto. *Aviso prévio desproporcional*. Disponível em: <http://www.migalhas.com.br/dePeso/16,MI161608,11049-Aviso+previo+desproporcional>.

_____. *Curso de Direito do Trabalho – Vol. I. Parte I. Teoria Geral do Direito do Trabalho*. São Paulo: LTr, 2011.

MARTÍN, Carlos de Cabo. *Teoría Constitucional de la Solidariedad*. Madrid: Marcial Pons, 2006.

MARX, Karl. Trad.: SCHMIDT, Ronaldo Alves. *O Capital*. Edição resumida por Julian Borchardt. 7. ed. Rio de Janeiro: LTC, 1982.

MAURER, Hartmut. Trad.: HECK, Luís Afonso. *Contributos para o Direito do Estado*. Porto Alegre: Livraria do Advogado, 2007.

MEDEIROS, Rui. In: MIRANDA, Jorge; MEDEIROS, Rui. *Constituição Portuguesa Anotada*. Tomo I. Coimbra: Coimbra Editora, 2005.

MENDES, Gilmar Ferreira; COELHO, Inocêncio Mártires; BRANCO, Paulo Gustavo Gonet. *Curso de Direito Constitucional*. 2. ed. São Paulo: Saraiva, 2008.

MILL, John Stuart. Trad.: MADEIRA, Pedro. *Sobre a Liberdade*. Lisboa: Edições 70, 1982.

MONCADA, Luís Soares Cabral de. *Ensaio sobre a Lei*. Coimbra: Coimbra Editora, 2002.

NEVES, Celso. *Coisa Julgada Civil*. São Paulo: Revista dos Tribunais, 1971.

NEVES, Marcelo. *A constitucionalização simbólica*. 3. ed. São Paulo: Martins Fontes, 2011.

NUNES, Jorge Amaury Maia. *Segurança jurídica e súmula vinculante*. São Paulo: Saraiva, 2010.

PERLINGIERI, Pietro. Trad.: DE CICCO, Maria Cristina. *Perfis do Direito Civil. Introdução ao Direito Civil Constitucional*. 2. ed. Rio de Janeiro: Renovar, 2002.

PIÇARRA, Nuno. *A Separação dos Poderes como Doutrina e Princípio Constitucional. Um Contributo para o Estudo das Suas Origens e Evolução*. Coimbra: Coimbra Editora, 1989.

PILATTI, Adriano. *A Constituinte de 1987-1988. Progressistas, Conservadores, Ordem Econômica e Regras do Jogo*. Rio de Janeiro: Lumen Juris/Editora PUC-Rio, 2008.

PIMENTA, Joaquim. *Sociologia Jurídica do Trabalho*. Rio de Janeiro: Editora Nacional de Direito, 1946.

PIMPÃO, Hirosê. *Das Relações de Emprêgo no Direito do Trabalho*. Rio de Janeiro: Mendes Júnior, 1944.

_____. *Aviso prévio*. São Paulo: Max Limonad, 1945.

PIOVESAN, Flávia. *Proteção Judicial contra Omissões Legislativas*. 2. ed. São Paulo: Revista dos Tribunais, 2003.

PORCHAT, Reynaldo. *Da Retroactividade das Leis Civis*. São Paulo: Duprat & Comp., 1909.

RIBAS, Antonio Joaquim. *Curso de Direito Civil Brasileiro*. v. I. Edição fac-similar. Brasília: Senado Federal, 2003.

RODRIGUEZ, Américo Plá. Trad.: GIGLIO, Wagner. *Princípios de Direito do Trabalho*. 3. ed. São Paulo: LTr, 2004.

ROPPO, Enzo. Trad.: COIMBRA, Ana; GOMES, Januário. *O Contrato*. Coimbra: Almedina, 2009.

SANTOS, Carlos Maximiliano Pereira dos. *Direito Intertemporal ou Teoria da Retroatividade das Leis*. Rio de Janeiro: Freitas Bastos, 1946.

SARLET, Ingo Wolfgang. *A Eficácia dos Direitos Fundamentais.* 3. ed. Porto Alegre: Livraria do Advogado, 2003.

SARMENTO, Daniel. *Direitos Fundamentais e Relações Privadas.* Rio de Janeiro: Lumen Juris, 2004.

SCHMITT, Carl. Trad.: AYALA, Francisco. *Teoría de la Constitución.* Cuarta Reimpresión. Madrid: Alianza Editorial, 2003.

SILVA, José Afonso da. *Curso de Direito Constitucional Positivo.* 24. ed. São Paulo: Malheiros Editores, 2005.

_____. *Aplicabilidade das Normas Constitucionais.* 7. ed. 2. tir. São Paulo: Malheiros Editores, 2008.

SILVA, Ovídio Batista da. *Curso de Processo Civil.* v. I. Porto Alegre: Sergio Antônio Fabris, 1987.

STRECK, Lenio Luiz. *O que é isto – decido conforme minha consciência?* 2. ed. Porto Alegre: Livraria do Advogado, 2010.

SÜSSEKIND, Arnaldo. *Direito Constitucional do Trabalho.* 2. ed. Rio de Janeiro: Renovar, 2001.

SÜSSEKIND, Arnaldo et alii. *Instituições de Direito do Trabalho.* v. 1. 22. ed. São Paulo: LTr, 2005.

TEYSSIÉ, Bernard. *Droit du Travail.* Paris: Litec, 2005.

TOLEDO, Gastão Alves de. Ordem Econômica e Financeira. In: MARTINS, Ives Gandra da Silva; MENDES, Gilmar Ferreira; NASCIMENTO, Carlos Valder do. *Tratado de Direito Constitucional.* v. 2. São Paulo: Saraiva, 2010.

ZAGREBELSKY, Gustavo. Trad.: CARBONELL, Miguel. *Historia y Constitución.* Madrid: Trotta, 2005.

ZARINI, Helio Juan. *Constitución Argentina.* 3ª reimpresión. Buenos Aires: Astrea, 2004.

9.2. ACÓRDÃOS E ORIENTAÇÕES ADMINISTRATIVAS

BRASIL. MINISTÉRIO DO TRABALHO E EMPREGO. Nota Técnica n. 184/2012/CGRT/SRT/MTE. Disponível em: <http://portal.mte.gov.br/data/files/8A7C812D36A2800001375095B4C91529/Nota%20T%C3%A9cnica%20n%C2%BA%20184_2012_CGRT.pdf>. Acesso em: 3 dez. 2012.

BRASIL. SUPREMO TRIBUNAL FEDERAL. AÇÃO DIRETA DE INCONSTITUCIONALIDADE N. 1.442/DF. RELATOR: Min. Celso de Mello. Plenário. DJ: 29.4.2005. p. 7.

_____. AÇÃO DIRETA DE INCONSTITUCIONALIDADE N. 2.649/DF. RELATORA: Min. Cármen Lúcia. Plenário. DJ: 16.10.2008.

_____. AÇÃO DIRETA DE INCONSTITUCIONALIDADE N. 4.364/SC. RELATOR: Min. Dias Toffoli. Plenário. DJ: 13.5.2011.

BRASIL. SUPREMO TRIBUNAL FEDERAL. AÇÃO DIRETA DE INCONSTITUCIONALIDADE N. 3.772/DF. RELATOR: Min. Carlos Ayres Britto. Plenário. DJ: 27.3.2009.

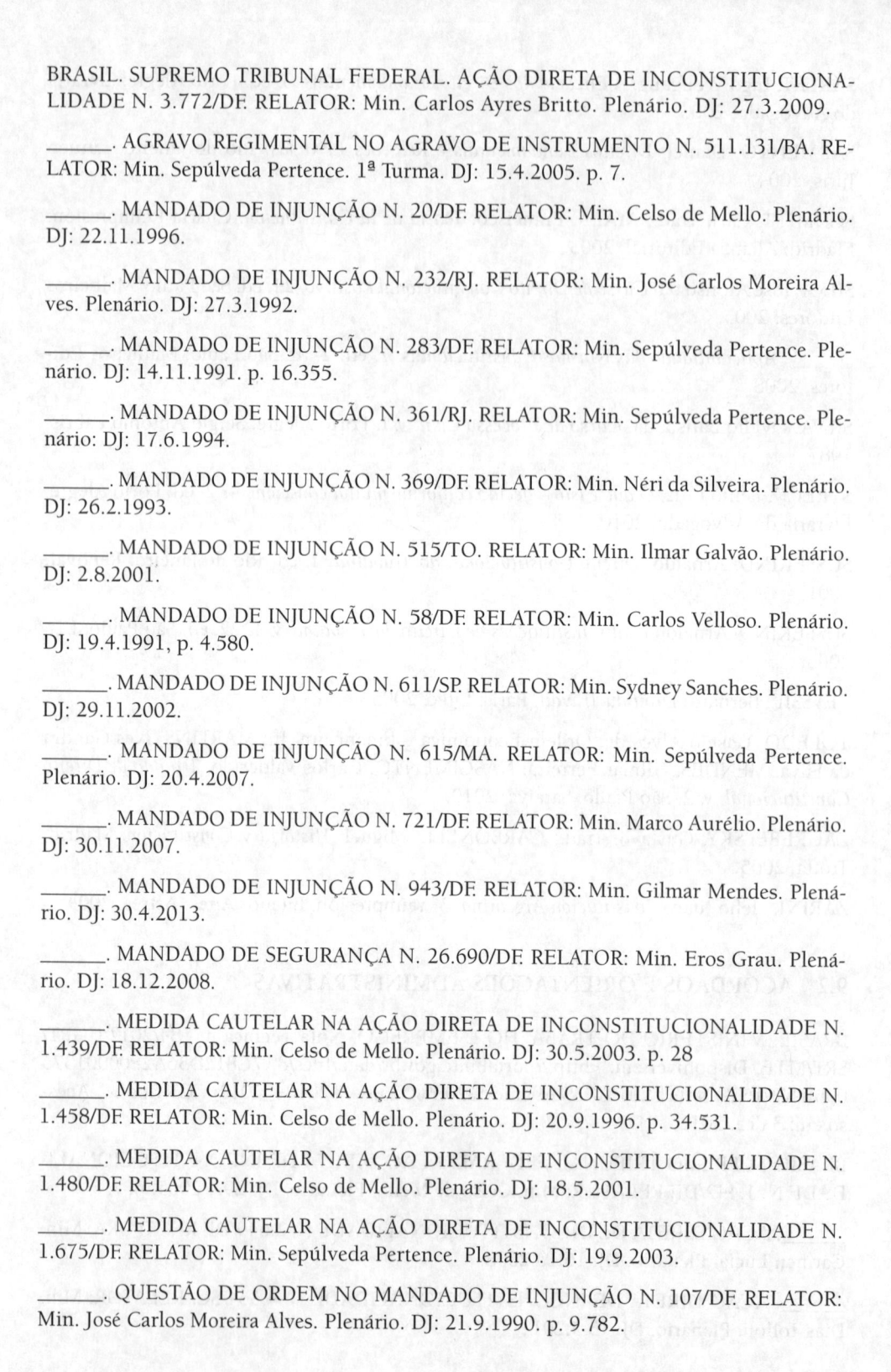

_____. AGRAVO REGIMENTAL NO AGRAVO DE INSTRUMENTO N. 511.131/BA. RELATOR: Min. Sepúlveda Pertence. 1ª Turma. DJ: 15.4.2005. p. 7.

_____. MANDADO DE INJUNÇÃO N. 20/DF. RELATOR: Min. Celso de Mello. Plenário. DJ: 22.11.1996.

_____. MANDADO DE INJUNÇÃO N. 232/RJ. RELATOR: Min. José Carlos Moreira Alves. Plenário. DJ: 27.3.1992.

_____. MANDADO DE INJUNÇÃO N. 283/DF. RELATOR: Min. Sepúlveda Pertence. Plenário. DJ: 14.11.1991. p. 16.355.

_____. MANDADO DE INJUNÇÃO N. 361/RJ. RELATOR: Min. Sepúlveda Pertence. Plenário: DJ: 17.6.1994.

_____. MANDADO DE INJUNÇÃO N. 369/DF. RELATOR: Min. Néri da Silveira. Plenário. DJ: 26.2.1993.

_____. MANDADO DE INJUNÇÃO N. 515/TO. RELATOR: Min. Ilmar Galvão. Plenário. DJ: 2.8.2001.

_____. MANDADO DE INJUNÇÃO N. 58/DF. RELATOR: Min. Carlos Velloso. Plenário. DJ: 19.4.1991, p. 4.580.

_____. MANDADO DE INJUNÇÃO N. 611/SP. RELATOR: Min. Sydney Sanches. Plenário. DJ: 29.11.2002.

_____. MANDADO DE INJUNÇÃO N. 615/MA. RELATOR: Min. Sepúlveda Pertence. Plenário. DJ: 20.4.2007.

_____. MANDADO DE INJUNÇÃO N. 721/DF. RELATOR: Min. Marco Aurélio. Plenário. DJ: 30.11.2007.

_____. MANDADO DE INJUNÇÃO N. 943/DF. RELATOR: Min. Gilmar Mendes. Plenário. DJ: 30.4.2013.

_____. MANDADO DE SEGURANÇA N. 26.690/DF. RELATOR: Min. Eros Grau. Plenário. DJ: 18.12.2008.

_____. MEDIDA CAUTELAR NA AÇÃO DIRETA DE INCONSTITUCIONALIDADE N. 1.439/DF. RELATOR: Min. Celso de Mello. Plenário. DJ: 30.5.2003. p. 28

_____. MEDIDA CAUTELAR NA AÇÃO DIRETA DE INCONSTITUCIONALIDADE N. 1.458/DF. RELATOR: Min. Celso de Mello. Plenário. DJ: 20.9.1996. p. 34.531.

_____. MEDIDA CAUTELAR NA AÇÃO DIRETA DE INCONSTITUCIONALIDADE N. 1.480/DF. RELATOR: Min. Celso de Mello. Plenário. DJ: 18.5.2001.

_____. MEDIDA CAUTELAR NA AÇÃO DIRETA DE INCONSTITUCIONALIDADE N. 1.675/DF. RELATOR: Min. Sepúlveda Pertence. Plenário. DJ: 19.9.2003.

_____. QUESTÃO DE ORDEM NO MANDADO DE INJUNÇÃO N. 107/DF. RELATOR: Min. José Carlos Moreira Alves. Plenário. DJ: 21.9.1990. p. 9.782.

BRASIL. SUPREMO TRIBUNAL FEDERAL. RECURSO EXTRAORDINÁRIO N. 36.426/DF. RELATOR: Min. Cândido Motta. 1ª Turma. DJ: 14.8.1958.

_____. RECURSO EXTRAORDINÁRIO N. 110.869/SP. RELATOR: Min. Octavio Gallotti. 1ª Turma. DJ: 24.10.1986.

_____. RECURSO EXTRAORDINÁRIO N. 113.801/SP. RELATOR: Min. Aldir Passarinho. 2ª Turma. DJ: 30.9.1988.

_____. RECURSO EXTRAORDINÁRIO N. 115.024/SP (ED). RELATOR: Min. Djaci Falcão. 2ª Turma. DJ: 24.2.1989.

_____. RECURSO EXTRAORDINÁRIO N. 197.917/SP. RELATOR: Min. Maurício Correa. Plenário. DJ: 7.5.2004. p. 8.

_____. RECURSO ORDINÁRIO NO MANDADO DE SEGURANÇA N. 22.307/DF. RELATOR: Min. Marco Aurélio. Plenário. DJ: 13.6.1997, p. 26.722.

_____. RECURSO EXTRAORDINÁRIO N. 592.912/RS. RELATOR: Min. Celso de Mello. 2ª Turma. DJ: 22.11.2012.

BRASIL. TRIBUNAL SUPERIOR DO TRABALHO. RECURSO DE REVISTA N. 160100-38.2005.5.04.0382. RELATOR: Min. Márcio Eurico Vitral Amaro. 8ª Turma. DJ: 19.12.2011.

_____. AGRAVO DE INSTRUMENTO NO RECURSO DE REVISTA N. 117400-03.2008.5.04.0201. RELATORA: Min. Dora Maria da Costa. 8ª Turma. DJ: 10.8.2012.

_____. RECURSO DE REVISTA N. 145200-46.2007.5.12.0030. RELATOR: Min. Mauricio Godinho Delgado. 6ª Turma. DJ: 2.12.2011.

_____. RECURSO DE REVISTA N. 64100-42.2006.5.04.0381. RELATOR: Min. Augusto César Leite de Carvalho. 6ª Turma. DJ: 10.8.2012.

_____. RECURSO DE REVISTA N. 95600-58.2009.5.04.0014. RELATORA: Min. Maria de Assis Calsing. 4ª Turma. DJ: 11.5.2012.

_____. RECURSO DE REVISTA N. 145200-46.2007.5.12.0030. RELATOR: Min. Mauricio Godinho Delgado. 6ª Turma. DJ: 2.12.2011.

ESTADOS UNIDOS DA AMÉRICA. U.S SUPREME COURT. STATE OIL CO. v. KHAN (96-871). 93 F.3d 1358. Disponível em: <http://www.law.cornell.edu/supct/html/96-871.ZO.html>.